Anke Rittscher

Bienengflüster ohne e

...eigentlich wollte ich nur ein Buch über unsere so wertvollen ***Bienen*** *schreiben...*

...das brachte ich leider nicht zustande, da wenn man über Bienen schreiben möchte, kommt man ja fast nicht um die Politik herum...

... und die Liebe...

...es führte einfach eins zum anderen...

Anke Rittscher

Bienengflüster ohne e

Meine 13 PS zu „Hans im Glück"

in das Musikhörbewusstsein

MERANO-VERLAG

Bibliografische Information der Deutschen Nationalbibliothek:
Die Deutsche Nationalbibliothek verzeichnet diese Publikation in der Deutschen Nationalbibliografie; detaillierte bibliografische Daten sind im Internet über http://dnb.dnb.de abrufbar.

Illustrationen: Anke Rittscher, Ingo Rittscher

Herstellung: BoD - Books on Demand, Norderstedt

ISBN: 978-3-944700-85-4

Kapitelübersicht:

Über mich als Person

Mein Weg war nie das Ziel, sondern mein Ziel war es meinem Weg zu folgen für (mein) höchstes Ziel.

Heute schreiben wir den 18.4.2014, ich kreierte in meiner kleinen Töpferei Ende 2013 eine Tischplatte aus Ton mit zwei Bienen liegend auf einer Seerose um ein Signal zum „Relaxen“ und für unser Weiterbestehen zu setzen.

Ich rief bei einer Rechtsanwältin für Urheberrecht an und fragte, ob ich ein Bild in mein Buch setzen dürfte mit zwei Bienen, die zufällig so aussehen wie Biene Maya und ihr Freund Willy. Sie sagte zu mir am Telefon:

„Tun Sie das ja nicht, auf gar keinen Fall ein Bild von der Biene Maya.“

Ich denke darüber, meine Tonarbeit ist doch kein Originalbild von der Biene Maya und ihrem Freund Willy. Dies ist oder wäre für mich wohl eher ein kleingeistiges Denksystem. Die Bienen auf meiner Platte ähneln sich nur vom Ausdruck.

Aber gut, als erstes möchte ich mich bei Ihnen herzlich bedanken, dass Sie sich nicht von der Farbe und dem Klappentext meines Buches **blenden** haben lassen und sich dachten:

„Schon wieder eine esoterische Tante".

Sie sind Ihrer inneren Führung gefolgt, das heißt, Sie haben Interesse für (m)eine Wahrheit, es gibt ja viele Wahrheiten, da es auch viele Menschen gibt.

Ich habe die Farbe des Buches meinem zukünftigen Verlag überlassen, mit dem ich eines Tages in See stechen werde, denn die meisten Verlage wissen, was heutzutage trendy ist.

Für das äußere Erscheinungsbild gibt es ja heute die besten Visachisten, Stylisten und bei Büchern ist es eben ein Verlag.

Es ist doch so, Esoterikbücher fallen mittlerweile in den Buchhandlungen schon aus den Regalen und Esoteriker schießen seit Jahren aus dem Boden wie Pilze. Es wird esoterrorisiert, wo man geht und steht.

Jeder möchte Ihnen etwas mitteilen und jeder hat auch etwas Wichtiges mitzuteilen und in jedem Buch findet man für sich eine Wahrheit.

Ich hoffe, dass Sie bei mir wieder ein Stück Wahrheit für sich selbst und für Ihren weiteren Lebensweg finden werden!

Meine Grundeinstellung ist:

Der Mensch muss sich entwickeln und man lernt jeden Tag dazu. Wenn man einmal ganz ehrlich zu sich selbst ist, lernt man doch aus den nicht so schönen Erfahrungen, die man im Leben macht, oder?

Mit meinen Erkenntnissen möchte ich Sie animieren und einen Teil dazu beitragen, unsere Welt einmal von einem ganz anderen Blickwinkel zu betrachten.

Wenn viele Menschenkinder dies lesen und ihr Leben dadurch positiv verbessern können, haben sich diese Zeilen für mich gelohnt. Dieser Wegweiser bietet Ihnen eine Hilfestellung, wie Sie Ihre Ängste besiegen und die einmaligen Chancen nutzen können, die Ihnen nach Ablauf des Mayakalenders zur Verfügung gestellt werden. Meine geschriebenen Worte sind für alle geeignet, die schon einmal von den Wörtern die 5. Dimension, das höhere Bewusstsein, Musikhörbewusstsein oder dem Wort Weisheit etwas hörten.

So, nun etwas zu meiner Person. Ich führe seit 30 Jahren mit meinem Ehemann eine Partnerschaft und bin Mutter von zwei wundervollen Kindern. Seit 34 Jahren beschäftige ich mich mit der Esoterik, was nichts anderes heißt, als dass ich unzählige Bücher zu allen W-Themen rund um das Phänomen: „Wie... Was... Warum... Weshalb... Woher“ gelesen und ein paar Seminare besucht habe. Ich glaube, wenn man sich so lange Zeit mit etwas sehr intensiv beschäftigt hat, ist man kein Praktikant mehr.

Seit über einem Jahrzehnt beschäftige ich mich sehr intensiv mit der Numerologie. Diese Numerologie hatte Jahrtausende höchste Geheimhaltungsstufe. Ich möchte diese Numerologie nun mit einem Satz übersetzen. Es gibt unzählige sehr gute und fantastische Numerologen, die diese Numerologie schon wunderschön beschrieben haben. Darum möchte ich an dieser Stelle nur sagen:

Ich fing im Laufe der Zeit an, mir über mein Dasein eine eigene Lebensphilosophie zu bilden und wollte lernen, Wichtiges von Unwichtigem zu unterscheiden.

In meinem Buch werde ich öfter den Satz benutzen:

Meine Erkenntnisse zur 13. Oktave.

Mit diesem Satz möchte ich gerne auch ein paar Begebenheiten aus meinem Leben erzählen, sowie meine Lernaufgabe, die ich darüber erhalten durfte. Ich bin mir sicher, dass sich Menschen so manche physischen und psychischen Strapazen sparen könnten, wenn sie sich an ein paar Dinge wieder erinnern würden.

Ich spreche manchmal auch von der 8. Oktave, da es 8 Tonleitern gibt. 8 minus 1 Tonleiter ergibt 7, wobei hier der 8e Tonleiter wieder der erste ist.

Einige nennen es Channeling.

Da ich aber glaube, dass die geistige Welt ständig präsent ist, nenne ich es meine innere Stimme.

„Wer aufhört zu werben, um Geld zu sparen,
kann ebenso seine Uhr anhalten, um Zeit zu sparen.“
(Henry Ford, 1863 – 1947)

In der Stille finden wir die richtigen Worte für unsere Musik,

denn ein jeder hat seine eigene Musik, seine eigene Oktave!

Bereits von Albert Einstein wissen wir, dass der Mensch nur noch 4 Jahre zu leben hat, sollte die Biene aussterben. Sterben die Bienen, dann gibt es keine Bestäubung mehr. Damit sterben Pflanzen, Tiere und auch der Mensch.

(Made by Ingo Rittscher)

Liebe Leser, eigentlich wollte ich nur ein Buch über unsere so wertvollen **Bienen** schreiben.

Als ich damals 2012 mein Manuskript meinem leider auch schon verstorbenen Vater Jürgen Rittscher zum Lesen gab, erteilte mir dieser eine riesengroße Standpauke. Er sagte in etwa folgende Worte: „Wie kann man nur über so viele Themen ein Buch schreiben?“ Und: „Ich solle mir doch ein Thema aussuchen und dann nur über ein Thema ein Buch schreiben!“

Das brachte ich leider nicht zustande, da wenn man über Bienen schreiben möchte, kommt man ja fast nicht um die Politik herum. Hinzu kam der Blues-November 2011 und 2012, wo mich Menschen anriefen mit zum Beispiel Liebeskummer. So dass ich mir auch meine Gedanken über die LIEBE machen musste.

Es führte einfach eins zum anderen.

Ich möchte den Leser darauf hinweisen, dass dies lediglich meine Gedanken sind, denn jeder Mensch ist einzigartig und hat seinen eigenen Blickwinkel.

Einleitung und meine bisherigen Erkenntnisse

Ab jetzt gebe ich gerne über 30 Jahre lange Erkenntnis weiter und damit habe ich vielleicht auch die Gelegenheit, unsere Erde ein Stückchen heiler zu machen. Viele Menschen befanden sich in der Vergangenheit und befinden sich heute auf diesem Weg, alles Folgende ist mein Beitrag dazu.

Vor vielen Jahren, schätzungsweise vor 30 Jahren, wurde ich immer von oben herab belächelt und auch machte man gerne lustige Witze, die etwa solche Aussagen hatten:

„Na, was hat dir deine Kristallkugel heute denn gesagt?“

Heute gibt es fast keine Familie mehr, die nicht wenigstens ein esoterroristisches Buch im Haushalt hat.

Sollten Sie einmal eine Frage haben, bei der Sie eine Antwort benötigen, so schlagen sie einfach ganz spontan eine Seite auf, vielleicht finden Sie in einem Satz oder in einem kleinen Gedicht Ihre Antwort auf Ihre Frage. Mein Buch soll auch ein kleines Warnsignal dafür sein, dass man ein paar meiner Erfahrungen bitte nicht nachzumachen braucht. Wenn Sie einmal in eine unangenehme Situation geraten sind, schlagen Sie am besten die Seite **277** (Quersumme 7) auf, bevor Sie sich vielleicht verblättern und Sie sich zu viel Wortschwall antun müssen oder Ihnen die Augen anfangen zu schmerzen. In meinem tiefen Inneren würde ich mir wünschen, Sie würden erst ab da zu lesen anfangen, denn ich werde nicht als Schleimgeist (Schöngeist) schreiben. Mein Buch wird eine kleine Spaßbremse sein, eine Entspaßung, nicht bei den kleinen Häuslebauern, sondern in den oberen Chefetagen. Diese vereisten Herzen werde ich wieder zum Schlagen bringen. Im Folgenden werden Sie ein paar Zitate zu Lesen bekommen, in denen von berühmten Menschen geschrieben steht, dass man „Niemanden“ verurteilen sollte, was mit Sicherheit eine geistige Größe darstellt. Mit meinen geschriebenen Lästereien möchte ich niemanden verurteilen, auch bin ich kein Therapeut, Heilpraktiker, oder Theologe und schon gar nicht möchte ich jemanden manipulieren. Eher möchte ich meine Leser über ein paar dramatische Dinge informieren, bei denen es sich vielleicht lohnen würde, einmal kritisch darüber Nachzudenken. Darum nehmen Sie bitte nichts persönlich, was Sie zu Lesen bekommen, denn ich habe die bayerische Staatsbürgerschaft. Das Land Bayern war so freundlich, mich als Kleinkind zu adoptieren und Weißwurstzuzzler reden am liebsten gscheit oder gschert und Mystiker haben ja auch nicht nur Balladen geschrieben. Sie wissen und wussten immer schon, dass es Menschen gibt, die wie Saulus ohne Paulus durchs Leben ziehen. Aber keine Angst, ich hätte da ein paar Lösungsvorschläge und man kann ja auch nicht nur lästern. Vielmehr möchte ich meinen Lesern nahebringen, wie ich zu meinem Dauerbauchgrinsen kam.

Ein Buch musste auch für mich immer die Axt sein für das gefrorene Meer in uns, das sagte schon Franz Kafka (1883 – 1924).

Ich habe die Einstellung, wenn man nicht mehr sagen darf, was einem gerade auf dem Herzen liegt, dann kann man sich ja gleich lebendig begraben lassen.

Die Zahl der Seite **277** kann sich noch ändern, denn ich habe Bilder mit eingefügt, da ich bei mir dachte, unser Geist denkt in Bildern. Der Verlag, der mich sympathisch findet, würde diese Bilder vielleicht wieder entfernen und durch schwarz-weiße Comiczeichnungen ersetzen. Bitte nicht mein schwarz-weißes Höhlenbild. Ebenso würde er vielleicht Wiederholungen und unwichtige Gedanken sowie meine Rechtschreibfehler löschen.

Man sagt ja, viele Wege führen nach Rom und man sagt auch, dass alle Flüsse letztendlich ins Meer fliessen und ich bin fest davon überzeugt, der erste Schritt ist die Voraussetzung für den nächsten Schritt. Alle meine folgenden Erlebnisse sind wahre Begebenheiten.

Am 24. Dezember im Jahre 1984 hatte ich gerade Bürodienst bei einer Bank, das heißt, man verlässt als letzter das Haus, nachdem man alle Briefe weitergeleitet hat. Es war vier Uhr nachmittags und ich musste noch ein paar Geschenke besorgen.

Nun möchte ich einmal betonen, dass das Element Frau eine große Affinität zu Edelsteinen hat. In meinem Fall sind es Heilsteine.

Ich stand also vor einem Schmuckstand und es sprach mich ein Mann an. Dieser Mann war circa in meinem jetzigen Alter von Mitte vierzig. Er sagte mir mein Geburtsdatum auf den Kopf zu und, dass ich ein Medium wäre. Daraufhin sah ich ihn mit großen Augen an und fragte, woher er dies denn wisse. Er antwortete damit, dass er jetzt nicht darauf eingehen könnte und er würde sich mit mir noch am gleichen Tag um 19 Uhr an einem bestimmten Ort verabreden wollen. An diesem Ort möchte er mich dann aufklären.

Ich führte damals ein Selbstgespräch. Eine ängstliche innere Stimme sagte zu mir:

„Tu es nicht, er könnte dich missbrauchen und außerdem hast du Angst im Dunkeln!“

Die andere Stimme sagte mir:

„Woher dieser Mann wohl mein Geburtsdatum wisse und was bedeutet das genau, ein Medium zu sein?“

Wieder eine andere Stimme teilte mir mit:

„Das ist doch nur ein Zufallstreffer, genau wie bei einer 6 im Lotto!"

Die ängstliche Stimme befahl mir, auf keinen Fall dort hinzugehen:

„Du hast doch in deiner Lehrzeit deinem Lehrherrn, dem Rechtsanwalt, jeden Tag erzählen müssen, was in den Zeitungen steht. Er könnte ein Serientäter oder ein Mensch von nicht so erleuchteter Sorte sein. Besorge jetzt deine Einkäufe und nimm endlich die Kurve, es ist Weihnachten!"

Ich folgte damals meiner ängstlichen inneren Stimme und wirkte auf einen Langfinger mit Sicherheit so zerstreut, dass dieser die Gelegenheit beim Schopf packte und mir meinen Geldbeutel aus dem Rucksack stahl, ohne dass ich es bemerkte.

Heute weiß ich:

Für diesen Diebstahl aus meinem Rucksack habe ich vorher eine Ursache oder eine Absicht gesetzt. Den Grund kenne ich bis heute leider noch nicht, vielleicht habe ich ja in der damaligen Abendschule „Ilingua" in der ich meine Englischkenntnisse zu verbessern versuchte, von einer Nachbarin abgeschrieben oder die Ursache ist eine karmische Sache. Ich kann mich noch erinnern, dass mir ziemlich viel Bargeld gestohlen wurde, denn wenn es um Geschenke geht, war ich noch nie geizig und es war ja auch Weihnachten.

Dieses einschneidende Ereignis war der Anfang einer Suche nach meiner tieferen Erkenntnis über das Leben, die nie aufhörte, zu suchen, um zu finden, was ich in meinem tiefsten Inneren schon immer finden wollte.

Das Faszinierendste in meinem Leben war, dass alle gegangen waren, wann es um die klassische Frage ging:

Hab ich Sicherheit!

Ab dem Jahr **2012**:

2 plus 0 plus 1 plus 2 ergibt 5, die fünfte Dimension.

Ich war immer ein Mensch der sich ziemlich viele W-Fragen stellte, vielleicht nennt man dies ja tiefgründig.

Wie?, Was?, Weshalb? und:

Warum trage ich eine so große Sehnsucht in mir?

Ich glaube, eine Sehnsucht nach Erlösung tragen wir alle in uns.

„Es ist doch eigentlich der Hauptinhalt im Leben:
Sehnsucht und wieder Sehnsucht."
(Franziska zu Gräfin Reventlow, Schriftstellerin 1871 - 1918)

Falls Sie auch eine W-Frage noch nicht beantwortet in sich tragen,

möchte ich Sie bitten, bevor Sie weiter lesen, nehmen Sie sich kurz Zeit und nehmen einen Zettel zur Hand und stellen Sie sich Ihre W-Fragen selbst.

Schreiben Sie ganz spontan auf, wie Sie ihre W- Frage formulieren würden. Legen Sie sie dann zur Seite und beantworten Sie sich, wenn möglich die Frage wieder selbst.

Sollte es ihnen allerdings nicht gelingen, ist es auch nicht schlimm. Ich habe mich so viel mit diesen Themen beschäftigt und kann es sehr gut nachvollziehen, dass dies nicht einfach ist. Ich durfte dazu lernen, geduldig mit mir selbst zu sein.

Mit drei Dingen habe ich mich allerdings nicht beschäftigt:

1. Politik

2. Wissenschaft

3. Fußball

Zu diesen drei Dingen kann ich höchstens meine Meinung (Meinungsfreiheit) abgeben und das tue ich auch in meinem Buch.

Ich werde nun über eine Bundesliga mit dem Namen Weisheit sprechen, also ein Wissen, das schon mehrere tausend Jahre existiert. Man kann es in vielen alten oder mystischen Büchern teils von noch lebenden, teils von schon längst verstorbenen und wieder inkarnierten Menschen, finden.

Für mich sind diese Menschen „große Meister", weil es für mich stimmig ist. Dies muss natürlich nicht für Sie gelten.

Ein jeder von uns hat seine freie Wahl.

Meine Lebenseinstellung war schon immer:

„Wissen", das man nicht weitergibt, ist verlorenes Wissen. Man denke zum Beispiel an Stradivari, hätte er sein Wissen damals weitergegeben, gäbe es heute noch viel mehr wunderbare Violinen.

Auch werde ich an einer Stelle von meinen Erkenntnissen von Sie zu Du wechseln, weil für mich ein Gespräch von Herz zu Herz schon immer am schönsten war.

Als erstes werde ich auf unsere vergessene Erinnerung eingehen müssen und dies bedarf einer längeren und für manche einer schwer verständlichen Einleitung. Denn viele Menschen wissen nicht, was das heißen soll:

„Erinnerung oder Selbstvergessenheit?"

Was ist denn das?

Ich möchte über eine Obrigkeit schreiben, für die ich meinen eigenen Namen habe und darauf reagieren manche sehr empfindlich. Sollte jemand mit diesem Namen nichts anfangen können, kann er diese universelle Energie auch gerne für sich umbenennen. Das von mir Geschriebene soll eine Anleitung für Sie sein, wie man seine große Chance ab jetzt nutzen kann. Ich habe mir Gedanken über unseren Herzensfrieden gemacht und ich glaube, dass diese Friedensgedanken sehr gut in die 8. Oktave passen. Ich spreche bewusst manchmal von der 8. Oktave, denn die 13te („Hans im Glück") kommt erst später. Weiter glaube ich, dass man die Vorbereitung nur verstehen kann, wenn man begreift, was das EINE ist.

Nun möchte ich gerne das menschliche Drama und das heutige Chaos mit kurzen Gedichten beginnen. Und es folgen dann immer wieder kurze Gedichte. Für mich sind die Gedichte von den Künstlern sehr treffend und ich finde, sie passen ebenfalls gut zu meinen Erkenntnissen.

Viele Menschen haben mich gefragt, ja Anke sag mal, was ist denn jetzt nach dem Maya-Kalender, was wird denn das mit der Wirtschaftskrise, soll ich denn Gold kaufen, soll ich eine Mietswohnung kaufen, soll ich Schönes, Wertvolles und Seltenes kaufen, soll ich vielleicht Schweizer Franken kaufen, der ja so stabil ist, was wird denn das noch mit den Umweltkatastrophen,

warum passiert so viel...

Somit begann ich, mir am 4.9.2011 Gedanken darüber zu machen.

Wenn es um das oben genannte Kaufen geht, kann ich diese Frage sofort beantworten:

Kauft Diamanten, ich erkläre dies ganz zum Schluss.

Sich Gedanken machen ist leichter gesagt als getan, denn gerade denke ich:

Wir alle sind in diesem freien Land dafür verantwortlich, was mit dieser wunderbaren Erde passiert, es genügt aus meinem Blickwinkel also nicht, sich zurückzulehnen und zu denken:

Die Anderen werden das Schiff schon schaukeln, denn wir sind Eins!

Ich werde jetzt versuchen, in einer sehr einfachen Sprache zu sprechen, da ich davon überzeugt bin, dass es das Einfache ist, was uns zu uns Selbst führt. Meine Überzeugung ist auch, dass Bewusstsein nichts mit vielen Fremdwörtern zu tun hat. Zu viele Bücher habe ich schon gelesen, bei denen ich im Lexikon immer wieder nachschlagen musste, da ich die Wörter nicht verstanden habe.

Wir stehen kurz vor dem Durchbruch eines Transformationsprozesses zu einer gerechteren, nachhaltigeren und mit sozialer Verantwortung spiegelnden Gesellschaft.

Es dreht sich etwas verkehrt, wenn Sie fühlen und immer noch nicht fliegen können.

Ist es vielleicht die ewig währende Verlockung?

Fragen wir uns das einmal selbst.

Erinnerungen

„Wenn ich mein Leben noch einmal von vorn beginnen könnte,
würde ich es mir genauso wünschen, wie es war;
Nur würde ich die Augen etwas weiter aufmachen."
(Jules Renard, 1864 – 1910)

Mit etwas werden wir unsere zukünftigen Fische füttern müssen, sonst können wir sie bald würdevoll beerdigen.

Unsere Bäume möchten Früchte tragen und dazu brauchen sie Bienen. Ein positiv denkendes „Nach mir die Sintflut-Bewusstsein" würde nun sagen:

Ja mei, des is heitzudog heut so und es gibt ja a no

Selbstbestäuber. Außerdem kannt ma ja a no gleine Miniroboter erfinden zur Bienenbestäubung.

Was macht den großen Durchbruch der Super-Stars eigentlich aus?

Wir haben eine so komfortable Welt zurzeit, könnten wir dafür

nicht einfach zu tiefst dankbar sein???

Der Seher sieht nicht, was der Engel gerade sieht.

Manchmal muss man zu seiner Überzeugung stehen, auch wenn es dafür Prügel gibt.

Manche selbstverliebte Götter glauben, machen zu können, was immer sie möchten, doch wissen diese noch nicht, dass immer ein Vogel über sie wacht, der alles hört und sieht.

Meine Güte, wer trägt denn heute wirklich noch Exklusives in sich, ich verweise auf Leistung nur durch Gegenleistung.

Wenn uns eines Tages die Musik eiskalt über den Rücken läuft,

ja, dann sind wir lernbereit, denn auf hoher See sind schon viele verdurstet.

Ich wünsche mir eine Welt, die Fairness noch wahrnimmt.

„Es gibt schon immer einen Plan für uns Menschen!"

Die Zeit drängt auf eine neue Dimension zu:

Sind wir bereit, oder bleiben wir wieder sitzen in der Schule der Welt?

Mit unserer neuen Zeitenwende endet die Selbstvergessenheit vieler Menschen.

Nach den Worten „Die Wahrheit wird euch frei machen", die einst gesagt wurden, gilt es zu begreifen, was das Selbst ist.

Die Zeit der geistigen Expansion ist gekommen und dies wird eine Wende zum Besseren einleiten.

Am Anfang steht das **Selbst**.

Sein Wesen ist Wasser.

Wasser war der erste Spiegel und ist das Seelensymbol der Menschheit.

Wasser ist ein großer Segen, denn es dient auch zu unserer inneren und äußeren Reinigung.

Wobei hier mit Wasser „Die Essenz des Lebens" gemeint ist, denn dank dem Wasser dürfen wir Leben und es dient auch für unsere Fruchtbarkeit.

Aber in der Polarität wird mit Wasser auch „die menschliche **Angst**" zum Ausdruck gebracht.

Wasser = **Angst**

Wasser kann vieles in Form bringen oder gar umformen.

Nieren, Wasser, Angst,

Wasser ist mit Blut verwandt.

Wasser kann ungeahnte Kräfte in Bewegung setzen, man denke an die Sintflut oder den Tsunami 2004.

Wir schreiben gerade Juni 2013 und wenn ich mir gerade das Wetter zu Gemüte führe, glaube ich, unser derzeitiges Hochwasser spiegelt die Ängste der Menschen wider und auch immer wieder die Kleinsten mit den größten Herzen.

Methusalem ist kurz vor der Sintflut ums Leben gekommen.

Für mich ist das Leben ein kartengelegtes Spiel.

Heute ist Siebenschläfer, hoffentlich ist unser Sommer heuer mal an einem Sonntag und dauert den ganzen Tag. Es regnet zurzeit so viel, dass unsere Schwalben (auf bayerisch Schweiberl) verhungert vom Himmel fallen.

Wenn wir irgendeinmal eine Arche sehen, können wir getrost sein und darauf vertrauen, dass es wieder einen Neustart für uns geben wird.

Angst hat viele Gesichter und auch viele Gewänder.

Ängste vergiften unsere Seelen.

Der Grundstein für den oben erwähnten Menschheitsplan ist, uns den Wegweiser bewusst zu machen, dass nur mit unserem freien Willen eine Veränderung und eine Entpuppung in uns möglich sein kann.

Der freie Wille ist und bleibt unantastbar!

Dies wird das Wichtigste sein, denn hieraus ergeben sich alle unsere weiteren Wünsche und möglichen harmonischen perfekten Beziehungen zu uns und unseren nahestehenden Mitmenschen und zu unserer wahren inneren höheren Stimme, mit dieser wir dann unsere innersten Vorgänge entschlüsseln können.

„Lehre mich die Kunst der kleinen Schritte."
(Antoine de Saint Exupèry, Schriftsteller, 1900 -1944)

Seien wir beobachtend, das heißt offen und lernbereit, denn diese Dinge machen uns flexibel und halten uns auch extrem neugierig. Damit werden wir unser Leben immer wieder aufs Neue ausrichten können, um so eines Tages authentisch und pur sowie ehrlich zu uns selbst sein zu dürfen.

Es sind die vier Töne der Musik, die verstanden werden müssen, um das Musikhörbewusstsein zu erreichen.

Bitte seien wir auch nicht zu streng mit uns und versuchen kritisch aber humorvoll anderen Menschen zu begegnen, denn ein jeder ist einzigartig. Seien wir bereit zu teilen und üben wir uns in Mutter Ehrfurcht. Beginnen wir in Zukunft alles ein bisschen wertfreier und ohne Angst zu sehen, denn unser wahres Wesen ist eigentlich anmutig und rein, es hat keine Angst. Es ist unser Leben von A nach B zu C. Ich denke, ach das Leben ist einfach kosmischer Humor, ich bin der Narr meines Lebens. Wenn wir ganz ehrlich zu einander sind, spinnt doch ein jeder a bisserl auf seine eigene Weise, denn keiner ist perfekt.

Man sagt, dass jede Schneeflocke anders ist, zart und vergänglich.

Man sagt auch, jeder Zungenabdruck eines Menschen wäre einzigartig und so ist es auch mit dem Denken, jeder Kopf denkt anders.

Progression ist für die Polaritätsüberwindung die beste Bewaffnung. Die Überwindung von AQUA dient als Schlüssel.

Dankbarkeit ist der erste Schritt zu unseren inneren Frieden, denn wir haben den Weltuntergang **2012** überlebt!

In dem Wort Gedanken befindet sich das Wort Danke aber leider auch das Wort Anke, dies sehe ich als den wahrscheinlichen Grund für mein Kopfzerbrechen, das ich mir um unsere Zukunft machte.

Wenn wir noch eine Sehnsucht in uns tragen, dann bleiben wir uns bitte in bestimmten Dingen selbst treu und haben wir Vertrauen, denn wir sind Geschöpfe Gottes. Aber machen wir unsere Ohren auf, um zu hören wie ein Fuchs, sowie unsere Augen auf, um zu sehen wie ein Adler.

Der Fuchs steht für ein ausgezeichnetes Geschöpf, da er die Natur (Erde) mit seinen geistigen Fähigkeiten trotz Hindernisse beherrscht. Jeder Gelegenheit tritt er mit Schlauheit heran.

Im übertragenen Sinne steht der Fuchs für den entwickelten Geist.

Der Adler beherrscht die Lüfte und behält den Überblick und die Weitsicht sowie eine Beobachtungsgabe.

Im übertragenen Sinn steht der Adler für Vertrauen.

Manchmal schauen die Sterne geradeaus, statt Ohren haben wir nun das Gehör einer höheren Oktave.

Und bitte seien wir bereit für Aha-Erlebnisse sowie lächelnder gegenüber unserem täglichen Tun, denn Fehler sind in Wahrheit nur Boten unseres zukünftigen Glückes.

Es gibt laut (m)einen bisherigen Erkenntnissen keine Unstimmigkeiten im Außen, es gibt nur Unstimmigkeiten in uns selbst, damit ist ein Selbst gemeint, das eventuell noch nicht ganz erwacht war. Seien wir einfach so wie wir sind.

So, nun glaube ich, haben wir den richtigen Weg für unser Leben eingeschlagen.

Was auch immer in unserer Akte steht, wird unsere Vorbereitung zur nächsten Klasse sein!

Werden wir uns dessen bewusst, dass immer eine innere leise Stimme oder wenn Sie möchten auch ein inneres Bauchgefühl genannt, nicht überhört werden möchte. Das werde ich versuchen, Ihnen im folgenden Text nahe zu bringen. Aber seien wir bereit, unser Herz für aufgeschlossenes und vorurteilsloses Denken zu öffnen und bitte bleiben wir empfänglich für unsere Impulse, Gefühle, Eindrücke sowie deren Empfindungen, die aus unseren inneren und äußeren Umständen und Lebenssituationen kommen.

Habe ich vielleicht noch etwas vergessen, ach ja, gehen wir nicht gleich auf wie eine Dampfnudel oder ein Dampfbügeleisen, wenn einmal etwas nicht so stimmig ist, denn heutzutage nennt man das emotional flexibel sein. Seien wir wissend mit Gewissen. Wir können lernen, in unserm Innersten wahrhaft zufrieden zu sein, dazu bräuchten wir einfach nur folgendes denken:

Ein Jeder lebt in seiner eigenen Gedankenwelt, in seiner eigenen Wahrnehmung.

Denken wir immer: „Ach wer weiß, für was dies alles einmal gut sein wird“ und nehmen wir nicht alles immer gleich so persönlich!

Und bitte, machen Sie mir ein paar Sachen, die Sie zu lesen bekommen werden, nicht nach und üben Sie sich weiter darin, in jeder Situation heiter und gelassen zu bleiben. Denn genau dieses gerade beschriebene heitere gelassene Ding war für mich eigentlich so gar nicht leicht zu erreichen, weswegen ich damit auch heute manchmal noch so eine Art Antriebsfeder in mir verspüre, die dieses „Gelassenheitsdenken“ verhindern möchte.

„Nichts ist so aufreizend wie Gelassenheit.“
(Oskar Wilde. 1854 - 1900)

Was für wahre Worte des Herrn Wilde!

Die wahre Erkenntnis benötigt kein Denkmuster.

Schatten an der Wand, slow down, zu einem Pferd würde man sagen: „Ruhig Brauner!“

Vielleicht sollten wir manchmal einen Gang runter schalten und *für kurze Zeit ein Youngster werden.*

Setzen wir uns zum Ziel, unser momentanes wahrgenommenes, vielleicht sogar gewöhnliches Leben ab jetzt neu zu entdecken. Denken wir nicht immer an das, was war oder kommen könnte, sondern akzeptieren wir den Augenblick und konzentrieren wir uns auf das, was ist, denn mit dem liebevollen Annehmen dessen was ist, leben wir nicht mehr trennend. Das wäre für mich die richtige Form der Selbstliebe.

Das Akzeptieren und die Faszination des jetzigen Augenblickes ist das Wichtigste, denn in diesem Augenblick ist unsere Vergangenheit enthalten und in diesem Augenblick erschaffen wir gerade unsere Zukunft.

Denken wir immer, da wo ich jetzt bin, da ist der richtige Ort und die perfekte Zeit, denn besser war es uns bislang nicht bewusst und deshalb auch aus einem bestimmten Grund (noch) nicht möglich.

Unsere wahre Intelligenz weiß, was für uns richtig und zu unserem Besten ist. Alles hat einen Sinn und dieser Sinn ist immer derselbe. Jeder Stubs ist nur ein Wink des Zufalls.

Nun, eigentlich sollten meine Erkenntnisse hier schon zu Ende sein, denn dies wäre ja ein Leben, wie es uns zum Beispiel die Biene Maya schon in Kinderfilmen zeigt. Sie war fleißig wie ein Bienchen und machte ihre Erfahrungen, da sie sehr neugierig war und ich denke, sie war alles andere als so eine Art eingefrorene Kartoffel. Sie spielte ihr Leben in einer, wie ich mich aus meiner Kindheit noch erinnern kann, wundervollen Leichtigkeit.

Glauben Sie mir, es ist reiner Zufall, dass Sie gerade meine Gedanken in Ihren Händen halten.

Wie es die Filme zeigten, hatte die Biene Maya großes Vertrauen und machte immer wieder Erfahrungen und bekam neue Eindrücke. Ich nehme im jetzigen Augenblick wahr:

Ihre zweite innere Stimme war ihr Freund Willi.

Nur zu gerne hätte ich an dieser Stelle ein Bild von der Biene Maya eingesetzt, aber das darf ich aus urheberrechtlichen Gründen nicht.

In Wahrheit wollen sie sagen:

Man darf auch nach innen fühlen, einmal in sich hineinspüren.

Nachdem die Welt ja offiziell durch viele Voraussagen im Jahre 2012 untergegangen ist, müssten wir eigentlich als Verstorbene Geister umherwandern. Um diese Geisteswandelung werden sich im Folgenden meine Gedanken drehen.

Dennoch denke ich, dies wäre wohl noch nicht das, was Sie sich wünschen. Ich glaube, Ihre Intuition hat Sie zu meinen Gedanken geführt, denn Sie spüren, dass man ein paar Lebensregeln nicht außer Acht lassen sollte. So einfach ist die ganze Expedition des Lebens nämlich nicht.

Liebe in Aktion hat ja viele Facetten!

Letztendlich geht es immer wieder um die Überwindung von AQUA.

Zum Aufsprung auf diese gegebene Chance, zu diesem einen Namen, nicht mehr künstlich, sondern zu dieser Erkenntnis, wer Sie wirklich sind, dazu möchte ich Sie gerne herzlich einladen.

Sie fragen sich auch nach dem Sinn des Lebens?

Manching war ein riesiges Zentrum der Kelten, sozusagen eine damalige Hauptstadt.

Ich bin rein „zufällig“ aufgewachsen in Manching.

Vielleicht trage ich ja noch so eine Art Ahnung in mir.

Für Ihr Interesse an meinen Gedanken möchte ich mich nochmals bedanken.

Im Leben müssen wir beides haben, Intelligenz und Intuition.

Dinge passieren, damit Evolution möglich sein kann.

Die Intelligenz des Smaragdes ist die Hilfe zum intuitiven

Verstehen.

Weiter geht´s:

Das Leben gibt uns die richtigen Impulse. Man könnte auch sagen, dass wir mit einem Diamanten verbunden sind.

Man muss trotz vieler Täler eine positive Einstellung zum Leben haben und lernen, ein Lebenskünstler zu werden.

Was die große Kunst im Leben ist, werden Sie bei mir erlernen.

Es gibt ein altes Sprichwort, das da heißt:

Achten Sie auf Ihre Wünsche, denn sie könnten Wirklichkeit werden.

Dies könnte eine sehr große Lern- und Reifeerfahrung in eine neue Lebensphase sein, die große Chance, in eine höhere Wahrnehmungsebene oder Bewusstseinsebene zu gelangen und auch eine Gelegenheit tut sich hiermit auf, zur Verbesserung Ihrer bisherigen Lebenseinstellung.

Vielleicht manchmal fremdgesteuert, aber doch bitte ein Nutznießer von Achtung und bitte immer locker flockig und fluffig bleiben. Seien wir für unsere bereits erlebten Erfahrungen jeder Zeit dankbar und bauen wir mit einer entspannten und heiteren Gelassenheit, das heißt ohne großartige Erwartungshaltung, darauf auf, denn was für uns vorgesehen ist, wird auf uns zukommen, bleiben wir also wieder einmal in unseren Emotionen flexibel.

Ohne Erwartungshaltung kann man auch nicht mehr enttäuscht werden.

Und bitte nehmen wir unser Leben ab JETZT mit mehr Humor, denn Cola und Chips schmecken mit Humor einfach besser.

Was hat Charlie Chaplin in etwa immer gesagt:
„Das Lachen nimmt den Menschen die Tragödie des Lebens."

Ich hoffe, dass ich es Ihnen mit meinen Zeilen ermögliche, die vor ihnen liegenden Aufgaben von nun an mit Freude und in Leichtigkeit zu erledigen.

Ok...Ok, es wird die oder der Eine oder Andere trotzdem dabei sein, der seine Aufgaben nicht um der Aufgabe willen erfüllt. Aber mein Rat im Leben für sie ist, **tun** Sie es mit **Liebe**....

Mit einem Orakel von Delphi verbindet sich eine Geschichte, die für mich eine sehr schöne Aussage ist:

Ein reicher Kaufmann aus Magnesia wollte wissen, ob er die größten Opferspenden dargebracht habe und erfuhr, dass der arme Bauer durch seine regelmäßigen bescheidenen Gaben weit Größeres geleistet habe.

Die Musik und eine zufriedenstellende Arbeit helfen in schwierigen Lebensumständen.

Obwohl Sie bald sehr viel mehr wissen oder Sie sich bereits bekanntes Wissen wieder ins Gedächtnis rufen, haben Sie bitte nicht nur das Ziel vor Augen sondern auch den Weg. Es heißt ja auch so oft und so schön, der Weg ist das Ziel.

Ziele und Wünsche können sich verändern, da man sich selbst immer wieder verändert, ich aber glaube, wir kommen auf unserem Lebensweg da an, wo wir uns richtig wohlfühlen, da wo es für uns im Innersten stimmig ist.

Bemühen Sie sich also ab jetzt, das Leben auf eine spielerische Art zu durchlaufen. Das macht zum einen mehr Spaß und glauben Sie mir, es bereitet viel weniger Kopfzerbrechen. Ab jetzt gibt es für Sie nur noch Situationen mit Entwicklungen, denn mit der Überwindung unserer Schwierigkeiten können wir von innen heraus wieder entdecken, wer wir wahrhaft sind. Darin liegt das Geheimnis begründet, wirklich den jetzigen Augenblick zu erleben, denn ich glaube, das Ziel wird immer sein, vertrauensvoll im Augenblick anzukommen.

Somit möchte hier nur gesagt werden:

Nichts im Übermaß, dann sind wir auf unserem richtigen Lebensweg. Dies war auch der zweite Rat, der über dem Eingang zum delphischen Tempel zu lesen war.

Der **erste** Rat lautet: **„Erkenne dich Selbst“!**

Dies war auch der Wahlspruch von Sokrates.

Von meiner Sichtweise möchte ich nun sagen, dass ich mit sechs Punkten eine neue Lebensphilosophie weitergeben möchte.

Wenn du in der Stille gelernt hast zu lauschen,

wirst du dich in diese Stille einleben

und langsam erlernen, dich darin zu verlieben.

Für die 13. Oktave werden noch Nachfolger gesucht, sind Sie bereit mit rein zu inkarnieren?

Mein Leitspruch in der Fischerei lautet:

Große Fische, fauler Fischer!

Und

Nur tote Fische schwimmen mit dem Strom!

„Lernen ist wie Rudern gegen den Strom, hört man damit auf, treibt man zurück."
(Laozi, chin. Philosoph, 604 v. Chr. - 531 v. Chr.)

Die Halbgötter wollen nicht die Wahrheit lesen,

sie wollen nur die Umstände des täglichen Lebens lesen,

um wieder einmal einzuschlafen.

Esoterik heißt für mich:

„Der innere Kreis".

Das Wort „Esoterik" lässt sich bis in die Antike zurückführen und bezieht sich auf den inneren Erkenntnisweg der Philosophie von Platon und der Mystik. Platon, wie auch Pythagoras, versuchte die

Unsterblichkeit der Seele, das heißt die Reinkarnation zu beweisen.

Auch Alice Bailey (1880-1949) wollte dies mit ihren Werken beweisen und bei ihr findet man auch das Wort:

„Esoterisches Heilen"

Es gibt keinen Tod ohne Wiedergeburt.

Esoteriker werden leider noch viel zu sehr belächelt.

Inzwischen gibt es schon sehr viele Beweise für Vorleben, aber noch keinen für das Gegenteil.

Skeptiker, kann man nicht überzeugen.

Viele sind auch beratungsresistent.

Als ein eher praktischer Mensch bin ich Hobbykünstler und besitze eine kleine Töpferei. Dort baue ich überwiegend Gartenkugeln, da bei mir alles rund ist. Und in diese Kugeln ritze ich gerne Runenzeichen, da mir diese Runen mit 19 Jahren „zufällig" in den Schoß fielen. Ich ritzte auch schon oft Runenzeichen in Heilsteine, damit ich für so manches Geburtstagsgeschenk oder einen besonderen Anlass immer das passende Etwas dabei habe.

Der edelste Glanz war in der Geschichte der Menschheit schon immer in Steinen geritzt!

Es gibt für mich auch nichts schöneres, als draußen im Freien zu sein. In der Natur kann man am besten dieses Stirb und Werde beobachten. Es ist ein immerwährender Kreislauf, eine runde Bewegung, wie die Bahn der Sonne am Himmel.

Dieses Runde in jedem Aspekt Ihres Lebens wünsche ich jedem Leser meiner Zeilen für seine Zukunft!

„Wir haben im Leben grundsätzlich die Wahl,

ob wir uns erweitern oder uns zusammenziehen wollen,

ob wir unsere Schaffens- und Ausdruckskraft

positiv oder negativ zur Geltung bringen wollen.

Wie unsere Lebensumstände auch sein mögen,

es steht in unserer Macht, die Richtung zu wählen.

In jedem von uns stecken Helden;

Sprich zu ihnen,

und sie kommen hervor! - Anonym“

Wir kamen in die 5. Dimension am 5. im Monat 5 des Jahres 2012!

(Quersumme **6**)

Seit diesem Zeitpunkt befinden wir uns im WAR der Gedanken! Die 5 steht für Freiheit, Meditation, Verständnis, Urteilskraft und Weisheit.

Die 5 ist auch unsere größte Ausdehnungskraft.

Die Urvölker stellten die Welt mit der Zahl 5 so dar, dass sie in der 5 die vier Elemente, Erde, Wasser, Feuer und Luft repräsentiert, plus das fünfte Element, unseren Geist. Ich möchte an dieser Stelle noch einen Punkt hinzusetzen:

Mit Lachen das Lieben zu lernen, darauf gehe ich erst ganz zum Schluss ein.

Es ist die große Herausforderung für uns Menschen, die Kontrolle über die fünf Sinne zu gewinnen, wonach sich der sechste Sinn, die Intuition entwickeln kann. Ohne Sinne könnten wir nicht wahrnehmen. Die fünf Wundmale Christi symbolisieren das Leiden des fleischgewordenen Menschen, das uns dazu führt, uns unserem wahren SEINS-Bewusstsein zuzuwenden.

Der sechste Sinn ist die Wahrnehmung der unsichtbaren Dinge. Sobald man gelernt hat wahrzunehmen, wie sich der Andere fühlt, fängt das Leben an, erst so richtig interessant zu werden.

Es spielt keine Rolle, in welcher Reihenfolge wir die Elemente erlernen, denn Lernende werden wir auf unserem Spielball für immer sein.

Die Erinnerungen und die Erfahrungen führen zu einem neuen Zeitgeist, den ich vor mir sehe.

Der sechste Sinn, also die Zahl **6,** steht in meiner Numerologie

für „bedingungslose Liebe".

Ich habe viele Jahre die Zahlen 1 bis 10 studiert und unter Reitern erzählt man sich, dass jeder Reiter seine eigene Handschrift auf einem Pferd hinterlässt. Bei Numerologen, so denke ich, ist es ähnlich. Nun bin ich zu der Erkenntnis gekommen, dass unsere einzige Aufgabe es jetzt ist, immer mehr und mehr diese Liebe auch zu leben.

„Es standen sechs steinerne Wasserkrüge dort" (Johannes 2:6)

Die 6 bedeutet als Zahl ein Hochzeitsfest der Liebe in ihrer höchsten und seligsten Form.

Bei meinem Buchtitel „Bienengflüster" fehlt bewusst ein Buchstabe, die Quersumme dieses Wortes ergibt die Zahl 6.

Wenn ich das Wort LIEBE in Zahlen verwandle, erhalte ich als Quersumme die Zahl 6.

LIEBE 39525 ist 24 ist 6

Wenn ich das Wort Geist in Zahlen verwandle, erhalte ich als Quersumme die Zahl 6.

GEIST 75912 ist 24, ergibt wieder die Zahl 6.

6 plus 6 ergibt 12, die Christuszahl!

Jeder Mensch hat 12 Rippenpaare.

Wir dürfen also jetzt unseren Geist auf Liebe umprogrammieren.

Ist es Zufall, dass gerade das **6**. Chakra, man kann dazu auch drittes Auge sagen, für Intuition und Imagination steht?

„Wir müssen leben und wir müssen sterben,
alles andere erfinden wir selbst! - Anonym"

Vielleicht muss man sich erst verlieren, um sich dann wieder finden zu können?

Man könnte auch in einer vereinfachten Form sagen:

Das Paradies wartet, es ist nur einen Gedanken, einen Atemzug von Ihnen entfernt.

- ***Aber wir müssen es selbst für uns entdecken!***

- ***Niemand kann dies dank freier Wahl für uns TUN!***

„Die wahre Entdeckungsreise besteht nicht in der Suche nach neuen Landen, sondern im Besitz neuer Augen."
(Marcel Proust, Schriftsteller u. Kritiker, 1871 -1922)

Ab dem Jahr 2012 wird langsam das Denken umgewandelt, es wird endlich wahrgenommen und es wird erkannt, dass die Mehrheit der Menschheit bislang schlafende Göttergestalten waren.

Ein Gefühl der Zufriedenheit ist in Wirklichkeit unsere Suche, es ist die Suche nach der Zeit der Ruhe auf unserem Segelboot.

Es ist die Blüte des Trostes, dass dein Schicksal dich leiten will.

Im Matthäus 5 43-48 heißt es:

…… . Ihr aber sollt so vollkommen sein wie euer Vater im Himmel.

„Vollkommenheit duldet keinen Kompromiss!“

Wir alle stammen von einem Edelstein ab, einem Diamanten!

Seien wir uns doch einmal ganz ehrlich. Ich war einmal Rechtsanwaltsgehilfin. Für mich ist Kompromiss so etwas wie ein Vergleich, das heißt, keiner ist wirklich zufrieden. Der Hauptgrund für einen Vergleich ist doch, dass der Streit beendet wird.

Da gibt es einen Spruch der heißt:

„Jedem Menschen Recht getan ist eine Kunst die keiner kann!“

Ein Rechtsanwalt wird einen anderen Rechtsanwalt immer wie folgt anschreiben:

„Sehr geehrter Herr Kollege.“

Verstehen Sie, was ich meine, Rechtsanwälte leben doch vom menschlichen Elend oder?

Vielleicht könnte man sich viel Verdruss und Geld sparen, wenn man beginnen würde, liebevoller miteinander zu kommunizieren, um gemeinsam eine Lösung zu finden.

Kompromiss ist für mich eine Scheintugend, dies muss selbst und verständlich nicht für Sie gelten.

Der neue Mensch in uns wird geboren. Jede Krise eines Menschen bietet uns eine Chance zum besseren Verstehen. Es wird Zeit, dass das Zeitalter des Egos zu Ende geht. Auch wird es Zeit, dass das Zeitalter des Konkurrenzdenkens zu Ende geht.

Ich frage mich, wofür ein Konkurrenzdenken?

Reicht es denn nicht, wenn wir mit uns Selbst konkurrieren?

Es ist doch schon eine große Aufgabe für uns, dass wir unser wahres Selbst finden!

Über diese Selbstfindung werde ich sprechen, bitte schlagen Sie zu, wenn Sie gerade Langeweile empfinden und Sie lieber schöngeistige Bücher lesen. „Hans im Glück" fängt erst ab der 9. Oktave an.

Hiermit setze ich jetzt noch eines hinzu:

Es wird Zeit, dass das Zeitalter des

„Hinter dem Baum Stehenbleibens" zu Ende geht.

Auch so eine Scheintugend.

Es wird Zeit, dass wir unser inneres Licht wieder anzünden.

Wir werden jetzt in ein neues Zeitalter eintreten, in dem man sagen darf, was man gerne sagen möchte, man wird das Ungesagte nicht mehr in einer Schublade verstecken müssen.

*„Man sollte bestrebt sein,
nicht durch Schweigen im negativen Sinne zu lügen."
(Leo Tolstoi, russ. Schriftsteller 1828-1910)*

„Was wir nicht ausdrücken können, bestimmt unser Leben. - Anonym"

Wir leben dann im Du. Erkennen uns im Du. Unser Gegenüber spiegelt uns wider. Mit dem Du können wir uns entwickeln.

Nun, da tue ich mich natürlich leicht, ich denke schon immer im „Du".

Du bist mir wichtig, das war immer meine Lebensaufgabe.

Für mich heißt das:

Ich war lange Zeit Schülerin von Hinterfragungen W? In den vielen Jahren meiner Erkrankungen fragte ich mich immer: „Bin ich jetzt deshalb ständig das Opfer, da ich so ein schlechter Mensch bin?"

Heute weiß ich:

„Spiegelt mich ein nicht so gesonnenes Gegenüber wider, was fehlt denn dann noch bei mir? Wo habe ich mich selbst noch nicht gefunden? Wo bin ich so verletzlich? Wo kann ich noch nicht verzeihen?"

Augen im Kopf zu haben, heißt nicht gleich sehend zu sein.

Unerwünschte Energien dürfen und können wir sofort in Lebensfreude verändern. Wenn sich eine unerwünschte Energie, also ein unangenehmes Gefühl manifestiert hat, sollten wir es eigentlich sofort umwandeln in unsere gewünschte Situation.

Wie man dies bewerkstelligt, werden Sie bald erfahren.

Wenn die Flut kommt, sind wir der Kapitän auf unserem Schiff, wir haben nun unser Ruder in der Hand, einen Zentimeter nach rechts oder nach links, und wir kommen ganz woanders raus.

I am sailing, wie Rod Steward schon sang, ein Meister seines Faches, so denke ich, ist die Reise auf unserem Segelboot.

Und an alle, die sich über wahre Erkenntnis bereichern wollen, möchte ich sagen:
Man sagt, das Gras wächst von allein.

Und wenn das Gras nun endlich angefangen hat zu wachsen, ja dann erst, ja dann erst kann das Selbst erwachen.

Still ruht die See und alles passiert.

Energetische Veränderung

Alle 26000 Jahre erleben die Menschen eine vollkommene energetische Veränderung auf unserem Spielball Erde.

Wir sind in eine höhere Schwingung gekommen, man kann dazu auch höhere Frequenz sagen, um den Weg zur Einheit wieder aufzunehmen.

Diese höhere Frequenz ist auch der Grund, warum manche Leute aggressiver werden, da sie schwer mit der neuen Energie umgehen können. Dies ist auch der Grund, warum man das Gefühl hat, dass die Zeit schneller vergeht. Ja so die Zeit.

Und es ist auch der Grund, warum sich unsere Sinne verändern.

Ist man jetzt bereit, bewusst zu sein, erhält man den Aufstieg. Ist man nicht bereit, wird man noch einmal 26000 Jahre in die Schule gehen!

Die Zeit drängt auf einen Punkt zu. Gehen wir ein in eine neue Dimension oder bleiben wir sitzen in der Schule Erde.

Geld wird wieder einen inneren Wert haben, das heißt, Tauschgeschäfte werden wieder modern.

Manche Menschen merken bei dieser Veränderung (noch) nichts, sind aber auch (noch) nicht zu dieser Prüfung zugelassen.

Manche Herzen schlagen nur für materielle Werte.

Diejenigen, die diese Prüfung bestehen werden, sind eine Verkörperung des Spruches:

„Die Weisheit des Menschen lässt sein Antlitz leuchten und ändert die Härte seines Angesichts.“ (Prediger: 8:1)

In meinen Erkenntnissen geht es im Wesentlichen darum, unseren Geist als eine Art Computer zu betrachten, das heißt von unserer Festplatte Schrott (zu viel Gerümpel im Gehirn) runterzuladen und Windows 13 hochzuladen.

Mit unserem Herzen Entscheidungen zu treffen, aus der Sicht eines reinen Diamanten, ist die Quintessenz der 13. Oktave.

„Die Stille ist nicht auf den Gipfeln der Berge, der Lärm nicht auf den Märkten der Städte; beides ist in den Herzen der Menschen - eine bekannte Weisheit aus Indien-“

Wenn ich das Wort Herz in Zahlen verwandle, erhalte ich die Zahl 3, die 3 steht für Gemeinsamkeit, Dreieinigkeit, Dreifaltigkeit.

Wieder einmal erzähle ich von mir, wo soll ich anfangen, wo soll ich aufhören, es ist so, als würde man Wolken zählen wollen.

Ich hatte einfach schon immer das große Talent, jede Leidensgeschichte anhören zu dürfen. Und ich glaube, auf meiner Stirn steht in unsichtbarer Schrift geschrieben, erzähl mir deine Sorgen. Mein Schicksal war es, eine geborene Klagemauer zu sein, verletzte Seelen gibt es ja genug.

Im Laufe der Jahre wurde mir auch bewusst, dass diese Klageblues nicht nur im November durch so manche Köpfe sausen. Menschen vertrauten mir schon im Kindesalter. Dabei habe ich versucht, jede Leidensgeschichte zu analysieren. Daraus durfte ich am meisten lernen. Es häuften sich die Fragen in meinem Kopf, warum und weshalb es so viel Leid und Schicksale auf unserem Planeten gibt. Meine W- Fragen waren auch, warum zum Beispiel müssen so wunderbare Menschen viel zu früh von uns gehen. Ich fing an und lernte, mich in die Lage eines anderen Menschen zu versetzen und erkannte irgendwann, dass Menschen sehr interessant sind und dass das Ungesagte ihre eigentlichen Probleme sind.

Vielleicht ist ja Selbsterkenntnis nur für Befugte zugänglich.

Der Schleier von Verborgenem wird nun vermehrt aufgedeckt, denn mit der höheren Schwingung wirken auch die universellen Gesetze schneller und das trennt die Spreu vom Weizen.

In der Fußballsprache würde man sagen, jetzt schießt man sich selbst ins Abseits.

Erinnern wir uns bitte wieder daran, wir haben nur vergessen, Es geht im Wesentlichen um unseren inneren Frieden.

Menschen, die ihr größtes Lebensglück in den Dingen von Äußerlichkeiten, den vergänglichen Objekten, außerhalb ihres wahren Selbst finden möchten, ohne Umsicht auf seine nächsten Mitmenschen, ob familiär oder kollegial, werden von ihrer Sammlung kein Stück aufgeben wollen. Es wird weiter gesammelt und gejagt und weiter seine Angel zur nächsten Verlockung ausgeworfen werden, denn diese haben ja gerade deshalb angesammelt, um darin ihr Glück zu finden.

Die mittelalterlichen Mystiker beschrieben diese Selbstflucht als Gelassenheit, ich würde diese Selbstflucht folgendermaßen übersetzen:

„Von seinem wahren Selbst lassen."

Ein von seinem wahren Selbst weg lebender gelassener Mensch wird nicht Ausschau darauf halten, was er wohl noch entbehren kann, sondern eher darauf beharren, was er wohl noch braucht.

So nimmt der Mensch, der sich nicht hinterfragt, automatisch an, dass er so, wie er sich sieht und so wie er sich benimmt, immer richtig liegt. Obwohl man dazu sagen muss, es gibt nicht richtig oder falsch, es gibt nur positive oder negative Wahrnehmung. Erstaunlicherweise, das kennt glaube ich ein jeder von uns, sind Menschen, die nicht gerade als nett oder zuvorkommend gelten, scheinbar auf den ersten Blick sehr zufriedene und ausgeglichene Menschen. Ganz einfach deshalb, weil sie sich keine Selbstvorwürfe machen. Diese Menschen sind in der absoluten Selbstliebe, was wunderbar ist und grundsätzlich ein anzustrebendes Ziel sein sollte.

Es gibt ja diesen Spruch:

„Liebe deinen Nächsten wie dich selbst!"

Doch habe ich noch nie den Spruch gehört:

„Liebe dich mehr wie deinen Nächsten."

Auf Dauer kann so nie das wirkliche beglückende Gefühl der wahren Glückseligkeit einkehren.

Gibt es da nicht den Ausdruck:

Mehr Schein als Sein?

Solche Menschen haben (noch) nicht diesen Gedanken wie zum Beispiel, diesen Spruch kennt ein jeder:

„Gib, dann wird dir gegeben."

Oder auch solch einen:

„Geben ist seliger denn Nehmen."

Leistung nur für Gegenleistung, ist doch das Grundprinzip des heutigen Menschseins.

Und schon gar nicht würden solche (noch) nicht einem anderen helfen, zumindest nicht ohne großen Lobesgesang oder größerer Wertschätzung.

Diese Menschen leben meistens im Übermaß und kennen nur einen Gedankengang:

Wie vermehre ich meine Besitztümer; der Nachbar, Freund, Familienmitglied, meine Umwelt usw. kann mir egal sein.

Es war mir eines Tages für meine persönliche Fortbildung ein Bedürfnis, mich bei einem Faschingsumzug zu verkleiden. Aus einem Dachbodenfund kleidete ich mich mit einem langen ledernen Offiziersmantel aus der Wehrmacht und setzte dazu eine lederne Kapuze auf. Was ich dann beobachten konnte war sehr lehrreich. Ich wirkte wohl sehr autoritär auf die Leute und dabei habe ich sehr interessante Gespräche führen dürfen und möchte nun weitergeben, was immer wieder verkannt wurde.

Lassen wir uns nicht beeinflussen oder noch besser gesagt:

Ein ausgefülltes Leben ist ein schönes Leben!

Nun denke ich einfach wieder einmal schriftlich:

Ach wie sehr lassen sich doch die Menschen immer (noch) vom äußeren Schein blenden.

Die meisten Menschen fallen auf die schönen Leuchten rein.

Hat unser Herr Sokrates nicht einmal gesagt:

„Genügsamkeit ist natürlicher Reichtum, Luxus künstliche Armut."

„... Und ist der Schüler nicht wenigstens die Hälfte seines Weges alleine gegangen, so hat er nichts gelernt."

Als eines unserer größten Geschenke, nach unserer Geburt, hat die gesamte Menschheit ihre Willensfreiheit erhalten, die Wahl der freien Entscheidung zur Weiterentwicklung oder Nichtentwicklung ihres

Geistes. Nacheifernd versucht doch jeder Mensch seiner eigenen Note zu folgen, denn jeder hat seine eigene Erfahrungswelt.

Für unsere Geburt dürfen wir jetzt dankbar sein.

„Unser Leben ist das, wozu unsere Gedanken es machen.“
(Marc Aurel, 121-180)

„Wie der Mensch von Herzen denkt, so wird er.“
(Sprüche 23.7)

Es findet sich in den großen Weisheitsreligionen der australischen Aborigines die gleiche Vorstellung, dass der Mensch zwei Väter hat:

Einen „Natürlichen“ und einen „Spirituellen“

Ein Weisheitsspruch aus dem Talmud lautet:

„Achte auf deine Gedanken, denn sie werden Worte.

Achte auf deine Worte, denn sie werden Handlungen.

Achte auf deine Handlungen, denn sie werden zu Gewohnheiten.

Achte auf deine Gewohnheiten, denn sie werden dein Charakter.

Achte auf deinen Charakter, denn er wird dein Schicksal.“

Und da möchte ich noch eines dazu schreiben:

Achte auf dein gesammeltes Karma, denn dieses bestimmt deine nächste Kindheit!

Der Humanist Herr Herbert Eulenberg hat die Macht des Wortes mit dem "Blühen des Geistes über Zeit und Ort" beschrieben.

Und diese oben genannte Beschreibung wurde übernommen von einem Herrn Metschl Martin, Klasse B im Jahre 1947.

Da setze ich jetzt noch eines hinzu:

Wenn schon ein Wort so mächtig ist, wie mächtig ist dann erst das geschriebene Wort?

Darum möchte ich Ihnen einfach jetzt schon weitergeben, dass wir mit unseren Gedanken, Worten und Taten im Positiven wie im Negativen unsere persönliche Welt erschaffen haben und unsere Zukunft über den Tod hinaus erschaffen werden, denn sie sagen viel über unseren entwickelten Geist aus.

Unser Geist wird nie alt und hat eine ungeheure Macht!

„Geist ist unsterblich!“

Vielleicht passt diese kleine Geschichte jetzt ganz gut dazu, die mir eine Freundin einmal erzählte. Sie war damals 14 Jahre alt, als ihr Opa folgendes zu ihr sagte:

„Kleines, mei Madla, mei Buzzla, mei Schimmela, sei nicht traurig, wenn ich einmal sterben muss. Ich sterbe nicht, weil jedes Leben aus Energie besteht und Energien nicht sterben können und unvergänglich sind. Vielleicht bin ich für dich nicht mehr als Opa sichtbar, aber du wirst mich in anderer Form immer bei dir finden.“

Intuition

In der Parabel von den fünf klugen und den fünf törichten Jungfrauen (Matthäus 25:3) heißt es:

„Die Törichten nahmen zwar ihre Lampen mit sich, aber kein Öl, die Klugen hingegen nahmen Öl in den Gefäßen mit sich, zusammen mit ihren Lampen."

Das Öl bezieht sich auf diejenigen, die Erkenntnis fanden, also aus der Selbstvergessenheit erwacht sind. Die berühmte Weggabelung des Schicksals, ein Mensch kann sich für Weiß entscheiden, oder man entscheidet sich für Schwarz, Licht oder Schatten, ein dazwischen gibt es nicht mehr. Ein Dazwischen wäre in etwa so, als würde man Heilpflanzen mit Pestiziden bestäuben.

Ein Geben und Nehmen im gleichen Austausch gibt es in der Polarität in Wahrheit nicht, denn einer wird immer mehr Nehmen oder Geben.

Die Zeit der Polarität neigt sich dem Ende zu.

Solange Menschen sich von niederen Bewegtrieben geführt fühlen, spielen sie das Spiel Chemie und Entwicklung.

Die Grundlagen des Lebens in der Polarität sind die ewigen Verlockungen.

Man kann sich dazu ein Hühnerei vorstellen. Würde man dieses Hühnerei aufstellen wollen, so wäre dieses Ei der Schwerkraft ausgesetzt und würde in eine Waagrechte fallen. Bei jedem geringsten Luftzug würde dieses Ei aber zu wanken anfangen. Dies wäre meine Erklärung für ein Leben in der Polarität.

Es kommt der Tag, da kippt dieses Ei dann um, es ist sozusagen verdorben, es ist also quasi nicht mehr genießbar. Dies stellt man am leichtesten fest, indem man ein Hühnerei in ein Wasserbad legt. Ein verdorbenes Ei würde sich aufstellen.

Der Glaube an die Polarität wird nicht im Leben und auch nicht nach dem Tode zur Einheit führen können, denn man geht noch zwei Wege.

In der Polarität gibt es nur eine halbe Wahrheit.

Unsere Quelle, zu der wir eines Tages heimgehen, ist unsere Wahrheit. Diese Ur- Quelle, es ist die wahre LIEBE.

Unsere uralte Erinnerung.

Diese Polaritäts-Wahrheit (der Glaube an Licht u. Schatten) wäre, wie gesagt, nur die halbe Wahrheit.

Manche sagen:

Die berühmte Weggabelung habe keine Wegweiser.

Oh doch!

Für mich stellt sich das Licht als Intuition dar.

Jetzt könnte man mich ja vielleicht fragen:

Was ist denn **Intuition**?

Intuition öffnet die Tür zu dir Selbst und der Erinnerung.

*Und wie bekomme ich **Intuition**?*

Man sieht in jedem Gegenüber ob Freund oder Feind seinen Lehrer!

Das EINE macht zwischen Feind und Freund keinen Unterschied.

Manchmal sind wir vor die Frage gestellt, was ist die Anziehungskraft der Sonne?

Es ist der wundervolle Reiz der anzieht.

Über Intuition kann man viele Zeilen füllen aber ich denke, dies würde jetzt den Rahmen sprengen und vom Thema abweichen, darum habe ich mich auf diese zwei Sätze beschränkt.

Ich möchte Ihnen aus eigener Erfahrung versichern, dass dies nicht unbedingt der leichteste Weg ist, von den zwei Wegen, die für jeden Menschen offen stehen und von denen man sich einen aussuchen darf, das heißt, für seinen eigenen Weg, für den man sich zu entscheiden hat, in der Schule des Lebens. Ich hatte das große Glück Herz ohne Verstand zu besitzen, da in meinen Zahlen etwas fehlt, darauf werde ich noch eingehen. Die berühmte Weggabelung des Schicksals, so könnte man es wieder nennen. Wenn man dies einmal ein paar Jährchen praktiziert, kommt in einem manchmal so ein Gefühl auf, nicht mehr von dieser Welt zu sein, denn man fängt irgendwann einmal an, in die Seele seines Gegenübers blicken zu dürfen, was nicht immer ein freudiges Erlebnis ist. Es ist manchmal nur ein, ich weiß nicht, wie ich es beschreiben soll, ein sogenanntes Frieren oder ein Gefühl, das mir Signale zusendet. Manchmal bin ich dann gar nicht bei der eigentlichen Sache, um die es geht, das heißt, ich vergesse manchmal das eigentliche Gespräch. Und somit habe ich öfter das Gefühl, als ob in mir zwei Seelen wohnen würden. Es ist für mich oft schwierig, zwei Gesprächspartner gleichzeitig wahrzunehmen.

Als ich mir dessen eines Tages bewusst war, habe ich mich selbst in Frage gestellt und beschloss, einen Doktor der Psychiatrie aufzusuchen. Es war eine Sie. Sie stellte mir ein paar Fragen wie zum Beispiel:

„Können Sie ihren Haushalt noch machen?" Ich antwortete mit „ja", und „können Sie für ihre Familie noch jeden Tag ein Essen zubereiten?" Ich antwortete wieder: „Jeden Tag." Sie sagte dann:

„Also wenn Sie keine Tabletten einnehmen möchten, kommen Sie doch bitte wieder, wenn Sie den ganzen Tag lang in einer Ecke sitzen und heulen."

I´m sitt´n here in the corner of the room.....

Ok, sagte ich, so verbleiben wir. Dies war mein erster Anlauf bei einem Psychiater.

Zufall oder nicht, als ich eines Tages auf einer Mission war, ich war Urlaubsbegleitung eines älteren Menschen mit ziemlich vielen Defiziten in Teneriffa, lernte mich ein Dr. der Psychiatrie kennen. Meine Zimmernummer des damaligen Hotels habe ich vergessen, doch ich kann mich daran erinnern, dass sich das Zimmer im 7. Stock befand. Dieser Herr Psychiater sprach mich ziemlich oft an, wie zum Beispiel:

„Ich finde, Sie sind viel zu jung für dieses Rentnerhotel, was machen Sie hier. Hier ist keiner unter 70 Jahre. Sie in ihrem Alter müssten doch das Leben genießen" und so weiter und so fort. Daraufhin fragte ich ihn nach seinen Geburtstagszahlen. Er erzählte mir voller Stolz, dass er ein Buch geschrieben habe über gleichgeschlechtliche Paare. Und dass er seinen Doktortitel nicht stellenweise abgeschrieben hätte, wie zum Beispiel ein Herr der Politik.

Auf seinen ehrlich erworbenen Titel kann dieser sympathische Psychiater wahrlich stolz sein, es gibt da nämlich noch eine andere Art von Stolz. Hochachtung für alle, die sich Ihre Titel ehrlich erarbeitet haben, denn sie mussten sich viel Wissen aneignen.

Gott sei Dank bin ich kein Politiker!

Dieses Karma möchte ich nicht mit in mein Jenseits nehmen.

In der Politik wird ja mit Zahlen wie „Billionen" herumjongliert, dies übersteigt meine mathematischen Kenntnisse bei weitem.

Mir reichen schon meine paar Zahlen und deren Verknüpfungen.

Hätte Gott gewollt, dass aus mir ein Politiker wird, hätte sie es getan. Gott muss also eine Frau sein, sonst wäre in der Politik ja alles bestens, da sehe ich zur Zeit gar nichts locker flockig.

Meine Akademie ist die des Lebens.

Und der akademische Grad:

Bewusstsein.

Ich wollte diesem Herrn Psychiater damals vermitteln, dass es ein universelles Gesetz gibt, das da heißt, du ziehst an, was du aussendest. Jedenfalls erzählte er mir dann, dass seine 17jährige Tochter sich outete und Preis gab, dass sie lesbisch sei. Weiterhin gab er an, dass er regelmäßig ins Spielkasino geht, drei Whiskys am Abend trinkt und getrennt von seiner Ehefrau lebt.

Ich habe viel Sympathie für ältere Menschen, weil viele loslassen, und nackt durch die Gegend laufen können.

Und auch spürte ich damals, dass ich ihm Leid tat.

Was soll`s, mir ging es ja genauso.

Heute bin ich dankbar. Es war mit einer der freundlichsten und rücksichtsvollsten Menschen, die ich je in meinem Leben kennen lernen durfte. Ein wahrer Gentleman. Dieser freundliche Mensch hätte mich sogar zum Tauchen eingeladen, er machte allerdings einen Fehler, er machte mich klein. Er fragte mich, warum ich keine anderen Sprachen spreche, und, warum ich so wenig über Geschichte weiß. Ich sagte zu ihm, wir drehen uns seit jeher im Kreis, da brauche ich doch kein Geschichtsstudium und lehnte die Einladung somit dankend ab. Ich konnte beobachten, wie dieser intelligente Mann sein Lexikon in seinem Kopf kurz abscannte und gab mir recht mit den Worten: „Stimmt". Und es ist auch kein Wunder, dass dieser Mann nebenbei Mathematik an einer Universität lehrt. Wahrscheinlich war es bei meinem Glück sogar ein Professor. Denn als ich ihm erzählte, dass der Mensch nun das Gefühl hat, der Tag habe nur noch sechzehn Stunden, errechnete er in einer Quantengeschwindigkeit per Kopf aus, dass wir beide ja dann in diesem Leben gleich alt sein müssten. Diese mathematische Rechnung würde ich gerne einmal auf Papier sehen.
(Mir war zum damaligen Zeitpunkt noch nicht bewusst, dass dieser Gentleman Recht hatte!)

Wir Numerologen werden von den Mathematikern eher belächelt, weil man die göttliche Mathematik noch nicht wissenschaftlich belegen kann.

Das Faszinierende in der Numerologie ist genauso faszinierend in der Mathematik und der Musik. Es ist unendlich, irgendwann wird man Künstler für das Unendliche.

Manchmal ist Evolution nur mit Diskussion möglich.

Ab diesem Zeitpunkt beschloss ich, das Bild, das ich von einem anderen wahrnehmen kann, manchmal nur durch frieren, nicht mehr zu hinterfragen. Ich lasse es einfach so unberührt wie möglich durchkommen. Meistens wird dann erst nach Wochen das Ereignis eintreten. Zeit ist relativ, und die Zeit des Ereignisses ist schwer voraussagbar.

Der Durchgang durch die Zeit.

Zeit, der Baumeister für Veränderungen.

In unserer zweifelhaft schnelllebigen Zeit ist es schwer, irgendwelche Voraussagungen zu machen. Wenn es um Zeit geht, sage ich immer, das Schlüsselwort ist bei mir ein Jahr, nach Veröffentlichung meines Manuskriptes.

„Geh nicht nur die glatten Straßen. Geh Wege, die noch niemand ging, damit du Spuren hinterlässt und nicht nur Staub.“
(Antonine de Saint Exupéry, franz. Schriftsteller, 1900-1944)

Es gibt eine Veränderung auf der Erde.

Die Veränderung wird eine ganzheitliche Veränderung sein. Und diese Veränderung hängt nun von unserem Bewusstsein ab, da uns jetzt wieder zwei Wege offen stehen.

Das Zeitalter des erwachten Geistes ist gekommen.

Es wird ein Zeitalter der harmonischen Gemeinschaft kommen, die Rückkehr zum Bewussten wird unabdingbar sein.

Frieden

(Made by Ingo Rittscher)

Auch wird es langsam Zeit, unsere Augen wie auch Ohren aufzumachen, um den Wahnsinn einmal zu stoppen, das heißt, unser Scheindasein zu beendigen.

Schon mal den Namen „Franz von Assisi“ gehört, der Anfang des 13. Jahrhunderts gelebt und leider nur kurz gewirkt hat?

Ich hörte in einem Seminar einmal die Frage aus dem Publikum:

„Wie steht's mit unserm Weltfrieden?“

Die Antwort war:

„Was kümmert Sie der Weltfrieden, seien Sie doch froh, dass Sie ihren eigenen Frieden gefunden haben!“

Oh wie wahr, dieser Mann ist ein echtes Genie und ein sehr großer Meister, denn hätte jeder seinen inneren Frieden gefunden, gäbe es keine Weltfriedensfragen.

Ich spürte damals, dass es Menschen gibt, die darüber noch mehr wissen möchten.

Persönlich glaube ich, dass sich alle Probleme auf eine Denkweise der Menschheit oder ein energetisches Problem zurückführen lassen.

Spirit und Esoterik ist ein und dasselbe.

Da setze ich jetzt noch eines oben drauf, denn es gibt ja viele Wörter um eine Sache zu erklären.

Eigentlich könnte man auch sagen, dass dies außerirdische Probleme sind.

Kriege werden in kleinen Familienkreisen, größeren Banden oder auch Ländern auf unserem Planeten geführt, weil jemand haben will.

Ich will Haben.

Die Pest der Menschheit!

Haben wollen, gleich wie und woher und diese Pest wird immer wieder übertragen.

Halleluja, man möchte solange sammeln, bis die Sammlung zusammen ist.

Papierfluten gibt es ja darüber schon genug.

Wie sagte denn nicht einst unser Herr **Goethe**:

„Wie an dem Tag, der Dich der Welt verliehen,

die Sonne stand zum Gruße der Planeten,

bist also bald und fort und fort gediehen,

nach dem Gesetz, wonach du angetreten.

So musst Du sein, Dir kannst Du nicht entfliehen,

So sagten schon Sibyllen, so Propheten,

und keine Zeit und keine Macht zerstückelt

geprägte Form, die lebend sich entwickelt."

Ich finde, schlimmste Kriegserfahrungen entstehen doch aus einem fehlgeleiteten Geist eines Menschen. Viele Menschen glauben im 21. Jahrhundert tatsächlich immer noch, dass man nur ein Leben hat und dieses eine Leben müsste man mit allen ausschweifenden Trieben, Tücken und Sinnen und oftmals ohne Rücksicht genießen. Es ist das Gefühl, im Leben nicht genug voran oder nicht genug Macht zu bekommen im Kleinen wie im Großen.

Es gibt am Ende keine Sieger und auch keine Besiegten. Am Ende steht man wieder am Anfang.

Krieg im Kleinen wie im Großen wird nie siegreich sein, auch wenn man am Ende Champagner trinkt, so hat man doch verloren.

Die menschliche Dummheit ist berechenbar.

Macht Rache wirklich glücklich?

Kann denn Rache oder der Wunsch nach Vergeltung Frieden bringen?

Rache würde das „Böse“ (gibt es eigentlich nicht, dient nur zur Evolution) auf unserem Lernplaneten nur vermehren.

Für mich ist der Virus des Krieges (Haben wollen) ein Glaube an den Sieg, an einen Sieg, bei dem man kläglich scheitern wird. Am Anfang hat man Begeisterung. Am Ende wird man feststellen, dass keiner Be-Geist-erung für einen hat, vor allem dann nicht, wenn man gefallen ist. Die Begeisterung wird also zuerst sterben.

Ebenso ist für mich Ritterlichkeit eine Illusion. Bitte kläre Fragen der Ehre nie mit den Waffen. Die Wirkung eines Krieges könnte man auch Selbstzerfleischung nennen. Der Tod wird zur Gewohnheit. Ein Feind kann nie besiegt werden.

Die Menschheit wird sich dadurch nur wieder im Kreis drehen. Ausbluten lassen bringt immer nur „tausende ausbluten“ lassen. Ein Feind weniger aber ein großer Ruf des Teufels, namens Verrecken.

Was passierte mit Frauen im Krieg:

Der Kummer hat sie zerbrochen.

Ich durfte mich einmal mit einer älteren Dame unterhalten, die mit drei Männern in einem zerbombten Kartoffelkeller unter Trümmern begraben war. Man sah nur noch ihre Gesichter.

An diesen schrecklichen Ereignissen knabbern die älteren Leute heute noch.

Zu den Glaubenskriegen fällt mir ein:

Schon immer ist der Begriff des Opfers einer der edelsten, den die Menschen kennen. Über Jahrtausende von Jahren sind aufgebaut auf diesen Opfertod ihres, so meint man,

damaligen Begründers, wer auch immer der Name war.

Man glaubt dadurch doch nur, dass man sich über den Durchschnitt der menschlichen Wertung empor heben kann. Der Mensch ist auf diesem Wege nur in seiner Selbstflucht verfangen, in einer gedankenlosen Kurzsichtigkeit.

Als Soldat wäre ich wohl unwürdig, weil ich weiß:

Erst wenn du ausgeblutet bist, möchtest du fliehen.

Am Ende werden die Fronten wie am Anfang sein. Das Volk wird in eine Scheinwelt geführt. Kein Schwert der Welt kann entscheiden. Das nenne ich SELBST-Täuschung.

Ein Kriegsanführer ist immer einer, der seiner Zeit nie ganz gewachsen sein kann, das heißt, seiner Zeit noch nicht gereift ist, und mit dessen Untergang stirbt wieder einmal eine Illusion.

Wer wird wohl am Ende immer siegen?

Das Schicksal.

Was ist das?

Das Schicksal ist das, was sich am Ende durchsetzen wird.

Dies klingt unfair, aber der wahre Thron ist ein anderer.

Was ist denn der wahre Thron?

Die Erinnerung.

Der wahre Thron möchte keine Menschenseele über sich haben.

Ich bin ein Mensch mit großer Phantasie, es ist für mich allerdings nicht vorstellbar, dass Jesus mit Waffen seine zwölf Jünger angefeuert hat.

Na ja, jetzt macht es gerade Bingo unter meinem Blondschopf, wie schnell bekomme ich Patronen in ein Gewehr, kann auch eine Lebensaufgabe sein.

„In the Army now“

(Status quo)

Für meinen Teil im Leben bin ich nun an einem Punkt angekommen, wo ich versuche, mit meiner eigenen Wahrnehmung im Einklang mein Leben zu leben, egal wie andere die Bibel auslegen.

Die Ausgaben für Waffen sind 12mal höher, als die Ausgaben für Kinder und ältere Menschen.

Ich will Haben ist die Ursache für alle Kriege, die je geführt wurden.

Ich will Geben ist der erste Schritt zur Göttlichkeit.

Und an dieser Stelle möchte ich noch hinzugeben:

Viele Menschen werden noch getötet werden und werden sich töten, solange noch nicht der Funke übergesprungen ist, das Wesentliche des menschlichen Daseins zu beweisen.

Der Nebel eines Krieges wurde in der Geschichte der Menschheit immer wieder nur allzu gerne verschleiert.

Vor circa 2500 Jahren gab uns Konfuzius schon die Anleitung zum Weltfrieden:

„Willst du das Land in Ordnung bringen,

musst du erst die Provinzen in Ordnung bringen.

Willst du die Provinzen in Ordnung bringen,

musst du die Städte in Ordnung bringen.

Willst du die Städte in Ordnung bringen,

musst du die Familien in Ordnung bringen.

Willst du die Familien in Ordnung bringen,

musst du die eigene Familie in Ordnung bringen.

Willst du die eigene Familie in Ordnung bringen,

musst du dich selbst in Ordnung bringen."

(Konfuzius, chin. Philosoph, 479-551 v. Chr.)

Wie viele Menschen verfangen sich heute immer noch im Unwesentlichen und vergessen dabei das Wesentliche.

Mit Bomben und Granaten wirft der Tod nur wieder einmal dunkle Schatten. So wird das mit Krieg immer sein.

In der Zeit, in der ich gerade mitten in meinen Friedensgedanken war, besuchte mich eine Person, die mich wieder einmal um Rat bat, was sie denn noch unternehmen könnte, um ihr Leid zu lindern. Sie erzählte mir auch, welcher Arzt oder Heilpraktiker welches Medikament verschrieben habe. Ich sagte dieser Person, ich könnte mich darauf gerade nicht konzentrieren, denn ich mache mir im Moment mehr Gedanken um unseren Frieden in Deutschland. Ich bekam folgende Antwort:

„Ja Anke, weißt du nicht, dass man immer positiv denken muss!“

Nun denke ich einmal laut:

Die Schwingung der Friedensstifter ist es, was die Menschheit braucht, denn so denke ich, die Verbindung zu unserer Quelle ist bei vielen längst verloren gegangen.

Wenn wir nicht lernen wollen, dann war der Tod so vieler Menschen und Tiere sowie Pflanzenarten vergeblich.

Nun ist mir bewusst geworden, dies sind ja nicht meine Probleme.

Im Kleinen wie im Großen sind es ja die Probleme der anderen.

Aha, ich bin bereit für Aha-Erlebnisse, wie am Anfang schon erwähnt.

Ab jetzt mache ich mir über Kriege kein Kopfzerbrechen mehr, das soll jetzt nicht heißen, dass ich es ignoriere, ich mache mir die Probleme der Welt von nun an nicht mehr zu meinen eigenen, denn ich würde nur Frustration ernten und dies führt bestimmt nicht zum wahren Herzensfrieden. Ich werde von nun an lieber versuchen mein Haus in Ordnung zu halten, wie es Sokrates schon sagte. Aktive Nächstenliebe heißt also laut Sokrates mein Nächster, der auf meinem Weg in eine Notsituation gerät, diesem beiseite zu stehen.

Als Seeelefant fällt mir jetzt ein Lied ein:

Sag mir wo die Blumen sind, wo sind sie geblieben, sag mir wo die Blumen sind, was ist geschehn. Sag mir wo die Blumen sind, aaach wird der Mensch jeee versteehn.

Ich gehe also bei diesem Thema von nun an in die Akzeptanz und übe mich in Vorurteilslosigkeit, da ich weiß, dass jeder Mensch die freie Wahl hat. Und ich bin auch froh, dass wir aus der Geschichte der Kriege und des dritten Reiches so viel gelernt haben und bin dankbar für die Demokratie, die daraus entstanden ist.

Kennt der Leser den schon?

Sagt ein alter Mann zu einem anderen ebenfalls alten Mann:
„Was machst du da, kommt das vom Krieg?"
Antwortet der andere: „Nein, das kommt von der Nase."

Als bekennende Pazifistin musste ich wohl über Krieg schreiben, da ich kein Blut sehen kann. Nur mit dem Wort alleine bekomme ich schon Nackenstarre.

Der Grund dafür ist wahrscheinlich, dass meine Tochter mit eineinhalb Jahren zuckerkrank wurde, nach der Mumps-Masern-Röteln Impfung. Wenn man über ein Jahrzehnt einem Kind Blut nehmen muss, sechs bis siebenmal am Tag oder in der Nacht, 365 Tage im Jahr, schärft dies den Blick für Leidende. Auf Diabetes mellitus I werde ich jetzt nicht eingehen, da könnte ich ein Buch aus der Sicht des Betroffenen schreiben. Dazu sage ich nur eins:

Jede Krankheit hat auch eine geistige Einladung. In diesem Fall war meine Tochter mein Lehrer. Ich durfte das Warten lernen und anzufangen, viele Dinge etwas anders zu sehen, in einer nicht sehr schönen Geschenkverpackung.

Leiden ist eine Leiter, die aufwärts und abwärts führt. Man kann auf ihr in reine lichte Höhen aufsteigen, man kann ebenso in finstere Tiefen und Abgründe hinabsteigen. Die Himmelsleiter ist dieselbe, es kommt nur darauf an, wie man sie benützt.

Statt in der Dunkelheit herumzuirren mit tief hängenden Wolken, bei denen wir uns nicht nach der Sonne richten können, werden wir anfangen müssen, unser Adlerauge zu benutzen und dabei feststellen, dass unsere Pflanzen trotz dunkler Wolken Richtung Sonne wachsen.

Die Antwort auf die physische Ursache der Erkrankung meiner Tochter fand ich in der Literatur von Frau Dr. Hulda R. Clark und Herrn Dr. Friedrich Klinghardt. Sie sind Meister ihres Faches.

Ich glaube, dass die heutigen Heilpraktiker frühere Hebammen waren, die mit ihren Kräutern den Menschen Leid und Schmerz erleichtern wollten, bis sie dann verbrannt oder gesteinigt wurden.

Ich habe einmal mit 15 Jahren bei einer Abschlussfeier das Lied "Wann stirbt die Welt" gesungen, wo mir gerade in etwa so der Text wieder einfällt. Dieses Lied ist von Peter Alexander und man findet es in You Tube.

Bitte mal dazu das Video ansehen!

Mit diesem Lied, das ich damals gesungen habe, trat ich in mein erstes größeres Fettnäpfchen, an das ich mich erinnern kann.

Normalerweise gibt es vor einem Auftritt eine Generalprobe. Als stellvertretende Schülersprecherin bestand ich aber darauf, dass das Lied, das ich singen würde, eine Überraschung sein sollte und ich versicherte dem damaligen Schuldirektor, dass er sich keine Sorgen machen müsse. In dieser Schule durfte ich immer Vermittler und Streitschlichter spielen, wenn sich die Pfarrer darüber beschwerten, dass die Kinder die Zeitschrift Bravo im

Unterricht gelesen haben. Bei diesem Lied, das ich vortrug, durfte ich das erste Mal in meinem Leben Zeitlosigkeit erfahren. Der Leser ahnt gar nicht, wie lange drei Sekunden sein können. Als ich damals so vor mich hin trällerte, blickte ich kurz ins Publikum und nahm wahr, dass den Leuten gerade der Kinnladen herunterfiel, daraufhin vergaß ich für circa drei Sekunden meinen Text.

Offensichtlich war ich mit fünfzehn Jahren schon ein Seeelefant, denn man singt bei einer Schulabschlussfeier kein so todtrauriges Lied.

Jetzt könnte bei einem vielleicht die Frage auftauchen, warum ich mir Gedanken über den Frieden mache, und ob ich denn meinen inneren Frieden gefunden hätte?

Ich bezeichne mich als Mystiker.

Mystiker sind Menschen, die sich und das Leben oftmals zu ernst nehmen. Ich bin ein Mensch, der sein Leben lang nach einer höheren Weisheit gesucht hat. Es war immer ein Fragezeichen ganz tief in meinem Inneren verankert. Was ist der Sinn in meinem Leben, wo komme ich her und wo gehe ich wieder hin?

Dies kann ein Segen oder aber auch ein Fluch sein. Ich empfand dies immer als einen Fluch, wenn ich wahrnehmen durfte, wie man sein Leben genießen kann ohne dass eine innere Stimme ständig befiehlt, etwas tiefer in eine Sache zu blicken.

Da gibt es doch den Seeelefant bei der Augsburger Puppenkiste

„Seele – fand“.

So in etwa kann man sich das vorstellen, also eine Insel mit zwei Bergen.

Inspiration kommt von Dingen, die einem nicht vertraut sind.

Je mehr man sieht, je mehr Sehenswürdigkeiten häuft man an, es ist eine Art stumme Sprache. Man hat das Gefühl, nie zufrieden zu sein und dies treibt einen noch weiter an, solange, bis man das Gefühl hat, ja jetzt ist es stimmig oder jetzt passt es. Ich war nie der große Redner, sondern eher der stille Beobachter.

Musik ist nicht schwer zu verstehen,
Musik klingt in meinem Ohr ohne Worte.

Wenn ich zu sehr über Dinge nachdenke, werde ich dadurch nur gehemmt, es ist etwas, was man nicht erklären kann.

Mystik bleibt wohl ein Geheimnis.

Ich weiß inzwischen längst, dass ein Mensch keine Heilsalbe erfinden kann, um das menschliche Geschwür zu lindern, aber wir werden weiterkommen, das zu wissen ist unser Schutz.

Es beflügelt meine Seele, wenn ich für eine gerechtere Gesellschaft schreiben darf.

Wie sagte denn nicht einst Frau Hildegard von Bingen:

„Wer nicht nach dem Sinn des Lebens sucht, ist von Geburt an behindert."

Die Suche nach einer höheren Weisheit war immer mein Lebensziel.

Ich habe mich angenommen so wie ich bin, so bin ich. Das hat etwas mit eigener Akzeptanz zu tun und dies ist für mich durchaus friedlich.

Ein innerer Frieden entsteht aus der Wertschätzung dessen, was man hat und ich denke es heißt Dankbarkeit.

Dazu muss ich nur kurz dichten.

Zu viele Stimmen sind in mir

und doch so weit weg von dir.

So viele Dinge in mir möchten beantwortet werden und

doch erkenne ich nun an,

dass es immer die innere Stimme ist,

die erhört werden möchte.

Über meine Tiefgründigkeit möchte ich ein kleines Beispiel geben:

Ich stand in einer Zoohandlung und erblickte ein Säckchen mit Heu, das mich wohl daran erinnern sollte, in nächster Zeit Heu für mein Pferd zu organisieren.

Beim genaueren Betrachten dieses Heues las ich folgendes:

1250 Gramm Heu von den schönsten Bergwiesen Österreichs, Preis 4,29 €.

Der Seeelefant in mir sprach:

„Des is doch koa Hei, des is doch a Groamat auf das es wahrscheinlich 72 Stunden draufregnete?"

Deutsche Übersetzung dafür:

„Das ist doch kein Heu, das ist doch ein zweiter oder dritter Grasschnitt! Jedes Kind weiß doch, dass nur ein erster Grasschnitt Heu ist oder?"

Ist es Zufall, dass ich kurze Zeit später einen Herrn kennenlernen durfte, der Heu nach Österreich exportiert.

Ich fragte diesen Herrn folgendes:

„Die Österreicher haben doch selbst genug Heu und wahrscheinlich schöneres?“

Dieser Herr antwortete mir:

„In Österreich reicht das Heu nicht, von Österreich kann man kein Heu kaufen, die müssen selbst jedes Jahr dazukaufen, da der Almauftrieb erst Mitte Mai ist.“

Und ist es Zufall, dass ich einen Bauern kennenlernen durfte, der genau diesen zweiten Grasschnitt an diese oben genannte Zoohandlung liefert.

Der Seeelefant in mir fragt sich:

„Wieso, Weshalb, Warum belügt man Hasen?“

Dreidimensional gesehen heißt dies folgendes für mich:

Wenn ich zweiten Grasschnitt, Exporteur und Bauer zusammenrechne:

1 plus 1 plus 1 ergibt Ahaa

„Die Pest der Menschheit!“

Dieses Ellenbogenbewusstsein habe ich nicht.

Manche Menschen beschreiten seltsame Wege, um ihr Geld zu verdienen. Könnte man da nicht schreiben:

„Echtes biologisches Raufutter von bayerischen Hügelwiesen?“

Es sind manchmal Momente, da wünschte ich mir, ich könnte mit Scheuklappen durch das Leben ziehen, die Kehrseite eines Mystikers.

Das gewinnbringende Gewerbe ist es doch, was schon immer wirtschaftlich ist.

Und dies ist für mich eine gewinnbringende Denkweise, da die Tiere mit dem höheren Eiweißgehalt krank werden und somit profitieren die Tierärzte wieder.

Es gibt im Leben Menschen, die lehren können, es gibt auch Menschen, bei denen man so eine Art Leere spürt, denn diese sind nicht von dieser einen Kraft bewegt.

Unser Herr Sokrates:

„Bester der Männer, du, ein Bürger Athens, der größten und an Weisheit und Stärke berühmtesten Stadt, du schämst dich nicht, dich um Schätze zu sorgen, um sie in möglichst großer Menge zu besitzen, auch um Ruf und Geltung, dagegen um Einsicht und Wahrheit und um deine Seele, dass sie so gut werde wie möglich, darum besorgst und besinnst du dich nicht? Wenn aber einer von euch Einwendungen macht und behauptet, er sorge sich doch darum, so werde ich nicht gleich von ihm ablassen und weitergehen, sondern ihn fragen und erproben und ausforschen, und wenn er mir Tüchtigkeit nicht zu besitzen scheint, es aber behauptet, so schelte ich ihn, dass er das Wertvollste, am wenigsten achte, das Schlechte aber höher.“

Wie viele wundervolle Balladen sind schon gespielt worden

die Quintessenz ist doch immer:

Ich will haben, das heißt, die Dollarzeichen.

Nun denke ich, wir irren uns,

denn die Daseinsberechtigung von heute ist leider noch nicht so gut entwickelt, wie es eigentlich nach so langer Zeit sein sollte.

Unser sehr verehrter Herr Hermann Hesse, der Steppenwolf, schrieb über den Widerwillen der meisten Menschen, das Schwimmen zu lernen, da der Mensch ja für den Boden geboren wäre, nicht für das Wasser. Und er schrieb auch, dass wer das Denken zur Hauptsache in seinem Leben mache, es zwar weit bringen könne, jedoch einmal darin ersaufen würde. Der Mensch sei eben für das Leben (Boden) erschaffen, nicht für das Denken (Wasser).

Als ich mir den oben genannten Unterschied von Herrn Hermann Hesse zwischen Boden und Wasser aufschrieb, war ich siebzehn Jahre alt. Dieser Herr Hesse war nicht gerade mit Humor gesegnet. Nun schließt sich der Kreis wieder für mich. Ich wusste damals ja noch nicht, dass ich einmal meine Erkenntnisse zur 13. Oktave schreibe.

Ich finde es sehr wichtig im Leben, dass man sich mit einem Dichter auch identifizieren kann, wenn man ihn zitiert.

Hessewerke habe ich mit 17 Jahren schon gelesen, damals lag ich gerade in einem Krankenhaus. Man hat mich zu einer etwa 70 jährigen Frau mit Bauchspeicheldrüsenkrebs gelegt. Sie war wohl sehr vermögend, denn man erkannte deutlich die Narben vom Liften. Sie wollte mir alle ihrer Bücher vererben, ich habe das Erbe dann nicht angenommen, es wäre mir nämlich ergangen wie vielen Sammlern und ich hätte eine Wohnung nur für Bücher mieten müssen.

Den Boden eben mit dem Wasser vertauscht.

Zum richtigen Zeitpunkt kommt das richtige Buch.

Bewege und verändere dein ICH!

Vielleicht kann ich ja Mystik doch beschreiben, ich versuche es einmal:

Schicksale gibt es wie Sand am Meer, die uns das Leben erzählt, aber ich denke, der Mensch könnte sich viele physische und psychische Strapazen ersparen, wenn er sich wieder erinnern würde und die Suche nach der Erinnerung ist es, die Suche nach Antworten auf das Mysterium des Lebens ist es, was einen Mystiker antreibt.

Mystiker geben etwas, und lassen etwas offen, so dass jeder wieder seine freie Wahl hat.

Wenn der Wind dein Segel erfüllt, dann bist du deinen Weg gegangen.

Unser Herr Goethe beschrieb dies so:

...Ach / So ..."Zwei Seelen wohnen, ach! In meiner Brust, /

Die eine will sich von der anderen trennen." (Faust)

Das Leben ist eine Symphonie der Seelenwanderschaft!

Da gibt es doch diesen Spruch:

„Der faule Esel trägt sich selbst zu Tode."

Dieser Spruch ist einer meiner Beweggründe für meine Erkenntnisse zur 13. Oktave.

Ich denke, unser Herr Albrecht Dürer war ein Perfektionist, und was hoffte er wohl in Venedig zu finden?

Vielleicht die Weltchronik?

Vielleicht den oben genannten Thron?

Dieses Genie fing an, mit ***anderen Augen*** zu sehen.

Dürers Blick galt der unscheinbaren Natur.

Jetzt würde ich gerne ein Dürerbild einsetzen, aber als ich die Urheberrechte erforschte, kam ich auf folgendes Resultat:

Wenn ich meine drei kleinen Dürerbilder (es sind nur Drucke, denn sie wären unbezahlbar) einsetzen würde, müsste ich sie so fotografieren, dass man in erster Linie das Wohnzimmer erkennen kann und zufällig würden dort die Dürers hängen.

Meine Bildchen sind so klein, dass man das Wesentliche, Dürers Arbeiten, übersehen würde, außerdem käme ich von meinem Lebensweg ab.

Es würde auch keinen Sinn ergeben, wenn ich dafür ins Gefängnis müsste.

Wenn ich das Geburtsdatum von Herrn Dürer reduziere,

21.5.1471, erhalte ich die Zahl 12 als Quersumme, da ich diese Endzahl erst in einem Dreieck sehe, die Christuszahl.

Ich glaube, er bekam seine Inspirationen aus einer anderen Leitung, mit der er seine Kunstwerke kreierte und damit die Welt zu einem schöneren Ort machte.

Auf meinen drei Bildern sieht man den Gesalbten mit dem Kreuze.

Hatte Herr Albrecht Dürer nicht auch zu seiner Zeit die 4 Apokalyptischen Reiter kreiert?

Jetzt könnte bei jemandem die Frage auftauchen:

Gibt es ein körperliches Zeichen für Intuition?

Ja, du frierst leicht und nimmst die Gefühle in dir wahr.

Manchmal wünschte ich mir, ich könnte auf einem Vulkanberg sitzen und nur so ins Meer schauen. Aber man kennt sich ja selbst am besten, das heißt, mein Seeelefant in mir würde ein Lied für die 13. Oktave komponieren.

Selbstverständlich über die Liebe!

„My time with you“

When I see you at the first time,

I look in your bright eyes and I wish you were mine.

You looking so lovely, so good and so clear

and I was trapped by this love-Affair.

I´m feeling so lonely when you are not here

my heart is so empty, my head is not clear.

The same in the future, the same in the past

but the first impression it`s not the last.

There`s many trouble

with you and me

we are two islands

in the same see. usw.

Eine Geschichte aus einem Leben ist immer eine wahre Geschichte des Erzählenden,

denn bis dato wusste er es nicht besser.

Die Anfangsbedingungen und Erfahrungen eines jeden Menschen sind sehr unterschiedlich und darum sind auch die Wahrnehmungen sehr unterschiedlich.

***ALLE**, die von der Veränderung etwas bemerken, die Menschen, die bewusster geworden sind, sind zur Prüfung zugelassen.*

Sie wissen nun einfach, dass Grundeinstellungen, an denen sie viel zu lange festgehalten haben, loszulassen sind, damit die neuen Ansichten (Aha) zu immer mehr Erkenntnis und dem inneren Frieden führen und dies führt wiederum zur wahren Freiheit.

Das ICH verwandelt sich zu einem DU.

IAHU so wiehert mein Pferd!

Es soll mal gesagt worden sein:

Auf dem Wasser träumst du mehr zurück als voraus.

Lebenssinn kommt mit Erfahrungen.

Der Weg der Wahrheit wird sein, unsere wahre Bedeutung wiederzufinden und die egozentrischen Aspekte in unserem Leben abzulegen.

Es gibt da noch etwas, was jenseits unserer Geschäftswelt existiert!

Es ist 5 vor 12 ab dem Jahre 2012

Sind wir bereit?

Jetzt kommt unsere Monsterwelle, denn die größte Welle ist unsere eigene.

(Bild von Ingo Rittscher)

Vor circa vielen tausenden von Jahren war die Menschheit hoch technisch entwickelt. Viel weiter als wir es heute sind. Viele dieser Menschen haben sich aber leider „geistig“ nicht entwickelt.

Es gab eine große Katastrophe, warum wohl?

Es ist die weite Reise, es ist die Suche nach dem verruchten Honig, die manchmal sehr unangenehm werden kann.

Für mich scheint es, dass die Menschheit sich seit tausenden von Jahren immer wieder im Kreise dreht. Es ist für mich eher tragisch, aber ich weiß auch, dass die Situation sich deshalb nicht ändern wird, weil die menschliche Natur ewig die Gleiche bleibt. Schon seit Platon heißt es, wie der Mensch, so baut sich ein Wolf eine Kultur auf. Dieser Bau, das Prestigeobjekt, mag so edel, so großräumig, so stilvoll oder noch so modern sein, die Grundkräfte bleiben doch wohl stets dieselben:

Ich will Haben.

Der Mensch begehrt immer mehr das, was er nicht hat.

Ob primitiv oder nicht, der Mensch versucht sich ständig zu entfalten, anstatt sich geistig zu entwickeln. Die Ursache hierfür sehe ich als die große Angst, im Leben zu kurz zu kommen.

Unser Spielball Erde befindet sich seit die Menschen sich Gedanken machen immer schon im Chaos, denn seit einer Ewigkeit versuchen die Reichen die Armen zu vergewaltigen.

Und:

Schon immer war das Tor das Ziel, das Gewinnbringende auf dem Spielball, welches Datum des Jahrhunderts auch immer geschrieben wurde.

Atlantis

Nun möchte ich allen Menschen, die in ihren Kellern für die nächste Voraussage eines Weltuntergangs Lebensmittel in Form von Dosen sammeln, ihre Angst nehmen. Sollte das oben genannte irgendeinmal eintreffen, passiert dies innerhalb von einem Bruchteil einer Sekunde. Also spart euch die Arbeit.

Erinnert Euch lieber!

Nur unsere Quelle kann einen Regenbogen verbiegen!

Folgendes Buch war wohl das schwierigste Buch, das ich je gelesen habe. Es waren viele Fremdwörter und das meiste habe ich ohnehin nicht verstanden nur eine Essenz daraus.

Die Essenz, die ich für mich aus dem Buch „Re-ligio" der Heilung über Atlantis finden durfte ist folgende:

Von Atlantis haben wir eine Erbschaft mitbekommen in Form von drei Krankheiten; Krebs, Lungen- und Herzerkrankungen.

Wenn jemand mehr über „ATLANTIS" wissen möchte, ich gebe das Literaturmaterial von Herrn Hossenfelder in meinem Literaturverzeichnis an. Ein Meister seines Faches.

Und ich möchte an dieser Stelle noch hinzufügen:

Aus der Zeit von Atlantis tragen wir alle noch Spuren von Tryphilis in uns. Also da muss es ja ganz schön wollüstig zugegangen sein?

Der Rest von Atlantis ist vor circa 12 Tausend Jahren untergegangen.

Dieses oben genannte Buch von Herrn Hossenfelder mit über 500 Seiten (gefühlte 3000 Seiten, da sehr klein gedruckt) möchte ich im Besonderen hervorheben, da mir für seine Selbstvergessenheit nur ein Wort einfällt: ***„Perfektion“***.

„Lest die besten Bücher zuallererst, sonst kommt ihr überhaupt nicht dazu, die zu lesen.“
(Thoreau, Philosoph, 1817-1862)

Wo wir gerade bei dem Wort Meister sind. Für mich sind wahre Meister Menschen, die die große Gabe haben, schwer erkrankte Menschen oder Tiere zu heilen.

Unabhängig davon, ob es Atlantis gegeben hat oder nicht, sollte jemals ein Wissenschaftler, mit dem Herzerl am richtigen Fleck, meine Erkenntnis zur 13. Oktave lesen, möchte ich das oben genannte Buch empfehlen. Herr Hossenfelder gibt in seinem wunderbaren Werk unter anderem auch wertvolles Wissen über eine sinnvolle Energiegewinnung weiter.

Ich bin mir bei dem Thema Atlantis ziemlich sicher, dass wir eines Tages noch Beweisstücke für die damalige Existenz finden werden.

Stellen wir uns vor, die Welt würde vielleicht doch noch einmal untergehen. Wie wollen wir unser Erdenleben einmal verlassen? Gibt es da noch etwas zu regeln in unserem Leben?

Im Spiegel, so heißt es, sieht dich der Kunde.
Der Spiegel mit dem richtigen Blick zeigt uns auch wie es um Unser wahres Selbst steht.

Nachdem ich den Absatz von Atlantis in die Tastatur tippte, entschloss ich mich erst einmal dafür, mich in meiner Werkstatt für den bevorstehenden Weihnachtsmarkt vorzubereiten.

Krankheit und Gesundheit

In meiner Werkstatt ist mir dann eingefallen, dass ich ja noch Blätter bräuchte und nachdem keine mehr zu dieser Jahreszeit an den Sträuchern hingen, ging ich wieder ins Haus, da ich ja wusste, in welchen Büchern ich sie zum Trocknen aufbewahrt hatte.

Da fiel aus einem dicken Buch ein altes Dokument auf den Boden, in dem Sterbeursachen sowie Daten und Namen aufgelistet waren. Tatsächlich waren die Todesursachen immer Herz oder Lungenleiden, sowie unbekannt.

Man kann dies ja nun als Zufall bezeichnen. Ich für meinen Teil durfte aber in nun über 30 Jahren lernen, meine Zeichen auf meinem Weg zu erkennen.

„Wir müssen zurück in die Zukunft!"

Wie C.G. Jung schon sagte begenet uns das, womit wir uns nicht auseinandersetzen wollen, als Schicksal. Oder auch als Krankheit.

„Du wirst morgen sein, was du heute denkst."
(Buddha)

„Die Behandlung eines Teiles sollte nicht versucht werden ohne die Behandlung des Ganzen. Es sollten keine Bemühungen unternommen werden, den Körper ohne die Seele zu kurieren, und wenn Kopf und Körper wieder gesunden sollen, so muß man zuerst den Geist behandeln. Dies ist als erstes zu beachten. Laß dich von niemandem überreden, den Kopf zu heilen, bevor er dir nicht seine Seele zu heilen gegeben hat. Denn das ist heutzutage in der Behandlung des menschlichen Körpers der große Fehler, daß Ärzte als erstes die Seele vom Körper trennen."
(Plato, Der Staat, 380 v. Chr.)

Es ist eine echte Herausforderung, wenn man sich in einem Urwald einen gangbaren Weg suchen möchte. Spannend war es für mich schon sehr, was es da noch so alles auf sich hat, wenn man gerne Krankheiten überwinden möchte. Aber die Hauptursache meiner Erkrankungen schiebe ich auf eine chemische Keule.

„Jede Krankheit hat auch eine geistige Einladung."

Die Dreifaltigkeit auf bayerisch:

1. Du griagst an friedlichen Stups vom Schicksal, eiso praktisch

   an

   Bug vorm Latz.

2. Du griagst a Schein mit am Siebna

   wia beim Watten

3. Du griagst a Krankheit oder a sogenanntes Schicksal, damit

   du dich endlich mit dem wahren Sinn im Leben beschäftigst.

In meinem Leben wurde ich von so vielen Krankheiten eingeholt, dass ich mich eines Tages auf den Weg machte, und für mich eigene Lösungsvorschläge suchte und da gibt es sehr viele alternative Wege, die man zusätzlich zur ärztlichen Betreuung für sich noch tun kann.

„Wer sich nicht selbst helfen will, dem kann niemand helfen."
(H.A. Pestalozzi, Schweizer Pädagoge, 1746-1827)

Die Hauptursache für meine Krankheiten waren wohl zwar wie gesagt in erster Linie die chemischen Keulen aber auch mein Denkmuster. Darum kann ich nur jedem Kranken raten, vom Unbewussten zum Bewusstsein zu kommen. Diese Ängste die durch Schmerzen damals in mir entstanden sind haben die Zeiten meines Krankseins keineswegs verbessert, eher noch verschlimmert. Darum fing ich an, in mich hineinzuhören. Hören wir auch auf unsere innere Stimme, unsere Seelen möchten uns etwas mitteilen.

Es gibt inzwischen schon sehr viele gute Bücher für geistige Einladungen bei Krankheiten.

Bei mir waren es natürlich hauptsächlich viele aufgestaute Ängste. Glauben Sie mir, ich habe erfahren dürfen, was es heißt Angst zu haben. Heute bin ich von großer Dankbarkeit erfüllt, da man ja immer anzieht, was man gerade erlebt, durfte ich damals auch viele kranke und vom Schicksal getroffene Menschen in mein Leben ziehen, deren Offenheit und Herzlichkeit mich sehr berührten. Ist es nicht immer wunderbar, liebenswerten Menschen zu begegnen? Es waren zum Teil auch tiefgläubige Menschen, die niemals irgendjemand etwas zuleide tun würden, und ich stellte mir damals schon die Frage:

„Müssen vielleicht Kranke für das Karma ihrer Ahnen bezahlen?“

Der Leser stimmt mir mit Sicherheit auch zu, dass er vielleicht auch schon einmal erfahren durfte, dass zum Beispiel bei einem Verkehrsunfall oft die „Unschuldigen“ zuerst vom Leben scheiden mussten. Ziemlich sicher bin ich mir darüber, dass diese Menschen nicht zu früh von der Schule unseres Lernplaneten verwiesen wurden, weil sie etwas falsch machten, sondern eher deshalb, da sie als Lehrer für Lehrer in den Herzen der Hinterbliebenen weiter in Erinnerung wohnen bleiben.

Ich bin auch unseren Ärzten sehr dankbar, denn ohne sie würde ich heute wohl nicht mehr leben!

Wir haben im Moment auch deshalb so viele Krankheiten, da sie dank Vorsorgeuntersuchen schneller erkannt werden. Ich stelle mir hierbei aber auch die Frage:

Können wir eigentlich wissen, wie eine Vorsorgeuntersuchung ein paar Wochen später ausfallen würde?

Ganz wichtig aber zu wissen ist, dass unser Denken in Verbindung mit unseren Gefühlen die Ursache für Erfolg oder Misserfolg sein kann. Dass unsere Denkweise für Gesundheit und Krankheit mitverantwortlich ist. Und auch dass unsere Gedanken für Glück oder Unglück verantwortlich gemacht werden können. Wer dies erkennt, macht ein sehr großes Aha-Erlebnis und wird mit seinen Wurzeln wieder EINS. Wer dies erkannt hat, der ist beschützt und erkennt sofort intuitiv seinen wahren Lebensweg.

Der Versuch und der Irrtum.

Aus dem Irrtum kann man sich nur mit einer höheren Macht befreien.

„Wer nicht mehr lebt und nicht mehr irrt, der lasse sich begraben.“
(Johann, Wolfgang v. Goethe, Dichter, 1749 - 1832)

Angst

Ich denke, wir steuern im Moment in eine Art Angstepoche hinein, da überall von Krisen gesprochen wird und damit ist für viele Menschen der innere Friede scheinbar noch unerreichbar, denn bei diesen vielen Krisen fällt es schwer, positiv zu denken.

Wenn man sich aber für den Gedanken öffnen würde, dass wir uns hier im Moment lediglich auf einem Lernplaneten befinden, ist der innere Friede erreichbar, da man ihn nicht mehr im Außen sucht. Wenn man seinen inneren Herzensfrieden gefunden hat, stellt man fest, dass man seine innere Sonne wiedergefunden hat und die äußeren Dinge nicht mehr zur Hauptsache macht. Das bedeutet einfach, dass man sich von den Ketten des angstschürenden Materialismus befreit hat, dieser Weg wäre aus meiner Wahrnehmung der einzige Weg zum inneren Herzensfrieden.

Die Philosophie der Weisheit bringt uns den inneren Frieden.

Ich glaube auch, dass es wirklich unser Ziel ist, im jetzigen Augenblick anzukommen.

Anzufangen, in diesem Moment, in diesem Augenblick und in der Einfachheit Reichtum und Schönheit zu sehen und dafür dankbar zu sein, bedeutet große Freiheit, was wiederum in der Numerologie der Zahl **5** entspricht.

Wenn ich das Wort **Glück** in Zahlen verwandle, erhalte ich als Quersumme die Zahl **5**.

Zu „Hans im Glück“ komme ich erst später. Erst schreibe ich noch etwas länger an:

Hans zum Glück.

Seien wir uns doch mal ehrlich, man hat etwas oder erreicht etwas, und am nächsten Tag gibt es etwas noch Besseres, noch Schöneres oder noch Moderneres. Man ist sowieso nie wirklich zufrieden, dieser Strudel ist wohl eher so eine Art Gefängnis, jedoch kann das niemals die wahre Freiheit sein. Dieses Gefängnis wäre dann vergleichbar mit einer Fliege, die gerade in einem Spinnennetz festhängt.

„Unser Verstand ist ein Schwamm, unser Herz ein Strom. Ist es nicht seltsam, dass die meisten von uns lieber das saugen wählen, statt zu ergießen."
(Khalil Gibran, 1883 – 1931)

Kaum bist du gefüttert, hast du schon wieder Hunger.

Wir Gottmenschen machen Erfahrungen und erleben Erlebnisse nur aus einem Grund, damit wir uns wieder einmal unser

eigenes Spinnennetz weben dürfen.

Ja, diese Weggabelung, die Qual der Wahl, die ja wieder so viele Wege vorzuweisen vermag.

Mir fallen gerade für diesen „Schwamm des Herrn Khalil" oder wie ich es nenne, „zur 8. Oktave" ja gleich wieder Melodien in den Schoß und dazu auch noch folgender Text ein:

„The Prison Blues"
I`m sitt´n here
in this goddamn Jail
and I´m waiting
for any mail.
I`m sitt`n here
in this fucking Prison
and I´m wait`n for another season

I try to go out
but the door´s get closed
and only the feelings
get through these walls....

Wünschen wir uns das, was wir uns zu tiefst erfüllen möchten, seien wir dabei ohne jegliche Erwartungshaltung und dankbar für das, was uns zufällt!

Was passiert mit einem entschleunigten Ego:

Ohne Erwartungshaltung können wir nie mehr enttäuscht werden, das wäre für mich schon einmal das Wichtigste.

Wir möchten einfach die gesamte Reise unserer jetzigen Inkarnation nutzen und unseren Lebensauftrag erfüllen.

Eine Lebensaufgabe wird man niemals erfüllen können, wenn man nur damit beschäftigt ist, sich Objekte der Begehrlichkeiten anzuhäufen und anzustreben. Eine Wunscherfüllung ist dem wahren Geist (Selbst) eigentlich egal.

Ein Mensch, der nur ein Funkeln in seinen Augen trägt, wenn er sich mit Besitztümern bereichert, wird Leben und wieder Sterben, denn er lebt in Trennung.

„Jeder trägt in sich das Urbild der Schönheit, dessen Abbild er in der großen Welt sucht.“
(Blaise Pascal, Franz. Mathematiker, 1623 – 1662)

Das Leben im Augenblick ist unsere einzige Sicherheit und sicher ist auch, dass sich alles ständig verändert.

Eine Weisheit aus China besagt, dass eine Sache nur gefährdet ist, wenn die Menschen nicht mit dem Herzen dabei sind.

Die Befreiung von unseren Urängsten bewahrt uns davor, in die Falle der Inkarnation zu geraten. Und dies ist eine wichtige Stütze für unsere gegenwärtige Weiterentwicklung.

Wir wissen nun einfach, dass dieses Gefühl, das wir mit vielen negativen Gedanken empfinden, die Manifestation für eine nächste Krankheit sein könnte.

Angst lähmt

Es spielt in meiner Wahrnehmung keine Rolle, wie alt wir werden, das ist nicht das Wesentliche hier auf unserem Spielball. Die meisten Menschen werden zwar alt, erreichen aber allerhöchstens so eine Art Altersweisheit, sie haben gelebt und sogar gut gelebt, jedoch hat dies nichts mit wahrem Bewusstsein zu tun.

Bewusstsein weiß, dass Geist nicht sterben kann. Als reine Geistwesen kommen wir und als reine Geistwesen gehen wir mit den gesammelten Erfahrungen, aus denen wir Erkenntnisse erhielten. Ich wurde einmal gefragt, gibt es eine Hölle?

Ja, sie heißt Angst und Depression!

Da sind wir gerade bei meinem Lieblingsthema Angst und Depression. Ich war von Kindesbeinen an eher ein ängstlicher schüchterner Mensch, darum kann ich aus eigener Erfahrung sprechen. Schüchtern bin ich zum Teil immer noch und ich denke, dass dies eine Charaktereigenschaft ist. Da es auch mein Thema ist, weil ich auch davon betroffen war, gehe ich darauf etwas länger ein. Ich spreche hier ausschließlich von einer stillen Depression, dem inneren Tränenfluss in uns, für die Menschen, die eine Art Traurigkeit oder Trostlosigkeit in sich verspüren und ich spreche an dieser Stelle ausdrücklich nicht von geistigen Erkrankungen, die dringend ärztliche Hilfe benötigen und betreut gehören. Tja, ich hatte schon öfter Anrufe, wo es hieß:

Anke, ich fahre jetzt gegen einen Baum, das Leben hat für mich keinen Sinn mehr. Meine Antwort darauf lautet:

Sollten deine jahrelangen Antidepressiva noch keine Wirkung gezeigt haben, werden sie auch in Zukunft keine Wirkung zeigen. Mit dem Fahren an einen Baum sei dir aber dessen bewusst, dass dein Geist nicht sterben kann und du deine Depression und Angst mitnimmst. Außerdem könnte es den Marktwert des Autos oder des Hauses, in dem Du den Versuch unternimmst, verringern. Du bekommst in deinem nächsten Leben genau die gleiche Gelegenheit wieder, diese Ängste zu bearbeiten, nur in einer anderen Geschenk-Verpackung. Vielleicht machst du dann ja mal eine Déjà-vu – Erfahrung. Deine offenen Baustellen heute wird deine nächste Kindheit kennzeichnen. Treffen wir uns einfach mal auf einen Kaffee und dann erzähl von deinen Schwierigkeiten und warum du keinen Sinn mehr darin siehst. Gib deinem Leben eine Chance.

„Alle Ängstlichkeit kommt vom Teufel. Der Mut und die Freundlichkeit ist von Gott."
(Novalis 1772 – 1801, deutscher Lyriker)

Zufall oder nicht, diese Menschen leben heute noch.

Man wird das Leben erst sinngebend leben können, wenn man den Sinn gefunden hat und dazu muss man sich auf eine Reise begeben. Ich fand meinen Sinn mit den Erfahrungen meiner Ängste.

Angst engt ein.

Unser Menschsein ist immer mit Angst verbunden.

„Nicht die Dinge selbst, sondern nur unsere Vorstellungen über die Dinge machen uns glücklich oder unglücklich."
(Epiktet, griech. Prophetischer Reformator, 55 v. – 135 n. Chr.)

Ein jeder hat doch vor irgendetwas Angst, vielleicht um seine Ehre, Karriere oder seine Liebe. Vielleicht krank zu sein, als Pflegefalle zu enden oder gar ganz zu verenden.

Angst vor Macht-Verlust.

Der Selbsterhaltungstrieb schürt die Angst. Die meisten Menschen haben Angst vor der Angst. Der Stress vor der Angst bewirkt Angst. Ich muss machen, was ich nicht machen mag, bewirkt wieder Angst.

Angst könnte man auch für seine eigene uneingeschränkte Macht nutzen, dies wissen Diktatoren.

Existenzangst nagt am wahren Selbstwert, sie hat also einen bitteren Beigeschmack an Gefühlen die vergiftend wirken könnten.

Angst kann also auch Moral zerstören.

Angst schafft Komplexe und kann Verbitterung erzeugen.

Angst erzeugt Unsicherheit und schürt eine Mauer, die wir um uns erbauen.

Man will ja nur seine Arbeit machen, denn was sollen denn die Passagiere denken?

Angst kann Wege versperren, denn mit Angst kann man ein Ufer nur mühselig erreichen.

Angst könnte in die Arglist führen.

Angst ist mangelndes Vertrauen.

Mit zunehmender Angst (kann) sich unser Herz mit Bitterkeit füllen.

Selbstgezüchtete Angst schürt noch mehr Angst und verhindert damit die heilenden Gedanken der Liebe.

Wir sind jetzt das große Opfer, ja das ist sicherlich wahr.

Bedenke jedoch dabei, vielleicht sind wir auch der große Täter?

Erkennen wir endlich an, wer wir wirklich sind.

Ängste rufen nach einem Erlöser.

Wir sind nicht die Angst des Leibes um Leben.

Wir sind nicht der Krieg und wir sind auch nicht das Chaos, das seit ewigen Zeiten geschieht.

Wir sind nicht die Angst einer schwachen Regierung.

Wir sind nicht die Sorge um die Eurokrise. Die Schere zwischen Arm und Reich gab es eigentlich schon immer. Wohlstand für Alle, das sind die Worte nach dem 2. Weltkrieg.

Wir sind nicht die Angst vor einem schweren Verbrechen.

Wir sind nicht ein religiöser Vermittler.

Und wir sind auch nicht das Buch des rechten Glaubens.

Wir sind nicht der Mensch des Zeugnisses und auch sind wir nicht der Ort des bibliomanischen Wissens.

Schon gar nicht sind wir der Ort der Gewalt.

Eine große Angst wurde mir im Kleinkindalter eingepflastert. Nun gibt es Psychologen, diese die Behauptung aufstellen, Menschen könnten sich nur deshalb nicht mehr an die Kleinkindheit erinnern, da sie damalige Negativerfahrungen unbewusst verdrängen möchten. Ja, dem stimme ich zum Teil zu, auch was man nicht mehr weiß ist trotzdem niemals vorbei. Bei mir ist es allerdings so, dass ich mich noch sehr gut erinnern kann.

Wir waren vier Kinder und Kinder können auch mal über längere Zeit Lärm verursachen. Ich war das 3. Kind und damals 2 Jahre alt. Es hieß immer, wenn ihr nicht brav seid, wird euch der Teufel holen, von da an hatte ich große Angst vor dem Teufel oder einer Hölle, wenn ich nicht brav bin.

Heute weiß ich, das Wort Hölle ist nur eine Zahl, mehr nicht.

Ich kann mich noch erinnern, ich lag damals mit meinen größeren zwei Geschwistern in einem Kinderzimmer und wollte in meinem Bettchen schlafen. Ich traute mich nicht mal einen Fuß oder geschweige denn meinen Kopf aus dieser Decke hervorzeigen, ich vergrub mich einfach darunter, denn ich wusste genau, unter meinem Bett würde der Deife lauern und mich dann schnappen.

Die nächste Angst kam, als ich drei Jahre alt war. Wir waren mit dem Auto unterwegs und kamen erst spät am Abend heim. Ich sah einen Schubkarren voller Ratten, dies machte mir Angst. Etwa in diesem Alter machte ich die erste Erfahrung mit Wasser. Unser Aquarium platzte aus irgendeinem Grund aus allen Nähten. Vielleicht waren die Seitenwände nicht richtig verklebt, den Grund oder die Ursache kenne ich nicht. Mein Blick wurde damals das erste Mal auf die am Boden liegenden Fische gerichtet.

Ein gesunder Mensch kann sich eine panikartige Attacke leider nicht vorstellen.

Angstgefühle schaden unserer Gesundheit, wenn sie auftauchen, atmen wir einfach tief durch. Das befreit unsere Seele.

Wir werden geliebt und gebraucht.

Wenn wir uns allzu oft seelisch alleingelassen fühlen, hat das nichts mit den realen Umständen zu tun, das war bei uns immer schon so.

Aus lauter Angst so perfekt wie möglich zu sein, können wir uns darin vergraben oder lernen, damit zu leben.

Machen wir es uns eben bewusst, dass das mit unserem Wesen zu tun hat und wir schon durch Umdenken etwas im FÜHLEN verändern können.

Ein bedeutender Wegweiser könnte sein:

Was haben wir noch zu lernen in unserer vielleicht achten oder achthundertsten Schulklasse des LEBENS:

Wenn an jedem Morgen das Licht die Dunkelheit verdrängt, kann man sehr schön erkennen, dass das Licht immer mehr Macht haben wird, als der Schatten.

Geben wir unserer Seele wieder ihre eigentliche Aufgabe zurück.

Wir sind die Toleranz.

Das Leben war immer schon eine sogenannte (Teuro)Krise, die Krise on Tour, wie immer das einfache Volk, das es nicht einfach hat.

Wir sind die Akzeptanz.

Wir sind ein Weltstar.

Wir sind das Gute.

Wir sind der Ausdruck des Einen.

Seien wir nicht zu schwach, um Hilfe zu bitten und auch nicht zu schwach, die Hilfe anzunehmen.

Den wahren Frieden kann man nur in seinem inneren Raum finden. Mit dem Gefühl der Zufriedenheit in der eigenen Mitte kommen dann vergessene Dinge langsam wieder ans Tageslicht.

Meine Religion ist die Musik.

Es hat heute so gut wie keine Sonne, wenn ich so aus meinem Fenster sehe. Statt dunkle Wolken zu zählen, kann ich mir nun aufbauende Musik anhören, die mir die fehlende Sonne ersetzen kann, und siehe da, ich lächle wieder.

Manche sagen auch dazu, es könnte auch das Glas halb voll und nicht halb leer zu betrachten heißen.

Nun habe ich mich gerade selbst therapiert, denn ich habe mehr Angst vor dem Zahnarzt, als Angst vor dem Tod, obwohl ich weiß, dass regelmäßige Zahnpflege wichtig ist. Zähne sind ja schließlich auch lebendige Wesen.

Als ich mir das letzte Mal einen Termin bei einem Zahnarzt geben habe lassen, bekam ich so eine Art spontane Bronchitis, so musste ich den Termin wieder absagen. Diesen Husten schleppte ich dann circa neun Monate mit mir rum.

Freigeist heißt Ideen kreieren, diese Ruhe, die Ruhe im Inneren ist es, was uns dazu führt, so ganz wir selbst sein zu dürfen.

Wenn wir wünschen:

Nehmen wir von den guten Mächten und nicht nur zu unserem eigenen Nutzen und seien wir bitte tolerant mit anderen, wie sie ihren Glauben nennen möchten.

Jeder Glaube ist der richtige, solange es unser eigener sein darf.

Wir bekommen im Überfluss - aber seien wir sorgsam damit.

Wir bekommen alles, wenn wir uns immer weiter geistig weiter entwickeln und immer heiler in unserem Denken und Wünschen werden.

Die Evangeliums-Lehre besagt:

„Euch muss es zuerst um sein Reich gehen.“

Der rohe Diamant wird also schöner und wahrer oder er schleift sein wahres Selbst und wird geschliffen, in diesem Leben oder im nächsten oder übernächsten Leben, denn Zeit spielt hierbei keine Rolle.

Das oben genannte Schleifen kann auch anders umschrieben werden und ich denke, wer sich nicht mehr hinterfragt, hat sozusagen ausgelernt, und das finde ich sehr schade.

Man stelle sich in der Mitte eine Achse vor, damit die Kreisbahn laufen kann. Durch die Beschleunigung und die damit verbundene Gravitationskraft werden die Elemente getrennt und dadurch entsteht entweder eine Salatschleuder und es werden Unreinheiten entfernt oder es entwickelt sich eine Erkrankung.

Zum Wünschen möchte ich noch einmal meinen Gedanken freien Lauf lassen. Wie das mit dem Wünschen geht, weiß inzwischen jedes Kind. Man sagt, das Universum sei voller unendlicher Fülle für jeden Menschen auf unserem Globus.

Meine Frage ist hierbei aber auch:

Menschen mit Rang und Namen bringen Menschen bei, wie man aus Geist Materie erschafft.

Man bräuchte einen IQ von 60 % hat mir jemand einmal erzählt, um eine Banane zu öffnen, so wäre es bei den Affen. Wobei Affen ja schon mit diesem IQ auf die Welt kommen. Da, so glaube ich, kann ich noch mithalten. Heute habe ich drei Bananen gegessen, habe ich dann eigentlich mehr IQ?

Muss ich mir wünschen, mit einem Hubschrauber bis zum Gipfel eines Berges gebracht zu werden, damit ich im Winter Tiefschnee mit Skiern fahren kann, ohne daran zu denken, dass dies vielleicht noch der letzte Zufluchtsort für Tiere sein könnte?

Muss ich mir einen Billigflug nach irgendwo wünschen, erster Klasse ist doch sonnenklar, ohne mir darüber Gedanken zu machen, was Kerosin anstellt und die Erde noch sanierungsbedürftiger macht?

Sieht man jetzt bald nur noch gewünschte Luxuslimousinen rumfahren?

Sind wir da nicht schon wieder bei „Ich will Haben"?

Materielle Wünsche können sich jederzeit verändern,

der wahre Herzenswunsch verändert sich nicht, denn dieser wird immer die geistige Vollkommenheit anstreben.

„Der Herr wird geben, was dein Herz wünscht."
(Psalm 37,4)

Bald kommt eine neue Zeit.

Es war schon immer ein hin und her schieben, egal welche Währung einer Zeitepoche es auch war.

Die Goldpreise werden rapide fallen!

An dieser Stelle möchte ich sagen:

Dazu muss man keine hellseherischen Fähigkeiten besitzen. Denn dies war immer schon so. Die Goldpreise steigen, damit sie, wenn sie hoch genug sind, wieder fallen können.

Die neue Dimension ist die Prüfung:

„Worauf richtest du deine Aufmerksamkeit?"

Lebst du im Ich oder im Sein?

Das Wort Sein leitet sich ab von dem Wort Bewusst-Sein.

Das neue Zeitalter fordert uns auf, ein Leben in der Energie der Liebe zu leben.

Sehen wir das Leben als einen Berg zur Erinnerung, den es zu erklimmen gilt. Und da dürfen wir ruhig stolpern und Fehler begehen, manchmal werden wir sogar stolpern müssen, damit wir wieder aufstehen und weiter hinaufklettern. Damit können wir unser SEIN verändern. Eigentlich sollte man zu keinem Menschen sagen, bleib wie du bist, denn wenn man so bleibt, wie man ist, kann man sich ja nicht geistig weiterentwickeln. Zu einem Kleinkind sagt man ja auch nicht, bleib wie du bist, wenn es laufen lernen möchte.

Es wäre ja in etwa so, als würde man ein Pferd von hinten aufzäumen wollen.

Man wird dem Kleinkind doch wohl lobende Worte zusprechen oder?

In einem chinesischen Sprichwort heißt es:

„Wer einmal mehr aufsteht, wird sein Ziel auch erreichen."

Man sagt auch, das neugeborene Kalb fürchtet nicht den Tiger.

Die Begut(acht)ung der momentanen Umstände und Schwierigkeiten in unserem Leben zum Beispiel Angst, Einsamkeit, Mangel, Krankheit, Liebeskummer kann man nicht verändern, solange man nicht seine energetische Signatur verändert, also seine positive Einstellung, den inneren Knopf eines Lichtes drücken und dadurch entsteht eine neue Ausstrahlung und ein jeder kann sich somit erneut ausrichten. Das Wasser läuft zwar alleine den Berg hinunter aber niemals wird es alleine bergauf fließen können, zumindest würde dies meine Vorstellungskraft überschreiten. Dieses erreichen wir mit unserem tiefsten innersten positiven Wesenskern, der in unseren Herzen wohnt. Andere spüren dies! Man dürfte dafür die Illusion der bisherigen Wirklichkeit, also vom bisherigen Sein, der nur Schein war, loslassen, bevor man sein Leben in die richtige Bahn und Richtung umlenken kann.

Der Stein fällt sofort wieder in die Tiefe, wenn man nicht die lichten Höhen sucht.

Die Wahrheit ist eine Sache des Bewusstwerdens und der Einsicht sowie das Aha-Erlebnis über unsere Existenz hier auf Erden.

Hören wir auf unsere innere höhere Stimme, dort finden wir die Wahrheit. In der Stille finden wir die Antworten auf all unsere offenen Fragen.

Es ist die Einkehr zu unserem wahren Selbst.

Der Weg der Wahrheit, egal wie man seinen Gott beim Namen nennt, ist der Weg, die Weisheit zu suchen.

Das rechte Maß und wohlwollende Gedanken zu sich und zu anderen ist es doch, was unseren Horizont erweitert und unser Bewusstsein auf eine höhere Wahrnehmungsebene hebt, damit wird man seine unangenehmen Umstände oder Krankheiten verändern und seine physischen Strapazen und Probleme langfristig verbessern können.

Es gibt keinen Schaden ohne einen geistigen Nutzen.

Das sind das Salz der goldenen Erde und auch das Salz in der Suppe, das Sahnehäubchen auf dem Kaffee.

Mit Hilfe der Daten aus unserem Frühwarnsystem können wir unseren eigenen Weg nehmen, unser Frühwarnsystem kommt aus dem Nichts.

Wie könnte man das machen?

Anfangen, über die vergessene Erinnerung offen zu sprechen.

Ein Mensch kann immer nur seinen eigenen geistigen Weg gehen. Er wird niemals zwei oder mehrere Wege gehen können, dies meine ich jetzt im übergeordneten Sinne.

Jeder zieht jeden Tag seine eigene Karte als Kapitän.

Ein von seinem „ich will stets haben und vermehren“ denkender Mensch oder verirrter Geist lässt sich von seinen niederen Sinnen und Ego-Trieben täuschen sowie leiten und dies führt in die Täuschung der Mayas.

M- wie Maya

Maya heißt übersetzt Illusion.

M- wie Mystik

Mystik bedeutet nach Innen sehen und dazu muss man die Augen am Anfang noch schließen.

M- wie Mysterium des Lebens

Der sogenannte Weltuntergang hat sich ja nun schon wieder verschoben, es gibt einen 2. Mayakalender.

Da könnte es ja eher passieren, dass uns irgendeinmal der Himmel auf den Kopf fällt.

Man sagt Bewusstsein braucht Zeit.

„Der Same Gottes ist in uns...
Birnensamen wachsen zu Birnbäumen heran, Haselsamen zu Haselsträuchern, und Gottessamen zu Gott.“
(Meister Eckhart, Philosoph, 1260 - 1328)

Wobei ich hier wieder Zeit relativ sehe.

Wo ein Wille ist, da findet sich auch ein Weg.

In Bayern würde man sagen:

„Wo ein Wille ist, da ist auch ein Gebüsch.“

Darum haben wir uns ja hier und genau zu dieser Zeit inkarniert. Der Weg aus der Dunkelheit (der berühmte rote Faden und sich stets im Kreise drehen) wird ein immer währender freiwilliger Weg bleiben, seine vielleicht eher materielle (ich will haben) oder negative Opfer - Denkweise in die geistige Suche nach Sinn und Wahrheit umzuwandeln. Manche Dinge einfach einmal eher überirdisch und von einem anderen Blickwinkel aus zu sehen und betrachten, das heißt, unserem Segel eine andere Windrichtung zu geben führt uns eines Tages zu einer lichteren Lebenseinstellung, die in jedem Menschen vorhanden ist und nur darauf wartet angeknipst zu werden.

Ich sagte schon oft: „Fiedle dir ab jetzt deine eigene Musik!“

Wir werden uns in Zukunft von den Schlacken unserer Umwelt befreien müssen.

Meine Erkenntnisse sollen jetzt kein Schnellkursus für Bewusstsein sein, darum kann ich an dieser Stelle nur sagen:

Herr Gustav Hossenfelder beschreibt auf eine liebevolle Art den Weg von der Raupe zum Schmetterling. Es wird dort intuitive Weisheit beschrieben.

Sehr empfehlenswert.

Ein Schmetterling steht für Mut.

Von der Raupe zum Schmetterling heißt in diese höhere Wahrnehmungsebene zu gelangen, man kann dies auch anders ausdrücken, von halb Mensch, halb Gott Ebene und dann die Einheit erreichen.

Eine Mutprobe jagt die andere, wie ein Kind, das Laufen lernen möchte. Ein Vogel, der Fliegen lernen möchte, lernt dies nur, wenn er sich auch von seinem Nestchen abhebt.

Bei Feiglingen ist die Angst stärker.

„Mut ist nicht die Abwesenheit von Angst, sondern zur Tat zu schreiten, obwohl man Angst hat. – Anonym“

Meine größte Mutprobe war wohl, dass ich herauszufinden versuchte, warum es Schicksale gibt und sich die Dinge nach und nach wieder zusammenfügen.

Alle Bücher, die ich gelesen und die mich innerlich berührt haben, hatten immer folgende Botschaft:

Kreuzige dein Ego, also dein niederes Selbst, dies macht man am besten, wenn man eine Freundschaft mit seinem niederen Selbst eingeht und wohlwollende Gedanken pflegt.

Eine Lebensphilosophie von mir ist:

Mein Leben ist die Arbeit, die Spaß und Freude macht.

(Made by Ingo Rittscher)

Es ist ein Gefühl von tieferem Verstehen der Seligkeit.
Als Schmetterling fängt dein Leben erst an.
Darum ist es so wichtig, dass wir uns erst ein Fundament bauen.
Jeder Unterstand braucht ein Grundgerüst!

Viele Menschen sind nicht fähig, sich eine Vorstellung von der Welt des Seins zu machen, in die derjenige eingeht, der die Welt endgültig und dies durch viele Wiedergeburten überwunden hat, also den Tod und die Geburt im Sinne von Inkarnationen. Man hat es bislang ja weder gesehen noch gehört.

Aber da tue ich mir mit meiner Naivität und Fantasie natürlich leicht. Ich kann mir das Jenseits sogar sehr gut vorstellen. Ich behaupte sogar, dass es möglich ist, wenn man sich zum Beispiel wünscht, im Jenseits von 72 Jungfrauen empfangen zu werden. Na, viel Spaß.! Die Voraussetzung dafür allerdings ist natürlich, dass derjenige genau weiß, wie man mit Jungfrauen umzugehen hat.

Die Zahl 72 ist die Zahl des unsichtbaren Ursprungs.

Das Durchschnittsalter eines Menschen ist circa 72 Jahre.

Man sagt, Konfuzius wurde 72 Jahre alt, geb. 551 vor Chr., gest. 479 vor Chr.

Würde ich die Zahl 72 halbieren, erhalte ich die Zahl 36, auf diese Zahl komme ich später noch einmal zurück.

(5. Dimension) 5 mal 72 ergibt 360, 360 Grad hat ein Kreis.

7 plus 2 ergibt 9. Da gab es doch einmal 9 Schriften.

Es waren 10 Schriften, die in den Herzen aller Menschen gezeichnet sind.

Stand da nicht ein sogenannter göttlicher Code?

Diesen oben genannten Herzenszeichnungen werde ich später einen Namen geben. Ich nenne sie in meinen Erkenntnissen einfach, mit einem Wort, Schriften.

Und ich denke, die Menschen haben die 10 Gebote erfunden, um sich selbst Rahmenbedingungen zu geben, denn kein Gott würde uns etwas gebieten. Er liebt die verlorenen Söhne ebenso. Es gibt keine allgemeine Realität und doch eine allumfassende Ordnung. Du hast die Freiheit alles zu tun, lügen, morden, vergewaltigen, betrügen, stehlen, andere über den Tisch ziehen usw.

Es gibt keine Schuld, nur Ursache und Wirkung.

Die Auswirkungen sind die Früchte unserer Gedanken.

Also sammle ruhig weiter deine Leichen im Keller oder auch schlechtes Karma genannt. Unser jetziges Erdendasein ist die Vorbereitung für das nächste Erdendasein. Jeder Mensch wird eines Tages die freie Wahl nutzen dürfen, sich einmal selbst kritisch zu hinterfragen.

Ich schreibe dieses Buch auch deshalb, damit sich unsere Polizisten nicht mehr so viele Sorgen um ihre Kollegen machen müssen. Zu meinem Freundeskreis gehören mehrere Polizisten, in unserem Dorf wimmelt es nur so von Polenta, ich meine Cops.

Ganovenehre bringt dir am Ende nichts, du tappst damit wieder in die nächste Inkarnationsfalle.

Ganoven gibt es genug, Ehre auch genug, beides hat aber in meinen Erkenntnissen leider den wahren Weg nicht erkannt.

Ich komme später noch einmal darauf zurück.

„Wer sich von der Wahrheit nicht besiegen lässt, der wird vom Irrtum besiegt.“
(Augustinus Aurelius, Heiliger, 354-430 n. Chr.)

Der,
der du meinst zu sein,
der du bist,
ist nicht das,
was du bist,
denn die Wahrheit ist:
Der, der du bist,
ist ein langer Werdegang der Erkenntnis
dessen, wer du wahrhaft bist.

Jeder kennt doch bestimmt das Musical West Side Story. Es kommt darin ein Lied vor namens Somewhere. Da ich ein Fan von Barbra Streisand bin, möchte ich hiermit für sie Werbung machen. Sie ist nicht umsonst ein Weltstar. Bitte hört euch Somewhere einmal von ihr an! Danke, so stelle ich mir unser Jenseits vor.

Sollte ich es jemals schaffen, werde ich in meinem Nirwana natürlich mit Pferden durch die Lüfte fliegen, genau wie in dem Kinofilm Avatar. Nur nicht mit Vögeln, also die hatten mir da etwas zu viele Pferdestärken. Also ganz ehrlich nun einmal von du zu du gesprochen. Wenn man die derzeitigen Nachrichten (März 2014) so ansieht oder Neuigkeiten zufällig im Radio mitbekommt, na ja, dann muss man sich manchmal schon ein bisschen, ah.., wie heißt es jetzt neumodern so schön, ein bisschen fremdschämen oder?

Ich frage mich manchmal, wie viele Freunde hätte ich eigentlich im Jenseits falls ich zur „Prüfung“ zugelassen wäre?

Eigentlich sollte das Nirwana im Hier und Jetzt stattfinden, aber trotz alledem, so spüre ich, gibt es noch eine Steigerung.

(Made by Ingo Rittscher)

Die **5** steht auch für Freiheit. Ein Pferd ist für mich Freiheit.

Es ist eine Freiheit, die uns zuvor verwehrt war.

Und

***Unsere große Freiheit ist jede Flut zu überstehen,
denn wir haben ein Segel in der Hand und es ist schön,
es immer wieder zu sehen.***

In der Schule meines siebenjährigen Neffen wurde einmal die Aufgabe gestellt, das Paradies zu malen, so wie jedes Kind sich sein Paradies vorstellt. Mein Neffe malte sein Elternhaus. Sprechen Kinder nicht die Wahrheit?

Heißt es nicht:

„Kindermund tut Wahrheit kund."

Es ist doch so, ein jeder hat eine andere Vorstellung von seinem Paradies. Vielleicht wünscht sich ja mancher einen Orchideengarten?

Vielleicht befinden wir uns ja gerade im Jenseits und unsere wahre Heimat ist das Diesseits?

„Und solange du das nicht hast, dieses Stirb und Werde, bist du nur ein trüber Gast auf dieser Erde!"

Das heißt, wir bekommen den Beweis für unsere Berührung mit unserem eigenen wahren ICH, immer wieder und wieder, was wir Schicksal nennen, solange bis wir uns daraus erheben, dies ist vergleichbar mit dem „Phönix aus der Asche" oder die Wandelung von der Raupe zum Schmetterling.

Wir haben dieses Spiel des Lebens für uns selbst ausgesucht, vielleicht mussten wir erst verbrannt werden, um dann wie der Phönix aus der Asche neu zu entstehen.

Viele haben doch bestimmt den Kinofilm „Avatar" gesehen. Viele fanden ihn bestimmt schön. Einige fanden ihn für einen „Schmarrn". Ich möchte mich an dieser Stelle für meine bayerische Ausdrucksweise entschuldigen. Aber ich finde, unsere bayerische Sprache sollte erhalten bleiben. Oachkoatzerlschwoaf (Eichkätzchen Schweif). Wir Bayern sind einfach einzigartig!

Avatar war für mich sogar ein sehr schöner Film. Da es für mich ja keine Zufälle gibt, und ich Jahre schon nicht mehr im Kino war, kann ich mir sehr gut so unser Jenseits vorstellen. Auf diesem Planeten war doch alles EINS. Dort hat man seinen Bruder an die Hand genommen. Mit diesem Film kam auch sehr schön die Angst der Menschheit, die Gier nach Haben wollen zum Ausdruck.

Jeder kennt bestimmt das Lied **Av**e Maria und durfte es auch hören.

AV bedeutet non oben beschützt!

Also eine Security von höchster Stelle.

Herr James Cameron ist ein Meister seines Faches. Er wollte den Menschen mit seinem Film mit Sicherheit eine Bewusst-SEINS-Erweiterung in einer schönen Geschenkverpackung anbieten.

„Gespräche sind wie Reisen zu Schiff. Man entfernt sich vom Festland, ehe man es merkt, ehe man merkt, dass man das Ufer verlassen hat.“ (Nicolas Chamfort, 1741 - 1794)

Lassen wir uns nicht mehr von unserem Verstand blenden.

Wahrnehmung kann man nicht blenden.

Frauen tun sich da sehr viel leichter. Die meisten Frauen entscheiden mit ihrem Gefühl oder ihrer Wahrnehmung. Sie tun sich oft auch leichter mit einem Wir-Bewusstsein.

Über die 8. Schrift werde ich später noch mehr zu berichten haben. Die 8. Schrift oder Herzenszeichnung, hat etwas mit Gefühl zu tun. Die Zahl 8 ist eine sehr mächtige Zahl, da sie für die karmischen und universellen Gesetze unserer geistigen Entwicklung steht. Meine Begründung dazu wäre auch: Es gibt viele Menschen, die sich die Lebensaufgabe 8 ausgesucht haben oder in ihren Daten die Zahl 8 tragen. Diese Menschen sind sehr mutig. Und ich glaube, dass gerade diese Menschen es nicht leicht haben, zu lernen, wie man mit dem Gefühl denkt, da sie in erster Linie Verstandesmenschen sind, das heißt, sie haben einen wachen analytischen Verstand. Es sind brillante Denker. Diese Menschen können bis ins kleinste Detail und in jede Ecke denken. Gelingt es Ihnen dann, zum richtigen Zeitpunkt ihr Gefühl einzuschalten und ihren Verstand auszuschalten,

ja, dann sind es für mich besonders hervorzuhebende charismatische Persönlichkeiten also anmutig, und dies ist eine positive Tugend.

Ich kann dazu noch sagen, dass bei mir die Zahl 8 komplett fehlt, dies ist auch der Grund, warum ich einen Achtsternkeramiktisch in meiner kleinen Werkstatt kreierte und es ist für mich auch die Antwort auf meine Fettnäpfchen, in die ich manchmal trete.

Ein kleines Beispiel für meine Fettnäpfchen:

In meiner Vergangenheit durfte ich einmal Trauzeugin eines befreundeten Paares spielen. Der Leser kann sich bestimmt in meine Lage versetzen, als der Standesbeamte an diesem „großen Tag“ feststellte, dass meine Personalien abgelaufen waren. Personalausweis sowie Reisepass waren abgelaufen, ich zeigte dem Standesbeamten dann meinen Führerschein und er sagte:

„Ein Führerschein wäre kein Ausweis aber er wolle mir ausnahmsweise Glauben schenken, dass ich diese Person auch wäre.“ So konnte die Trauung vollzogen werden.

Ich hatte mal wieder Glück von höchster Stelle. Allerdings musste ich mir bislang diese Blamage ein viertel Jahrhundert immer wieder anhören.

Kurz noch zum Gefühl:

Jeder kennt doch den Begriff Solarplexus, alle guten Dinge sind drei, das 3. Chakra. Man kann dazu auch den Bereich über dem Bauchnabel sagen. Genau dort müssen wir es fühlen. Das versetzt uns dann in ein, ich nenne es jetzt mal in ein

„Dauerbauchgrinsen“.

In jedem Augenblick Sein.

Lassen wir einfach los, was unser Herz nicht weit werden lässt. Unser Herz ist mit dem Diamanten verbunden.

Hören wir auf zu verurteilen dann erst sind wir frei, obwohl man in meinen Zeilen noch einige Lästereien zu lesen bekommt. Damit möchte ich niemanden verurteilen, sondern nur anstubsen. Über was ich aber lästern werde, hat für mich seine gute Berechtigung.

Wahrnehmen braucht kein Richten mehr, man hat nun angefangen zu verstehen.

Die Wahrheit, wer wir wirklich sind, führt uns zu tieferer Erkenntnis.

Unser Herr Albert Einstein warnte davor, man möge sich nicht zum Richter über Wahrheit und Wissen erheben um nicht durch das Gelächter der Götter Schiffbruch zu erleiden.

Verletzte Seelen empfinden Groll.

Aus diesem Groll könnten Gräueltaten und Grausamkeiten werden.

In einer Weisheit aus Indien heißt es:

„Tue nichts im Zorn!

Warum in dem Augenblick an Bord gehen, in dem ein rasender Sturm das Meer aufwühlt?“

Das heißt, wann immer wir Groll gegen einen anderen Menschen empfinden, ist dies nur ein Zeichen für uns, wo wir uns selbst noch zu entwickeln haben und gibt uns die Möglichkeit zur Innenschau. Es ist ein weiterer Lernprozess, nichts persönlich zu nehmen. Denken wir uns einfach:

Wir sind ja gut so wie wir sind, nur der Andere ist auf dem rechten Auge (noch) blind und schon gibt's weniger Streit, denn Streit ist ja eigentlich geschmacklos.

Oder denken wir uns einfach:

Ach der Mensch stammt vom Affen oder Schimpansen ab und denen kann man auch viel beibringen.

Wurde nicht einst auch gesagt:

„Richte nicht, auf dass du nicht gerichtet wirst“, ja so heißt es laut dem Evangelium nach Matthäus 7, 1 – 2, nein ich nenne es in meinem Buch nicht Richten, ich nenne es ein bisschen Lästern, da ich so manches Geschehen einfach (noch) nicht begreifen kann.

„Der Universelle Geist urteilt nicht;

Urteile sind menschliche Erfindungen und dienen

dem Vergleich, der Gegenüberstellung und Kontrolle,

damit wir uns am künstlichen und oft idealistischen

Maßstab der Perfektion, Moral und Wahrheit messen können.

Während die Jugend entschwindet und die Zeit sich verändert,

ändern sich auch viele unserer gegenwärtigen Ansichten.

Hören wir also auf, uns als Richter der höchsten Dinge aufzuspielen.“

(Platon, griech. Philosoph 427 v. Chr. Bis 347 v. Chr.)

OK, Ok Herr Platon, ich übe mich darin, kann aber noch nicht sagen, wie lange es dauert, bis ich Ihr Wort umsetzen kann.

Da gibt es doch auch den Spruch:

Wer im Glashaus sitzt, soll nicht mit Steinen schmeißen.

Oder wer auf einem Steinhaufen sitzt, soll nicht mit Glas werfen.

Ich glaube, mein größter Feind ist Gelassenheit, da könnte ich aufgehen wie ein Pulverfass, oder wie die HB-Zigarette in einer damaligen Werbung für diese.

Wenn ich so etwas in mir verspüre, setze ich die Ursache meiner manchmal fehlenden Gelassenheit gedanklich in ein Ruderboot. Wie ich das mache, wird man etwas später noch zu Lesen bekommen. Ab jetzt mache ich es mir zu meiner Lebensaufgabe, diese Gelassenheit zu erlernen.

Unser wahrer Geist kann eigentlich gar nicht krank sein, glauben Sie mir.

Krankheit könnte auch ein Hilfeschrei unserer Seele sein, sie möchte, dass wir unseren wahren Berg der geistigen Erkenntnisse weiter besteigen, also unsere Ängste überwinden und wieder zu unseren Wurzeln finden. Vor circa 25 Jahren kreierte ich mit Ton so eine Wurzel, sie steht in meiner Werkstatt als Beweisstück.

In welchem Bereich sagen wir Nein oder ist es nicht rund in unserem Leben?

Lassen wir die **Selbst**vergessenheit los.

Wir müssen es nicht mehr suchen, es war schon immer da. Und wenn wir doch suchen, ist es auch schon wieder weg.

Vergangenheit und meine Erkenntnis darüber

Ich habe keine Probleme mehr mit meiner Vergangenheit, da ich lernen durfte, diese nun positiv für mich zu nutzen, darum möchte ich ja gerne mein Wissen weitergeben. Eines Tages wurde mir bewusst, meine Vergangenheit war kein Zufall und ist nun ein Teil meines Lebens, das Bindeglied einer Kette.

Da ich aber immer wieder auf Menschen treffe, die mir ihre schlimmen Geschichten aus ihrer Vergangenheit oder Kindheit erzählen, tauche ich in die Vergangenheit etwas länger ein. Und ich musste da ja einst auch durch. Ein weiterer Grund etwas länger an unserer Vergangenheit zu schreiben war für mich auch, dass ich unsere Ahnenabhängigkeit mit einbeziehen möchte.

Als erstes eine schlechte Nachricht:

„Eine Vergangenheit kann man nicht vergessen."

Als zweites die gute Nachricht:

„Man könnte aus der Vergangenheit lernen."

Heute schreiben wir gerade den 24.10.2013. Beim Einkaufen und Warten an der Kasse sprach mich ein älterer Herr an und erzählte mir seine ganze Lebensgeschichte. Seine Frau wäre vor 7 Jahren verstorben, er wäre nun schon dreimal am Herzen operiert worden, sein 40 jähriger Sohn wohnt bei ihm und er hätte zwei Häuser in seinem Leben gebaut. Ich hörte nur zu und denke, dies tat ihm einfach gut.

„Ein Tropfen Liebe ist mehr als ein Ozean Verstand."
(Blaise Pascal 1623 – 1662)

Verwandeln wir unsere als Schmerz empfundenen Erfahrungen der Vergangenheiten in diesem oder einem anderen Leben einfach, wenn es unser Herz nicht weit werden lässt. Bitte legen wir diesen Mühlstein unserer Vergangenheit einfach ab, wenn wir damit immer nur ungute Gefühle in uns erwecken, denn wir würden sie in unserer Zukunft mitschleppen müssen. Fangen wir also an, nur das daraus Gelernte als Erinnerung mit uns zu tragen, nicht dieses unnütze Gepäck, das sich schwer und letztendlich als Last anfühlt. Meine/unsere Vergangenheit lag zum Teil auch in unseren Händen, wir hatten damals Hoffnungen und ließen dies zu, aber nur um weiter zu lernen.

Kennt der Leser den Witz schon?

„Hallo Schicksal, danke für deine Erinnerungen an meine Vergangenheit, ich habe mir einige angesehen. Könntest du den Rest jetzt bitte wieder mitnehmen? Danke!“

Ich weiß was es heißt und wie es sich anfühlt, gedemütigt zu werden und Meere von innerlichen Tränen zu vergießen, da ich es selbst bei mir erlebt habe.

Ich weiß was es heißt und wie es sich anfühlt, Angst zu haben und verzweifelt und allein zu sein, da ich es selbst bei mir erlebt habe.

Ich weiß was es heißt und wie es sich anfühlt, betrogen und belogen und mit einer Undankbarkeit behandelt zu werden, da ich es selbst in mir erleben durfte.

Ich weiß was es heißt von oben herab behandelt zu werden und wie es sich anfühlt, wie ein Mensch zweiter Klasse behandelt zu werden, weil ich es selbst bei mir erfahren und erleben habe dürfen.

Ich weiß wie es sich anfühlt, diese finsteren Gedanken, diese Endlosgespräche und tränenreichen W-Fragen in einem selbst, wenn man um eine Person trauert, die man verloren hat, da ich es selbst bei mir erfahren und erleben durfte.

Ich weiß was es heißt Schuldgefühle in mir zu tragen, die ewige Schuld in mir zu suchen, warum, weshalb, wieso, weil ich die Schuld selbst bei mir für lange Zeit suchte.

Ich weiß was es heißt keine Entscheidungen treffen zu können aus lauter Angst Fehler zu begehen, weil ich es selbst bei mir erlebt habe.

Ich weiß was es heißt und wie es sich anfühlt einsam zu sein, allein auf weiter Flur, solange bis ich angefangen habe umzudenken in:

„Ja schlimmer geht's ja immer und
ja wie heißt es so schön, jedes Küken findet auch einmal ein Korn usw."

Lassen wir dieses unnütze Gepäck los, die Erfahrung daraus dürfen wir ruhig behalten, es ist tatsächlich nur eine Last, die schwer wie Ballast ist und bleiben würde. Wenn wir nicht loslassen können und immer wieder ungute Gefühle von Erlebtem oder Erlittenem hoch kommen, dann dürfen wir uns noch etwas Anderes einfallen lassen, darauf gehe ich noch ein.

An dieser Vergangenheit schreibe ich auch deshalb so lange, da es einer der größten Schritte zur wahren geistigen Reife ist.

Wenn wir wirklich zutiefst verletzt worden sind, könnten wir auch denken, dass dies die Inkarnationsfallen der Täter waren und nicht die Fallen der Opfer.

Meine Vergangenheit habe ich hauptsächlich meinen toxischen Vergiftungen, auf die ich noch eingehen werde, und meinen daraus resultierenden finsteren Gedanken sowie meiner grenzenlos blauäugigen Gutmütigkeit zu verdanken.

Denn ich könnte nicht mal so Denken wie manche Menschen Handeln.

„Laufe nicht der Vergangenheit nach und verliere dich nicht in der Zukunft. Die Vergangenheit ist nicht mehr. Die Zukunft ist noch nicht gekommen. Das Leben ist hier und jetzt."
(Buddha)

Wenn wir uns nicht mit unserer Vergangenheit versöhnen, können wir auch nicht loslassen. Hätten wir keine Vergangenheit, wären wir nicht da, wo wir jetzt sind. Und wären wir nicht da wo wir jetzt sind, hätten wir die Erkenntnisse nicht, die wir jetzt haben, denn wir sind immer am richtigen Ort zur richtigen Zeit.

Das Wort „war" kommt ja von dem Wort „sein" und somit ist früher ja vorbei.

Dank unserer Vergangenheit brauchen wir nicht ständig in dasselbe Loch treten oder stolpern oder uns überschlagen, da wir ja nur kurz zurückdenken brauchen und schon macht es AHA und Entscheidungen fallen viel leichter. Es macht in uns quasi ein Stoppschild: „Das habe ich doch schon einmal erlebt, möchte ich das eigentlich wieder erleben?"

„Lerne loszulassen, das ist der Schlüssel zum Glück."
(Buddha)

Ein jeder Mensch hat ja seinen eigenen Denkblickwinkel und ich denke, wenn wir uns gerade in unserer Haut nicht wohl fühlen und eine Sehnsucht in uns nach Veränderung oder Neuerfindung drängt, wäre es wohl am besten, alle unsere früheren Wünsche über Bord zu werfen.

Stellen wir uns vor, wir befinden uns auf einem Schiff. Schreiben wir bitte einmal spontan unsere drei wichtigsten Wünsche auf. Nun stellen wir uns vor, dass dieses Schiff von einem Untergang bedroht ist. Um einen Rettungsring zu bekommen, müssen wir jetzt einen unserer Wünsche über Bord werfen. Jetzt stellen wir uns lebendig vor, dass wir auf diesem Schiff in einer Kabine eingesperrt sind. Um aus dieser Kabine zu entfliehen, müssen wir nun den nächsten Wunsch über Bord werfen. Wir sind jetzt endlich bei den Rettungsbooten des Schiffes angelangt. Aber leider sind es zu wenige Boote für so viele Passagiere. Um in eines dieser Rettungsboote gelangen zu können, müssen wir nun unseren letzten Wunsch über Bord werfen. Manchmal muss man vielleicht noch mehr unerfüllte Wünsche aus der Vergangenheit lernen zu verstehen, ob es sich nun um eine wissenschaftliche, geschichtliche oder eine private Vergangenheit handelt, um endlich aus der Versenkung aufzutauchen.

Wir müssen uns verändern, sonst wäre ein geistiger Aufstieg überhaupt nicht möglich.

Manchmal verlangt das Loslassen einen Sprung ins Leere!

Wie der Tag die Nacht ablöst und die Nacht den Tag ablöst, so ist das Loslassen unserer Vergangenheit ein Wachstumsprozess zur Einheit. Es wäre allerdings sinnvoll, wenn ein Mensch sich vorher seine Vergangenheit noch einmal mit einem anderen ***Auge*** betrachtet. Und mit diesem Auge meine ich, mit einer anderen Betrachtungsweise darauf sieht. Spiegelverkehrt. Und ich denke, seine eigene Vergangenheit verdrängen oder versuchen, sie immer wieder zu umgehen oder in eine Art Tupperware zu stecken, wäre absolut destruktiv und kann zu keiner wahren Heilung führen.

Das Verwandeln und somit das Loslassen unserer schmerzhaft erlebten Vergangenheit bringt uns unsere Kraft und unser Vertrauen in unsere Zukunft wieder zurück.

Seien wir dankbar, denn unsere Vergangenheit ist einer unserer größten Lehrer, man kann sie nicht wieder wegzaubern, denn sie hat schon Geschichte geschrieben. Nun darf man endlich dafür dankbar sein, dass man das Gelebte in Lehre umwandeln darf. Man sagt ja nicht umsonst, das ist Schnee von gestern.

Träumen wir in der Vergangenheit, träumen wir nur.

Die perfekte Welt träumen wir uns in diesem Augenblick.

Sehen wir die Vergangenheit nun einfach als unsere ehemalige Lehrstelle für unsere bevorstehende Zukunft. Wenn unsere Seelen nicht auch einmal gelitten hätten, würden sie nicht nach einem geistigen Aufstieg streben.

Lösen wir uns ab, und schauen mal, was wirklich in uns steckt.

Glauben sie mir, ich suchte den geistigen Aufstieg schon in sehr frühen Jahren, denn ich dachte immer: „Ja Anke, du musst ja wirklich ein schlechter Mensch sein, wenn du in so jungen Jahren so krank bist und vom Himmel so bestraft wirst, werde ein besserer Mensch."

Ich suchte immer die Schuld in mir, mir war damals noch nicht bewusst, dass mein Körper diese chemischen Keulen einfach nicht ausgehalten hat und letztendlich Zeichen setzen musste.

Nun versuchen wir uns einmal, einen Berg vorzustellen. Oben auf dem Berg sehen wir ein Tor. Wir gehen auf dieses Tor zu, halten vor dem Tor kurz an und lassen die guten und schlechten Erinnerungen in unserem Leben noch einmal vor unserem geistigen Auge ablaufen. Unbedingt noch einmal hinschauen. Und wenn ich nun wieder ganz ehrlich zu mir selbst bin, gelernt habe ich ja nur von diesen nicht so schönen Erfahrungen in meinem Leben. Ich war die Hälfte meines bisherigen Lebens krank. Darum lasse ich jetzt los und schreite einfach durch. Noch leichter fällt mir dies, wenn ich mich fahrend in einem Auto vorstelle und müsste zwischen zwei Autos mit wenig Abstand durchfahren. Um kein Auto zu beschädigen, schaue ich einfach nach vorne. Eigentlich ist diese Beschreibung für dieses Tor nichts anderes als eine liegende 8 oder die Rune Dagaz. Man könnte diesem Tor auch den Namen Sinnesänderung oder Wandelung geben oder eben auch nur Sesam öffne dich. IHAA, die nächste Oktave ist erreicht. Und dies werden wir so lange machen, bis wir durch den Spiegel des Wassers sehen können oder zumindest das Spiel des Lebens verstanden haben.

„Geschichte schreiben ist eine Art, sich das Vergangene vom Halse zu schaffen", sagte dies nicht einst Herr Johann W. von Goethe?

Oh welch weise Worte des Herrn Goethe. Das Wort Vergangenheit fängt mit dem Buchstaben V an. Das Wort Ave ist bestimmt von dem Buchstaben V in seiner Mitte.

Jetzt könnte man ja sagen:

„Wenn du wüsstest, was man mir angetan hat, sieh mal meine Narben an, würdest du nicht so schlau daherreden!"

In der Tat, wenn ich zurück in meine Vergangenheit denke, müsste ich so manche Wissenschaftler beschimpfen, darum werde ich später darüber auch ein bisschen lästern müssen.

Seien wir inspiriert von uns selbst, aber bewundern wir auch die Inspiration der Anderen!

„Wir leiden an der Vergangenheit und verderben uns die Zukunft nur deshalb, weil wir die Gegenwart missachten.
Vergangenheit und Zukunft sind Illusionen, nur die Gegenwart ist wirklich.“
(Leo Tolstoi, russ. Schriftsteller, 1828 - 1910)

Fegen wir die Erinnerungen aus unserer Vergangenheit weg und
erobern wir unser Vertrauen wieder zurück.

Die Antwort könnte darauf auch lauten, man braucht sich doch nur das „Vaterunser“ einmal bewusst durchlesen, dort steht die Antwort drin.

„Während mans aufschiebt, geht das Leben vorüber.“
(Seneca, röm. Philosoph, geb. 4 v. Chr. – 65 n. Chr.)

Immer wieder Verzeihen, vor allem uns selbst, das ist unsere Rettung, das ist unsere einzige Prüfung.

Versöhnung ist das wichtigste Heilmittel. Wir haben uns unsere Mutter und unseren Vater ausgewählt, nicht umgekehrt.

Und unsere Schwiegereltern dürfen wir uns wieder aussuchen.

Unsere Kinder gehören uns eigentlich nur auf dem Papier.

Damals ist und bleibt damals, heute ist heute und das Morgen wird das Morgen bringen.

Wir Menschen sollen nun endlich anfangen zu verstehen, dass in Wahrheit alles für uns geschieht und nicht gegen uns. Dies ist die eigentliche Erkrankung von uns Menschen.

Nachdem mein Leben geprägt war von vielen Schmerzen, eigentlich könnte man sagen, dass ich ein Sammler von Krankheiten war, habe ich mir selbst viele W-Fragen gestellt, und fing auch an immer mehr den wahren Sinn im Leben zu suchen.

Seien wir nie mehr nachtragend, machen wir den ersten Schritt und denken wir uns, es ist egal, wer ihn tut, denn wenn man aufeinander zugeht, wird alles wieder leichter.

Wie sagte einst Frau von Bingen:

„Das Geschehene in Perlen verwandeln."

Zugehen auf die Anderen heißt nicht, dass wir uns wieder ausnutzen lassen sollen, denn wir haben ja nun aus unseren Erfahrungen lernen dürfen.

Die Qualen der Opfer werden für immer Erinnerungen in sich tragen. Gnade vor Recht kostet viel Überwindung, es ist für diesen aufrechten suchenden Weg zu dieser einen Erinnerung.

Wir können es gleich fühlen wenn wir unsere Ohren und unsere Augen zwischendurch verschließen, so können wir nicht mehr getäuscht werden.

Wenn wir schneller als früher erschöpft sind, ist es ganz normal, wir verlangen vielleicht zu viel von uns und wenn wir nicht lernen möchten zu kommunizieren, werden wir immer das große Opfer bleiben.

„Annehmen heißt erkennen, dass alles was geschieht, und wie wir darauf reagieren, genau das ist, was wir zu unserem Besten und für unsere Entwicklung brauchen. - Anonym"

So, nun habe ich mich gerade von meiner Vergangenheit geheilt und nutze diese Erfahrungen für mich jetzt im positiven Sinne.

Lassen wir die innere Führung los, denn wer führt da wen?

Unser Ego oder unser Selbst?

Wir sind viel mehr als unser Ego!

Das Leben eines Menschen beginnt nicht bei der Geburt sondern bei Bewusstsein, von der Raupe zum Schmetterling, da fängt das Leben erst so an.

Wann wird man endlich Mutter des Begreifens?

Das Leben heißt zu Leben was man begriffen hat.

Man wird lernen, die Sprache des Lebens zu verstehen. Bei Problemen wird man die Lösung nicht im Verstand finden können, da braucht man gar nicht erst suchen. Ein scharfer Verstand wird uns nicht unsere Probleme lösen, sondern unser Bewusstsein. Das Leben schickt uns immer eine Lösung, das Geschenkpapier ist oftmals das Chaos, wieder einmal der äußere Schein. Was es heißt, die Sprache des Lebens zu verstehen, wird dem Leser spätestens bewusst werden, wenn ich etwas später die Zahl 1/3 erwähne.

„Sobald man annimmt, das Leben der Menschheit könne durch Vernunft gelenkt und geleitet werden, macht man das Leben als solches unmöglich."
(Graf Leo Tolstoi, russ. Schriftsteller, Hauptwerke Krieg und Frieden 1828-1910)

„Unser Verstand schafft nicht die Wahrheit, er findet sie nur vor!"

(Dieser oben genannte Satz stammt nicht aus meiner geistigen Feder, ursprünglich, so denke ich, stammt er von einem Philosophen aus der Zeit vor Christus)

„Das Leben selbst führt uns nach und nach, von Fall zu Fall, zu der Wahrnehmung, daß alles das, was uns für unser Herz oder für unseren Geist das Allerwichtigste ist, uns nicht durch vernunftmäßige Überlegung zuteil wird, sondern durch andere Mächte."
(Marcel Proust, franz. Schriftsteller, 1871 – 1922)

Wahrnehmung ist für mich leichter zu verstehen als die Härte der Materie.

Auch eine Wahrnehmung kann schöpferisch wirken.

Pack deine Werkzeugkiste aus, letzte Reparaturen sind nötig!

(Bild von Ingo Rittscher)

Verlerne, dich zu ärgern.

Ich habe meine Lektion über Ärger einmal vor Jahren lernen dürfen.

Es war Nacht und ich lag in meinem Bett. Da sah ich ihn an meinem Schlafzimmerschrank stehen. Es war ein großer Mann mit sehr dunkler Kleidung. Er stand nur da, mit Blickrichtung zu meinem Fenster.

Ich sagte zu ihm: „Gell, Du bist der Tod (Der Sensenmann)?“

Er sagte nichts und sah mich auch nicht an, sondern blickte nur zu diesem Fenster.

Ich hatte damals große Angst.

Zwei Tage später erzählte mir jemand, dass sich in dieser Nacht eine Frau mit schweren Depressionen in einem See das Leben nahm. Dieser See ist genau hinter Richtung meines Schlafzimmerfensters.

Ich ärgerte mich damals wochenlang darüber, wieso ein Mensch eine Gabe hat, wenn das Kind dann doch in den Brunnen gefallen ist. Sie sah wohl keinen Sinn mehr in ihrem Leben.

Der Tod ist eine blitzartige Erinnerung daran, was wir je in unseren vielen Leben gelernt haben.

Wenn unsere Sonne zu niedrig ist, dann könnte es sein, dass daraus eine Tat folgt.

Der Ärger war vielleicht einmal ein Freund von uns, aber nun ist er Vergangenheit.

Ab JETZT wäre es gut, wenn wir nie mehr länger als ein paar Sekunden in einer unangenehmen Situation bleiben. Die unangenehme Situation (Gedanken) dankbar annehmen und eine neue vorgestellte Situation denken, fühlen und loslassen.

Das Loslassen erscheint mir, ist oftmals das größte Problem. Zweifeln wir nicht an der Erfüllung unserer Wünsche. Wenn wir bei einem Versandhandel etwas bestellen, zweifeln wir ja auch nicht an der Lieferung.

Sollten unsere Wünsche nicht gleich in Erfüllung gehen, vielleicht ist für uns ja etwas noch Besseres bestimmt?

Wunder dauern manchmal ein bisschen länger, das wird der Leser noch von meinem Wunschwunder zu Lesen bekommen.

Progressiv und Konservativ = Ei = Evolution

= geistige Erkenntnis.

Stellen wir uns vor, es kommt unser Nachbar, Konservativ, er braucht irgendetwas von uns, Progressiv. Wir geben es ihm, ergibt Evolution oder Ei. Stellen wir uns nun bitte dies auf geistiger Ebene vor. Es kommt Jemand zu uns oder wir brauchen etwas von Jemandem. Wir könnten in jedem Fall „Etwas" daraus lernen, wenn wir anfangen, etwas tiefer in unsere Begegnungen zu blicken.

Wir verbringen unser ganzes Leben damit zu lernen, mit uns selbst zu leben und unserer Denkweise zu folgen. Doch unser wahres Selbst denkt vielleicht ganz anders als wir. Glauben sie mir, ich habe mir schon viele finstere Gedanken gemacht, in der Zeit in der ich mich von Schmerztabletten ernähren musste.

Hüten wir uns vor dem Platz der Leichtigkeit zwischen den Säulen.

Was wir sagen ist nicht immer das, was wir gerade denken und unser TUN ist nicht immer das, was wir eigentlichen wollten, aber es ist eine Aussage darüber, auf welchem bewussten oder unbewussten Weg wir uns gerade befinden. Da bin ich eigentlich meistens unbewusst, denn ich trage mein Herz ja auf der Zunge und darum sehe ich mich immer wieder auch als Schülerin. Dies erklärt meine Ursachensetzung für ständige Fettnäpfchen. Und ich habe auch schon viele unsinnige Dinge getan.

Gedanken wanken.

Seien wir uns mal ganz ehrlich. Wie viele Menschen sind doch so oft erschöpft. Was, wenn ich nun behaupte, wir können umschöpfen, und zwar mit unseren Gedanken.

Verhärtete Gedankenmuster haben viel zu viele negative Emotionen.

Sie werden uns niemals in die Selbstverständlichkeit führen sondern schaden nur unserem physischen Körper.

Seien wir ein Geschenk, dessen bewusst und werden wir dankbar dafür.

Mit anderen Worten, wenn wir einer anderen Person begegnen, egal welche Umstände es sind, die uns zusammenführen oder führten, dürfen wir uns immer wieder auch einmal folgendes fragen:

„Was will ich hier, was kann ich daraus lernen?“

Dies nenne ich Progressiv und Konservativ ergibt Evolution, eine Neubesinnung wird geschehen, glauben sie mir.

Alle Beziehungen von uns Menschen sind einer Anziehungskraft ausgesetzt, und das ist auch ein so genanntes Geschenkpapier, und diese Kraft führt deshalb oft zu seltsamen, manchmal zweifelhaften Widrigkeit und oder zu Streitigkeiten, weil wir Menschen manchmal auf dem rechten Auge noch blind sind. Immer versuchen wir zu kontrollieren und wir versuchen herauszufinden, warum die andere Person dies getan hat oder sich so benimmt, statt dass wir herausfinden, wo wir selbst noch bedürftig sind oder was wir daraus erlernen könnten.

ALLES dient eigentlich nur zur Überwindung unseres Egos und ist der nächste Startschuss zur wahren LIEBE.

Der Andere hat seinen eigenen Weg, seine eigenen Karten und seine eigenen Lernaufgaben und was das Wichtigste ist, seine höchsten Ziele, die erreicht werden möchten. Darum müssten uns diese Dinge eigentlich nichts angehen, es sei denn, wir werden darum gebeten. Ein jeder hat sich seiner eigenen Prüfung, Lebensaufgabe oder seiner Ziel Zahlen zu unterziehen, das heißt nichts anderes, als dass jedes Unikat ein anderes Thema zu bearbeiten hat. Auch geht es uns deshalb nichts an, weil wir nicht wissen können, wie viele geistige Erkenntnisse unser Gegenüber aus seinen früheren Leben mitbrachte. Aus meinen Erfahrungen kann ich hier nur sagen, je schlimmer eine Kindheit war, desto geringer die geistige mitgebrachte Entwicklung von Vorleben. Das wahre Selbst möchte nur die Hand reichen und zwar schon in der Kindheit, vielleicht durch so manche Beschränkungen, die man erleben durfte. Ich gehe später noch intensiver auf dieses Thema ein. Wir wissen also nicht, auf welchem Bewusstseinspfad sich unser Gegenüber gerade befindet. Und auch können wir nicht wissen, was unser Gegenüber für Glaubensmuster durch Erfahrungen gesammelt hat. Das heißt in (m)einer Wahrheit nichts anderes als, wir wissen nicht in welcher Oktave unser Gegenüber gerade schwingt.

Wir können es aber **wahrnehmen oder erahnen**!
Mit den Augen eines Smaragdes zu sehen,
das heißt intuitives Verstehen.

Es gibt in unserem Universum die gerechte Ordnung von Ursache und Wirkung, was ich schon viele Male lesen durfte. Diese Ordnung spiegelt die universellen Gesetze wider. Ich möchte sogar behaupten, dass uns unsere Tiere und Pflanzen widerspiegeln.

Unser Geist kann gar nicht krank sein!

Die Seele baut manchmal auch den Körper, damit unser Geist wachsen kann.

Wenn wir Menschen sagen:

„Unser Herz wäre schwer vor Kummer!“

Dann ist unser Herz buchstäblich mit trauriger Energie beladen und versperrt die Tür für das Gegenteil und eine Verbesserung. Traurige Energien hatte ich eigentlich genug in mir, darum wage ich es zu behaupten, dass ich mich mit Traurigkeit ein wenig auskenne. Eigentlich müsste mein Herz komplett vernarbt sein, da ich lange Zeiten von Kummer und Sorgen erleben durfte. Der Leser erahnt nicht, wie viele innere Tränen ich schon vergossen habe. Eigentlich waren dies Bäche von heimlichen Tränen und Ängsten. Um nur ein Beispiel zu nennen: Ich spritzte vor vielen Jahren täglich einem Kleinkind ihr errechnetes Insulin für den ganzen Tag, wie ich es von Diabetologen erlernen durfte. Zwei Stunden später wird ein Kleinkind aber vielleicht krank und möchte keine Nahrung zu sich nehmen für das es gespritzt wurde. Was ist zu tun?

Weiterlernen!

Und ich machte mir Sorgen und hatte in dieser Zeit viele Ängste.

Eine W- Frage habe ich mir damals gestellt:

„Soll ich jetzt mein zweites Kind auch Mumps-Masern-Röteln impfen

Lassen? Impfen? Nichtimpfen?“

Ich wurde also vorsichtiger, denn ich dachte, für ein Kind ist jeder Tag ein schöner Tag frei von dieser dämlichen Krankheit. Damals traf ich eine neue Entscheidung und zog eine andere Karte.

Dies gibt uns eigentlich nur wieder die Gelegenheit, über unser momentanes Leben nachzudenken, ob da noch unbearbeitete Karten aufgedeckt werden dürfen zum Weiterlernen.

Ich sagte ja am Anfang schon, das Leben ist ein kartengelegtes Spiel.

Meine Entscheidung war damals, dass ich diese Quälerei meinem zweiten Kind auf keinen Fall antun möchte.

Wenn wir unsere Gedanken umlenken und sagen:

„Wir könnten vor Freude jubeln, es begeistert mich!“

Dann ist unsere Haut voll mit mehr glücklicherer antikrankmachender Energie und diese Energie dringt in jede Zelle unseres Körpers und wirkt äußerst heilend. Ich weiß, es ist äußerst schwer mit Kummer und Sorgen, aber man kann es üben und üben und somit erlernen.

Heißt es da nicht immer so schön:

Für jedes Wehwehchen gibt es ein Medizinchen?

Das wäre schon mal die 1. Medizin, die man gleich anwenden könnte und nichts kostet.

Der freie Wille ist oft versperrt von Angst, der nächste Nährboden für Krankheiten wird dadurch geboren und bei mir waren es viele.

Ich habe schon wieder das Bedürfnis mich zu wiederholen und behaupte nun, dass unsere Gedanken unsere größte Schatztruhe sind, im Guten wie im Schlechten. Gedanken machen uns gesund

und Gedanken machen uns glücklich, da sie Gefühle erzeugen. Es heißt ja nicht umsonst, der Mensch denkt, Gott lenkt.

Ein guter Grundgedanke ist mehr wert als ein Wunderland.

Es ist zur gleichen Zeit und überall. Es sind unsere Gedanken. Es ist die höhere oder niedere Stimme in uns, die uns inspiriert und unsere Ideen kreiert.

Der Geist meiner Freiheit heißt Gemeinsamkeit.

Sollten wir vor einer wichtigen Entscheidung stehen, fragen wir zuerst:

Wie würde ein Meister mit dieser Situation umgehen?

Tischlein decke dich, deckt sich nicht von alleine.

Positiv denken ist nicht gleich positiv denken.

Dann fragen wir uns bitte auch:

„Was hat meine Entscheidung für Konsequenzen für mich und meine Mitmenschen, könnte ich meine voreilige Entscheidung vielleicht einmal bereuen?

Könnte ich mir oder meinen Mitmenschen und meiner Umwelt Schaden zufügen?

Kann ich die daraus entstehenden Konsequenzen tragen und dafür Verantwortung übernehmen?"

Sollten wir uns nicht entscheiden können, warten wir besser noch, denn:

„Manchmal ist Kontemplation (Warten) besser."

Ob Sie es jetzt glauben oder nicht, bei mir klappt dies ganz gut, wenn ich auf Zeichen warte. Und manchmal finde ich es in den Augen oder einem Gespräch mit einem Menschen.

Ich möchte beim Leser nun keine finsteren Gedanken wecken, denn wir menschlichen Erd- Besucher und Bewohner sind oft großartige Denker und was haben wir schon auch „Großartiges" geleistet und auch großartige Erfindungen sind mit unseren Gedanken schon entstanden. Ich könnte mir ein Leben ohne Waschmaschine nicht mehr vorstellen. Ich muss an dieser Stelle ehrlich zugeben und deutlich betonen, dass ich die Elektrizität und den fließenden Strom sehr genieße. Zurzeit ist unsere Waschmaschine defekt, die wir erst im April dieses Jahres 2013 gekauft haben, ich glaube, sie hätte lieber ein Trockner werden wollen. Ich nannte sie oft Luxustussi, da diese Maschinen ja heutzutage keine Knöpfe mehr haben sondern getatscht werden wollen. Touch me please!

Heute schreiben wir den 4.1.2014 und ich dachte mir, ich probiere es einmal mit Quantenheilung und versuche unseren universellen Computer spielen zu lassen. Man hörte ja schon davon, dass man Geräte auch mit Gedanken positiv beeinflussen könne. Entweder dachte und glaubte sie, Prinzessin Waschmaschine, nicht an solche Dinge wie Quantenheilung, oder aber ich bin zu sehr davon überzeugt, dass diese Maschine halt lieber ein Trockner hätte sein wollen. Wie dem auch immer sei, ich muss es jetzt so hinnehmen wie es ist, hierfür konnte ich meinen Verstand (noch) nicht überlisten. Vier Wochen ohne Waschmaschine, na ja, dafür durfte ich nun einen Waschsalon besuchen, dies habe ich ja schließlich auch noch nie erlebt. Die neue Waschmaschine behandelte mich eigentlich gar nicht mit Respekt zum Nächsten, ganz im Gegenteil, wann immer ich sie vorsichtig touchte schrie sie nach ein paar Minuten bib pip bip. Ich möchte jetzt nicht arrogant oder selbstgefällig bei meinem Leser ankommen, aber am liebsten hätte ich diese Maschine einmal mit einem Vorschlaghammer bedient.

Und auch möchte ich jetzt nicht zynisch klingen, trotzdem wage ich es zu behaupten, dass man viele Dinge in unserer heutigen schnelllebigen Zeit so herstellt, dass diese schneller als früher defekt werden. Und jetzt fängt meine erste Lästerei an. Diese Frage stellte ich dem Reparaturdienst und bekam zur Antwort:

„Nein, nur die Teile würden schneller defekt werden."

Ich sagte:

„Ja Herrgott, das ist doch dasselbe oder?"

Wahrscheinlich halten die neuen Maschinen nicht mehr so lange, damit man die gut florierende Wirtschaft am Fließen halten kann. So eine Wissenschaft ist sicherlich eine lösungsorientierte, also Wirtschaft ankurbelnde denkende Handlungsweise. Es könnte aber aus meiner Sichtweise die Verlust-Angst vieler Menschen um ihr hart erarbeitetes Geld schüren.

Es gibt ja tüchtige Verbraucherzentralen!

Manchmal sind unsere Entscheidungen, die mit unseren oft vermeintlichen positiven Gedanken getroffen werden wahrhaft weniger meisterhaft, da sie oft unbewusst getroffen werden. Denn manche sehr intelligenten Gedanken, die zum Beispiel von Wissenschaftlern ohne Gewissenshinterfragung in die Tat umgesetzt werden, zeigten in der Vergangenheit eher eine zerstörerische und ruinierende Wirkung.

Wir könnten uns die Zeit zum Nachdenken geben, bevor wir losrennen, dies würde die Zeit verkürzen, die wir bräuchten, um an unsere Ziele zu gelangen, dies wäre Wissen mit Gewissen.

(Ich glaube, dies ist mein bisher intelligentester Satz, dieser muss wohl aus der geistigen Welt kommen) Den mache ich mir jetzt zu meinem Leitlebenslieblingssatz!

Dass auch ich mir diesen Satz einmal hinter die Ohren schreiben dürfte, werden die Leser noch erfahren mit meinen Fettnäpfchen, in die ich manchmal stampfe.

Wie kann das wahre ICH BIN wachsen, wenn bei den Entscheidungen das Du vergessen wurde?

Die berühmte Inkarnationsfalle!

Dieser Satz, so glaube ich, ist mein wichtigster Satz bisher.

Menschen laugen den Planet Erde und ihre Mitmenschen aus, um ihre Eitelkeiten zu befriedigen genauso lange, bis es wirklich keine Fänge mehr gibt und wir wieder mit Weidenasterln fischen.

Vielleicht sucht der Mensch ja dann nach Erkenntnis und nicht nach Gold.

Es gibt vielleicht auch einen Leser, der bei sich schon den Gedankengang beobachten durfte:

„Wieso haben andere mehr Glück als ich?“

Diese Denkweise hatte ich auch schon oft in meinem Leben, mir war damals noch nicht bewusst, dass die Hauptursache meiner Erkrankungen diese chemischen Keulen waren, die man mir als Kind verpasste; dankbar kann ich nun auf meine vielen Krankheiten zurückblicken. Denn ich kann mich so ziemlich in alle versetzen.

Ich durfte in meinem Leben schon viele positiv denkende Menschen kennenlernen, diese ein wundervolles Leben führten, genauso lange, bis der Zeitpunkt kam, an dem der Zufall anklopfte, denn die wahre Lebensaufgabe kann nicht umgangen werden. Und dieser Zufall klopft spätestens wie folgt an:

Würde ich mein Geburtsdatum einzeln addieren, erhalte ich die Zahl 11 aus der 29.

Mit exakt 29 Jahren wurde ich mit meinem ersten Kind schwanger, ein Kind verändert das Leben eines Menschen, das werden mir viele Leser sicherlich bestätigen können. Mit 29 Jahren besuchte ich auch mein erstes homöopathisches Wochenendseminar zur Anwendung bei Tieren. Ich dachte, vielleicht könnte ich ja für meine Tiere Nützliches dazulernen. Ab diesem Zeitpunkt fing ich an, noch tiefer in so manche Geschichten oder Erlebnisse einzutauchen und es veränderte sich dabei immer mehr mein Blickwinkel. Der Leser kann dies für sich selbst mit Sicherheit auch nachvollziehen, wenn er sich sein eigenes Geburtsdatum betrachtet. Ich musste damals eine wichtige Entscheidung treffen. Und ich glaube, dass ich mich richtig entschieden habe.

Ich gehe später noch einmal auf mein eigenes Geburtsdatum ein mit der Zahl 144.

Viele Entscheidungen werden von unserem Reptiliengehirn aus getroffen, von unseren Urängsten.

Welche Entscheidung bringt mir wohl die meisten materiellen Vorteile und Ruhm, oder bei welcher Entscheidung erfahre ich am wenigsten Widerstand und manchmal ohne Rücksicht auf unsere Mitmenschen und Umwelt.

Der Basisbedarf eines Menschen ist:

Essen, Trinken, der Job, Sex, Kinder, Geld und Gesundheit, unsere Urängste.

Der Mensch ist ähnlich wie ein Tier und dadurch leicht manipulierbar.

Keiner von uns ist in Wahrheit ein Tier, dass wir uns eigentlich in der Evolution über ein Tier hinweggehoben haben, möchte ich zu einem späteren Zeitpunkt noch beweisen. Trotzdem wage ich es zu behaupten: manchmal läuft die Angst (das Tier in uns) vor uns selbst davon.

Wir sind auf unserem Schiff die eigenen Steuermänner.

Es wird immer wieder blinde Passagiere auf unserem Segelboot geben. Unsere Lernaufgabe wird es sein, mit ihnen zu tanzen.

(Bild von Ingo Rittscher)

Es könnte auch von jedem eine Entscheidung getroffen werden, die da lautet:

Mit meiner Entscheidung habe ich auch eine moralische Verpflichtung. Obwohl ich immer wieder zu lesen bekam, das Universum hätte keine Moral. Dem muss ich wahrlich zustimmen, da gibt es ja kein Gut oder Böse, das Universum ist also ohne Moral. Warum sollte ein Universum auch urteilen, es ist zeitlos.

Die Entscheidung der Menschen ist doch meistens auf Nummer Sicher gehen.
Wir wollen Deckung, wir wollen Sicherheit, dabei wird leider oft der Boden mit dem Wasser vertauscht.

Wohlhabend zu sein wünscht sich ein jeder von uns und ich glaube auch, dass dies unser natürliches Grundrecht für alle Menschen, Tiere und Pflanzen ist. Wohlhabend zu sein in Verbindung mit wohlwollend zu unserer Umwelt ist für mich wahrer Reichtum.

Auf unserer weiten Reise auf See brauchen wir unsere Fische und manche sagen es kommt nur auf den Köder an.

Erlauben wir uns also immer wieder aufzusteigen, nur dies kann uns zu unserer wahren Seelenbefreiung führen.

Die Antwort auf die richtigen Entscheidungen fällt eigentlich leicht, denn die Antwort finden wir in unseren Herzen. Dort finden wir unsere innere Weisheit und unsere innere Führung. Unser Herz ist mit dem Diamanten verbunden, mit unserer eigentlichen heimatlichen Quelle.

Herz und Zufall

Mit Menschen in Kontakt zu treten, das war immer meine Quintessenz.

Es gibt keine Zufälle.

„Wir haben die Wahl, unser Leben als Zufall

oder als Abenteuer zu erleben. - Anonym“

Es werden Dinge sein, die uns zufallen werden, nehmen wir sie wahr.

Wir werden bald anfangen, in jedem Gegenüber unser wahres Selbst zu erkennen.

Da nichts Zufall für mich ist, kam ich eines Tages zu einem Pferd Namens Cisco. Seit etwa 38 Jahren beschäftige ich mich in meiner Freizeit und jahrelang auch als Trainer mit Pferden, da dies eine meiner Leidenschaften war und auch immer noch ist. Ich folgte schon immer, auch was Pferde betrifft, einer inneren Stimme. Auch durfte ich mit Sicherheit trotz innerer Stimme viele Fehler in dieser Pferde-Schule und wie lerne ich Reiten machen. Da mir Kinder sehr am Herzen liegen, trainierte ich zufällig, in einem Abschnitt meines Lebens, einmal Shetlandponys samt sechsjährigen Kindern. Wer je einmal versuchte, ein Shetlandpony zu trainieren mit sechsjährigen Kindern, die nicht reiten können, weiß, dass ein Pony, wenn man von ihm verlangt, nach rechts zu laufen, genau in die entgegengesetzte Richtung rennt, samt Kind obendrauf, wofür der Trainer eigentlich die Verantwortung trägt. Ein Kind war körperlich sehr eingeschränkt. Ich hatte damals Angst, nicht um die Ponys, sondern um die Kinder. Also machte ich mir Gedanken und folgte einer inneren Stimme, die mir da sagte:

Lehre sie mit Lob!

Dieses setzte ich dann um und wir landeten nach 7 Jahren auf der World open im Westernreiten in Augsburg. Zufall oder nicht, meine Kinder waren die jüngsten Teilnehmer und unsere Pferde die Kleinsten. Da meine Kinder sehr jung waren und nur zu dritt, mussten sie bei den 14 bis 18jährigen starten. Ein Kind schaffte den 7. Platz, der ihr leider wieder aberkannt wurde, wegen bürokratischen Gründen, das heißt, man hätte das Pony mit Kandare, statt einer weichen Wassertrense reiten sollen. Wir trainierten unsere Pferde damals vor der Europa-Meisterschaft komplett ohne Zaumzeug, weil ich dachte, wenn sie ohne Zaumzeug uns dienlich sind, dann bestimmt bei diesem Extremfall mit Zaumzeug. Es war ein 18 jähriger schleifengeiler Typ mit einem etwa 50000 Euro günstigen Pferd, dessen Ego eine Vitaminspritze brauchte. Der 8. Platz war ihm nicht gut genug und er erhielt dann den 7. Er fand das Gesetz im Buch und sorgte dafür, dass das 13 jährige Mädchen ohne Schleife nach Hause fuhr.

Mit Pferden lernte ich folgendes:

Agieren statt reagieren!

Ich wurde einmal gefragt:

„Wo war denn dein Gott als mein Hund überfahren wurde?"

Damals wusste ich noch keine spontane Antwort darauf.

Heute würde ich antworten:

„Ja, wo war denn deine Leine?"

Sitze ich bei einem Pferd zu weit vorne, bin ich vor der Bewegung und behindere das Pferd in seiner Bewegung.

Sitze ich zu weit hinten, bin ich hinter der Bewegung und blockiere das Pferd in seiner Bewegung.

Sitze ich auf meinem Schwerpunkt, also mittig, bin ich eins mit der Bewegung und dem Pferd.

Die Mitte ist es also. Die Mitte ist der Weisheit letzter Schluss.

Ich war bei vielen Trainern, aber gelernt habe ich die Sprache der Tiere bei meinen Schülern. Diejenigen, die es in der Reiterei zur Meisterschaft gebracht haben, brauchen keine Zügel mehr. Und genauso ist es mit unserem Leben.

Wir bleiben für immer Lernende.

Unter Reitern erzählt man sich folgende Geschichte:

Ein Mann liegt mit 99 Jahren in seinem Sterbebett, als er noch einmal aufschnauft, bevor er einschläft und sagt:

„Jetzt weiß ich, wie das Reiten geht."

Wer als Reiter behauptet, er wüsste alles, hat ausgelernt, denn man kann immer etwas lernen. Zurzeit erlerne ich, wie man ein Buch schreibt, der Leser ahnt nicht, wie viele Umwege ich dafür schon gegangen bin (diese Knöpfe am PC bereiteten mir viel Stress, und wenn man Stress empfindet, möchte man am liebsten, mein Anstand verbietet mir nun weiteres dem Leser zu berichten). Wenn ich jetzt auch noch ganz ehrlich sein muss, ich glaube ganz ernsthaft, für diese heutzutage ausgefeilten PCs habe ich die verkehrte Haarfarbe.

Am Anfang fing ich mit einer Homepage an, habe mich aber dann umentschieden. Jetzt bin ich eigentlich sehr dankbar und froh über unseren PC, denn dann kann man immer wieder Neues zwischen die Zeilen setzen, da es ja ein Intuitionsbuch ist. Dies ist auch der Grund, warum ich so viele Themen anspreche. Ich schrieb intuitiv über Themen in meinem Buch, die mich gerade irgendwie berührten und für die ich ein körperliches Signal empfing. Dinge, die in dieser Zeit für (mich) aktuell waren oder ich einfach auch nur „zufällig“ darüber stolperte oder aufschnappte und ich habe jedes Mal dabei versucht, mir darüber meine eigenen Gedanken zu machen.

Damals beschloss ich dann, mich von der öffentlichen Reiterwelt zu verabschieden und nur noch als Freizeitreiter meinen Spaß zu haben. Ich machte den Deckel der Mülltonne auf, ließ die Schleifen fallen und ebenso den Deckel der Tonne.

Ich habe ja jetzt einen getöpferten Cowboyhut als Erinnerung.

So wurde mir eines Tages zufällig oben genannter Cisco geschenkt.

Cisco ist auf einem Auge blind und auf dem anderen Auge hat er wenig Sehkraft. In der Pferdesprache nennt man das „Mondblindheit". Ich habe schon viele schöne und sehr teure Pferde reiten dürfen in meinem Leben, aber er hat etwas, das man in der Reitersprache den „golden mind" nennen würde.

Cisco lehrte mich noch mehr:

Wie man mit dem Herzen sieht, denn da ist man auch am meisten und leicht verwundbar.
Weiser können wir nur durch uns selbst werden, dort angelangt,
sieht man auf den Kleinen auf!

„Von allen Tieren ist das Pferd der beste Freund des Indianers, denn ohne es könnte er keine weiten Reisen unternehmen. Das Pferd ist der wertvollste Besitz eines Indianers. Wenn ein Indianer etwas Wichtiges vorhat, dann verspricht er seinem Pferd, es mit Erdfarben zu bemalen, wenn es ihn unterstützt, sodass alle sehen können, wie sein Pferd ihm geholfen hat."
(Brave Buffalo, Medizinmann der Teton Siou)

Ich gab meinem Pferd diesen Namen, da mir der Film „Der mit dem Wolf tanzt" so gut gefallen hat. Cisco könnte man auch nicht stehlen, der würde sich von einem Fremden nicht mal anhalftern lassen.
Rückblickend bin ich auch sehr dankbar, denn ich durfte in dieser Reiter-Zeit viele Raupen kennenlernen, die Pferde geritten und gefahren verkaufen, also vom Deife geritten und vom Hänger gefahren. Damals lernte ich, dass man eine Raupe niemals satt bringt. Ich durfte beobachten, wie man einem hochlahmenden Pferd einen Spezialhufbeschlag verpasste, um den Sieg, den Pokal, zu erringen und er wurde auch errungen, da Geist Materie schafft. Als ich auch noch die Sätze hörte, was willst du denn mit deinem Salamipony hier, war mir bewusst, dass ich mich bald

verabschieden werde. Und dies war auch gut so, denn meine Kinder durften nach mir mit einem guten und besseren neuen Trainer im Jugend-Kader für Deutschland reiten.

Sollte nun ein Leser an einer leichten Bandscheibenerkrankung leiden oder gar an Nierensteinen, empfehle ich zum Arzt auch Reiten.

Bitte nur in der kleinsten Gangart, im Schritt.

Es hängt ein Pferdehalfter an der Wand...

Ist es Zufall oder nicht, dass mir einst beim Klage- und Kreditberichte schreiben immer die Finger weh taten und ich oft Sehnenscheidenentzündungen hatte? Eines Tages war es dann soweit, ich bekam eine Sehnenscheideneiterung an der rechten Hand, rechts steht für Zukunft.

Eine innere Stimme fragte mich damals schon, warum man sich denn ein halbes Jahr lang darüber streiten mag, weil die Äste von Nachbars Kirschbaum herüberwachsen? Es war für mich so etwas wie eine Energieverschwendung. Aber gut, jeder hat seinen eigenen Weg zu gehen und soll tun, was ihn glücklich macht. Rückblickend muss ich wirklich zugeben, dass ich einen sehr netten Lehrherrn hatte, er hatte es bestimmt nicht leicht mit mir.

Er war halt einfach ein Wassermann, diese sind ja in der Astrologie dafür bekannt, dass sie die besten Chefs wären, denn Wassermänner schimpfen nicht.

Sind wir nun nicht auch in einem Wassermannzeitalter?

Ich war die meiste Zeit ganz alleine und sollte doch in der Zwischenzeit die Tageszeitung lesen und ihm dann berichten. Er wusste mit Sicherheit, dass ich dies nicht tat sondern nur kurz die Überschriften auswendig lernte (wegen der 8 und 5 Kombination, auf die ich später noch intensiver eingehen werde). Als eher praktischer Mensch beschloss ich dann für die gesparte Zeit die täglich verdreckte Küche zu reinigen und Kartenlegebücher zu studieren oder zu stricken oder einsam aus dem Fenster zu blicken und die Vögel zählen und auf einen Anruf zu warten.

Dies bescherte mir ein Abschlusszeugnis mit:

„Sie war stets bemüht."

Abschlusszeugnis Note 3.

Also ganz ehrlich, mein Gerechtigkeitssinn sagt mir nun, jede Putzfrau hätte damals mehr Lohn als 300 Deutsche Mark im Monat erhalten.

Wir begegneten uns zufällig kein Jahr nach meinem Abschluss wieder. Ich war richtig erschrocken. Er erzählte mir, dass er an einer Lebensmittelvergiftung fast gestorben wäre und hatte über 40 kg abgenommen.

Dieser Mann war so intelligent, dass er nur noch mit sich selbst Schach spielen konnte. Dieses Spiel soll ja bekanntlich das „Spiel der Könige" sein. Hat nicht ein Schachbrett 64 Spielquadrate? Hörte ich einmal etwas von 64 Hexagrammen? Er versuchte mir auch vergeblich das Schätzen von Entfernungen beizubringen, falls ich einmal Zeuge bei einem Unfall wäre. Ich schätzte damals die Ingolstädter Donaubrücke auf 100 Meter. Ich war immer schon ein Glückskind, denn als einzige Mitarbeiterin durfte ich am ersten Tag bei Lehrbeginn schon einen Mahnbescheid ausfüllen und mit der Schere diese ganzen neuen Gerichtsurteile ausschneiden und in einen Sammelkasten sortieren, je nachdem um welches Urteil es sich gerade handelte. Meine armen Lehrlingskollegen erzählten mir in der Berufsschule, dass sie nach einem Jahr immer noch Akten von Zimmer zu Zimmer schleppen müssten.

Ich spürte wohl mit 18 Jahren schon, dass mich diese langen Klageschriften und ebenso diese langen Kreditberichte nicht glücklich machen würden. Nun hacke ich schon eine ganze Zeit lang in die Tasten wie ein Weltmeister. Wenn man so etwas schreiben möchte, muss man es ja immer wieder umändern und überarbeiten.

Ob es vielleicht an einem anderen Thema liegt, dass mir diesmal nichts weh tut?

Viele Menschen denken immer noch, dass sich die Dinge aus purem Zufall ergeben.

Es gibt keine Zufälle!

„Es gibt keine Zufälle, es fällt zu, was zufällt. - Anonym“

Planung könnte bedeuten, den Zufall durch den Irrtum zu ersetzen aber man kann den Zufall nicht ersetzen, da es keine Zufälle gibt.

Der Zufall folgt immer einer lenkenden Kraft, einem Spiel mit Plan, deren Ordnung wir oft nicht gleich erkennen können.

Der Zufall ist ein großes Geschenk, denn er gibt uns die Gelegenheit, einen Bereich in unserem Leben zu hinterfragen.

Kennt der Leser auch Menschen, die ständig auf der Flucht sind, die ständig sagen, ich habe keine Zeit. Da gibt es bestimmt auch jemanden in Ihrem Bekanntenkreis?

„Man führt nicht mehr genug Selbstgespräche heutzutage. Man hat wohl Angst, sich selbst die Meinung zu sagen.“
(Jean Giraudoux, 1882-1944, franz. Berufsdiplomat, Buchautor)

Da ich ja über diese 5. Dimension schreibe, möchte ich gerne die Zahl 5 etwas genauer erläutern.

Für diese bewegende Zahl ist es auch sehr wichtig, sich öfter eine Auszeit zu gönnen, also seinen Geist immer wieder aufs Neue zu beruhigen, die Jugend von heute würde dies Chillen nennen. Praktisch nichts tun, denn die 5 ist in ihrem eigenen Tun gegenüber selbstkritisch und strebt nach Perfektion. Die Fünfer Menschen haben viel Power und einen göttlichen Schutz wegen der fünften Dimension, wie schon erwähnt, wenn ich Glück in Zahlen verwandle, erhalte ich als Quersumme die Zahl 5.

Wo ist die Zeit, der Wettlauf mit der Zeit im Lebenstakt?

„Der Weg zu allem Großen geht durch die Stille."
(Laotse, chin. Philosoph, 604 – 531 v. Chr.)

Ich finde es sehr schade, dass diese Menschen sich keine Zeit nehmen, und in sich hineinhorchen, um ihr wahres höheres Selbst zu finden oder mit anderen Worten ausgedrückt, sich Zeit dafür zu nehmen, um die ursprüngliche Offenbarung wiederzufinden.

„Das Gestern ist fort – das Morgen nicht da. Leb` also heute!"
(Pythagoras, griech. Philosoph, um 570 v. Chr. – 510 n. Chr.)

Aus Ägypten:

„Wer sich abhetzt, wird nie Vollkommenheit erlangen. Dazu gehören Ruhe und Stille."

Ich verschenke gerne Bücher, die ich gelesen habe, wenn ich dann einmal nachfrage, ob man denn das Buch schon gelesen hätte, bekomme ich sehr oft zur Antwort, nein, ich hatte noch keine Zeit.

Viele Leute haben immer das Gefühl, dass ihnen ständig die Zeit davonläuft. Einen verlängerten Aufsatz zu schreiben, so wie ich im Moment, kostet auch viel Zeit und viel Energie. Aber ich habe mir dieses Versprechen gegeben und ich finde, wer A sagt, muss auch B sagen. Und vielleicht sind meine Zeilen eines Tages für jemanden nützlich.

Zeit ist eine Einheit wie der Euro, sie wird immer weniger Wert geschätzt.

Man weiß, dass sogar Herr Albert Einstein ein Mittagsschläfchen machte, es heißt ja, Genie und Wahnsinn hängen nah beieinander. Er würde sich heute bestimmt im Grabe umdrehen, wenn er sehen könnte, was der Homo sapiens sapiens sapiens mit einer Erfindung alles zu tun vermochte.

„Das meiste haben wir gewöhnlich in der Zeit getan, in der wir meinten, zu wenig zu tun."
(M.v.E. Eschenbach, 1830 - 1916)

Zeit ist die relative Ansicht, seine Zeit im Positiven oder im Negativen zu leben.

Solange sie was wollten, wußtest du, was du nicht wolltest, aber was ist, wenn keiner was von dir will?

Spätestens dann wirst du vor deinem Spiegelbild stehen und dich fragen:

„Ja, was will ich jetzt?

Ja, was will jetzt eigentlich mein Spiegelbild von mir wissen?"

„Sobald du auf dich selbst vertraust, weißt du, wie du leben musst. - Anonym"

Aus einem Vortrag von Herrn Doktor Chopra durfte ich in etwa folgendes lernen:

Ohne Tauchstationen für uns selbst wird der Terminkalender immer voll sein. Die Taschenuhren vieler Menschen ticken dann offensichtlich doch viel schneller und die Zeiger drehen sich einfach schneller, weil sie noch so viele Jobs zu erledigen haben. Es gibt noch so viele Arbeiten, Einkaufen, Discobesuche, Friseur, Klingeltöne des Handys, im Internet surfen oder sonstiges Hetzen und dabei werden Stresshormone produziert. Wenn Ärzte diese Leute untersuchen würden, könnte man sehen, dass ihre biologische Uhr tatsächlich schneller läuft. Ihr Puls geht schneller und eines Tages ist ihre Taschenuhr abgelaufen. Sie hatten vergessen, dass unsere Seelen manchmal auch eine Massage benötigen.

Wir schreiben gerade März 2014, der Leser ahnt nicht wie lange sich für mich die zwei Stunden anfühlten, als ich letzte Woche auf einer Beerdigung von einem sehr beliebten Menschen aus unserem Dorf war. Sie war noch keine 50 Jahre alt und bildete eine Art Vorbild für das ganze Dorf. Ich durfte noch ein sehr nettes Gespräch mit ihr führen, kurz bevor sie an einem nächtlichen Herzinfarkt verstarb. Sie wachte am Morgen einfach nicht mehr auf. Oh weia, diese 2 Stunden auf dem Friedhof fühlten sich für mich wie eine Ewigkeit an.

Während die Zeit, die ich verbringe, hier zu sitzen und an meinem Buch zu arbeiten, wie im Fluge vergeht.

Eine indianische Weisheit sagt:

„Menschen, die nur arbeiten, haben keine Zeit zum Träumen.

Nur wer träumt, gelangt zur Weisheit."

Zeit ist eine Zählung:

Der Lauf der Zeit.

Den Augenblick kann man nicht festhalten, denn das Glück liegt außerhalb der Zahlen und Zeiten.

In unserer schnelllebigen Zeit können wir bald Ostern schon Weihnachten feiern. Wir schreiben gerade den 15. Oktober 2013 und man kann jetzt schon Adventskalender erwerben.

Im Stress befand ich mich früher eigentlich immer, als ich immer versuchte, es jedem Recht zu machen. Man glaubt eine echte Multitasking-Fähigkeit zu besitzen aber das stimmt nicht.

Da gibt es doch den Spruch:

„Was du heute kannst versprechen, kannst du morgen ja wieder brechen."

Aus meinem Blickwinkel sehe ich das anders:

Ein Mensch, der sich Zeit nehmen kann, weiß, dass nur der jetzige Augenblick wichtig ist, denn das Morgen ist nur ein Versprechen.

Verschiebe nichts auf Morgen.

Wenn wir ein Versprechen geben, so versuchen wir dieses bitte auch einzuhalten und wenn wir es aus irgendeinem Grund nicht können, so entpflichten wir uns einfach wieder.

Wenn es um materielle Dinge geht, fällt mir im Moment ein:

Und wurde nicht einst gesagt:

„...Überlasst mir die Sorge um eure Sachen und alles wird sich beruhigen."

Ein chinesischer Spruch besagt:

„Bete für die Dinge die du gerne haben möchtest, aber arbeite für die Dinge die du brauchst."

Jetzt ist gerade Urlaubszeit und viele segeln irgendwo auf dem schönsten Segelschiff der Welt und sind vielleicht doch nicht so ganz glücklich. Warum geht man dann nicht einfach mal in die kleine Kabine?

Ja, weil sie shoppen geht und er zum Frühschoppen.

Es gab Zeiten in meinem Leben, da drehte ich mich hier und verbog mich dort, damit ich mich wieder zur anderen Seite drehen konnte, nur um es ja jedem Recht zu machen. Und mit diesem ganzen Drehen habe ich mich selbst vergessen. Und somit erkannte ich irgendwann:

„Einem jeden Recht getan ist eine Kunst die keiner kann."

„Es gibt eine wichtige Zeit:
den Augenblick;
sie ist darum die wichtigste, weil man nur in ihr Gewalt über sich hat. Es gibt einen wichtigsten Menschen:
den, mit dem du im Augenblick zusammen bist.
Und deine wichtigste Aufgabe ist, ihm Gutes zu tun."
(Leo Tolstoi, russ. Schriftsteller, 1828 - 1910)

Man kommt Jemandem entgegen, egal zu welcher Uhrzeit, denn die Zeit ist in Wahrheit nur Unendlichkeit. Was ist schon ewig?

Die Ewigkeit ist wohl, dass wir unser Boot immer drehen können, denn nur wir selbst haben das Segel in der Hand.

Niemals wird sich die Uhr rückwärts drehen, denn der Mensch

hat sich zu entwickeln, nur in welche Richtung, das ist doch immer wieder die große Frage, immer wieder die berühmte Weggabelung des Schicksals.

„Die große Offenbarung ist die Stille.“
(Laotse, chin. Philosoph, 604 – 531 v. Chr.)

In der Bibel gibt es den Spruch:

„Sei still und wisse, dass ich Gott bin.“

Das wissen alle Quantenheiler!

„Wir können nur mit unserer eigenen Quelle der Intuition und Weisheit in Berührung kommen, wenn unser Identitäts- oder Selbstwertgefühl nicht mehr von den Ansichten anderer abhängt; wir alle pflegen irgendetwas anzubeten;
die Frage ist nur, ob wir den Gott der Meinung oder den Gott unseres Herzens anbeten.
Ich merkte, dass ich immer weniger zu sagen wusste, bis ich schließlich stillwurde und zuzuhören begann. In der Stille entdeckte ich die Stimme Gottes.“
(Soren Kierkegaard, dänischer Philosoph, 1813-1855)

Die Wahrheit liegt zwischen den Geräuschen, da ist unsere wahre Intelligenz. Da finden wir die Antwort auf all unsere Fragen. Es gibt auch noch eine andere Möglichkeit, man sieht die Dinge komplett anders; und als Numerologin drehe ich gerne mal ein paar Zahlen um. Ich halte mich dabei nicht an ein strenges Rechensystem, sondern lasse meine Intuition mit einfließen.

Astrologen sehen sich die Sternbilder an und Numerologen sehen sich Zahlen an. Und je mehr ich begann so zu arbeiten, desto zuverlässiger wurden meine Aussagen. Würde man nun beispielsweise die Zahl 8 um 180 Grad drehen, wird man dieselbe Zahl zu sehen bekommen. Lasse ich aber meine Intuition miteinfließen, sehe ich die Zahl aus einem ganz anderen Blickwinkel, ich tauche dann etwas tiefer ein und sehe mir die Qualität der Zahl durch Nachbarzahlen an. Manche Zahlen wirken in der Polarität nicht immer harmonisch oder sind sich nicht ganz grün. Sie beißen sich im Wechsel.

Diese Zeitlosigkeit habe ich zum ersten Mal bei meiner schon erzählten Schulabschlussfeier erleben dürfen.

Zeit ist die Energie des Windes, es ist die Verbindung mit der höheren Stimme in uns.

Wir brauchen den regelmäßigen Entspannungscode, die Erholung und die geistige Ruhe, damit wir für uns selbst Zeit haben, um das Beste in uns wieder zu finden.

Aus der Ruhe wächst eine neue Kraft.

Eine Weisheit aus Japan:

„Geh in den Garten und höre auf die Stille zwischen den Geräuschen;

dies ist die wahre Musik der Natur."

Die Sicht des menschlichen Daseins aus einem anderen Blickwinkel zu sehen, das ist immer wieder meine Quintessenz.

Heute erlebe ich Zeitlosigkeit bei meinen Ausritten in der Natur.

Spende deine Zeit um zu lauschen; und dabei wanderst du Richtung Berg. Es ist ein Berg mit keinem Namen und doch gebe ich ihm jetzt den Namen Berg zur Selbsterkenntnis, die lichteren Höhen zu entdecken.

„Die wahre Poesie muss sich ganz von der äußeren Gegenwart loslösen, sozusagen von der wirklichen Wirklichkeit. Sie darf bloß das festhalten, was dem Menschen zu allen Zeiten eignet; seine wesentliche Natur, und muß dies in individuelle Gestalten kleiden, das heißt, sie muß realistische Ideale schaffen."
(Otto Ludwig, 1813 – 1865, Erzähler und Dramatiker)

Katharsis führt auch in diese Stille!

Diese Stille ist vergleichbar mit einer LEERE, dort finden wir die LEHREN unserer Schöpfung.

Ich suchte schon sehr früh in meinem Leben den Dialog mit diesem Stirb und Werde.

Da Meditation nicht so meine Sache ist, weil Meditation viel Zeit in Anspruch nehmen würde und (mir persönlich) zu langweilig ist, habe ich mich auf die Suche gemacht, ob denn diese Berührung mit dieser Stille auch noch auf anderen Wegen zu finden wäre.

Ganz ehrlich, jetzt bayerisch gesagt:

Mit diesem Hoomm dachte ich mir immer, ja hoffentlich hoommas glei!

Ich komme später noch auf diese oben genannte Stille zu sprechen.

Nichts im Universum ereignet sich zufällig.

Das Wort Schicksal kommt von schicken.

Schicksal und Zufall sind ein und dasselbe, es sind die Dinge, die dir zufallen, damit dein höheres Selbst oder auch die Blume in dir Richtung Sonne wachsen kann.

Unsere wahre Bedeutung:

Die Partnerschaft mit unserem höheren Selbst ist das Ziel.

Um unserem wahren „Selbst“ immer wieder neu zu begegnen, suchen wir Menschen genau die Umstände aus, in die wir geboren werden, um daraus geistig zu erwachen. Einer wird in der Polarität lebend immer progressiv sein. Wir suchen unsere Eltern aus, um von ihnen zu lernen. Es könnte auch sein, dass ein Mensch in eine Familie oder kulturelle Umstände geboren wird, um als Lehrer zu fungieren, denn bei manchen Menschen hat man das Gefühl, sie wären perfekt, man würde meinen, diese kommen als reine Vorbilder. Dies sind Charaktere, die von Anfang an ihrer Lebensaufgabe folgen, sie sind Meister, die vom Himmel gefallen sind. Es könnte auch sein, dass der Mensch sich einen behinderten Körper aussucht, um wiederum für andere ein Lehrer zu sein. Oder hatte ein Mensch gegenüber Kranken in früheren Leben kein Mitgefühl entwickelt und hat sich nun eine Krankheit gewählt. Vielleicht hatte auch mancher sich ein schlechtes Karma angesammelt und muss erst einmal zurückzahlen. Es könnte ja auch sein, dass man einen liebgewonnenen Menschen oder ein lieb gewonnenes Tier verliert, um daraus zu erwachsen. Die Seele könnte bei der Zeugung schon verletzt worden sein oder als Embryo seinen Zwilling verloren haben. Wir wissen, Trauer kann Menschen verwandeln. Leiden schärft den Blick für Leidende oder sollte diesen Blick zumindest schärfen. Dies habe ich bei mir selbst erlebt. So ist das mit dem Spiel der Wiedergeburten in der Schule des Lebens. Glauben Sie mir eins, ich habe mich jahrelang mit dem Thema Tod beschäftigt bis hin zu Besetzungen. Darauf möchte ich jetzt nicht eingehen, denn ich würde mein Thema verfehlen. Ich möchte dazu nur eines sagen, dass ich selbst schon eine Nahtoderfahrung gemacht habe.

Trauer

Friedensgedanken habe ich mir auch für meine Großväter gemacht. Der Großvater väterlicherseits war Polizist in Hamburg und wurde strafversetzt, als er eine Fahne aus dem Fester hielt, bevor Hamburg ein einziger Trümmerhaufen war. Man hat ihn dann kurze Zeit später an einer neuen Front erschossen. Der Vater meiner Mutter kam auch nicht mehr aus dem Krieg zurück, darum war wohl meine Mutter ein bayerisches Einzelkind.

Das Leben ist intensiver, wenn der Tod in der Nähe ist.

Gestern erhielt ich die Nachricht, dass ein Freund meines Ehemannes überraschend verstarb, darum möchte ich für ihn an dieser Stelle einen Satz hinterlassen:

Du bist 100 % hinter deiner Familie und Sache gestanden, darum hattest du Erfolg. Du warst authentisch, denn du warst du selbst und immer sofort als Helfer in der Not erreichbar.

Ohne dich, lieber Hans, fehlt uns etwas und ich glaub daran, an diesen Mann, weil es echt ist, so dass ich es fühlen kann.

Man kann am Ende nie verlieren, man kann immer nur gewinnen, denn es gibt keine Trennung.

Der Tod ist das größte Mysterium von uns selbst, womit wir uns nicht so viel beschäftigen. Die meisten Menschen beschäftigen sich mehr mit dem intensiven Leben, was ich wunderbar finde und einfach bewundern muss, aber ich steckte halt in einer anderen Haut.

Was für ein Glück, dass es auch solche wie mich gibt.

Der Tod ist unser ständiger Begleiter.

Ich weiß nicht, wer Folgendes einmal gesagt hat und darum gebe ich diesem Satz einfach Gänsefüßchen.

„Die Geburt ist der erste Schritt zum Tod."

Ich habe mich sieben Jahre lang mit dem Tod beschäftigt, da ich auch sieben Jahre lang mit einer stillen Trauerdepression lebte und glaube, dass Trauer mit zu unseren schlimmsten Schmerzen gehört. Scheiden ist immer mit Schmerzen im Herzen verbunden.

Damals verstarb meine Mutter.

So einen „Sensenmann" habe ich gemalt und nicht in meine Erkenntnisse gepackt. Er ist einfach „künstlerisch" gesehen zu hässlich.

Vielleicht muss man manchmal auch erst Etwas verlieren, um sich bewusst zu machen, was man für ein Glück hatte.

Dies war mir das erste Mal mit sechs Jahren bewusst, damals wurde mir ein Vogel gestohlen. Er freute sich immer, wenn wir von der Schule nach Hause kamen. Damals musste man in der ersten Klasse noch auf einer Tafel das A B C erlernen. Er hüpfte immer auf dem Tisch hin und her und fing an, an meinem Kreidestift zu zerren, er signalisierte mir damit, dass er lieber Draußen spielen würde. Das Draußen war für ihn beim Nachbarn einkehren, es war ein Gasthaus mit Biergarten. Am liebsten amüsierte er sich dort an den Salattellern oder auf den Köpfen der Gäste. Es kam der Tag, da ging er alleine Spielen. Es wurde beobachtet, so wurde es uns berichtet, dass man ihn in ein Auto einlud, er war nämlich sehr handzahm.

Man kann sich kein Glück stehlen!

Zur Trauer fällt mir ein, ich habe einmal drei Nächte lang durchgerechnet, damit ich auf meine „Warum?“ Frage eine Antwort bekam, damals versprach ich mir, dies nie wieder zu tun. Nur so konnte ich meinen Trauerschmerz verarbeiten. Dieses Aha-Erlebnis gebe ich nicht weiter.

Die alte Maske fällt mit dem Zeitpunkt des Todes. Die neue Maske wächst mit dem Zeitpunkt der Geburt!

Eine Beerdigung gibt es eigentlich gar nicht, denn jede Beerdigung ist ein Neustart.

„Glück entsteht oft durch Aufmerksamkeit in kleinen Dingen. Unglück oft durch Vernachlässigung kleiner Dinge.“
(W. Busch, Dichter, 1832 - 1908)

(Made by Ingo Rittscher)

Für alle trauernden Menschen, die meine Erkenntnisse lesen:

Stehe nicht an meinem Grab und weine,

Ich bin nicht dort, ich schlafe nicht.

Ich bin eintausend Winde, die wehen.

Ich bin das diamantene Glitzern des Schnees.

Ich bin das Sonnenlicht auf reifendem Korn.

Ich bin der zärtliche Herbstregen auf Deiner Haut.

Wenn Du erwachst, in der Morgenruh',

dann bin ich der sanfte Flügelschlag

von ruhigen Vögeln, die ihre Kreise ziehen.

Ich bin die sanften Sterne, die die Nacht erleuchten.

Daher stehe nicht an meinem Grab und weine.

Ich bin nicht dort,

Ich bin Euch nicht gestorben.

(Mary Elizabeth Frye , frei übersetzt von Hildegard Khelfa)

Uns einmal bewusst machen, dass wir in Wahrheit Seelenreisende auf der Suche nach heilender Liebe und geistigem Wachstum sind, ist die Grundlage meiner Wahrheit. Wir werden in Zukunft das Lachen wieder mehr erfinden, damit wir öfter wieder eine Verbindung zu unserer Urquelle herstellen, ich erkläre dies später genauer.

Ich finde, Lachen erleichtert auch das Lieben-Lernen.

„Der Tod ist eigentlich eine Pause der Erquickung, so wie die Nachtruhe vor dem nächsten Lebensmorgen, an dem du mit frischer Kraft und munterem Mute deine unvollendete Aufgabe wieder aufnimmst, um nach und nach die Vollendung zu erlangen".
(Kalidasa, indischer Dichter, ca. 5. Jahrhundert)

Man muss nicht mit Ruten und Pendel, Karten oder Sonstigem umherwandern, um Bewusstsein zu vermitteln und verbreiten.

Unsere große Verantwortung wird es sein, Menschen dazu zu bewegen, umzudenken, vom Denken zur Intuition.

Vertrauen wir unserer eigenen inneren Botschaft.

Sehen wir das Leben als ein Abenteuer, in dem nur wir selbst das Ruder unseres Bootes in der Hand haben können.

Bewusstsein hat nichts mit erworbenem Wissen, beruflichem Status, äußerem Erscheinungsbild, Alter, Hautfarbe oder Geschlecht zu tun.

Vielleicht bleibt unser Gesicht, wenn wir gegangen sind,

das Morgen wird eine andere Zeit sein.

Wir sind der eigentliche Mensch erst dann,

wenn wir leben, was wir zu tun vermögen. ...

Politik

Ich habe in einem Seminar einmal die Frage aus dem Publikum gehört: „Gibt es Außerirdische"?

Seine Antwort darauf war:

„Ja, wir sind Außerirdische"!

An dieser Stelle möchte ich gerne sagen:

Ein Genie und ein großer Meister.

Meister heißt übersetzt Guru.

Guru heißt übersetzt Professor.

Da fällt mir gerade ein, bei diesem Seminar lernte ich eine Frau in der Pause kennen, die vor 20 Jahren ihre erste Rückführung in ein anderes Leben durch Hypnose in Kanada vornehmen hat lassen. Sie erzählte mir, dass dies damals 10000 DM gekostet hat. Was würde das wohl mit dem heutigen Euro kosten? Manche sagen dazu auch Teuro. Wer sich mit dieser Frau einmal darüber unterhalten möchte, der kann sich bei mir melden. Ich habe ihre Telefonnummer und sie ist Feng Shui Beraterin.

Rückführungen wären für mich eher nichts, denn ich könnte ja der damalige Führer aus dem dritten Reich gewesen sein. Obwohl meine Meinung dazu heute ist, von einem anderen Blickwinkel aus, also von dem Blinkwinkel eines Lernplaneten hat er eigentlich ein neues Bewusstsein geschaffen, das heißt, dass er eigentlich unser Engel war, der uns bewusster werden ließ. So etwas wird es wohl nie wieder geben. Ich fühle heute noch den Geruch, den ich wahrnahm, als wir bei einem Schulausflug nach Dachau mussten. Dennoch, Millionen von Menschen gaben ihm damals so viel Macht, da die Leute auf der Straße verhungert sind. Und er handelte nur aus seinem begrenzenden Verstand heraus, der ihm eine Machtgier einspeiste und sein innerer Wolf bildete sich ein, man könne sich mit Gewalt eine Elite züchten. So musste dies wohl geschehen. Normalerweise wählt man doch eine Person, der oder die dieses Fach auch studiert hat oder?

Und ich möchte hierbei auch erwähnen, es wurden schon Billionen mit dieser Geschichte verdient in Form von Büchern, Filmen und Sammlern usw.

Das Lied „Greensleeves" wurde ja auch von Heinrich dem 8. erfunden, und der hat auch viele Leichen im Keller gesammelt.

Er war halt einfach ein gedankenverirrter Vollpfosten, es war ihm zu diesem Zeitpunkt nicht besser bewusst, noch besser, er war einfach Bewusst-los mit einem vereisten, ertrunkenen Herzen.

Du erntest, was du säst ist ein **universelles Gesetz**, ein kosmisches Gesetz und kein Karma bleibt in unserem Universum unbeglichen. Es gibt in (m)einer Wahrheit keine Verjährungsfrist, nur ein Aufwachen.

Muss ich einen Raum betreten, in dem es nach so einem riecht?

Muss ich das wirklich?

Muss ich Bilder oder Geschichtsdokus von ihm sehen, muss ich das wirklich?

Du zahlst in diesem Leben für deine Schulden von deinem letzten Leben. Du bezahlst zum Beispiel für deinen Großvater oder Vater.

a^2 plus b^2 ergibt c^2

Das heißt, die guten Eigenschaften eines Menschen im Quadrat plus die negativen Eigenschaften eines Menschen im Quadrat ergibt sein Karma im Quadrat.

Mit circa 6000000 Leichen im Keller wird er sich noch mit vielen echten Federn schmücken müssen und lernt dabei vielleicht eines Tages auch Fliegen. Weiß der Leser eigentlich, dass der einzige König, der in einem Kartenspiel vorkommt und keinen Oberlippenbart hat, der Herz-König ist?

Er war Vegetarier und ein hochspiritueller Mensch. Was auch immer das für eine Spiritualität zu sein schien. Er wusste sehr wohl um die Gesetze der Magie. Er war umgeben von Magiern. Vielleicht hatte der damalige Reichsführer einen Doppelgänger, der sich das Leben nahm?

Nicht auszudenken, dass er letztendlich als Feigling nicht mal Mumm in seinen Knochen hatte und sich selbst die Kugel gab.

Dies habe ich natürlich hinterfragt und bin zum Beispiel folgendem Gedankengang nachgegangen:

Anke, ich glaub dein Mann hatte Recht, als du ihm das erzählt hast und er sagte, du spinnst, also nimm das aus deinen Erkenntnissen wieder raus.

Wieso, Weshalb, Warum?

Ein jeder spinnt auf seine Weise.

Das bringt man doch schon kleinen Kindern bei:

„Wo hat denn die Mama oder der Papa seinen Bib-Bib-Vogel?“

Ich wartete auf ein Zeichen.

Dieses Zeichen kam prompt und auch die Antwort.

Man verwechselte mich in einem kleinen Laden mit einer Münchner Schauspielerin.

Jeder Mensch hat einen Doppelgänger.

Elvis hat sogar viele Doppelgänger.

Zu mir sagte man früher immer, ich würde aussehen, wie die Frau auf dem Fünfmarkschein.

Der Leser könnte dies nun falsch interpretieren, ich würde nie darauf aus sein, auf einem Geldschein oder einer Briefmarke gesichtet zu werden. Da habe ich eher eine andere Einstellung. Wie sagte einst Kaiser Willhelm der Erste, der erste deutsche Kaiser, der von der Reichsgründung 1871 bis zu seinem Tod 1888 regierte:

„Ich habe keine Lust, mich hinten beflecken und mich vorne bekloppen zu lassen."

...

Muss wohl ein wiederinkarnierter oder te Hildegard von Bingen gewesen sein, der oder die unseren damaligen Führer ausgeflogen hat. Nicht auszumalen, dass ich vielleicht dieses damalige Flugzeug steuerte und darum wären Rückführungen für mich eher nichts.

Ich lasse dies in meinen Erkenntnissen nun so stehen, bis man eine DNA von ihm gefunden hat.

Man hat ja heutzutage sogar von Ötzi eine DNA.

Das Datum des Beginns vom 2. Weltkrieg 1.9.1939 ergibt die Quersumme 5.

Lügen können sogar ganz schön lange Beine haben!

Der damalige Führer war die Quersumme 5, seine Lebensaufgabenzahl.

Die 5 kann ein Pulverfass von Energie sein.

Wäre das fünfte Gebot nicht (es gibt bei mir keine Gebote), du sollst nicht töten?

Wenn ich das Wort Krieg in Zahlen verwandle, erhalte ich als Quersumme ebenfalls die Zahl 5.

Wurde dieser schmallippige Blender nicht im Jahre 1938 vom „Time Magazine“ zur Person des Jahres gewählt?

Die 5 steht auch für Tun. Getan hat er ja viel, nur leider in eine mit viel Blutvergießen brutale Kriegszeit. Ich sehe dieses eher als ein sauliges, statt pauliges Tun an. Geistige Schlappschwänze gab es und wird es immer geben, solange die Schattenwelt, die Inkarnationsfalle nicht überwunden wurde.

Da habe ich gerade einen Kotzblickwinkel, also Loslassen, was mein Herz nicht weit werden lässt.

Er war geboren im Jahre 1889.

Die Quersumme aus dieser Jahreszahl ergibt die 8, die (M)acht.

Dieser Adi, längst für mich Adee, trug halt mehr auf seinem Haupte als in seinem Haupte.

Manche haben einfach ein Herz aus Gold, genauso kalt und hart.

Vielleicht trage ich ja noch so eine Art Trauma mit mir rum aus dem zweiten Weltkrieg und habe dies nun aufgelöst.

Es heißt, der Mensch bräuchte sich nicht mehr als Schüler auf unserem Lernplaneten zu manifestieren, wenn er gelernt hat, bedingungslos zu lieben. Das fällt mir bei diesem Herrn sehr schwer, darum werde ich ihm ab jetzt keine weitere Energie mehr schenken, ich übe mich hierbei in Akzeptanz.

Wenn Gegner einen winzigen Schritt mit einer anderen Geisteshaltung aufeinander zugehen, ist es das erste positive Zeichen in die richtige Richtung.

Wie ich am Anfang von meinen Erkenntnissen schon geschrieben habe, dass der Mensch sich zu entwickeln hat, hat sich der Mensch wohl noch nicht entwickelt, wenn man sich das Video zu „Wann stirbt die Welt“ ansieht.

Man macht einmal einen Fehler und lernt daraus, wäre meine Erkenntnis.

Der Mensch ist ein Dilettant, seine Realität ist eine Illusion, denn er lässt sich viel zu gerne täuschen, darum leben viele in einer Täuschung.

Die postmoderne Politik spiegelt sich im Außen wieder,

denn sie glaubt sich Blumen oder eine Elite züchten zu müssen.

Die sogenannten Blumen können nur aus sich selbst erwachsen und erwachen, da der freie Wille unantastbar bleibt.

Nun ein kleiner Witz zur Aufheiterung aus der geistigen Welt:

Kevin hat heute in der Schule etwas über Politik gelernt aber es leider nicht richtig verstanden. Am Abend fragt Kevin seinen Vater:

„Papa wie ist das mit der Politik?“

Vater antwortet:

„Ganz einfach. Politik ist so ähnlich wie bei uns in der Familie.

Ich verdiene das Geld und habe das Geld, ich bin also das Kapital. Mama schafft alles an und bestimmt wo es lang geht.

Sie ist sozusagen unsere Regierung mit verschieden farbigen Masken.

Erna, unser Dienstmädchen, ist das arbeitende Volk.

Dein neugeborener Bruder ist unsere Zukunft."

Vater fragt nun Kevin: „Hast du es nun verstanden?"

Kevin antwortet: „Darüber möchte ich erst noch einmal schlafen." Nachts wacht sein neugeborener Bruder auf und schreit, da er womöglich die Windeln voll hat.

Darauf geht Kevin zur Mama, aber sie schläft und lässt sich auch nicht wecken.

Dann denkt er sich, also gehe ich zu Erna um Bescheid zu geben, dass das Baby schreit und Hunger hat.

Er macht die Tür zu Ernas Zimmer auf und sieht wie sein Vater auf Erna liegt und so komische Bewegungen macht.

So geht Kevin wieder zurück in sein Bett und schläft ein.

Am nächsten Abend, als der Vater von der Arbeit kommt, frägt er Kevin:

„Na Kevin, hast du das jetzt verstanden mit der Politik?"

Kevin antwortet:

„Wenn die Regierung schläft, tut das Kapital das arbeitende Volk (die fleißigen Bienchen) missbrauchen und unsere Zukunft könnte in eine Krise geraten."

Wissenschaft

Die öffentliche Wahrnehmung ist sehr wichtig, die Wahrnehmung, die ich bislang empfangen konnte lautet:

„Ich will mehr Geld, mehr Komfort und noch mehr Luxus."

Unsere reizüberflutete und auf Wachstum und Kapital orientierte Welt wird vom Konsumterror überschwemmt und übersieht dabei das Wesentliche.

Wenn eine Währung nur noch für Banken und Wirtschaft arbeitet, wird dabei allzu gern die menschliche Gerechtigkeit vergessen.

Unser Herr Feuerbach (1804 - 1872) zum Thema Gerechtigkeit:

„Die Moral: Gerechtigkeit, Güte, Liebe hat ihre Begründung in sich ***Selbst****."*

Physiker und Atomforscher Herr Max Planck (1858 - 1947) zum Thema EINS:

Zitat:

„Meine Herren, als Physiker, also als Mann, der sein ganzes Leben der nüchternen Wissenschaft, der Erforschung der Materie diente, bin ich sicher von dem Verdacht frei, für einen Schwarmgeist gehalten zu werden.

Und so sage ich Ihnen nach meinen Erforschungen des Atoms dieses:

Es gibt keine Materie an sich!

Alle Materie entsteht und besteht nur durch eine Kraft, welche die Atomteilchen in Schwingung bringt und sie zum winzigsten Sonnensystem des Atoms zusammenhält.

Da es im ganzen Weltall aber weder eine intelligente noch eine ewige Kraft gibt, so müssen wir hinter dieser Kraft einen bewussten intelligenten Geist annehmen. Dieser Geist ist der Urgrund aller Materie. Nicht die sichtbare, aber vergängliche Materie ist das Reale, Wahre, Wirkliche, sondern der unsichtbare, unsterbliche Geist ist das Wahre!

Da es aber Geist an sich allein ebenfalls nicht geben kann, sondern jeder Geist einem Wesen zugehört, so müssen wir zwingend Geistwesen annehmen. Da aber auch Geistwesen nicht aus sich selber sein können, sondern geschaffen worden sein müssen, so scheue ich mich nicht, diesen geheimnisvollen Schöpfer ebenso zu benennen, wie ihn alle alten Kulturvölker der Erde früherer Jahrtausende genannt haben: Gott!"

Heuchelei hat in meinem Leben keinen Platz mehr.

Die Fans glauben lieber an einen Klassiker, aber die Wahrheit ist weitaus ein anderes Abenteuer unserer Zeit.

Vielleicht gibt es ja nach der Eurokrise wieder eine neue Währung, vielleicht ja Goldmünzen oder wieder Holzscheitel.

Als ich dies mit den Holzscheitel einem Lexikon erzählte, meinem Vater, bekam ich wieder einmal eine Geschichtsstunde. Es war wohl im alten Rom tatsächlich so, dass Holz gleichzusetzen war mit Lebensmittel. Damals mussten ja so viele Bäder beheizt werden. Da Holz immer weniger wurde, machte man Tauschgeschäfte, Lebensmittel für Holz.

Ich werde nun meinen Pferdestall in aller Seelenruhe ausmisten und mich dann in meiner Töpferei mit Ton einmal kurz erden. Danach werde ich mir dann weitere Gedanken machen.

Pause.

In dieser Pause habe ich mit dreißig Kommunionskindern Weihwasserkessel getöpfert.

Weiter geht´s.

Einigkeit und Recht und Freiheit.....

könnte doch wohl in unserer Zeit umgewandelt werden in

Einigkeit und Ehrlichkeit ist Freiheit

Ehrlichkeit ist eine wichtige Tugend.

Irrtümer sind da, um aufgeklärt zu werden, wahrer Charakter ist ein Menschenfreund. Wobei man einen Charakter auch daran erkennt, was passieren kann, wenn sie dich auf einmal nicht mehr brauchen.

Das Reduzieren auf eine Zahl ist nicht gleich der gleiche Wert.

Mathematik ist die Sprache der Natur, hoch und nieder immer wieder, alles ist Zahlen unterworfen.

Wahres Wissen ist für mich Bewusstheit.

Bewusstsein hat nichts mit erworbenem oder erlerntem Wissen zu tun.

Nun stehen hier zwei Wörter gegenüber:

„Bewusstsein und Bewusstheit."

Ja

Wissen kann man sich aus einem Lexikon erlesen, raus lesen oder aneignen.

Bewusstheit nicht.

Bewusstheit kann man nur erfahren, man wird es niemals Denken können.

Bewusstheit kann man sich auch nicht erkaufen, es will gefunden werden und dazu muss ich es suchen wollen.

Nachdem mein Vater schon ein wandelndes Lexikon ist, und ich ein Vaterkind bin, suchte ich schon seit frühester Kindheit nach einem anderen Wissen. Was heiratet ein Vaterkind? Ja wieder ein wandelndes Lexikon. Mein jetziger Kenntnisstand ist folgender:

Bewusstheit ist also der Schlüssel zur Selbsterkenntnis.

Die Erinnerungen bleiben lange, auch wenn man schon erwachsen ist. Ich kann mich noch gut an die Geschichtsstunden meiner Kindheit erinnern. Wer, wann und warum und in welchem Jahrhundert Krieg geführt hat. Ich konnte mir immer nur eines merken:

„Schon wieder war ein großer Zampano geboren."

Wer macht sich heute schon noch Friedensgedanken. Bestimmt nur die Menschen, die daran kräftig verdienen.

Folgende Sätze, hörte ich einmal in einem Seminar:

„Wir können nicht sehen, wohin wir gehen. Das Suchen und Irren lässt uns oft verzagen. Es hat keinen Sinn, das Schicksal zu fragen, was es von uns will. Das wäre auch dumm, denn es bleibt stumm.

Doch können wir hoffen, der Himmel steht offen. ER wird uns begleiten, auch führen und leiten, uns schützen und tragen. So können wir wagen, ihm zu vertrauen, auf ihn allein bauen. Getrost wollen wir seine Hand fassen, denn er wird uns niemals fallen lassen."

Früher wurden Boten für folgende Sätze geköpft:

Die Ehrfurcht vor unserem freien System gibt mir die Kraft, das zu sagen, was mir gerade auf dem Herzen liegt. Die Bewegung des Geistes ist durch nichts ersetzbar, Laufen schon.

Meine Lästereien sehe ich hier nicht als Verurteilung, sondern als Chance zum Weiterwachsen und mir ist auch bewusst, dass man überall Licht und Liebe hinsenden muss aber ich denke, wir Menschen brauchen eine Deprogrammierung unseres Gehirns:

Zurück in unsere Zukunft!

Jede Pflanze hat gegen ihre Fressfeinde gelernt sich zu wehren. Die einen haben Dornen entwickelt, die meisten Pflanzen haben Gifte entwickelt, die wir Menschen nutzen können zum Guten und zum Bösen, wobei wir wieder bei der freien Wahl wären. Allerdings haben Pflanzen dazu circa 100000 Millionen Jahre gebraucht. Evolution braucht Zeit, jetzt sind wir ja schon wieder bei der Zeit.

Zuckermolekül, die Quintessenz war immer, die Pflanze ergibt Zucker. Viele Zuckermoleküle ergeben eine große Masse.

Aus Löwenzahn könnte man ja Gummi machen.

60% unserer DNA sind mit jedem Unkraut verwandt.

Je gravierender das Krankheitsbild ist, je stärker muss die Polarität, das heißt Giftwirkung, ist gleich Heilwirkung, ist gleich Evolution zur Seinswerdung sein!

Ich würde es mal mit Al-Chemie probieren, wobei mit Al, Allah, also Gott gemeint ist.

Ganz ehrlich, man soll ja immer Seele geben, wenn ich so über Finanzgenies nachdenke, berührt dies, jetzt bayerisch, mei Herzerl net wirklich. Steht jetzt nur noch der Profit (Quantität) an erster Stelle?

Die großen Fische fressen also immer schon die kleinen Fische.

Man soll ja immer ehrlich sein, es sei denn, man hat schon genug Feinde, eiso ganz ehrlich, wenn man einmal einen Aufsatz über den Frieden in Deutschland schreiben möchte, landet man ja unfreiwillig bei den Finanzgenien. Ein jeder spinnt auf seine Weise, das hat die Pippi Langstrumpf ja schon beweisen wollen.

Jetzt bräuchte man hier ein Pippi Langstrumpf-Bild aber man kennt ja die Urheberrechte.

Ist da die Ursache der inneren Fäulnis (Krisen), der Schattengeist vielleicht zu finden? Auf welcher Oktave schwingen denn eigentlich unsere Finanzgenies? Ob die sich dessen eigentlich bewusst sind, was sie den kleinen Häuslebauern so antun? Und ob sie vielleicht schon einmal gehört haben, dass das letzte Hemd keine Taschen hat oder der Leichenwagen keine Anhängerkupplung?

Wir schreiben heute den 4.12.2013 und ich werde schon nicht gleich an inneren Blutungen sterben. Obwohl ich jetzt am liebsten in eine Opfer möchte gefüttert werden Rolle schlüpfen würde und mir für folgendes den letzten Jack Daniels genehmigen möchte:

Ist der Mensch inzwischen nur noch ein kommerzielles Wesen?

Butter 1/3 teurer!

Ja, den Bauern sei es vergönnt, aber kommt es auch bei ihnen an?

Es wäre gut, wenn dieser Wahnsinn nun endlich gestoppt wird!

1984 (Quersumme 13) Tina Turner „Privat Dancer“.

Wer jagt eigentlich die Preise, die den Kleinsten stets das Leben erschwert haben, immer so rapide nach oben?

Eure spaßige nächste Kindheit müssen ja doch nur wieder Therapeuten therapieren.

„Das Gewissen“, sagte einmal ein alter Indianer, „ist ein kleines dreieckiges Ding in meinem Herzen. Es steht still, wenn ich gut bin. Tue ich aber Böses, dreht es sich, und die Kanten tun dann sehr weh. Am schlimmsten ist es aber, wenn ich oft böse bin, denn dann stumpfen die Kanten ab, und ich spüre die Schmerzen nicht mehr.“

(indianische Weisheit)

Für was wurden eigentlich Friedensengel erfunden?

Für was gibt es eigentlich Friedenslieder?

Kann mir das jemand beantworten, mir fehlt es da an Schulbildung?

Für was gibt es eigentlich jedes Jahr so etwas wie einen Friedenspreis?

Den brauche ich nicht, meine Toilette ist schon tapeziert.

Dafür setze ich jetzt eine Absicht aus dem Paralleluniversum.

Die Raumtemperatur in diesem Saal bei dieser Friedens – schöner Schein-Schleim-Veranstaltung wird auf 8 Grad Celsius heruntergedreht. Es weht ein eiskalter Wind durch den Saal und es wird 10 Minuten das Lied:

„Lascia ch´io pianga“ geträllert.

Ja, ist heutzutage Gewinnoptimierung das neu geborene goldene Kalb?

Ist das nun der neu geborene schnelllebige Galopper?

Ist das jetzt der geistige neue Adel?

Aha

Vielleicht:

„Ich will doch nur spielen“ von Annett Louisan.

Mit welchem Bewusstsein wollen Sie denn eigentlich einmal zu Ihrer Urquelle heimreisen?

Wann platzt endlich die geistige Fruchtblase?

Immer schon wurden die Kleinsten zu hoch besteuert, verarscht, belogen, versklavt, betrogen und ermordet.

Wäre die Heimat von Jesus nicht in den Herzen der Menschen, würde er sich jetzt in seiner Grabkammer umdrehen.

Es gibt schon seit längerer Zeit eine neue Pflanze, diese kann Karma löschen, kaufen Sie sich diese Pflanze bitte literweise, am besten gleich als Fass und bitte baden Sie sich darin täglich.

Ist uns unser Titel, unser Geld, unsere Begehrlichkeiten und unsere Macht genommen, was bleibt dann noch für ein Mensch oder auch Bewusstsein?

Meine Bewunderung gilt Menschen, die sich für das Gemeinwohl entscheiden, denn genau das tut eine echte Mama für ihre Kinder. Mit Gemeinwohl meine ich jetzt, dass man einmal auf sein Vaterland schauen darf.

Alle Eltern, die pubertierende Kinder haben oder hatten können mit folgendem Satz bestimmt etwas anfangen:

„Wasch mich, aber mach mich nicht nass!“

Eine wahre Mutter vermisst das gute leichte Leben nicht, denn sie weiß längst, dass es eine freie Wahl ist.

Rot und Schwarz beißt sich in sich, dies habe ich kürzlich als Hausfrau mit meiner neuen Touch me Waschmaschine lernen dürfen. Als neugieriger Mensch voller Tatenhausfrauendrang machte ich folgenden Versuch. Ich stopfte schwarze Wäsche mit der roten Wäsche in die Touch-Maschine und touchte den pflegeleichten und

vorsichtigen Waschgang und siehe da, das Resultat war eindeutig:

Die schwarze Wäsche hatte rote Fusseln.

Also ganz ehrlich, die homodingsda Hausfrauen haben es auch nicht ganz leicht, offiziell arbeiten sie vielleicht nichts, jedoch inoffiziell ist dies eigentlich ein unbezahlter Vollzeitjob.

Aus meinem Blickwinkel herrscht auch in der Politik zum einen noch viel zu viel Konkurrenzdenken untereinander. Ein roter Faden zieht sich immer wieder durch die Geschichte, das Mobbing am Arbeitsplatz.

Alle Politiker sprechen sich mit „Sehr geehrter Herr Kollege“ an. In der kleinen Politik schiebt man sich Grundstücke untereinander hin und her, da man diese Macht besitzt und vielleicht denselben Golfclub teilt oder die Schlupfwinkel kennt, und in der großen Politik möchte man die Menschheit kontrollieren mit immer mehr Gesetzen und mehr Länder an sich reißen. Dies nennt man dann wohl Entspannungspolitik: Und jedes Mal heißt es:

„Die Anderen wären schuld."

Mein Herz sagt mir gerade, ein Land ist ausschließlich Eigentum unserer Erde, die wir für kurze Lebensspannen besitzen und achtvoll nutzen dürfen.

Die Sticheleien, der Wettkampfcharakter, sind gut gemeint, sie erfüllen ja doch nur den höchsten Aufstieg.

Ein neuer Konkurrent ist wiedermal geboren, eine neue Startbahn auf dem Weg zum Glauben an die neue Chance. Was ist denn die große Chance oder eine echte Branche?

Ja, wer alles glaubt, wird vielleicht wirklich irgendwann selig.

In einem japanisches Sprichwort heißt es, wenn du alles glaubst, was du liest, dann lies besser nicht. Dem muss ich zustimmen, denn es wurde schon oft beobachtet, dass auch immer wieder Unwahrheiten verbreitet werden.

Was ist die wahre Begegnung, die eigentliche Integrierung?

Wohlwollend gegenüber allen, statt nur noch Tagesumsatz.

Ich möchte gerne ein Buch für die einfachen Leute sein, ein Buch für alle Menschen, die in ihrem Leben besonders gepeitscht wurden, darum musste ich wohl kurz über die Politik stolpern. Und ich finde, auch wenn man keine Ahnung hat, darf man trotzdem eine Meinung haben.

Auch hier könnte man die derzeitigen Probleme aus meiner Sicht nur mit einem moralischen und philosophischen Blickwinkel lösen. Am besten mal einen Gang runterschalten und in Ruhe nachdenken, ob sich denn etwas geändert hat, seit den Zeiten von Jesus, der für die Armen predigte und letztendlich dafür ausgepeitscht und auf brutale Weise ermordet wurde.

Manche fungieren auch in der politischen Branche als echte Vorbilder, diese haben einfach ein Auftrags-Denkmuster für ihr Vaterland und ihre Bevölkerung.

Und manche fungieren halt eher als Drahtesel und dies wird sich so lange nicht ändern, bis der innere Schattengeist überwunden wurde. Für diese muss man sich manchmal jetzt kommt etwas Neumodernes, ja bei denen muss man sich schon ein bisschen fremdschämen.

Aus „Wissen macht Spaß" habe ich erlesen dürfen, dass der Homo erectus vor etwa 12 Millionen (?) Jahren das „aufrechte Gehen" erlernte. Meine Hand ins Feuer möchte ich für diese 12 Millionen Jahre jetzt nicht legen, denn da habe ich auch schon andere Zahlen und Daten gelesen oder war Zuhörer. Dennoch, unabhängig dieser genauen oder ungenauen Zeitangabe wurde es so unseren Vorfahren gestattet, dass sie mit diesem „aufrechten Gehen" über die Gräser hinwegsehen konnten und somit war es ihnen erlaubt, dass sie Feinde viel eher erkennen konnten, zum Beispiel Raubtiere. Sie hatten also ab dieser Zeit eine längere Lebenserwartung.

Es gibt für mich auch noch eine andere Art von „aufrecht Gehen", dieses „Aufrechte" und „Aufrichtige" durch das Leben gehen meine ich jetzt im überirdischen Sinne.

Politik ist wichtig, denn wir Menschen brauchen einen Rahmen. Darum ist es auch wichtig, dass Alle Menschen zum Wählen gehen.

Wenn nur noch 60 % der Menschen zum Wählen gehen, ja dann ist die Politik so perfekt wie sie gerade ist und es wird immer mehr das kleine Arbeitervolk, die fleißigen Bienchen vergessen. Man dürfte ja dann auch nicht mehr lästern und zum Beispiel „Sackl Zement" sagen.

Obgleich man schon einmal betonen darf, dass bei diesen verschiedenen Farben die Fanclubs einfach gesunken sind, dies dürfte jeden Politiker eigentlich zum Denken anregen, da zu oft das Vertrauen der Bevölkerung missbraucht wird und immer schon wurde.

Wenn die Kleinen vergessen, die Großen zu wählen, werden die Großen vergessen die Kleinen Wert zu schätzen. Nicht unsere armen Politiker bestimmen unsere Zukunft, sondern die Masse der Menschheit.

Für diesen Satz hätte ich von den Politikern eigentlich ein Zertifikat verdient, denn ich mache ja gerade Werbung zur Wahl zu gehen, ich brauche kein Zertifikat. Blondine ohne Titel ruft zum Wählen auf! Unter einem Diktator haben Menschen kein Recht zu wählen. Diese müssen nur spuren, sonst gibt es Aua, das wissen wir doch noch aus dem dritten Reich oder? Und schlimmer geht es doch immer oder?

Ich wähle immer die Partei, die die meisten Versprechungen für die fleißigen Bienchen macht, damit nutze ich mein bürgerliches Recht und verschwende es nicht.

(Darf man eigentlich Werbung in einem Buch machen?)

Obwohl, jetzt drehe ich den Gedanken mit der Wahl einfach einmal um und denke in die andere Richtung. Wenn keiner mehr zur Wahl gehen würde, dann könnten sich die verschiedenen Parteien die Gelder für ihre Wahlkampanien sparen und dieses Ersparte dann in sinnvolle Projekte investieren. Zum Beispiel in diesen funkelnagelneuen nicht funktionierenden Flughafen, der bislang ja nur als riesiges Sparmonster für sich selbst mutiert. Nein, kein guter Umdrehgedanke. Wer weiß ob das ersparte Geld tatsächlich nach Berlin fließen würde. Lieber doch zur Wahl gehen!

Bei einem sinkenden Schiff wäre es aus meiner Sicht die reinste Zeitverschwendung nach Begriffen wie, wer hat hier die Schuld und die anderen sind Schuld, zu suchen.

Werden sie erst wissend, wenn das Schiff wieder versunken ist?

Sterbende Götter werden doch wohl eher Ausschau und ihre Aufmerksamkeit auf benötigte Rettungsringe oder aufpumpbare Schlauchboote halten oder?

Liebe Politiker,

bitte richten Sie Ihre Aufmerksamkeit auch einmal auf Ihr eigenes Vaterland. 40 % Ihrer Bürger können mittlerweile nicht einmal mehr eine anständige Beerdigung für ihre Angehörigen finanzieren. Ich weiß, Sie haben viel zu tun, trotz alledem wäre es wichtig, dass die Suppenküchen nicht noch weiter wachsen. Vergessen Sie bei Ihrer Arbeit nicht Ihr Volk, das auch Ihr Leben und Ihre Entscheidungen finanziert. Danke Anke

Vielleicht habe ich in dieser ewigen Tragödie nur gerade einen geistigen Tiefflug?

Liebe Politiker, verzeihen Sie mir, ich wollte halt auch mal ein bisschen lästern, nehmen Sie es nicht immer so ernst, das Lieben zu lernen ist doch nur ein Spiel. Was wäre denn das Leben, wenn man nicht mehr über manche intelligente geistreiche Entscheidungen von zeitgemäßen Volksherrschern lästern dürfte, schließlich war man ja bei der Kreuzvergabe. Soll ich dem Leser jetzt (m)eine Wahrheit sagen, ein jeder trägt ja sein eigenes Bild oder Gefühl in sich von Wahrheit. Für mich wäre das Leben ja dann ehrlich gesagt langweilig. Und wenn das mit dem Wünschen wirklich funktioniert, wünsche ich mir für Sie von nun an den Liebesblues. Ich bin sehr froh und dankbar, dass ich kein Politologe sondern Numerologe bin.

Mein Herz hat seine eigene Denkweise.

Jetzt kommt mir gerade die Idee, die Vision, ein Lösungsvorschlag für die Eurokrise der fleißigen Bienchen und vielleicht liest dies ja doch irgendwann einmal ein Herr oder eine Frau der Politik, diese Gedankenkraft könnten wir ja brauchen. Man kann ja schließlich in seinem Buch nicht nur lästern. Wir sind nicht Macht- (M8)-los. Wir sind gar nicht Ohnmächtig, wenn uns der Pfeil der wahren Liebe endlich trifft. Wenn dies tatsächlich stimmt, dass unsere Gedankenkraft unsere größte Macht ist:

Geist schafft Materie!!!

Was wäre, wenn die nächsten 6 Billionen Euros der nächsten jährlichen Steuereinnahmen auf alle 80 Millionen Bürger in Deutschland aufgeteilt werden würde? Dann würden sogar für kurze Zeit als Übergangslösung noch gefühlte 2 Billionen überbleiben. Mein Bauchgefühl sagt mir gerade, sie würden überbleiben, denn wenn man bedenkt, dass man für jeden Stein beim Hausbau Steuer bezahlt, der bei der Erbschaftssteuer ja dann nochmal besteuert wird.

Dies würde bedeuten, dass jeder Mensch in diesem Land etwa 70500 Euros zur freien Verfügung hätte, wenn ich richtig gerechnet habe. Wer mit diesem Geld nicht auskommt, kommt mit keinem Geld der Welt aus. Ich weiß, dass eine Billion 12-mal die Null hat, das wäre ja dann 12-mal ein göttlicher Schutz. Ohh ja!

7 plus 5 ergibt die 12, welch christliche Zahl, welch christliches Werk würde dies sein.

So wäre es wahrscheinlich, wenn man einen Feng Shui Berater einstellen würde.

Dies würde ja dann bedeuten, wir hätten ab sofort keine Hartz 4 Empfänger mehr, das Geld wäre also gleich wieder hereingespart.

Die 100 Deutsche Mark kamen ja nach dem Mauerfall auch gleich wieder zurück, sogar viel mehr. Man bedenke nur die circa 5 Millionen Hartz 4ler plus Arbeitslose mal Summe X im Monat (Ein Mathematiker wäre mal wieder gut, denn soweit nimmt das mein Taschenrechner nicht an).

Dies würde unsere Langfinger ja auf der Stelle arbeitslos werden lassen. Dies würde ja bedeuten, es gäbe ja weniger Kranke, denn sie könnten sich anständige Nahrungsmittel leisten. Unsere Ärzte könnten sich ihren längst verdienten verlängerten Urlaub erlauben. Es gäbe keine Korruptheit mehr. Auch die Politiker könnten sich einmal einen Sonderbonus gönnen, denn sie sind ja immer die Prellböcke mit weniger Wertschätzung, als die meisten Manager bekommen. Dann würden uns ja unsere Lautsprecher nicht immer so viele Schmerzen bereiten, wenn wir Nachrichten hören. In den Kirchen würden wieder die Kassen klingeln. Unsere Wirtschaft würde ja auf der Stelle explodieren und auch die Wirtschaft in den Nachbarländern, dessen Besuche man sich dann wieder genehmigen könnte. Was wären das für Steuereinnahmen. Unsere Jugend könnte in aller Seelenruhe studieren. Man darf dabei unsere Banker nicht vergessen, sie hätten wieder mehr zu tun, an den Börsen mal wieder richtig abzocken, fast hätte ich sie vergessen, ich kann doch nicht in Ecken denken, mir fehlt doch die Zahl 8. Dies würde ja bedeuten, wir könnten uns unserem längst überfällig gewordenen pflegebedürftigen Erdball widmen. Es gäbe die Ängste wegen Geldnot nicht mehr. Wir hätten die Zeit und könnten uns ab sofort der bedingungslosen Liebe widmen, was unser höchster Seins Auftrag im Leben ist. Oh wie poetisch ist mein Träumen. Da könnte man ja noch stundenlang weiterträumen, einfach kosmisch. Ich finde es im Leben wichtig, dass man einmal im Land mit Namen Nimmer Land träumt.

Das wäre Güte und Gerechtigkeit und positives Handeln im vollkommenen Sein.

Wer dieses Geld dann verschwendet hat, also lieber in der Nase bohrt oder mit seinem Fernseher knutscht, würde von mir kein Hartz 4 mehr bekommen. Denn mit diesem Geld könnte man ja zum Beispiel ein kleines Café eröffnen.

Liebe Leser, glauben Sie mir, ich umarme noch keine Bäume, ganz so weit ist es mit mir noch nicht. Auch bin ich kein Vegetarier oder Veganer, für Soja werden nämlich Regenwälder abgeholzt.

Wenn ein Wort schon Hartz 4 heißt, dann kann dies gar nicht gut gehen.

Da fällt mir gleich das Harz bei den Bäumen ein, Harz wie klebrig.

Mein neuer Name wäre: Herz 3

(Dieser Lösungsvorschlag mit den Billionen muss wohl ein Witz aus der geistigen Welt sein, denn dazu müssten ja viele Bienchen ihre Gedankenkraft auf das oben genannte nutzen und nicht mehr auf Parkplätze und bienenzerstörerische Luxusschlitten und erste Klasse Flüge, da bräuchte man sozusagen einen geheilten Geist).

Parkplätze, 10 Meter geh, laufen ist doch scheh und tut auch gar nicht weh.

Obwohl, ich habe bei den Quantenheilern lernen dürfen, wir würden uns immer zu sehr selbst begrenzen, geht nicht gibt es nicht, heißt es da.

Was habe ich gleich noch mal bei meinem letzten Abholtag lernen dürfen, als ich meinen Vater holte?

Wenn ich vieles Wissen bündle, habe ich Stärke.

Das Bündeln von Energie dient dazu, in möglichst kleinem Raum viel Energie in Reserve zu haben, zum Beispiel bei Samenkörnern.

Also ich meine ja nur, würde dies auch mit Gedanken funktionieren?

Und wenn es so wäre, würde dann daraus so etwas wie eine selbsterfüllende Prophezeiung erwachsen können?

Jetzt stellt sich für mich die Frage:

Wie viele Leser müssten denn dies lesen, damit sich das oben Gesagte als selbsterfüllende WIR-Prophezeiung erfüllen könnte?

Herr Einstein, bitte drehen Sie sich jetzt nicht in Ihrem Grabe um, denn ich wünsche mir nun einen Buchverlag aus dem Universum:

Einen 5. Apokalyptischen Licht-Reiter-Verlag

Ich mache gerade ein Aha Erlebnis.

Liebe Leserinnen und Leser, bitte beten Sie für mich. Ich kann nicht mal das Vater unser gscheid, ich kann lediglich Gott ist Liebe denken.

Wann wird der Widerstand der Menschheit endlich brechen?

Vielleicht komme ich ja dann in meinem nächsten Leben mit gescheiteren Gehirnzellen zur Welt und ich könnte Philosophie studieren. Dann würde ich stundenlang darüber philosophieren, warum man Wahrnehmen nicht denken kann und warum der Mensch eigentlich den heiligen Gral immer im Außen sucht und nicht in seinem Inneren findet, also von innen heraus strahlt.

Mit Strahlung meine ich jetzt nicht verstrahlt sein mit Uran.

Kann man damit eigentlich auch Geld verdienen?

Wenn ich nun das Wort Gral in Zahlen verwandle, erhalte ich die Zahl 20, also die zwei mit der göttlichen Null. Also die Zweiheit.

Heißt das dann wieder, das Ich und das Du ergibt EINS?

Und werden wir uns jetzt 1000 Jahre lang im Du erkennen?

Und werden wir erst ab dem 3. Jahrtausend ein wahres Wir-Bewusstsein entwickelt haben, wenn überhaupt?

Wenn eine 3 vor dem Jahrtausend steht?

Wird dann erst das drei gleichschenkelige Dreieck erwacht sein?

Und wird der Mensch erst dann kein Homo sapiens sapiens mehr sein?

Neandertaler haben circa 100000 Jahre (manche behaupten sogar 300000) existiert und unseren heutigen Lernplaneten nicht zu einer Sondermülldeponie verunreinigt.

Der heutige „weise" Homo sapiens sapiens ist vor circa 40000 Jahren aufgetaucht und steht kurz vor dem Abgrund.

Und ist in Wahrheit der heilige Gral die heilige freie Würze der Wahl des Gedankens?

Ist das der goldene Kelch?

Ist unsere wahre Mutter der Gedanke?

Ist das der wahre Schlüssel des heiligen Grals?

Ohha, wir und alles bestehen ja aus winzigen Atomteilchen, wir sind ja eigentlich nichts. Würde man über 7 Milliarden Menschen zusammen nehmen, würde diese in einen Zuckerwürfel oder in ein Haar passen. Der Gedanke ist es also.

Und müssen wir erst wieder mit Runenschriften auf Steinen schreiben und lesen zum Lernen?

Ist das der Grund, warum ich immer Runenzeichen in meine Kugeln ritze?

Vielleicht findet man ja in tausend Jahren noch ein paar Scherben von mir?

Werde ich in 1000 Jahren vor meinen eigenen Scherben stehen, wenn wir nicht endlich einen anderen Blickwinkel bekommen?

Das würde die Halbwertszeit vieler Gifte von über 500 Jahren erklären, denn dann hätte die Erde noch mal so lange Zeit, um sich wieder zu regenerieren.

Da prickelt es jetzt gerade gar nicht in meinem Bauchnabel!

Es mag ja sein, dass die Gedankenkraft eine große Macht hat, jedoch sehe ich als größte Kraft die Liebe.

Aha

Ich will aber kein Archäologe sein in 1000 Jahren. Das geschriebene Wort hat Macht (haben unsere Banken leider vergessen, den Handschlag, give me five)

In 1000 Jahren bin ich wieder Seelenheiler!

Jetzt kann man nur hoffen (Hoffnung kann uns Menschen manchmal blind machen), dass viele Homo sapiens sapiens viel Neandertaler DNA in sich tragen.

Um Himmels Willen, mein Aufsatz ist ja der reinste Gruselschocker.

FSK meines Buches: Nur für starke Nerven!

Meine Lehrer hätten mir einfach in der Grundschule mehr Zeit geben sollen, dann wären die Noten besser ausgefallen.

Wo waren wir gleich nochmal stehen geblieben, ah ja;

Für mich ist Politik eine Art Kunst mit viel Fingerspitzengefühl zum Wohle aller.

Wer ist eigentlich unsere bundeskanzlerische Führung derzeit? Weiß ich gar nicht, da ich ein unpolitischer Mensch bin und Hauptschüler war. Wer auch immer dies ist, diese Person lade ich herzlich ein.

Es ist nicht die charismatische Frau, deren Nachnamen mit dem Buchstaben M wie Musik beginnt. Vor Jahren (circa 8 Jahre) habe ich diese Dame einem Millionär (ohne Wertschätzung) vorausgesagt. Ich möchte jetzt nicht noch einmal acht Seiten dieser Zahlenkombinationen zu Papier bringen. Das dürfte sie gar nicht, das Regiment übernehmen. (Eine viel zu kleine Zahl, es ist in diesen Zahlen nicht eine Meisterzahl enthalten, da kann man noch so viel studiert haben). Das Schicksal hätte längst eingegriffen. Diese Dame ist Quersumme 7. Die Zahl 7 schlüpft in eine Rolle, genau wie ein Schauspieler. Herr Johnny Deep ist ja in seinem reellen Leben auch kein Pirat.

Die Dame mit M. repräsentiert unser Land (Ein Schauspieler repräsentiert auch ein Wesen) und das tut sie auch gut. Besser geht es wohl nicht. Sie erfüllt nur ihre Lebensaufgabe, ob sie ihre Ziel Zahlen auch bearbeitet hat, kann ich nicht sagen, da kenne ich sie nicht persönlich. Die Befehle gibt ein Anderer. Ein Regisseur.

Wenn diese Person, der Regisseur, der Andere von links oder rechts oder hinter ihr (diese Person gibt Anweisung von hinten, könnte es vielleicht ihr Ehemann sein?), es schafft, meinem Pferd ein Stallhalfter anzulegen, ist diese Person auch fähig, ein Land zu regieren. Diese Person ist der Leithengst, ich glaube, das ist die Führungsperson derzeit.

Wenn dieser Regisseur nun ein Kartenleger oder so etwas Ähnliches ist, denn sie ist Quersumme 7, solle dieser oder diese sich doch bitte kurz mal bei mir melden. Diesem Kartenleger (in) werde ich mal kurz die Leviten, entschuldige der Leser, mal kurz in seine eigenen Karten schauen.

Sollte diese Person jetzt mein Leben verkürzen wollen, nur zu.

Ich freue mich schon auf meine Quelle. Dies erbettelte ich mir schon mit ca. 23 Jahren herbei, mein Wunsch wurde nicht erhört. Zu diesem Zeitpunkt lag ich gerade in einem Bett und hätte am liebsten trotz Morphium meine Fingernägel vor Schmerzen in die Wand gekratzt, mir fehlte allerdings jegliche Kraft dazu. Den Halbgöttern, denen ich entweder schon das Leben gerettet oder zumindest die Richtung gewiesen habe, war das egal. Diese genossen lieber ihr Leben in aller frohen und lockenden Kunst.

Nicht mal knock knock knocking on heaven‘s door zu summen half etwas.

Sie werden dann aber in 1000 Jahren meine Runenzeichen aus den Tonscherben entziffern, die ich hinterlassen habe und frostsicher brannte (im Falle einer nächsten Eiszeit, vor circa 70000 Jahren hatten wir ja schon einmal eine Eiszeit, die vor circa 40000 Jahren endete). Bücher wird es in 1000 Jahren vielleicht nicht mehr geben aber meine Runenzeichen wird man finden. Es wird in Runenschrift stehen:

„Gott ist Liebe“, aus meinem Blickwinkel kann er nichts anderes sein.

Nehmen Sie dies bitte als Erinnerung mit, dann tun Sie sich in 1000 Jahren leichter beim Entziffern.

Wenn Sie mich besuchen, können Sie Ihrer Leibwache mal einen Urlaubstag gönnen, ich tue Ihnen nichts. Ich erzähle Ihnen etwas über die Liebe und bringe Ihnen bei, wie man einem Pferd ein Halfter anlegt.

Melden Sie sich bitte vorher an, es könnte ja sein, dass ich gerade Taxi spiele, denn ich kann Wesentliches von Unwesentlichem unterscheiden. Ich brauche auch ein bisschen Vorlauf, um meine Werkstatt zu säubern, denn wie heißt es so schön:

„Wo gehobelt wird, da fallen Späne."

Das wäre der Brüller des Jahrhunderts, das schafft nicht mal mein Hufschmied, meinem Pferd ein Halfter anzulegen, und ich auch nicht immer.

Lachen ist gesund.

Diese ganzen schöngerechneten Hochrechnungen bringen nichts, denn das Schicksal könnte jederzeit einen Bug vor den Latz knallen. Man denke dabei an Atlantis, dessen Überreste vor etwa 12000 Jahren endeten und noch bewiesen werden. Ich gebe hiermit einmal schriftlich das Rezept zum Drosseln der Seemanns-Knoten in den Gehirnen vieler intelligenter Denker.

Seemann, lass das Träumen... (Original von 1960)

Würde mich nun jemand fragen, ob ich denn lieber Politiker sein möchte, käme zur Antwort:

Nein, mir reicht schon mein eigenes Surfbrett, um das Segel, das da manchmal fällt, immer wieder aufs Neue hochzuziehen.

Ich bin ein absolut unpolitischer Mensch, das möchte ich deutlich betonen, mein Fachgebiet ist wahrhaftig ein anderes. Dennoch spüre ich, dass auch hier nicht alles im göttlichen Glanze glitzert.

Der Leser wird sicherlich bemerkt haben, dass ich immer wieder die Zahlen umdrehe, da es in der Polarität ja immer auch eine Schattenseite gibt.

Politik in Zahlen verwandelt, ergibt als Quersumme die Zahl 11. Es gibt in der Polarität denkend, selbstverständlich auch eine 11. Auf die Unglückself werde ich später noch genauer eingehen.

Leider musste ich bislang feststellen, dass es auch in dieser Berufssparte eine Art Käuflichkeit gibt, ich nenne es den egoistischen Selbsterhaltungstrieb.

Nun wünsche ich mir, dass wir in Zukunft eine politische Geschichte schreiben werden, diese die positive 11 (wie Elfe) zum Ausdruck bringt. Ich wünsche mir mal Mäuse oder echte Helden, die diesen berühmten roten Faden durchbeißen. Diese werden niemals vergessen haben, wer ihr Leben eigentlich finanziert.

„Es wird Zeit, dass wir aufhören, unsere Instrumente zu stimmen, um endlich gemeinsam eine Symphonie zu spielen! - Anonym"

Wie viele Gesetze müssen eigentlich noch erfunden werden, bis der Mensch endlich aufwacht.

Wir bräuchten eigentlich nicht so viele Gesetze, wenn sich jeder einzelne Mensch wieder daran erinnern würde, wer er in Wahrheit ist. Wie viele Wörter haben eigentlich die 10 Gebote?

Kommt wahrscheinlich auf die Übersetzung an, denn Wörter können ja manchmal mehrere Bedeutungen haben.

Ich glaube, einmal gelesen zu haben, es wären 150 bis 200 Wörter.

Und wie viele Gesetze gibt es eigentlich inzwischen weltweit?

Das Gesetz ist für die Menschen da, hat Jesus einmal gesagt,

nicht der Mensch für das Gesetz, oder?

Man muss wohl unter die Oberfläche sehen können, um wirklich zu verstehen, dass der Mensch sich noch nicht über die Ebene des Verstandes entwickelt hat.

Der Mensch will meinen Gutes zu tun, denkt aber keine Minute nach vor seiner Handlung. Mein Blickwinkel sagt mir in diesem Moment:

Eine Limousine fährt sich nicht mit Wasser und mehrere Häuser kann man auch nicht mit Sauerstoff beheizen bei immer höheren Energiekosten.

Da fällt mir gleich die Raupe Nimmer satt ein. Würde man jetzt das Wort umdrehen, käme das gleiche raus:

Satt nimmer Raupe, dies wäre ja in etwa so, als würde man einen Kreis um 180 Grad drehen. Würde ich die Null von dieser Zahl entfernen, käme die Zahl 18 zum Vorschein. Und würde man nun die Zahl 18 in drei Teile zerlegen, bekäme ich drei Mal die Zahl 6 zu sehen. Ich glaube ich sollte mal einen Augenarzt aufsuchen, damit mir dazu das Sehen leichter fällt. Auf diese Zahl 666 werde ich erst intensiver auf der 64. Buchmesse in meinem Buch eingehen, wo ich Beobachter seltsamer Eindrücke für (mich) war.

Mir fällt gerade ein Witz ein:

„Haben Sie etwas gegen Kopfschmerzen?“

"Ja, ich könnte Ihnen meine Frau empfehlen!“

Die Raupe Nimmersatt!

Mit Kindern, alten Menschen, Suchenden, Trauernden, Kranken, Toten, Tieren und Pflanzen lässt sich viel Geld verdienen, denn diese sprechen nicht dagegen.

Wenn ich das zusammenrechne kommt bei mir die Zahl 8 heraus. Über die Zahl 8 werde ich später noch mehr zu berichten haben, denn dank meiner fehlenden Zahl 8 bin ich immer wieder entweder auf das eine Extrem gestoßen oder eben auf das genaue Gegenteil. Immer wieder war es aber ein Extrem.

Geld bedeutet ein Geschäft mit Geld, das heißt für mich, mit Geld eine Art Freundschaft zu schließen.

Geld ist also Liebe in Bewegung.

Geld ist ein sehr wichtiges Mittel für ökonomische Stärke.

Ein neuer Konkurrent wird wieder geboren, mit Versprechen, damit die Menschen zu ihm laufen.

Nach der Wahl wird immer vor der Wahl sein genau wie beim Fußball, aber dies ist auch gut so, denn Politik und Fußball verbinden Länder, Sitten und Gebräuche der Menschen. Und mit jeder Fehlentscheidung eines Schreibtischtäters hat man die Möglichkeit und auch die freie Wahl daraus zu lernen.

Oben ist nicht besser als unten, denn oben kann man sich schwer erden. Somit könnte es oben durchaus auch eine Fallhöhe geben.

Wahre Schätze kann man nicht kaufen, man hat sie zu hüten.

Das große Geisterschiff mit ihren Passagieren des Spielballes Erde ist nun erneut ins Schaukeln geraten. Aber dieses Schiff gerät nicht ins Schaukeln aufgrund dessen, dass im Moment alle Länder von einem Geschwür erkrankt sind, so eine Art Krebsgeschwür.

In unserer heutigen Zeit ist überhaupt keine Währung mehr sicher, wahrscheinlich um uns wachzurütteln, damit Geld auf keinen Fall zu einer Art Religion werden darf.

„Wenn die Herrscher täglich betrügen, wie kann man da erwarten, daß die Untertanen nicht betrügen?“
(Zhuangzi, chin. Philosoph, 369 – 286 v. Chr.)

Nun wünsche ich mir einmal, dass unsere Herrscher zu echten Gottheiten mit ihrem guten Tatendrang und einer positiven Moralvorstellung mutieren, und vor allem für das ehrliche Arbeitervolk an deren Gesundheit denken.

Ich habe einmal meine Kinder gefragt, ob sie denn nicht mein Buch lesen möchten. Sie fragten mich nach der Seitenanzahl meines Buches. Ich antwortete mit circa einhundert Seiten. Daraufhin teilten sie mir dann deutlich mit, dass sie nie ein Buch unter zweihundert Seiten lesen würden. Als ich mein Buch damit schmackhaft machen wollte, dass ich ihnen sagte, in meinem Buch würde es sich um Geister handeln, bekam ich folgende Antwort:

„Vampire-Bücher wären viel spannender, ich solle doch eins über Vampire schreiben.“

Also für „Bis zum letzten Biss“, da fällt mir jetzt wirklich nichts ein. Also kurz zu den Vampiren.

Für mich sind Vampire Menschen, die einem anderen Menschen Energie rauben und sie bis zum letzten Saft auslaugen, also Menschen, die auf Kosten eines anderen nur ihren eigenen Vorteil suchen.

Vampire sind solche, die sich so sehr selbst lieben, dass kein Platz mehr für einen Nächsten sein kann.

Auch solche Vampire sind gemeint, die stets Ausschau darauf halten, wie sie wohl mehr ergattern können, als sie tatsächlich zu geben bereit sind.

Vor diesen Vampiren kann man sich nicht mit Knoblauch schützen.

Es gibt auch diese Gutmenschen, die erst anfangen zu geben, wenn ihre eigenen Taschen übervoll sind und dann posaunen sie es sehr großmächtig in die weite Welt hinaus.

Einen Vorteil hat krankhafte Egomanie allerdings:

Man darf in diesem Leben alt werden!

Dies ist für mich eigentlich kein Vorteil.

Jesus wurde (laut Bücher) nur 33 Jahre (Meisterzahl) alt und lebt ja immer noch in unseren Herzen!

Auch wird (noch) nicht in unseren Kirchen über die wahre Liebe bzw. wahre Spiritualität gesprochen.

Ich bin zweigleisig aufgewachsen. Das heißt, ich war in evangelischen Kirchen, da ich evangelisch getauft wurde.

Ich landete bei einem Extremfall als Pfarrer. Er hatte mit seiner Frau 7 schwererziehbare Jungs adoptiert. Demensprechend harmonisch war auch unser Konfirmantenausflug.

Genauso oft, oder sogar noch öfter war ich in katholischen Kirchen. Trotzdem fand ich nie die Antworten auf meine ganzen Warum-Fragen?

Ich durfte einmal Zeugin werden, wie ein mit großer Wahrscheinlichkeit Nicht-Suchender versucht hat, einem älteren

Herrn den Geldbeutel aus der Hose zu ziehen. Und das in einer Kirche.

Ja glaubt der, er geht dann zum Beichten, betet dreimal das Vater-Unser und kann dann den nächsten berauben?

So kam ich dann irgendwann auf den Namen:

Mehr Schein als Sein Neandertaler.

Meine Antworten fand ich zuerst in der Esoterik, später dann in mir selbst.

Liebe ist in der Luft, immer und überall. Liebe ist in der Luft, auch wenn die Sonne mal untergeht, du brauchst nur in deine Augen zu sehen.

Ich glaube, dass wir immer wieder mit denselben Augen kommen werden.

Hat denn unser Herr Ludwig Andreas Feuerbach (1804 - 1872) nicht einst gesagt:

„Denn nicht Gott schuf den Menschen nach seinem Bilde, wie es in der Bibel steht, sondern der Mensch schuf, wie sich im Wesen des Christentums zeigte, Gott nach seinem Bild.“

Karl Marx über Feuerbachs Bedeutung 1844:

„Feuerbach ist unser größter Prophet, es gibt keinen anderen Weg zur Wahrheit als durch Feuerbach. Er ist das Purgatorium der Gegenwart.“

„Die Kritik der Religion ist in Deutschland durch Feuerbach im Wesentlichen beendet.“

Meiner Meinung nach kann man sich noch nicht Selbst gefunden haben, wenn man seinen Glauben nicht umsetzt.

Es ist möglich, sich in jedem Augenblick zu erinnern!

Wie viele Halbgötter haben schon die Bibel gelesen oder sogar studiert und sie doch nicht verstanden?

Wie man so hören darf, hat man ja nicht mal im Vatikan seinen inneren Frieden gefunden.

Ich finde, es sollte mal eine Frau zur Päpstin ernannt werden, denn ich glaube, in manchen Kirchen sind Frauen immer noch Menschen zweiter Klasse.

Sie sind sich halt noch nicht dessen bewusst:

Inkarnation mal als Mann oder auch als Frau, wir tragen beide Energien in uns.

(Ist es Zufall? Als ich dies damals mit der Päpstin zu Papier brachte, meldete sich nach nicht geraumer Zeit der damalige Papst von seinem Schiffsdienst ab und ein neuer trat hervor, dieser für mich eine sehr authentisch mitfühlende liebevolle Energie ausstrahlt, also eher der Kümmerer. Er lebt vermehrt seine weibliche Seite, denn wir tragen ja beide Energien in uns. Fast scheint es, als wäre dies ein neuer Franz von Assisi und darum hat er womöglich auch so viele Fans).

Also so nett bin ich nicht. Füße waschen wäre nicht mein Ding, mein Ding wäre eher, ihnen Wahrheit zu vermitteln, das heißt in diesen Fällen, die Kindheit war die ausgleichende Gerechtigkeit Eurer Vorleben, wacht endlich auf!

Ihr seid in Eurer Kindheit doch nicht umsonst in die Schranken gewiesen worden oder von Schattengeistern überfallen worden.

Für unseren Bischof, über den gerade im Monat 10, 2013, abgelästert wird, empfinde ich tiefstes Mitgefühl und ebenso bewundere ich ihn für seine Gelassenheit. Er sieht mit seinen Knopfaugen einfach zum knuddeln aus. Lediglich diese Zahl 31, ich meine, die 31 Millionen verbratenen Mäuse (habe ich auf dem Titelblatt der Bild - Zeitung gelesen, als ich gerade einkaufen war), die man ihm anhängt, bereiten mir Sorgen.

Würde ich jetzt die Zahl 31 umdrehen, bekäme ich die Zahl 13.

Und unsere alten Menschen, die unser Land einmal aufgebaut haben, liegen mit einer 12 Literwindel im Altersheim?

AHA

Das 8. Gebot wäre doch eigentlich (gibt ja bei mir keine Gebote) du sollst nicht Lügen, ich meine, falsch Zeugnis ablegen, oder?

Ich weiß nicht genau auf welcher Oktave dieses Gotteskind schwebt? Es gibt ja, ich wiederhole mich, in meinen Augen keine Sünden, aber hörte ich da nicht mal was von Habgier?

Heißt es nicht:

„Strebt nicht nach irdischen Gütern!“

Ich denke, es müsste heißen:

Strebt nach geistiger Erkenntnis!

Aber ich hab ihn trotzdem lieb mit seinen Kulleraugen, da ich weiß, er wusste es nicht besser und mit dem Geld hätte man wahrlich Schlimmeres anrichten können. Nun hat Deutschland wenigstens den nächsten Klotzbau, das nächste scheinheilige Heiligtum.

„Wie lange willst du es noch aufschieben. Du hast die philosophischen Lehren empfangen, denen du zustimmen mußtest, und du hast ihnen zugestimmt. Auf was für einen Lehrer wartest du jetzt noch? Du bist kein Knabe mehr, sondern ein erwachsener Mann. Trau es dir noch endlich zu, wie ein erwachsener Mensch zu leben. Und wenn dir etwas Aufreibendes, Vergnügliches oder Ruhmloses begegnet, so denk daran: Jetzt gilt es zu kämpfen und mit dem Aufschieben ist es nun aus."

(Epiktet, um 50 n. Chr. – 138, griech. Philosoph, Sklave, nach Neros Tod freigelassen, seine Lehre war von großem Einfluß auf das frühe Christentum)

Er wollte ja nur das Beste, ein Kleingeist mit Hut möchte ja nur gefallen, obwohl ich weiß, dass ich nie einen Cent von ihm bekäme. Ich habe deshalb Mitgefühl, da es ihm gar nicht möglich sein kann, sich in einen normal Sterblichen zu versetzen, der sein Geld mit seiner Hände Arbeit verdient. Auch bin ich in dieser Sache voller Vertrauen und habe keine Angst um seine Zukunft, denn er bekommt bestimmt eine lebenslange gute Rente und monatliche Gehaltschecks, deshalb braucht er sich um seine zukünftigen Rechnungen keine Sorgen zu machen.

„Gebt auf die Heiligkeit, werft weg die Erkenntnis und die Welt kommt in Ordnung."
(Zhuangzi, chin. Philosoph, 369 – 286 v. Chr.)

Die Zahl 13 werde ich meinen Lesern später etwas genauer erläutern.

Ich möchte, dass mich hierbei keiner falsch versteht. Kirchen sind für Menschen Kraftplätze, Menschen brauchen Kraftplätze und es finden sich dort ebenso viele Kunstwerke. Auch durfte ich schon einmal eine Taufe meines Neffen erleben, bei der keiner mehr gehen wollte. Dieser warmherzige Mensch musste seinem Publikum dreimal sagen, dass wir nun wieder gehen dürfen. Er benutzte nicht die zwei Wörter Sünde und Hölle. Eine Religion ist für mich eine Art Anstoß oder ein Aufruf zu einer Moralhinterfragung, doch sollte sie auf keinen Fall zum Angst schüren dienen.

Moment mal, ich gebe gerade den Schlüssel weiter, um wieder Moneten in die Kassen zu bringen. Einfach nur die zwei Wörter streichen, mehr ist nicht zu tun.

Für diesen Schlüssel hätte ich wieder von den Ranghöchsten ein Zertifikat verdient.

Blondine ohne Theologiestudium gibt Schlüssel zum Moneten verdienen weiter.

Ich brauche kein Zertifikat und auch keinen Siegespokal.

Dafür erlaube ich mir eine kleine Lästerei.

Heuer waren wieder Kinder da, um Spenden zu sammeln und Zahlen an unsere Haustüre zu schreiben.

Ich fragte sie, was bekommt ihr denn dafür?

Die Antwort war, nichts.

Und so gingen sie wieder.

Genauso war das ja bei mir, man holte mich mit 10 Jahren schon zum Ave Maria singen in die Kirchen für Gotteslohn, da war ich ja noch nicht mal getauft. Ich sang in Altersheimen und für Krebsveranstaltungen.

Mit diesen ersparten Moneten kauft man dann Lebensmittel und bringt sie nach Afrika, am besten noch Waffen dazu, nur damit man beobachten kann, wie das Leid dort weiter wächst.

Ich war selbst schon in Afrika, die Leute da sind super nett und freundlich, warum lässt man sie nicht einfach in Ruhe. Dieses Land und ihre Einwohner gibt es doch länger als uns. Es gibt Menschen, die behaupten sogar, wir stammen von ihnen ab. Auch die sogenannten „Beschneidungen" gehen uns eigentlich nichts an, diese Leute mischen sich ja auch nicht in unser Zölibat ein. Trotz Verbot in vielen Ländern, wird dieses sinnlose Ritual der Gewaltverstümmelung noch tagtäglich praktiziert. Darum denke ich, wird sich nur etwas ändern können, sobald das Bewusstsein erwacht oder die Frauen dort selbst aufstehen.

Man wollte Afrika „resozialisieren", aha, na ja, jetzt ist das Kind schon in den Brunnen gefallen, es muss dort geholfen werden, das heißt, die Schlüssel überreichen, und aufklären. Man darf ja den Brunnen bohren, bevor man Durst hat oder?

„Die Hälfte der Menschen wollen abnehmen, die andere Hälfte verhungert!"(Anonym)

Es stehen immer zwei Wege offen, um seine Aufgabe zu erfüllen.

Ich sehe es als dringend erforderlich, dass man in den Kraftplätzen (Kirchen) den Menschen die Angst nimmt, und sie lehrt, wie sie ihr wahres Selbst finden können.

Die Seuchen der Menschheit durfte ich seit Jahrzehnten studieren. Die größten Verlockungen.

1. Geld (Habgier, Raupen, Raffzähne) 5 plus 8

   Geld ist Macht, Macht ist Haben wollen, in den Wörtern sind

   ALLE 10 Gebote enthalten. Beispiel:

   Du sollst keine Götter neben mir haben, ich will aber HABEN.

   ALLE 7 Todsünden, Beispiel:

   Stolz: Ich will aber stolz sein; ICH WILL aber HABEN

   Erkenne dich Selbst!

2. Sex (Verbindung zur Quelle)

5 plus 8 ergibt 13 in der Polarität eine Unglückszahl!

Also, wenn die Vorlieben einer Offenbarung so ein Honigtopf sein sollen, dann kann ich dazu nur sagen:

Nennt man das jetzt Wissen ohne Gewissen?

An alle Geistlosen, die sich an Schutzbefohlenen vergreifen, dies ist nämlich für mich keine besondere Fürsorgepflicht.

Kirchen haben ja bekanntlich im Durchschnitt 8 Grad.

Bitte wachen Sie auf und kühlen Sie sich mal Ihre Leisten, denn für das werden Sie nicht bezahlt!

Man froh und lockt sich nicht an Kindern!!!

Punkt

Gibt es nicht die 12 Früchte des Heiligen Geistes?

Liebe, Freude, Friede, Geduld, Freundlichkeit, Güte, Langmut, Sanftmut, Treue, Bescheidenheit, Enthaltsamkeit, Keuschheit?

Da gibt es doch den „Heiligen Michael“. Meine geistige Welt sagt mir gerade, dieses Schwert ist eigentlich kein Schwert sondern der Penis (5 Buchstaben), der auf der Suche nach VereinICHung ist. Später liest der Leser mehr dazu.

Das Wort Penis in Zahlen verwandelt:

75591, die Quersumme ist 27, ist 9

Die 9 steht für Vollendung, VereinICHung, Weisheit!

K – wie Kalt

K - wie Krank

K – wie Kirche

K – wie Krieg

Wenn ich es nicht besser wüsste, würde ER sich nun wieder in seiner Grabkammer umdrehen.

Die Rechtsabteilung, ja die gibt es.

Diese Rechtsabteilung finde ich auch in einem Stein.

Die niederen Frequenzen klingen für mich wie ein Motor.

Ich entschuldige mich dafür in aller Form, wenn ich meine Leser gerade langweile, aber Kinder sind für mich eine lebensernüchternde Erfahrung, da sie unsere Zukunft sind.

Das was man gerne verbergen möchte, ist doch eigentlich das, was man verbrochen hat.

Geschichte werden wir immer schreiben, um diese Geschichte wie ein Gepäck mit uns zu tragen, um daraus zu wachsen und irgendwann das rechte Maß zu finden.

Amüsiere dich, aber bitte göttlich.

Feiern wir also lieber unseren Geburtstag, der unsere erste freie Wahl war.

Der Begriff Vorbild ist sehr allumfassend.

Ein allumfassendes Vorbild ist für mich nur Jesus.

Weiter breiter sehen hilft uns intuitiv zu verstehen.

Ich kann nur persönlich dazu sagen, dass mein Sohn seit seiner Kommunion Heuschnupfen hat. Allergie hat also etwas mit Angst zu tun. Ist es Zufall, dass dieser geistige Herr eine seltene Krankheit auf den Stimmbändern bekam? Da eine OP sowie Kuraufenthalte nichts nutzten, musste er in ein Kloster versetzt werden. Eigentlich hat ihm das Schicksal ein deutliches Zeichen gesandt. Ein Pärchen machte Liebe während einer Messe im ersten Stock, sie wurden erwischt.

Damals konnte ich noch nicht nein sagen, ich wollte es meinem Schwiegertiger recht machen.

Man weiß ja nicht, was auf lateinisch so alles gesprochen wird, wenn man kein Wort versteht. Vielleicht ja etwas über Fegefeuer oder Höllenmeer?

Es gibt keine Hölle, aber eine nächste Inkarnation, in der man selbstverständlich wieder seine freie Wahl hat. Wir befinden uns im Rad der Wiedergeburt, vor deiner nächsten Geburt wirst du neu formatiert.

Der neue heilige Gral ist geboren im nächsten Kreissaal.

Die Hölle entspringt einer Erfindung des materialistischen Aberglaubens von großen Denkern zum Angst schüren.

Ich war einmal Mieterin eines kleinen Kirchenhäuschens, das wir total vergammelt in Empfang nahmen. Dieses kleine Häuschen hatte die Kirche ja schon einmal geerbt von einer Pfarrersköchin, die früher dieses Haus bewohnte. Wir verwandelten es in ein kleines Schmuckstück, bauten einen Kachelofen ein, die Kacheln formte ich mit meinen eigenen Händen. Das Haus wurde immer schöner innen und außen. Und die Mieterhöhungen kamen auch immer pünktlich. Als ich eines Tages im Schweiße meines Angesichts die Fenster innen und außen abschliff und lackierte, besuchte mich dieser freundliche Mietererhöhungsbringer wieder und sagte:

„Heuer würde er nicht erhöhen, wegen den Fenstern!"

Würde man eine Firma damit beauftragen, die Fenster abzuschleifen und zu lackieren, ergäbe es einen Rechnungsbetrag von gefühlten 10000 Euro.

Wir zogen nach sieben Jahren aus wegen

-Habgier in den höchsten Tönen-

Zu dieser Zeit pachtete ich auch einen Stall im Dorf. Wir bauten eine beheizte Tränke für Pferde ein und halfen bei den Umbaumaßnahmen des früheren Kuhstalles. Als wir gerade fertig waren mit dem Bau unseres Sandplatzes zum besseren Reiten meiner Pferde für uns und unsere Kinder, hieß es, wir müssten ausziehen, da man jetzt über dem Stall mehrere Wohnungen bauen möchte. Es waren ja nur 30 Tonnen Sand, die wir mit unseren Händen verschaufelten. Und dem damaligen Verpächter ist diese Idee mit den Wohnungen bestimmt über Nacht gekommen. Auf diese Idee wäre ich jedenfalls nie gekommen, denn ich dachte, 4 Wohnungen und ein eigener Prunkbunker wären doch schon genug oder?

Zumal mir die Oma des Hofes erzählte, sie hätten den Bauernhof nach dem Krieg für 1 Schwein und drei Doppelzentner Weizen getauscht.

Leider hörte ich später davon, dass dieser Mann schwer krank wurde, er tat mir leid.

Vor allem deshalb, weil ich während des Versorgens meiner Pferde immer wieder beobachten durfte, wie er während seiner Arbeitszeiten mit dem Firmenwagen Baumaterialien bunkerte. Diese Materialien waren bestimmt versehentlich auf den Baustellen liegen geblieben.

So war es auch in den anderen vier Häusern, die wir anmieteten und verschönerten, nur mit einem anderen Grund:

Kündigung wegen Verkauf, wir mussten ausziehen wegen

-Habgier in den höchsten Tönen-

Von meinem Blickwinkel aus sehe ich, dass am Ende eines Menschen alles gut wird, und wenn nicht, ist es auch nicht sein Ende oder seine Ankunft.

Wir sind in Wahrheit nicht in unserem Körper, sondern der Körper ist in uns, da der Energiekörper, also der feinstoffliche Körper viel größer ist. Unsere energetische Signatur strahlt ja eigentlich über Kilometer. Wir sind auch nicht die vielen Namen, die wir schon getragen haben oder die vielen Figuren, ob als Mann oder als Frau, die wir schon spielen durften. Wir kommen mit geistigen Erkenntnissen und gehen mit gewonnenen weiteren geistigen Erkenntnissen. Wir und unsere Kinder sind göttliche Wesen, die sich einen Körper und die familiären sowie kulturellen Umstände aussuchen, um ihre wahre eigentliche Seelenaufgabe zu erfüllen, um eines Tages im Geist zu wachsen.

Es gibt inzwischen Forschungen, indem man Blut von Personen entnommen hat und getrennt vom Mensch im Reagenzglas untersucht. Würde man einem Menschen nun an seinem Leib Schmerzen zufügen, verändert sich das getrennte Blutbild im Reagenzglas genauso mit. Das ist endlich Beweis genug, dass unser Energiekörper viel größer ist.

Auch bei Pflanzen hat man inzwischen sichere Beweise, dass diese positive und negative Empfindungen zeigen.

Verharren oder endlich über uns hinauswachsen?

...

Zum Thema Außerirdische befragte ich meinen 13jährigen Sohn. Jungs in diesem Alter interessieren sich doch bestimmt für Außerirdische. Ich sagte zu ihm, wenn er möchte, solle er mir doch auf einen Zettel etwas über Außerirdische schreiben.

Manche Menschen nehmen die Farbe des Herzens auch grün wahr.

Mein Sohn ist Reptilienfan und ich übernehme hiermit wortwörtlich:

„Außerirdische kamen auf die Erde, um zu helfen und zu lernen. Wer nicht glaubt, dass sie auf die Erde kamen, möge sich in eine Ecke hocken und sich schämen, da es handfeste Beweise für die Existenz von Außerirdischen gibt.

Möglicherweise hätte es viele Erfindungen ohne sie nicht gegeben, bzw. hätte eine evolutionäre Entwicklungsstufe ohne ihr Zutun nie stattgefunden. Vielleicht ist die nächste Person, die sie sehen, ein Außerirdischer und wird überfallen. Was soll nun diese Rasse über Menschen denken. Ich meine, wenn zum Beispiel Krokodile oder Schlangen vielleicht einmal einen unvorsichtigen

Pauschaltouristen attackieren, weil jener unvorsichtig in ihr Revier eindringt, muss nicht gleich jede Art von Reptil mordlüstern sein. Der Python Regius oder Königs Python rollt sich lieber zu einem Knäul zusammen, anstatt zu kämpfen.

Was ich damit sagen will ist, wenn sie das nächste Mal sehen, dass jemand auf der Straße gepiesackt wird, dass sie der Person helfen sollten, denn dieser jemand könnte der Botschafter eines anderen Planeten sein.

Oder wollen Sie das Risiko eingehen, in ihre eigenen Moleküle zerteilt zu werden, wenn ihr Planet hochgeht?“

Es wäre eine Reanimierung der Regierung erforderlich mit dem Grundstein:

Bewusstheit

Bewusstheit

Dies würde bedeuten, dass wir auch lehren, was Bewusstsein ist und dieses ja eigentlich das Wichtigste auf unserem Lernplaneten ist, statt sich nur gut funktionierende Denker heranzuziehen.

Mit diesem Heranziehen, was wir unseren Kindern antun, sehe ich schön langsam die inneren Werte des Menschseins verlorengehen. Wie könnte man dies jetzt mit treffenderen Worten sagen als mit folgendem Witz, der genau zur richtigen Zeit von einer Freundin auf meinem PC als E-Mail landete:

Ein Brief eines Kindes an ihre Mutter, den sie in ihrem Zimmer in Empfang nehmen durfte:

„ Liebe Mami,

es tut mir leid, Dir sagen zu müssen, dass ich mit meinem neuen Freund von zuhause weggegangen bin. Ich habe in ihm die wahre Liebe gefunden. Du solltest ihn sehen, er ist ja sooo süß mit seinen vielen Tattoos und den Piercings und vor allem seinem mega Penis! Aber das ist nicht alles, Mami: Ich bin endlich schwanger und Abdul sagt, wir werden ein schönes Leben haben in seinem Wohnwagen mitten im Wald. Er will noch viele Kinder mit mir, und das ist auch mein Traum.

Und da ich darauf gekommen bin, dass Marihuana eigentlich gut ist, werden wir das Gras auch für unsere Freunde anbauen, wenn denen mal das Koks oder Heroin ausgehen, damit sie nicht so leiden müssen.

In der Zwischenzeit hoffe ich, dass die Wissenschaft endlich ein Mittel gegen Aids findet, damit es Abdul bald besser geht. Er verdient es wirklich.

Du brauchst keine Angst zu haben, Mami, denn ich bin ja schon 16 und kann ganz gut auf mich selber aufpassen. Und das bisschen Lebenserfahrung, das mir fehlt kann Abdul mit seinen 44 Jahren gut ausgleichen.

Ich hoffe ich kann dich bald besuchen kommen, damit du deine Enkel kennen lernst. Vorher fahren wir noch zu Abduls Eltern, um dort zu heiraten. Dann hat er es hier auch leichter mit seinem Aufenthalt.

Deine geliebte Tochter

PS.: Alles Blödsinn, Mami. Ich bin bei den Nachbarn. Wollte Dir nur sagen, dass es schlimmere Dinge im Leben gibt als das Zeugnis, das auf dem Nachtkästchen liegt!

Hab dich lieb!“

(Der Urheber ist mir leider unbekannt)

Dies musste ich zu Papier bringen, denn als ich meinem Sohn erzählte, dass ich im Radio gehört habe, man würde jetzt das G 8 erleichtern, bekam ich folgende Antwort:

„Ach Mami, bis das umgesetzt wird, bin ich schon längst mit der Schule fertig.“

Weisheit wird man in einer Schule nicht erlernen können, da sind mir schon zu viele „Gelehrte“ ohne Weisheit begegnet, damit ich diese Behauptung nun aufstellen darf.

Nachdem ich letztes Jahr dank einer kleinen Erbschaft meiner Tante viele Euros für Nachhilfe ausgeben durfte, habe ich nun meine beiden Kinder vom Gymnasium abgemeldet.

Ich habe mich eh immer gewundert, wie Quali und Quali, also eher Minus und Minus zwei Gymnasiasten ergeben kann.

Apropos Quali:

Habe ich ihn vielleicht nur deshalb bestanden, da man mich loshaben wollte?

Vielleicht war dies ja auch der Grund, warum ich nie eine Klasse wiederholen musste, es könnte ja sein, das man mich nicht noch einmal ertragen hätte können.

Vielleicht war das ja auch der Grund, weshalb ich den Führerschein auf Anhieb bestanden habe, dieser Mann konnte bestimmt das mit dem Einparken nicht mehr länger ertragen.

Bildung ist wichtig, es heißt ja auch Wissen ist Macht aber bitte noch kindgerecht mit dem Verständnis für ein rechtes Maß.

Wissen ist Macht

Bewusstheit ist Magie!

Eine Frau erzählte mir einmal, dass ihr Kind aus der 4. Klasse einen ganzen Tag weinte, weil er eine 6 für einen Aufsatz mit nach Hause brachte. Es ging um einen Fußball und eine Fensterscheibe und was man da jetzt macht. Er machte alles richtig aber schrieb einen Satz dazu. Er schrieb, er würde sich erst einmal eine Leberkäsesemmel kaufen und dann in Ruhe darüber nachdenken.

Darf man sich heutzutage in einem Aufsatz nicht einmal mehr eine Leberkäsesemmel genehmigen?

In jedem Kunstwerk ist doch Ursache die Fantasie oder?

Schön langsam sollten wir mal umdenken.

Man wird mich schon nicht gleich als Ketzerin verbrennen, wir leben ja nicht mehr im Mittelalter.

Hat unsere Regierung eigentlich schon einmal was von Koma saufen bei den Jugendlichen gehört?

Zu meiner Tochter sagte man bei ihrem letzten Ferienjob, sie solle doch schneller arbeiten, in China würden die Kinder für Essen und Trinken arbeiten. Außerdem würde sie später sowieso keine Rente mehr bekommen. Er hat dies bestimmt humorvoll gemeint, aber so etwas sagt man aus meinem Blickwinkel zu keinem Jugendlichen.

Heute arbeitet sie am Wochenende im Altersheim in der Küche.

So kann man die Jugend von heute auch motivieren.

Wenn man manchmal mit älteren Menschen redet, hatten diese trotz wenigem Luxus eine sehr schöne Kindheit, denn sie hatten noch Zeit, über Wiesen zu toben.

In der jetzigen Epoche haben unsere Kinder wenig Kindheit, denn sie müssten eigentlich den ganzen Tag lernen, um später mal einen guten Job zu ergattern, schneller besser...

Oh du Quelle, aus der wir alle stammen, erleuchte die Herzen unserer Führungskräfte, damit diese dein Werk tun können und unsere Handwerker nicht aussterben und wir nicht konkurrenzfähig mit China werden müssen, wo ein jeder mit Staubmasken rumrennt. Danke

„Die Menschheit ist eine Autoimmunerkrankung.“

Wir brauchen eine Umkehr!

Das soll jetzt nicht heißen, dass wir wieder Höhlen bewohnen sollen.

Ich komme später noch einmal darauf zurück!

Treffen sich zwei **Planeten:**
Sagt der eine zum anderen:
„Du siehst aber schlecht aus!“
„Ja“, antwortet der andere Planet:
„Ich habe Homo sapiens.“
Darauf der andere Planet:
„Keine Angst, das geht von selber wieder weg“.

Diese seltsame Gestalt am Lagerfeuer des folgenden Bildes bin ich. Dieses Bild ist „zufällig“ entstanden, als ich etwa achtzehn Jahre alt war.

Meine Heimat sind die Erinnerungen und Erfahrungen der verschiedenen facettenreichen Menschen, die ich erleben durfte.

Ich glaube nicht, ich weiß, dass es eine Energie gibt, die uns in Zukunft leiten wird, darum habe ich volles Vertrauen.

Wir müssten zurück in eine bewusstere Zukunft!

Das wäre aus meiner Sicht ein guter Gedanke und der richtige Zukunftshafen für unsere Schiffe.

Ich kann mir nicht vorstellen, dass ein Kind möchte, dass wir die Regenwälder abholzen. Auch kann ich mir nicht vorstellen, dass Kinder unnatürliche Nahrungsmittel essen möchten oder dass sie Öl ins Meer kippen würden. Und auch kann ich mir schwer vorstellen, dass unsere Enkelkinder von unserem Sondermüll krank werden wollen. Auch wollen unsere Kinder in Zukunft keine Haxen von Mutanten einer Forelle essen. Bei diesen Gen-Tomaten quietschen einem ja die Zähne beim Reinbeißen. Unsere Enkelkinder wollen ihre kleinen Häuser auch nicht auf radioaktivem Abfall bauen oder? Ich sehe die Dinge einfach ein bisschen Andreas! Das Lied „Kinder an die Macht“ von Herbert Grönemeyer“ ist fantastisch. Wieder mal einer meiner Meister. Weiterhin möchten unsere Kinder bestimmt nicht spitzfindige Wissenschaftler werden.

Eine Wissenschaft mit Gewissen wäre die Rettung der Erde samt
ALLER Lebewesen! Wir sind eins!

Ich weiß, dass unsere Wissenschaft immer alles Mögliche versuchen wird, aber unsere Kinder wünschen sich für ihre Zukunft Wissenschaftler mit mehr Menschlichkeit und einer großen Achtung vor unserer Mutter Erde, sonst wird unser Erdball bald ein Pflegefall.

Wurde denn nicht einst gesagt „....und werdet wie die Kinder.“

Für mich sind Kinder die besseren Theologen nun einmal auf den Punkt gebracht. Die Menschen waren nicht nett zu Jesus. Er aber blieb sich und uns treu.

Eiso (bayerisch) ganz ehrlich, als ich eines Tages angefangen habe, Kinder in Bezug zu ihren Eltern zu setzen, habe ich angefangen, an mir selbst zu zweifeln und mich immer mehr zurückgezogen. Da bräuchte man ja keinen Vaterschaftstest mehr, denn allein die Zahlen würden alles ans Licht bringen.

„Unschuld ist der Weisheit gleich.“
(Euripides griech. Dramatiker 480 v. Chr. – 406 v. Chr.)

Das Baby ist das Sinnbild von Schönheit und Vollkommenheit der einen Quelle, aus der wir alle stammen.

Schon der Anblick erzeugt Herzensfrieden!

„In den Kindern erlebt man sein eigenes Leben noch einmal, und erst jetzt versteht man es ganz.“
(Soren Kierkegaard, dänischer Philosoph 1813 - 1855)

Wie lang unser Weg auch dauert und wohin unser Weg auch führen wird, auf alle Fälle wird unser Weg Freiheit heißen, denn wir werden immer die heilige Würze der freien Wahl haben.

Hat unser Herr Sokrates nicht einmal gesagt:

„Die Jugend von heute liebt den Luxus,
hat schlechte Manieren und verachtet die Autorität.
Sie widersprechen ihren Eltern,
legen die Beine übereinander
und tyrannisieren ihre Lehrer.“

Meine Meinung darüber wäre:

Unsere Jugend setzt uns deutliche Zeichen!

Das Gedicht von Sokrates sagt eigentlich schon alles aus.

Wenn wir nicht umdenken, werden unsere Kinder leider so wie wir, denn unsere Kinder sind ja die Bücher von uns.

Ich denke, seit Sokrates hat sich außer vielen materiellen Erfindungen nicht viel geändert.

Unsere sogenannten ADS-Kinder sind nicht alte Seelen, wir sind nämlich **alle** gleich alt sondern **weise** Seelen, die hier nun inkarniert wurden, um in das neue Zeitalter mit einzugehen. Nach dem Buch von Christa Zettel (steht in meinem Literaturverzeichnis) soll Jesus ein 7-Monats-Kind gewesen sein. Dieses oben genannte Zeitalter nennt sich nun auch für mich:

„Musikhörbewusstsein".

Das Wort Musikhörbewusstsein ist nicht aus meiner geistigen Feder entsprungen, diesen Namen hörte ich in einem Seminar. Ist es Zufall, dass ich seit ein paar Jahren in meiner Hobbywerkstatt Notenschlüssel aus Ton baue, als kleines Accessoire für ein Geschenk?

Bei dem Wort Musikhörbewusstsein sprang mein Herz natürlich sofort auf, denn (ich) finde, jede Musik ist aus einem Herzen entsprungen.

Musik erzeugt ein Gefühl, und darum ist Musik für mich Magie.

Ich kann mir das nur so erklären:

Der achte Tag eröffnet die neue Woche und mit dem achten Ton kehrt auch der Ton zum Beginn der Tonleiter zurück. Meine Erkenntnis für dieses Wort wäre, dass das Musikhörbewusstsein auf eine höhere Ebene, eine bessere Sphäre oder schönere Welt hindeutet.

Den achten Ton und die höhere Sphäre habe ich aus dem Buch von Hajo Banzhaf entnommen. Ein Meister seines Faches.

Das Konzert eines Menschen sollte ein Violinspiel sein.

Musik lässt uns hören, wer wir sind.

Ich wurde vor Jahren einmal gefragt, ja Anke sag mal, wenn doch jeder seine eigene Lebensaufgabe hat und viele diese erfüllen, warum gibt es dann so viele Menschen auf dieser Welt?

Die Tiefe der inneren Erkenntnis erfüllt dein Leben und führt dich wieder zu dir selbst.

Vor Jahren konnte ich diese Frage noch nicht beantworten. Damals dachte ich mir noch, ja die Überbevölkerung ist wirklich ein Problem, doch noch größer ist doch unser Wasserproblem, da war ich 15 Jahre alt und es gab gerade ca. 4 Milliarden Menschen auf unserem Lernplaneten. Zu wenig Wasser für so viele Menschen?

Ich denke, es ist an der Zeit,

dass wir unsere Haut wie ein Reptil abstreifen,

damit die neue geboren werden kann.

Die Schaltkreise unseres Gehirns sind unsere Gedanken!

Meine 7. Schrift

Ist es Zufall, es gibt im Moment circa **sieben** Milliarden Menschen auf unserem Planeten, von denen jeder siebte Mensch an Hunger leidet. Es sind so viele inkarniert, weil viele Seelen mit in dieses Musikhörbewusstsein eintreten werden. Wir sind nun alle hier, um uns für diese berühmte Gabelung zu entscheiden. Wir drehen uns hier schon seit Plato im Kreis. Wir waren immer wieder geboren, um uns im Geist zu entwickeln.

Die 5 steht in Wahrheit für die Ausdehnung des Herzens und nicht für die Vermehrung von materiellem Besitz.

Und diese Entscheidung, welchen Weg du jetzt wählst, kann nur dein Herz treffen, da die freie Wahl unantastbar bleibt.

Jedes 7. Kind in Deutschland ist arm.

Jeder 7. Mensch in Deutschland ist im Facebook.

Die Zahl 7 steht als Symbol für Inkarnation.

Es gibt im Moment in Deutschland circa 7 Millionen 400 Euro-Jobber.

Hat der Euro nicht auch 7 Geldscheine?

Wir sind **Alle** gleich alt und man sagt, dass viele Wege nach Rom führen.

Über die Zahl sieben kann man viele Zeilen füllen. Ich werde kurz die **7. Schrift** aufschlüsseln:

Die Zahl **Sieben** nimmt einen faszinierenden und fast geheimnisvollen Status ein. Man denke als erstes an die sieben geistigen Gesetze. Da gibt es doch ein Buch mit sieben Siegeln, oder? Werden da nicht sieben Tugenden überliefert? Glaube, Hoffnung, Liebe, Klugheit, Gerechtigkeit, Tapferkeit, Mäßigung. Und heißt es nicht auch, es gäbe sieben Gaben des Heiligen Geistes? Weisheit, Verstand, Rat, Stärke, Wissenschaft, Frömmigkeit, Gottesfurcht. Da gibt es doch auch die sieben Weltwunder und nicht zu vergessen die sieben sozialen Sünden der Gesellschaft: Reichtum ohne Arbeit, Genuss ohne Gewissen, Erkenntnis ohne Charakter, Geschäft ohne Moral, Wissenschaft ohne Menschlichkeit, Religion ohne Opfer, Politik ohne Prinzipien. Ja und da wären noch die sieben Todsünden:

Du sollst nicht…und sie tun es doch!

Da gibt es noch die sieben Wochentage, die sieben Weltmeere, die sieben Planeten, die sieben Farben des Regenbogens, die sieben Chakren, das siebte Chakra, das Kronenchakra, steht für deinen entwickelten Geist oder deine entwickelte Spiritualität.

Habe ich nicht auch einmal gehört, Odysseus wurde sieben Jahre lang gefangen gehalten? Einer der größten Helden der Griechen.

Hörte ich nicht einst im Krankenhaus etwas wie, man müsse einen Kaiserschnitt machen, da die sieben Bauchdecken so dünn wie Papier sind?

Die Zahl Sieben ist eine sehr vielschichtige und vielleicht sogar die rätselhafteste Zahl überhaupt.

Jedes Jahr schmeißen wir 700000 Elektroartikel weg.

Der siebenarmige Leuchter, die sieben sagenhaften Könige von Rom. Rom wurde auf sieben Hügeln aufgebaut und zählt heute eine Einwohnerzahl von rund 2,7 Millionen Menschen. Die Zahl Sieben steht hauptsächlich für Mystik und geistiges Streben, denke an die sieben Weisen, die sieben Himmelspforten, man kann dazu auch die sieben Engel vor Gottes Tor sagen. Nicht zu vergessen die sieben Reiter der Apokalypse und die sieben Wunder unseres Sonnensystems. Unser ***Universum*** steckt voller Siebener-Einheiten und nach der Legende, der größte Prophet aller Zeiten, das siebte Kind eines siebten Kindes. Die Zahl Sieben ist die wichtigste Zahl in der Bibel. Man sagt, dass sie unzählige Male auftaucht. Manche sagen mehr als dreihundertsechzig Mal, sowohl im Alten wie im Neuen Testament. „Und am siebten Tag sollst du ruhen". Die sieben Sakramente: Taufe, Firmung, Abendmahl, Buße, Letzte Ölung, Priesterweihe, Ehe. Pythagoras hielt die Sieben für die heiligste aller Zahlen und seine Schüler nahmen ihre Gelübde unter der Zahl Sieben. In der Antike wurde ein Kind, das unter der Sieben geboren wurde sofort in den Tempel gebracht, um zum Priester oder zur Priesterin erzogen zu werden. Man wusste einfach, dass sie einen Draht nach oben haben. Man denke auch an die sieben Öffnungen der menschlichen Wahrnehmungsorgane: 2 Ohren plus 2 Nasenlöcher plus 2 Augen plus 1 Mund. Auch die sieben Sinne: Sehen, Hören, Riechen, Schmecken, Tasten, Fühlen, Imaginieren. Die Sieben bildet die Summe aus Quadrat (4) und dem Dreieck (3), wobei hier die Zahl 3 als Symbol für das Göttliche steht und die Zahl 4 als Symbol für das Weltliche gemeint ist. Im Matthäus-Evangelium gibt Jesus sieben Gleichnisse vom Himmelreich und im Johannes-Evangelium werden sieben Wunder von Jesus beschrieben. Sprach er nicht auch sieben letzte Worte am Kreuze? Das Vaterunser besteht aus sieben Bitten. Die **Sieben** steht für **Intuition** und Perfektion. Wobei ich an dieser Stelle sagen muss,

Perfektion ist nicht gleich Perfektion, obgleich beiden Achtung geschenkt werden muss.

Frau Penny McLean hat ein sehr zu empfehlendes Buch geschrieben: „Wie 7-Jahres-Schritte unser Leben bestimmen."

Die 7 ist die Zahl der Verkörperung des Geistes durch Inkarnation.

Die Zahl 7 ist nur durch sich selbst oder die Zahl 1 teilbar.

Zum Musizieren braucht man die sieben Töne der Tonleiter: c, d, e, f, g, a und das h, usw.

Wir können nicht immer auf Wolke 7 schweben, da wir uns sonst nicht entwickeln können.

Wenn ich das Wort Angst in Zahlen verwandle, erhalte ich als Quersumme die Zahl 7. Wenn ich das Wort Depression in Zahlen verwandle, erhalte ich als Quersumme ebenfalls die Zahl 7. Aus der Angst und Depression können wir uns nur mit dem Vertrauen an eine höhere Macht befreien.

Die Zahl 7 steht für höhere Intuition.

Der siebeneckige Kreis.

Das Wort Frieden hat 7 Buchstaben.

Sagt man nicht, die Bibel hätte die größte Auflage in der Welt?

Hat sich seit der Erstauflage der Bibel eigentlich irgendetwas auf unserer Erde zum Positiven verbessert? Oh wie biblisch.

Um nicht ständig in eine Inkarnationsfalle zu tappen rufe ich jetzt zu einem friedvollen Miteinander auf!

Die Quersumme des Wortes Frieden ergibt die Zahl 7.

Das 7. Tierkreiszeichen des chinesischen Kalenders ist das Pferd.

Die doppelte 7 steht als Symbol für Güte und Gerechtigkeit.

Mit 18 Jahren stand ich vor sieben sitzenden Prüfern in Altötting, ich wollte Gesang studieren. Ich sang „lascia ch´io pianga“ (Lass mich dir klagen). Dieses Lied passt ganz gut in die jetzige Zeit. Diese Prüfer fanden mich leider nicht sympathisch und sagten:

„Kommen Sie doch wieder wenn Sie Noten lesen können und etwas von Shakespeare vortragen können“, denn eine Stimme allein reiche nicht, diese wäre in der heutigen Zeit manipulierbar.

Es war ein Dienstag, als ich vor diesen Prüfern stand. Ich dachte bei mir still, denn man muss ja höflich sein:

„Bei Ziss verstehe ich halt nur Zwist in mir drinnen und sie haben ja auch nicht letzten Samstag und Sonntag mitgeholfen, 800 qm Fliesen in 36 Stunden ohne Pause zu verlegen und dann ein paar Männer nach Hause gebracht.“

Ich erinnere mich ebenfalls an ein Erlebnis, das ich mit 18 Jahren hatte. Meine Mutter sagte damals zu mir:

„Anke, ich kann gar nicht zusehen, wie du dich immer ausnutzen lässt.“ Ich bekam damals öfter Anrufe bei denen es hieß:

„Anke kannst du mich abholen, der Tank meines Autos ist leer, ich stehe am Straßenrand und warte auf dich.“

Meine Lebensaufgabe war es schon sehr früh, die Probleme anderer Leute zu lösen.

Ich kann zwar bis zum heutigen Tage noch nicht verstehen, wie man mit einem leeren Tank Auto fahren kann oder mag aber ich bewunderte solche Menschen schon immer für deren Leichtigkeit, das Leben zu genießen. Bei einem solchen Anruf würde ich sie immer noch abholen.

Mit zwanzig Jahren bewarb ich mich bei einer Münchener Zeitung. Der Chef des Hauses wollte mich einstellen und erzählte mir, er hätte sich für mich entschieden, obwohl er eine Dame haben könnte, die sieben Sprachen spricht. Ich dachte bei mir: „Ja spinnt der, eine Dame mit sieben Sprachen wäre doch viel besser als ich mit meiner talentfreien Sprachbegabung.“

Ich log ihn wegen Versagensangst zu seinen Gunsten an, ich dachte bei mir, mich kann ich ihm einfach nicht antun und sagte kurzerhand ab mit den Worten:

„Ich wäre schwanger."

Dies bescherte mir wochenlang ein schlechtes Gewissen.

Hoffentlich hat mir die Zeitung schon verziehen.

Ich hörte davon, dass Deutschland schon 7-mal bankrott war(?), sorry hierfür lege ich jetzt nicht meine Hand ins Feuer, denn dazu fehlt mir jegliches geschichtliches Hintergrundwissen, ein in Geschichte fundierter Lehrer für Deutschlands Finanz-Krisen wäre an dieser Stelle gefragt.

Die Leser dürfen ruhig abschreiben, bitte erst nach Veröffentlichung meines Buches. Bedient euch ruhig an meinem geistigen Eigentum. Ihr müsst nicht warten bis ich 70 Jahre lang verstorben bin um die Mutter in unserem Herzen zu ergründen. Mir wäre es aber am liebsten, erst ab dem letzten 1/3 meines Buches, bei „Hans im Glück", dies könnte unsere Welt nur heiler machen.

Die Zahl 7 steht für die Überwindung des Todes, sie ist die Zahl der Wahrheit.

Vor kurzem hörte ich, dass der Bestseller „Shades of Grey" 7 Millionen mal verkauft wurde. Diese Schriftstellerin machte wohl alles richtig. Mein Kompliment an die Autorin.

Mit 19 Jahren lernte ich meinen jetzigen Lebensgefährten kennen. Ich beglich mit ihm seine finanziellen Altlasten 7 Jahre lang. Zum Dank fielen in diesem Alter Runen in meinen Schoß und ich durfte Karten und Runen verbinden. Ab diesem Zeitpunkt beschloss ich, die Biene Maya des Beobachtens zu spielen. 1 plus 9 ergibt 10, die Zahl des Diamanten. Ich tauchte in die tiefsten menschlichen Abgründe der Seelen als Beobachter ein.

Zum Beispiel, dass man Schweine vergisst, zu füttern. Sie haben sich gegenseitig die Ohren angefressen. Ich habe noch nie so dünne Schweine mit so großen Köpfen gesehen.

Verstehe der Leser dies jetzt bitte nicht falsch, ich bin kein Vegetarier aber irgendwann ist Schluss mit Lustig.

Ich durfte beobachten, wie man Wasserschildkröten in einem beheizten Wasseraquarium im Hochsommer auf die Terrasse stellt, damit ich sie bei einer gefühlten Temperatur von 300 Grad „Tot" zu sehen bekam.

Dies wäre ja jetzt eine Endlosliste, vielleicht wäre noch erwähnenswert, dass ich beobachten durfte, wie ein Reiter um seinem Pferd die Beine zu kühlen in einen Badesee ritt, in dem das Pferd sich darin mit einer Bierflasche eine Hauptschlagader aufschnitt. Ich wusste gar nicht, dass ein Pferd so viel Blut hat. Wieso schmeißen Menschen eigentlich Flaschen in Badeseen? Einem Tier würde so etwas wohl nicht einfallen.

Im Moment (wir schreiben noch den Monat 8 im Jahr 2013) bittet ein anderes Land um Hilfe wegen den Waldbränden, die zu löschen wären. Im weitesten Sinne geht es um Holz. Im direkten Sinne aber um „Ich will Haben", da möchte jemand die Holzpreise manipulieren. Es starben schon unschuldige Menschen an den Löscharbeiten, unter anderem auch eine 21 Jahre alte Feuerwehrdame. Würde ich diese Zahl jetzt umdrehen... (Kein Tier käme auf eine solche Idee)

Ich durfte beobachten, wie Menschen mit den Worten prahlten, sie hätten ihr Abitur im Fach Religion gemacht, ziehen aber trotz sicherem und gutem Einkommen gleichzeitig Versicherungen über den Tisch.

Ich habe noch nie einen Menschen kennengelernt, der in der Schule nicht das Fach Religion besuchte. Liebe Leser, glaubt mir eins, bringt nichts.

Sieben Wochen ohne, so heißt es, sieben Wochen ohne Ehrgeiz, also sieben Wochen ohne Barmherzigkeit, sind sieben verlorene Wochen.

Und solange du es nicht hast, dieses siebenmal Barmherzigkeit,
bist du noch ein weiterer Gast auf dieser blauen Erde.

Auch im Märchen stößt man überall auf die geheimnisvolle Sieben: Ritter Blaubart hatte sieben Frauen, die sieben Raben, Schneewittchen lebte bei den sieben Zwergen hinter den sieben Bergen usw.

Es gibt doch auch den Aberglauben, dass ein zerbrochener Spiegel auf sieben Jahre Pech hindeutet, gefolgt von sieben Jahren Glück. Bei der Zahl Sieben fallen mir auch gleich spagyrische Heilpflanzen ein, zum Beispiel die Amygdala amara, die Bittermandel mit der Zahl Sieben. Sie wirkt wie eine Antenne. Sie ist für mich wie Gold. Sie bringt dich aus der Dunkelheit. Sie wirkt auf das 7. Chakra, bei der sich die tausendblättrige Lotusblüte öffnen kann.

Die Nummer 77, die Yohimbe, sie gibt deinem Leben einen Sinn und die PS dazu, die Nummer 70, der Thymian, er befreit dich von deiner tiefen Trauer.

Ich hörte einmal von einem älteren Menschen, dass er siebenmal auf eine Beerdigung seiner Verwandtschaft gehen musste.

In der griechischen Mythologie gab es eine 7-köpfige Schlange, die vieles verwüstete, Felder, usw.

Leben nicht Frauen im Schnitt 7 Jahre länger als Männer?

Die Zahl 7 galt doch in der Antike als Zahl der Vollkommenheit.

Heißt es nicht auch, sieben Leben hat eine Katze?

Wenn ich das Wort Vertrauen in Zahlen verwandle, erhalte ich als Quersumme die Zahl 7.

Es wurde vor kurzem jemand aus der Psychiatrie entlassen, dort war er unschuldig 7 Jahre eingesperrt. Der Nachname fängt mit einem M an, M wie Musik. Es war im 8ten Monat 2013. Der Biene Maya fällt gerade kein Witz ein.

Da wir gerade bei der Zahl 7 sind. Ich hörte im Radio etwas von Schlangen und Kindern, die starben. Vielleicht wollte man da eine dunkle Sache auf ein Tier schieben.

Viele Glaubensgelehrte sagen, Jesus sei 7 Jahre vor unserer Zeitrechnung geboren, somit würden wir nun statt dem Jahr 2013 das Jahr 2006 schreiben. Die Quersumme dieser gesamten Jahreszahl würde die Zahl 8 ergeben, das Jahrhundert weggerechnet, so käme die Zahl 6 zum Vorschein, die Zahl der Liebe.

Mein verflixtes siebtes Ehejahr habe ich schon hinter mir und ich möchte an dieser Stelle meine sieben Sachen packen und langsam zur 8. Schrift voranschreiten. Dazu werde ich mir erst meine Siebenmeilenstiefel anziehen.

Braucht man nicht auch 7 Dinge um einen Kuchen zu backen?

Es ist ein Glück, unserer Herzensfreude folgen zu dürfen.

Ich möchte mich jetzt nicht als Siebengescheiter, heißt übersetzt Besserwisser oder Weltverbesserer darstellen, denn mir ist längst bewusst, dass Hochmut vor dem Fall kommt. Und auch bin ich keine Mutter Theresa und möchte den Hustensaft für die Erdbevölkerung verteilen, aber ich glaube, mit der siebten Schrift hat man seinen Glauben und das Vertrauen an eine universelle Macht gefunden. Über „Sieben Brücken" musst du gehen, dann bist du dir der sieben geistigen Gesetze des Kosmos bewusst. Ein hermetisches Sprichwort besagt, wer sich selbst kennt, kennt das All.

Nun folgen die sieben geistigen Gesetze, man könnte auch sagen, die sieben hermetischen Gesetze und meine Übersetzung dazu:

Die sieben Seelen-Stufen zum 13. Berg

1. Am Anfang ist alles Geist

   Dein Gedanke oder dein Selbstbild

2. Es gibt keine Trennung zwischen oben und unten

   Wie innen, so außen

3. Nichts steht still, alles schwingt

   Der Wachstumsprozess

4. Alles hat zwei Seiten

   Schau Dein Gegenüber an, um zu lernen!

5. Natürlicher Rhythmus

   Gehe Deinen Weg der Erkenntnis!

6. Trage für all Deine Taten auch die Konsequenz, es gibt keine

   Zufälle.

   Karma!

7. Evolution, alles ist geschlechtlich, ohne dieses Gesetz ist

   geistige Schöpfung nicht möglich.

   Alles ist gesagt!

Circa 70000 Gedanken sausen jeden Tag durch unsere Köpfe, wir dürfen nun entscheiden. Dies ist nun die interessanteste Inkarnation, die es je gab.

Wir dürfen uns nun für die berühmte Pommes Gabel entscheiden, Schwarz oder Weiß, Stirb oder Werde, Vollkommenheit duldet keinen Kompromiss.

Jeder Mensch hat einen Schutzengel. Dein Engel hat schon viel Gutes für dich getan. Wenn du nun wissen möchtest, wer dein Schutzengel ist, frage deine innere Stimme, innerhalb der ersten Sekunden erhältst du einen Namen. Ich sage dann immer:

Danke Stephan.

Jetzt könnte bei jemandem die Frage auftauchen, wieso ich erst ab der siebten Schrift beginne, was ist denn mit den anderen sechs Schriften?

Wenn man dieses Büchlein einmal genau liest, stellt man fest, dass es bei der Zahl fünf anfängt, ich wiederhole mich ja immer wieder. Die ersten vier sind die vier Elemente.

Ich muss mir meinen Lebensweg ansehen, um zu erkennen, dass man zu jeder Zeit umschwenken kann.

Der Mensch ist ein Lernender.

Er wird mit den vier Elementen das Spiel des Lebens erlernen, hierzu wird ihm so viel Zeit, wie er dazu benötigt, gegeben.

Die Grundelemente vereinigen das Eine:

Unser Ziel ist es, die Vier überwinden und mit Vollgas zur Zwei starten.

1. Einsicht

2. Ehrlichkeit

3. Offenheit

4. Umsetzung

1 plus 2 plus 3 plus 4 ergibt 10!

Die Zahl 10, das Fundament und Grundgerüst.

Daraus kann dann das fünfte Element erwachen, der Geist, denn wir brauchen bei den Elementen ja auch noch Sauerstoff.

Was du darstellst, ist das Eine!

Das Du plus das Ich ist das Eine, der Ausdruck von ALLEM.

Wenn die Zeit reif ist, wissen wir, dass wir Lehrer und Schüler zur gleichen Zeit sind.

Aus A Course in Miracles:

„Wir alle sind Lehrer, und was wir lehren, ist das, was wir lernen müssen, und so lehren wir es wieder und wieder, bis wir es lernen.“

Es ist Progression nötig, damit Evolution möglich sein kann.

Jade ist ein Stein, der dir Unsterblichkeit verleiht.

Du musst nicht zahlen für das Jenseits,

in deinem Leben musst du nicht zahlen.

Kein Goldtaler würde dies bezahlen können,

nur eine BITTE, mache keine Deals mit der Schattenseite.

Unsere Lebensaufgabe

Jetzt könnte bei einem die Frage auftauchen:

„Wie stelle ich denn fest, was ich für eine Lebensaufgabe habe?“

Man findet sie in seinem Gewissen, in der leisen inneren Stimme oder in unseren Träumen. In unseren Träumen tauchen verschlüsselt unsere innersten Ängste als Spiegel auf, unsere seelischen tief sitzenden Ängste, die bearbeitet werden möchten. Durch unser Gewissen werden wir an unsere Lebensaufgabe wieder erinnert. Ich wünsche mir nun, dass viele Menschen, die ihr Gewissen verloren haben, dieses wieder in sich finden werden. Haben wir ein gutes Gewissen, stehen alle Ampeln auf „Grün“ und es werden uns auch keine Steine mehr in unseren Weg gelegt. Ab diesem Zeitpunkt nehmen wir dann zumindest die Steine anders wahr, das würde bedeuten, in jedem Stein könnten wir unseren Lehrer, die nächste Herausforderung, erkennen und weiter lernen.

Das nennt man dann wohl den „Stein der Weisheit“. Mit dem in sich selbst hineinhören und die Empfindungen wahrnehmen, sind wir dann praktisch auch anders formuliert wieder verbunden mit unserem wahren Sein. Dazu muss man sich nur wieder erinnern.

Unser Bewusstsein könnte die globale Welt optimieren.

Unsere Lebensaufgabe wird es in Zukunft sein, sich zu erinnern und in der Energie der Liebe zu leben und das ist kein Luftschloss.

Luftschlösser habe ich mir mit sechs Jahren gebaut, als ich in die Schule kam, damals hat mich ein Lehrer mit einem Schlüssel das 1. Mal beworfen, dies ist nicht so ganz die netteste Art, finde ich, mit Kindern umzugehen.

Wir suchen Gott überall außerhalb von uns, obwohl Gott uns permanent in Zufällen erscheint und in uns ist.

Die große Liebe meines Lebens ist mich so anzunehmen, wie ich bin, naiv und nicht immer perfekt und doch des Wissens von Ausdruck der Vollkommenheit.

Bestimmt kennst du auch Personen, die sich ständig selbst bemitleiden, also Personen, die nicht aus ihrer Opferrolle herauskommen. Da erkenne ich mich für eine lange Zeit in meinem Leben wieder.

Warum ich, war die Frage?

Ich musste mir dann einfach mal sagen, dass ich schwimmen lernen muss, weil ich sonst eines Tages in meinem **Selbst**-Mitleid ertrinke. Wir sind geschaffen als Ebenbild Gottes, darum hat auch ein jeder ein einzigartiges Talent, das er zum Ausdruck bringen darf und wenn es das Talent, sich in die Lage eines anderen versetzen zu können, ist.

Ich glaube, mein Talent ist es, zuhören und in die Rolle meines Gegenübers schlüpfen zu können.

Der fehlende Inhalt kann durch Innehalten und Gedankenumlenkung zu bewussten Entscheidungen führen.

Wir stecken vielleicht gerade durch schwierige Lebensumstände fest, holen wir unser Vertrauen wieder zurück.

In der Menschheitsgeschichte wird es immer Täter und Opfer geben, so kann der Lebenssinn gefunden werden und diese zwei Komponenten benötigen einen Retter.

Damit möchte ich nur sagen, gib nicht auf. Für alles gibt es eine Lösung, für Tränen Taschentücher und für Depressionen die besten Ärzte, Therapeuten oder Spezialisten.

Jeder Mensch wird geboren, um in diesem Leben seine ganz persönliche Bestimmung zu erkennen und zu erfüllen. Jeder Mensch ist einzigartig und ist eigentlich „ein hohes Bewusstsein“, wenn man dies denn mal erkennen möchte.

Die Einzigartigkeit beweist doch schon unser Fingerabdruck.

Energiereiches Licht kann auch ebenso Materie erzeugen.

Wurde nicht einst gesagt:

„Du sollst dein Licht nicht unter den Scheffel stellen.“

Und

„Ihr seid schlafende Götter."

Eben nicht mehr hinter dem Berg stehen, man darf auch hervortreten.

Die Genialität eines Menschen kann man nicht nachvollziehen, denn wir nutzen bislang nur 0,03 % unserer geistigen Fähigkeit. Diesen Satz hörte ich in einem Seminar und auch den, dass wir in 10 Jahren viel jünger aussehen werden. Ich habe nur Bahnhof verstanden, wollte als Schülerin aber brav mitschreiben. Hätte ich mein Steno nicht vergessen, könnte hier mehr stehen. Es wäre vielleicht sinnvoll gewesen, etwas länger auf dieser kaufmännischen Berufsfachschule zu verweilen. Vielleicht hat man bis in 10 Jahren ja eine Verjüngungstablette erfunden und wir werden nur noch Barbies und Kens zu sehen bekommen. Ein Wissenschaftler könnte dies bestimmt erklären.

In einem alternden Menschen kann man doch die Geschichte und sein seelisch und geistiges Wachstum lesen oder?

Verlernt der Mensch nun bald in „Würde" alt zu werden?

Vielleicht habe ja nur „ich" einen verkehrten Blickwinkel.

Ohhh, wie sehr strebt der Mensch nur nach Verjüngung und Bewunderung. Viele möchten ja über 100 Jahre alt werden. Ein Gesundheits- und Verjüngungswahn überschwemmt derzeit unsere Gesellschaft.

(Made by Ingo Rittscher)

Dieser Mensch auf dem Bild durfte in diesem Leben bestimmt ein hohes Alter erreichen. Einfach zum Knuddeln. Ist er nicht putzig? Nun, wenn ich mir so dieses Bild betrachte, gerade eben diese Falten machen ihn für mich doch sehr anmutig. Nun bewundere ich dieses Bild, denn dieser Gesichtsausdruck macht mir doch einen sehr zufriedenen Eindruck.

Als ich die Geburtsdaten der Urheber meiner Zitate so erforschte, fiel mir auf, dass manche ja nicht einmal ihr 40. Lebensjahr erreicht hatten, doch haben diese für uns eine Wahrheit und Kunst hinterlassen, die sich wahrlich (für mich) sehen lassen kann.

Ein großes Dankeschön an Euch!

Janis Joplin wurde nur 27 Jahre alt.

Kurt Cobain wurde nur 27 Jahre alt.

James Dean wurde nur 24 Jahre alt.

Amy Winehouse wurde nur 27 Jahre alt.

Wolfgang Amadeus Mozart wurde nur 35 Jahre alt, damit könnte man wieder einmal Seiten füllen.

Haben diese und unzählig viele Andere nicht wundervolle Kunstwerke hinterlassen? Sie haben etwas hinterlassen, das man nie mehr zerstören kann. Musik kann auch sehr heilend wirken. Die verschiedenen Oktaven lassen uns einfach weiter wachsen.

Mit Musik werden Liebespfeile in die Herzen der Menschen auf der ganzen Welt geschossen.

Es ist die immerwährende Fruchtbarkeit in uns, die zur wahren Blüte und Reife führt.

Herr William Ellery Channing 1780 -1842 über Charakter:

„Jeder von uns soll seinen eigenen Charakter haben,
er soll so sein, wie sonst kein anderer sein kann,
und tun, was sonst kein anderer tun kann."

Stellen wir uns vor, wir sind Götter, da Gott (innere Stimme) ja ohnehin in uns wohnt. Schreiben wir einmal spontan unsere Lieblingsbeschäftigungen auf. Unsere größten Talente. Manche Menschen haben mehrere Talente. Jeder Mensch hat ein einzigartiges Talent. Führen wir nun unser Talent aus und wir werden Zeitlosigkeit erleben. Da haben wir nicht die Gedanken, Äh..., das was ich jetzt tue, das geht mir auf die Nerven, weshalb?

Deshalb, weil wir es gerne oder noch besser, aus Liebe tun.

Wir sind eigentlich alle Minigötter!

„Begabungen hat jeder; sie sind Allgemeingut.

Selten hat jedoch einer den Mut,

seinen Begabungen dahin zu folgen, wohin sie ihn führen. - Anonym"

Ein jeder soll nach seinem Gedenken glücklich werden und darf ernten was er gesät hat, da jedes Talent für mich eigentlich ein Unikat ist.

Danke, dass wir in Zukunft mit gewonnener Erkenntnis durch

das Leben segeln werden.

Ab jetzt gibt es auch die Chance für jeden, seine Berufung zu finden, bei der man das Gefühl haben wird, man ginge einer Freizeitbeschäftigung nach.

Was ist unsere echte Branche?

Wenn man das, was man liebt, endlich machen kann, dann ist man auch bereit, etwas dafür zu tun, was man liebt.

Ich sage immer dazu: „Dann hat man sein Baby gefunden".

Man kann einen Esel nur zur Tränke führen, saufen muss er schon selber, denn die Wassertränke kann weder Denken noch Sprechen noch Laufen.

Unser Gehirn ist ein Wunderwerk, es ist ein einziger Buchstabensalat.

Wer ist der Chef unserer Wahrnehmung?

Täuschen wir weder unser Gehirn, noch unsere Augen!

Unsere Umwelt

Ich möchte nun einmal folgendem Gedankengang nachgehen:

Wäre es der Mühe wert, in Forschungslaboren Pflanzen einmal mit **Liebe** zu behandeln, statt mit Gentechnik?

Wie würde sich dies dann wohl auf die Menschheit auswirken, wenn man zum Beispiel bei Pflanzen mit Bewusstheit, Ehrlichkeit und Verantwortungsgefühl in Laboren Versuche macht?

Ich meine selbstverständlich, dass man sie wieder zu ihrem Ursprung zurückentwickelt.

Wir leben gerade in einer Zeit, in der es eine große Gefahr gibt, dass man zur Verschwendung neigt. Verschwendungssucht und Profit- Gedanken könnten in eine Sackgasse führen und eine fruchtbare Erde in eine Wüste verwandeln. Weiß der Leser eigentlich, dass Eichenbäume erst Eicheln bekommen, wenn sie 50 Jahre oder älter sind?

Man könnte sich aber auch auf neue Gedanken einlassen und unsere Pflanzen zurückentwickeln.

Und dabei mit Messgeräten verfolgen, wie man ihre daraus folgende positive Schwingung erkennen kann. Manche Menschen können ja sogar die Aura eines anderen Menschen farblich erkennen. Dieses Talent besitze ich nicht, dazu bin ich glaube ich wieder mal mit meinen 4ern zu geerdet, dafür kann ich in einfachen Steinen Runen erkennen und daraus lesen.

Wir haben nun einen großen Bedarf an Wissenschaftlern mit einem höheren **Bewusstsein** und einem Herzen am richtigen Ort, die sich darüber **bewusst** sind, dass **uns** die Tiere und Pflanzen ernähren und nicht umgekehrt. Diese Pflanzen, die unsere

Menschheit dann ernähren würden, hätten wieder eine Seele und könnten uns wichtige Informationen weitergeben und wieder als dienendes Glied einer **Ganzheit** ihre Aufgabe erfüllen. Als Kettenreaktion daraus gäbe es ja dann weniger kranke und suizidgefährdete sowie aggressive Menschen.

Selbstverständlich gilt das auch für unsere Tierwelt.

Tiere haben mich gelehrt, was kein Mensch mir lernen konnte.

Ich habe eine längere Zeit in meinem Leben für meine Weiterbildung Geburtsdaten von Tieren mit den Geburtsdaten der Tierhalter verglichen. **Wow**…,

dies erweiterte meinen Blickwinkel enorm, so dass ich jetzt nicht darauf eingehen kann, sonst würde ich wieder vom Thema abschweifen. Nur kurz möchte ich betonen:

Auch Tiere spiegeln uns etwas wider.

Gesund mag eine Selbstflucht für mich in der Tierwelt erscheinen, aber dem Menschen ist als dem einzigen lebenden Wesen auf dieser Erde etwas gegeben, das ihn über ein Tier hinausheben sollte, das nenne ich seine Handlungsfähigkeit.

Kein Tier und auch keine Pflanze der Welt würden über sich selbst nachdenken müssen und sich dadurch seiner Selbst bewusst werden, denn sie wissen längst, was wir erst zu erlernen haben. Sie lebten schon immer im Einklang mit dem EINEN. Jede Naturkatastrophe wird von einem Tier eher erspürt. Elefanten sind doch längst auf dem Berg bevor ein Tsunami kommt. Der Mensch ist ein Denkender und bis zu welchem Grad er es von seinem Können zu seiner bewussten Handlung gebrauchen wird, bestimmt seine menschliche Wahrnehmungs-Ebene.

„Katzen sehen etwas, was wir nicht sehen können!“

Katzen waren ja schon immer eher mystische Tiere. In jedem Märchen sieht man eine Katze auf den Schultern einer Hexe.

Seit über fünfzehn Jahren kümmere ich mich nun schon um geschenkte, kranke oder zugelaufene Tiere, die ein neues Zuhause brauchten.

Nun bin ich an einem Punkt angekommen, wo ich für (mich) festgestellt habe, dass wahre Tierliebe kein Tier besitzen möchte heißt.

Ich durfte mich einmal mit einem netten Herrn unterhalten, der mir folgendes erzählte:

„Ja weißt du Anke, seit ich das erste Mal am Meer beim Tauchen war und die Fische in ihrer natürlichen Umgebung erleben durfte, habe ich den Wunsch nach einem Aquarium aufgegeben.“

Für (mich) ist es auch kein wahres Mitgefühl, wenn man ein trächtiges Tier aus dem Ausland mitbringt, da dort Kinder mit ihm Fußballspielen, die Ursache wird damit nicht behoben. Ich war wieder einmal Beobachter, die Hundebabys landeten im Tierheim. Dies ist lediglich mein Blickwinkel. Ich habe ja auch ein sogenanntes Immigrationspferd, übernehme aber Verantwortung und stecke es bestimmt in kein Tierheim.

Wir bekamen einen Stachelleguan geschenkt und wenn ich mir dieses Tier manchmal in seinem Terrarium so betrachte, denke ich oft, du Armer Dr. Conners, eigentlich gehörst du in eine Wüste, wo du dir echte Sonne auf deinen Pelz brennen lassen kannst.

„Eine schwarze Katze bringt Glück!"

Erst laden wir uns die (blöden) Glaubensmuster in der Kindheit auf, damit wir das selbst erschaffene Muster, wir wären nicht gut genug, dann den Rest von unserem Leben wieder abladen können.

Wenn die innere Stimmung passt, passt auch die Kerze die gerade brennt.

(Made by Ingo Rittscher)

Tiere können telepathieren, wir könnten dies längst auch, warum tun wir es nicht?

Weil viele Menschen diese Bewusstseinsebene gar nicht erst versuchen anzustreben.

Vor kurzem durfte ich mit einem Eichhörnchen telepathieren. Es besucht mich nun immer mal wieder. Es war schon bis vor meiner Haustür.

Ich bin sehr froh, dass ich dafür Zeugen habe, sonst würde man mich bestimmt in eine Klinik einweisen lassen.

Wir sind auf dem direkten Weg zur eigenen Existenzvernichtung!

Homöopathische Lebensmittel werden heute wie folgt hergestellt:

Man nehme ein aus einer Massentierhaltung und mit Antibiotika sowie genetisch veränderten Pflanzen gefüttertes Suppenhuhn und werfe es in einen großen Wasserkessel, koche es dann einige Stunden unter Zugabe von einigen Geschmackverstärkern zu einer Delikatesse.

Bevor man diese Hühnersuppe abfüllt, wird sie noch mit einem Hexengewürz abgeschmeckt, dieses unser Vater Staat erfand. Meistens Fluorid. Dieses Hexengewürz ist dienlich, um den letzten Rest unserer noch vorhandenen Intuition zu löschen.

Die Hühnersuppe füllt man dann in zehntausend mit Bisphenol A vergiftete (Weichmacher) Plastikbecher und verkauft es gewinnbringend mit dem Etikett „biologisch intelligent“ an doppelbelastete, gestresste und zu Tode besteuerte Menschen.

Somit kurbelt man die Wirtschaft im Gesundheitswesen an.

Die leeren Becher kann man dann als Wohlstandsmüll recyceln.

Zu Risiken und Nebenwirkungen essen sie bitte die Packungsbeilage oder fragen sie ihren Arzt und Apotheker.

102 zu 50 Bluthochdrücken. Kommen Sie mal bitte wieder, wenn es Ihnen besser geht, vor allem aber am Anfang eines Quartals, denn ich darf ja mein Budget nicht überschreiten und es gibt ja wirklich schlimmere Fälle als Sie.

Wir sind, was wir zu uns führen.

Unsere Nahrung ist unsere eigentliche Medizin, das sagte doch schon Paracelsus 1493.

Das Volumen des subterranen Knollengewächses ist reziproportional zum Intelligenzquotienten des Agrarökonomen.

Warum ich diesen Satz mit 13 Jahren auswendig lernte, weiß ich nun, ober er richtig geschrieben ist, wird mein Verlag überprüfen.

„Die kürzesten Wörter, nämlich „Ja“ und „Nein“ erfordern das meiste Nachdenken.“
(Pythagoras)

Wenn wir ganz ehrlich zueinander sind, können wir nicht Photosynthese sein.

Wurde nicht einst gesagt:

„An ihren Früchten werden sie erkennen und werden sie sich selbst erkennen.“

Unser Herr Einstein sagte einst, dass die Menschheit, wenn sie überleben möchte, die Art des Denkens verändern müsse.

Eine Bienenkönigin wird heute nur noch 3 Jahre alt, anstatt 8.

Ich glaube, einmal gelernt zu haben, dass Wespen keine Bestäuber, sondern Raubtiere wären.

Die Menschen schneiden sich selbst die Äste ab, auf denen sie so bequem sitzen.

Wir dürfen also schon mal üben, uns von Lichtenergie zu ernähren. Eigentlich weiß ich gar nicht wie das geht, es soll aber Menschen geben, so wurde es bewiesen, die sich von Lichtenergie ernährten und dies auch für längere Zeiten durchhielten.

Mein Ding ist so etwas nicht, da bin ich zu geerdet. Und wenn ich es auch könnte, mich von Lichtenergie zu ernähren, so stelle ich mir dabei auch die Frage, ja ist unsere wichtigste Nahrung und auch Medizin nicht der Sauerstoff?

(Made by Ingo Rittscher)

Die Menschheit sollte endlich begreifen, dass die Tiere und Pflanzen uns seit Anbeginn aller Zeiten ernähren. Der Zustand ist ernsthaft, ohne ins Wasser zu gehen, müssen wir endlich die Situation einschätzen. Pflanzen und Tiere spenden uns das Leben, nicht umgekehrt.

Und

Die Welt sollte sich eines zu Herzen nehmen:

Zu erkennen, dass die Erde in erster Linie ein Planet ist und als Nächstes erst unsere Heimat.

Durch die Verwandlung von tierischen Leidenschaften in menschliches Mitgefühl den Materialismus zu überwinden, das ist das große Menschheitsziel!

Wie findest du denn den Witz?

Ich würde mich ja gerne geistig mit dir duellieren, aber wie ich sehe,
bist du unbewaffnet.

Oder den?

Was ist der Unterschied zwischen einem Telefongespräch und einem Toilettenbesuch?

Der Umgang damit.

Liebe und Partnerschaft

(Made by Ingo Rittscher)

Tja, was soll man denn jetzt zum Thema **Liebe** schreiben, zur Wolke mit der Nummer 7.

Warum bin ich jetzt eigentlich bei diesem Thema gelandet, wahrscheinlich, weil auch ich noch lernbereit bin, das heißt gerne weiter lernen möchte. Ich kann auch nur das zu Papier bringen, was ich bisher lernen durfte.

Das Thema Liebe fällt mir im Moment nicht leicht, weil mein Anliegen ja gerade die große Transformation ab dem Jahre **2012** ist und ich mir mehr Gedanken über unseren inneren Frieden mache.

Wäre doch die Liebe berechenbar. Leider kann man die Liebe weder berechnen noch verbiegen, solange der Glaube an deine Polarität (Licht und Schatten) existiert, nirgends wurden bislang mehr Bücher geschrieben.

Seit die Menschen denken, ist doch die Liebe, um es mal auf einen Punkt zu bringen:

Die ewige immer währende göttliche Komödie!

Oder um es mit anderen Worten zu sagen:

> Die ewige Suche nach Misses und Mister Right,
> das Raus aus der Einsamkeit hinein in die Zweisamkeit.
> ***Und plötzlich war das Ufo da,***
> ***Er oder Sie, Romeo und Julia, egal,***
> ***denn Zeit und Raum dürfte dann ja kein Problem mehr sein mit Schmetterlingen im Bauch.***

Einen Partner mit Niveau, eine Lotusblüte, wünscht sich wohl ein jeder. Blüten verwandeln sich in Früchte und wenn Jäger und Sammler zusammenfinden möchten, werden sie lernen müssen, dass man auf diesem Gebiet nur langsam voranschreitet, denn die Jäger interessiert in erster Linie das Jagen, weniger die Beute;

aus dem Ich und dem Du müsste ein Wir werden.

Ich wollte mich einmal mit meiner 15jährigen Tochter über Partnerschaft unterhalten und sie gab mir zur Antwort:

„Ach Mama, Jungs sind wie Mixer, macht man sie an, drehen sie durch.“

In Bayern würde man sagen:

Liebe macht „blind, blöd und deppert.“

Ich fragte sie, ob man sich denn nicht im Facebook darüber unterhält und bekam dann von ihr zwei nette Witze. Diese möchte ich als erstes weitergeben:

„Es war einmal ein perfektes Paar. Er und sie waren einfach perfekt. Ihre Beziehung war perfekt. Also beschloss das perfekte Paar zu heiraten. Ihre Hochzeit war perfekt. Und nach einigen Jahren perfekter Ehe fuhr das perfekte Paar eine steile Bergstraße hinauf. Dort sahen sie einen umgekippten Schlitten am Wegrand.

Sie hielten an und unter dem Schlitten lag der Weihnachtsmann!

Sie fragten ihn, ob sie ihm helfen könnten, kurze Zeit später nahmen sie ihn mit. Aber nach einigen Minuten Fahrt bauten sie einen Unfall.

Nur einer überlebte.

Wer könnte es sein?

Natürlich die perfekte Frau, da jeder weiß, dass weder der Weihnachtsmann noch der perfekte Mann existiert, das heißt, die perfekte Frau muss am Steuer gewesen sein.

Und das erklärt auch den Autounfall!

Ein Ehepaar beim Sex
Sie stöhnt: „Sag schmutzige Dinge zu mir!“
Er: „Küche, Bad, Wohnzimmer.“

Nachdem meine Kinder ja nun schon halb Erwachsene sind und langsam beginnen sich für das andere Geschlecht zu interessieren, durfte ich zurzeit folgenden Witz in Empfang nehmen, der gerade unter den Jugendlichen herumschwirrt:

Heiratsantrag:

Liebes Schätzchen

Es ist fast unglaublich, aber wir kennen uns jetzt schon 10 Minuten und ich sage dir ganz ehrlich und aufrichtig: Seit ich total pleite und verschuldet bin verspüre ich den großen Drang, mich für immer und ewig an dich zu binden. Ich schätze dich so sehr, weil du ein gut gefülltes Sparkonto hast.

Kein/e Andere/r als du, nur du alleine bist die Frau/Mann meines Lebens.

Jetzt ist der Zeitpunkt gekommen, wo ich dich heiraten will, weil ich jetzt dringend Kohle brauche.

Ich werde immer für dich da sein außer wenn ich fremd gehe samstags.

Nur Hormone zu sehen, ist auch ein Weg zu gehen.

Unsere Ameisen leben in einer Gemeinschaft, die nicht auf Individualität ausgerichtet ist.

Apropos Facebook:

Ich habe mich nun von meiner Tochter im Facebook anmelden lassen, um zu sehen wie das denn so ist.

Innerhalb kürzester Zeit habe ich nun fast 90 „Freunde", die meisten kenne ich gar nicht.

Tja das Netz bietet uns ja die Gelegenheit, zu erkennen, dass wir alle gleich sind. Da wird keiner bevorzugt behandelt, man schreibt was man gerne schreiben möchte.

Man weiß, dass die Jäger und Sammler irgendwann sesshaft geworden sind.

Eine Dorfgemeinschaft bestand damals aus circa 150 Menschen.

Mehr als 150 Menschen, die zu einem persönlichen Bekanntenkreis zählen, kann unser menschliches Gehirn bis zum heutigen Tage noch nicht verarbeiten.

Zur „Freundschaft“ komme ich noch etwas später zurück.

Es geht ja jetzt um das Thema Liebe und was wäre das Leben denn ohne die Liebe und das Verliebtsein.

Mit großer Wahrscheinlichkeit haben meine Kinder ihren Humor von mir, denn mein Mann durfte seinen behalten. Dafür haben unsere Kinder ihr musisches Talent von meinem Mann geerbt, deshalb durfte ich dieses Talent behalten. Mein Ehemann ist in etwa so musikalisch wie ein Radieschen. Er durfte nicht mal bei der Bundeswehr mitsingen, denn er hätte die Truppe aus dem Takt gebracht.

Meine Lebensaufgabe ist bei dem Thema Liebe bestimmt nicht, den Glücklichen zu dienen, die sind ja schon glücklich. Eher doch wohl den Menschen mit Liebeskummer dienlich zu sein.

So, und nun mal etwas Mystisches von mir:

Hier sitz ich nun, alles um mich ist leer und öd. Finsternis bricht herein, kein Stern ist am Himmel zu sehen.
Die Tage vergehn, wie in Trance zieht das Leben an mir vorbei.
Ein Gedanke jagt den anderen. Mein Herz ist gebrochen, meine Augen voller Traurigkeit, den Tränen nahe.
Was ist mit mir geschehen?
Ich hatte Dich geliebt. Doch unerreichbar war das Ziel.
Zerstört sind all meine Träume!
Gib mir die Kraft, zu vergessen, was war und was hätte sein können.
Hilf mir, aus dem Teufelskreis meiner Gefühle zu entfliehen.
Die Erde scheint sich unter meinen Füßen zu lösen.
All meine Vorstellungen von Liebe scheinen verloren.
Noch nie zuvor kannte ich dieses Gefühl von Liebe.
Noch nie zuvor hatte ich mein Herz so weit geöffnet.
Warum, warum ist das Leben so ungerecht?
Warum versucht man alles richtig zu machen und macht es doch falsch?
Mein ganzes geringes bisheriges Leben bestand aus einem Kampf.
Einen Kampf gegen mich und die Welt.
Nur einmal wollte ich schwach sein!
Nur einmal wollte ich mich in deinen Blicken verlieren.
Mein Kopf war voller Ideen für Dich, die nun wie nach einem Traum Vergangenheit sind, oder sein sollten.
Welchen Weg muss ich gehen?
Was ist richtig, was ist falsch?
Sehnsucht nach Wärme quält mich!
Sehnsucht nach Dir!
Ich danke dafür, was war und was das Schicksal noch bringen wird!
Und hab Geduld mit mir, denn noch Liebe ich Dich.

Meine Intuition sagt mir, dass sich so ein Mensch mit Liebeskummer wohl fühlen wird. Also versuche ich jetzt, in die **Liebe** etwas tiefer zu blicken, man weiß ja nie, was passiert, wenn eine Haustüre zufällt.

„Die Leidenschaften sind die Winde, welche an Segel des Schiffes blähen: Manchmal bringen sie es zum Kentern, aber ohne sie könnte es nicht segeln.“
(Voltaire, franz. Autor, 1694 – 1778)

Folgendes bekam ich einmal von einer Freundin geschenkt:

„There´s no return!
In every day, I`d like to say, I love you.
In every day, I`d like to show, you are my world.
With me, you only wanted friendship.
With you, I only want` to share my life.
But what happened, was more, than friendship.
And so you thrown my heart confused.
It began with a song,
and it ended with one.
What have you done,
You just been gone.
You said there`s no return.
So here I stay with broken wings and empty hands.
I dream with burning lips from your sweet kiss.
You only lough and don`t believe in my true love.
You fear be chained into a golden cage.
But only love`s the only thing make life worth live.
Be sure, I`ll never loose my love for you.
It began with a song,
and it ended with one
What have you done,
you just been gone“
(Fabiola, Dichterin, geb. 1964)

Ist denn die **Liebe** nicht genauso unsichtbar wie unsere **Intuition,** von der ich schon ein bisschen geschrieben habe.

„Nena", eine „Meisterin" ihres Faches, hat doch so ein schönes Lied gesungen, ***Liebe** ist.*

Ist denn **Liebe** vielleicht „Geben ohne zu Nehmen"?

Meiner Meinung nach braucht wahre Liebe Gelegenheiten.

Oder vielleicht Geben und Nehmen im Austausch?

Ein Verliebt sein zaubert uns immer ein Lächeln ins Gesicht!

Vielleicht ist Liebe ja Seele zu geben?

Dabei ist man leicht verwundbar.

Vielleicht ist ja Liebe auch das Versprechen: Sex am ersten Abend.

Fühlen wir uns eigentlich immer nur geborgen, wenn wir gerade keine Sorgen und Liebeskummer haben?

Was mich wirklich in meinem Leben weiter brachte, waren die Menschen, die ihre Seele preisgaben.

Tiere geben doch bedingungslos.

Pflanzen geben doch bedingungslos.

„Die, die dein Schweigen nicht verstehen, werden nie deine Worte verstehen. - Anonym"

Ist **Amore** vielleicht, jemanden besitzen zu wollen?

Vor etwas über 100 Jahren durfte eine Frau in Bayern nicht studieren. Das Studieren war einer Frau erst ab dem Jahre 1903 erstmals gestattet. Ist eigentlich noch gar nicht so lange her.

Eigentlich wollte ich ja kein Buch über Bettgeflüster schreiben, sondern eines über Bienengflüster. Es gibt ja nichts, was es nicht gibt und somit durfte ich auch feststellen, dass manche Menschen einfach (noch) beziehungsunfähig sind. Den Anderen entweder mit einer großen Erwartungshaltung zu ersticken, da sie permanent bespaßt werden möchten oder so sehr an sich selbst denken, dass das Gegenüber an der ausgestreckten Hand psychisch und physisch verhungert. Viele sind auf der Suche nach der großen Liebe mit ständig wechselnden kurzweiligen Partnerschaften, dabei durfte ich oft hören, dass jedes Mal nach einem Scheitern dem Gegenüber die Schuld in die Schuhe geschrieben wird. Ohne einer so großen Erwartungshaltung gäbe es für mich auch keine Schuldfragen.

Liebe kann auch sehr traurig sein und es ist doch auch Liebe oder?

Da gibt es doch den Spruch:

„Wie du in den Wald rein rufst, so kommt der Hall zurück."

Wenn ich jemanden liebe, dann spioniere ich ihm bestimmt nicht nach und dabei gibt es kein wenn und kein aber.

Wenn du nur Spielen möchtest, sieh bitte vorher in das Herz deines Gegenübers.

Du kannst in das Herz deines Gegenübers sehen, dazu brauchst du nur ein klein wenig Bewusstheit.

Vielleicht ist die **Liebe** ja auch, dass wir erst unsere Erfüllung in unserem Leben erfahren werden mit der **Liebe**.

Ohne Amore würden wir doch nicht leben, oder?

Every time began love with a song and ended with one.

Vielleicht ist die Liebe ja unser wahres Wesen. Über die Liebe wird doch so viel gedichtet und so viel gesungen und so viel erzählt. Ich glaube, dass dies alles Wahrheiten sind.

Vielleicht denkt sich ja manche Frau:

„Als Gott den Mann erschuf, hat **SIE** nur geübt."

Da fällt mir wieder ein Witz ein:

„Wären Frauen wirklich alleine für die Hausarbeit geboren, hätte der liebe Gott dem Staub die Farbe rosa verliehen. Autor Thomas S."

Hoch sollen Menschen leben, die so viel Humor aus dem Boden stampfen können, denn Lachen ist gesund.

Vielleicht ist es ja der richtige Partner, wenn man denkt:

Ja, wir sind bei der Geburt bestimmt getrennt worden.

Vielleicht denkt sich ja mancher Adonis:

Früher tötete man den Drachen und heiratete eine Jungfrau.

Heute gibt es keine Jungfrauen mehr und man heiratet den Drachen.

Vielleicht denkt ja manche Frau:

Würden Männer die Kinder kriegen, wäre die Menschheit schon ausgestorben.

Jetzt fällt mir wieder ein Witz ein:

Eine Frau glücklich zu machen ist gar nicht so schwer.

Man muss als Mann nur Freund, Partner, Liebhaber, Bruder, Vater, Lehrer, Erzieher, Koch, Mechaniker, Monteur, Architekt, Stylist, Elektriker, Sexologe, Gynäkologe, Psychologe, Psychiater und Therapeut sein.

Außerdem zuvorkommend, sympathisch, liebevoll, aufmerksam, Gentleman-like, intelligent, einfallsreich, kreativ, einfühlsam, stark, verständnisvoll, tolerant, bescheiden, fähig, mutig, ehrgeizig, entschieden, vertrauensvoll, respektvoll und zahlungsfähig sein.

Außerdem darf Mann Geburtstage, Jahrestage, Namenstage, ihre Tage, Datum des 1. Kusses, Geburtstage der Lieblingstante und der besten Freundin nicht vergessen.

Die Ansprüche eines Mannes hingegen:

Sex, Saufen, Essen.

*Was lernen wir daraus?*

Ein harmonisches Zusammenleben ist gar nicht so schwer, wenn Männer endlich erkennen, dass sie ihre Ansprüche ein klein wenig zurückschrauben müssen!“

Kurzer Scherz für so viel anstrengenden Text.

Die Augenhöhe ist es doch, was der Mensch eigentlich sucht.

Was bringt dein Herz wahrlich zum Schlagen?

Vielleicht ist ja **Liebe** bedingungsloses Vertrauen.

Eifersucht ist Angst vor einem Verlust.

Vielleicht ist ja Liebe viele Hürden zu überstehen und bei sich zu denken, mit diesem Menschen würde ich sogar unter einer Brücke schlafen.

Vielleicht bedeutet Liebe ja auch Verzeihen.

Oh, gäbe es doch ein Patentrezept für die Liebe, denn Liebe kann manchmal auch ganz schön grausam sein.

Rosenkriege gibt es zur Genüge, warum ist es nur immer so schwer zu sagen verzeih.

„Verzeihende Liebe fragt nicht nach Schuldigen. Denn Ärgernisse, Vorbehalte, Wut nehmen innerem Frieden den Platz weg. Entweder man liebt, verzeiht und eint, oder man fürchtet, trägt nach und trennt."
(Leonardo da Vinci, ital. Maler, 1452 - 1519)

Vielleicht ist ja **Liebe** grenzenlos.

Vielleicht denkt sich manch ein Prinz oder eine Prinzessin, Liebe ist wenn:

…………………………………………………………………… Und Rosenblätter vom Bad bis zum Schlafzimmer. Ohne diese Dinge gehe ich keine Beziehung ein und immer schön meine Erwartungen erfüllen und von Nutzen und rentabel sein.

Vielleicht ist ja Liebe nicht nur die rosarote Wolke und vielleicht sogar mit vielen Schwierigkeiten behaftet?

Ein Mann denkt vielleicht: „Wow, ist die Frau hübsch!"

Seine Frau denkt sich: „Er findet die Frau hübscher als mich!"

Und schon haben wir das Chaos.

Es ist die Eifersucht die viele Menschen innerlich auffrisst.

Ich glaube, es werden mehr Beziehungen von den Frauen gelöst, denn Männer möchten ihre Jagderrungenschaft ja immer gerne behalten.

„Und alles nur, weil ich dich liebe?“- Tote Hosen

Mir fällt ein Witz ein:

„Ein stiller Mann ist ein entspannter Mann.
Eine stille Frau ist sauer.“

Liebe kann viel Kraft schenken, aber gleichzeitig auch das Gegenteil bewirken.

Liebe könnte ja auch bedeuten:

Als dienendes Glied für **Alle** da zu sein.

Da heißt es doch manchmal:

Ich möchte mein Leben mit dir teilen!

Das könnte man doch umwandeln in:

Dein Leben soll nicht nur dein, sondern auch mein Leben sein!

Vielleicht ist **Liebe** ja auch Freundschaft, dazu fällt mir gleich wieder ein, was ich einmal in einem Seminar hören durfte:

„Es ist schön in schweren Tagen einen guten Freund zu haben. Doch woher weißt du wer er ist, wenn auf der Sonnenseite du bist?

Solange du im Glanze stehst, man dich noch höher in den Himmel hebt.

Aber was wird sein, wenn du bist gefallen, wer wird dann noch zu dir halten?

Der, der auch im Schatten bei dir weilt, der ist ein wahrer Freund!“

Wie hoch ist die Wahrscheinlichkeit, dass du bei einer Diskussion Recht hast?

Vielleicht sieben Mal?

Gebe zwei Meinungen Recht und es kann daraus eventuell eine tiefe Freundschaft entstehen.

Dabei macht man eine verschmelzende Begegnung.

Die Suche nach der Erklärung ist es, was einen Menschen vorantreibt. Die Sätze, die wie Pfeile abgeschossen werden, ja, die gibt es.

Zur Freundschaft gehört es, so denke ich, auch einmal laut denken zu dürfen, und der Andere nimmt es nicht übel, sondern beiden Seiten gibt es die Gelegenheit, über sich selbst nachzudenken.

Wahre Freundschaft ist ohne Zwang, beide erfreuen sich aneinander ohne Erwartungshaltung.

„Ein Freund, ein guter Freund..."
(Die drei von der Tankstelle, Erscheinungsjahr 1930)

Den falschen Freund erkennt man am besten daran, wie er sich verhält, wenn er dich gerade einmal nicht braucht.

Ein wahrer treuer Freund ist wie ein gefundener Schatz,

denn er rettet dir das Leben.

Graviere dies in einen Stein und lege ihn in deinen Garten.

Ich glaube, die **Liebe** hat auch etwas mit unserer geistigen Entwicklung zu tun. Zuallererst wird man wohl lernen dürfen, bei sich selbst anzukommen, dies würde bedeuten, seine Aufmerksamkeit von dieser ewigen Erwartungshaltung weg zu richten.

„All By Myself" (Celine Dion)

Vielleicht ist Liebe ja auch früh am Morgen aufzuwachen und sich gleich begrüßen wollen. Und ich denke, je mehr **Liebe** wir geben werden, umso mehr Liebe werden wir eines Tages empfangen. **Liebe** ist ein Lernprozess, wie ich ja schon mehrmals sagte, und ich mich immer wieder wiederhole, in der Schule des Lebens. Ich bin mir sicher, wir sind als Schüler hier auf Erden, um **Liebe** erst einmal zu erlernen, obwohl wir diese Liebe mit unserem Verstand sowieso nicht begreifen können. Man kann die **Liebe** ja nicht sehen und nicht denken. Um sich richtig zu achtern, braucht es auch hier ein Aufwachen. Ich spreche deshalb von „Achtern", da ich mir an dieser Stelle zwei runde Hände vorstelle, die sich an der Hand halten. Die Liebe, die wir aussenden wird niemals vergehen, denn nichts vergeht. Auch dazu brauchen wir erst einmal eine bestimmte Bewusstseinsebene oder Oktave. **Liebe** könnte uns eine Chance bieten, uns selbst neu zu begegnen. In der **Liebe** darf man bestimmt auch Fehler machen. In einer Liebesbeziehung sollte man bestimmt auch einmal streiten, dies ist allemal besser, als zu schweigen. Um die **Liebe** zu finden, geht man doch mit offenen Augen und freundlich durchs Leben und schafft dadurch einen Raum, in dem sich jeder wohlfühlt.

„bright eyes" (Simon und Garfunkel)

Liebe ist sicherlich auch, wenn ich in dem Arm des anderen einschlafen möchte.

Du musst nicht braun aussehen, um wahrgenommen zu werden.

Immer noch verwechseln viele Menschen Sex mit der wahren Verein-**ICH**-ung.

Lets talk about sex:

Eine Studie hat ergeben, 40 % der göttlichen männlichen Schöpfungen stehen auf High Heels, das ist eine große Menge.

Lust lässt sich nicht verhüten, denn sie ist die größte Kraft der Menschen und ein jeder hat seine eigenen Moralvorstellungen. Sex wird die Menschheit immer an der Nase rumführen. Viele verstehen unter Liebe nur unterschiedliche Stellungen beim sexuellen Akt. Da steht die 8 noch aufrecht, sie liegt noch nicht, oder wie man es noch ausdrücken könnte:

Ein Märchenhorizont, die Farben des Malers verschmelzen noch nicht oder die Oktaven verbinden sich noch nicht.

Und diese sexuelle Lust besitzt deshalb so viel Kraft, da man bei der Ausführung in diese Gedankenstille kommt und dort sind wir wieder mit unserer Quelle verbunden und dies ist der Grund, warum es das älteste immer noch gut florierende Gewerbe der Menschheit ist und wahrscheinlich bleiben wird. Moment mal, ich gebe ja wieder den Schlüssel zum Moneten verdienen weiter. Von mir aus dürfen alle rattern wie die Dattelaffen, ich bin ja auch keine jungfräuliche Heilige Maria mehr. Ich finde, ein jeder sollte seine sexuellen Fantasien ausleben dürfen. Aber eines wäre für mich wichtig, mit Rücksicht auf seinen Nächsten ohne seinen Nächsten zu beschädigen.

Man sagt, im Universum gibt es keine Moral aber ich denke:

In einer aufgeklärten Gesellschaft weiß man, dass ein Aidstest nur fünf Minuten (Schnelltest bei der Polizei) Zeit in Anspruch nehmen würde und nicht, wie manche glauben, sechs Wochen. So kann man niemandem etwas antun, was man vielleicht selbst für sich auch nicht möchte.

„Bedenke, dass du nur Schauspieler bist in einem Stücke, das der Spielleiter bestimmt.“
(Eptiket, antiker Philosoph, 55 n. Chr. bis 135 n. Chr.)

Ich glaube, alles ist erlaubt, solange man keinen seelischen oder kapitalen Schaden hinterlässt. Stumpfe Beziehungen sind nie in der Waagrechten. Dies könnte sich zu einem Alptraum entwickeln. Dann heißt es: saddle up!

Das neue Zeitalter bedeutet die Herzenssprache.

„Herr, gewähre mir schwache Augen für Dinge, die nicht zählen, und starke Augen für all deine Wahrheit.“
(Soren Kierkegaard, dän. Philosoph, 1813 - 1855)

Ich rate jedem, der noch nach einem richtigen Partner sucht:

Benutzt eure Nasen und verbindet eure Augen.

An einem Tag in meiner Werkstatt, hatte ich einmal die Gelegenheit, eine Skulptur von jemandem nachzubauen, der sich sehr für die afrikanische Glaubenskunst interessiert.

Es war eine Skulptur von einem Pferd, auf dem ein Afrikaner saß, mit beiden Armen nach oben zeigend und man erkannte sehr deutlich sein Geschlechtsteil, das ihm womöglich den Halt auf diesem Pferd geben sollte.

Als ich diese Skulptur so nachbaute, war es auf einmal passiert, da wusste ich, warum wir unseren Geschlechtstrieb haben und uns auf diesem Gebiet wieder zwei Wege offen stehen. Diese Skulptur steht nun auf meinem Balkon. Offensichtlich ist dieser sympathische Mensch, von dem ich mir diese Skulptur ausleihen durfte, noch ein Suchender und ahnt, dass Afrikaner eine offene Fontanelle haben.

Wenn wir das Irdische überwunden haben und nicht mehr kommen brauchen, also wenn wir für immer zum Diamanten zurückkehren dürfen, erleben wir die Liebe in ihrer allerhöchsten Form.

Liebe und Sexualität kann man nicht trennen, aber ich denke:

Ja das Balzen der Menschen ist ja top secret.

Liebe ist für (mich) nicht wie die Hirsche, die gerade in der Brunft sind.

„Es gibt niemanden, der sich einer Frau gegenüber arroganter, aggressiver oder verächtlicher verhält, als ein Mann, der um seine Männlichkeit bangt."
(George Eliot, Schriftstellerin, 1819 – 1880)

Sinn und Zweck der **Liebe** ist bestimmt auch nicht, sich auf Kosten eines Anderen ein schönes und bequemes Leben zu machen. Dies wäre doch eher so etwas wie ein goldener Käfig. Wenn dann eine Partnerschaft beendet ist, wird man in der nächsten Partnerschaft eine nächste Lernaufgabe bekommen. Stufe für Stufe, und im Idealfall „Berg auf". Ich glaube, wenn sich jemand auf Rosen betten möchte, wird er eines Tages die Schicksalsdornen zu spüren bekommen. Nachdem ich ja das Glück in meinem Leben genießen durfte, konnte ich auch schon mit Opfern sprechen, die sich in offiziell spirituelle Lehrer verliebten, eine kurze Beziehung führten; und es entpuppte sich hieraus allerdings von der Raupe ein Heiratsschwindler. Sorry, das ist für mich so ähnlich wie ein Autotachoverdreher.

Sicherlich wird es auch einmal zu Auseinandersetzungen kommen.

Der beste Tipp war für mich immer bei einer Partnerschaftsanalyse zu sagen: Man darf sich gerne immer wieder daran erinnern:

Was wäre, wenn ich nach der Arbeit nach Hause käme, und die Wohnung kalt in Empfang nehmen müsste, da keiner da war um den Kachelofen zu schüren? Wie würde ich mich da fühlen?

Was wäre, wenn ich nach der Arbeit nach Hause käme, und der Kühlschrank wäre leer, da keiner beim Einkaufen war und ihn befüllte?

Was wäre, wenn ich nach der Arbeit nach Hause käme und auf dem Herd stünde kein duftender Kochtopf und ich habe Hunger?

Was wäre, wenn ich nach Hause käme und die unerledigten Rechnungen häufen und stapeln sich, da sich keiner darum kümmerte?

Dies könnte man nun noch Seitenweise verlängern, jetzt hat man die freie Wahl sich für das wahre selbst zu entscheiden und oder eventuell in eine Inkarnationsfalle zu tappsen. Dank freier Wahl darf sich der Mensch für diese zu verrichtenden Dinge entscheiden und sich berechnend den nächsten Partner zur Lebenserleichterung suchen, die nächste Meiling oder den nächsten Meilong oder aber, der Mensch wacht auf und achtert sich einmal richtig.

Einmal schöner Wohnen gewünscht ohne Dankbarkeit?

Die Evolution für eine bewusst gelebte Partnerschaft braucht Zeit.

Darauf hatte unser Leonardo da Vinci auch eine Antwort:

„Große Liebe entsteht einzig und allein aus der Erkenntnis der Dinge, ohne diese ist wahre Liebe unmöglich! Wer aber nur liebt um der Vorteile willen, der ist nicht mehr wert als ein Hund, der demjenigen freudig wedelnd entgegenspringt, der ihm einen Knochen gibt."

Der scheinbar sichere Hafen ist, seine eigene Geschichte zu erklären.

Liebe Frauen, die meisten Männer bevorzugen zielorientierte vokale Kommunikation, denn die meisten Männer können mit Dramaqueens eher wenig anfangen.

Wenn Frauen möchten, dass der Mann sie mehr als Frau behandelt, wäre es gut wenn der Mann zur Tür gerichtet schläft, denn so war es ja früher in den Höhlen schon.

Jede Anziehung ist oft auch wechselseitig und darf als Herausforderung für sich gesehen werden.

Wie ich beobachten durfte, ja, die fabelhafte Welt der Beziehungen landet sehr oft in Dornenbüschen, aber man sollte nicht aufgeben, die Liebe seines Lebens zu finden, denn dafür ist es nie zu spät.

Werden sie erst wissend, wenn sie genug gedemütigt worden sind?

Werden sie erst wissend, wenn sie genug ausgelaugt worden sind?

Werden sie erst wissend, wenn der Ego-Stolz überwunden wurde?

Ab dem Zeitpunkt der Eheschließung zahlt man das Karma der Ahnen seines Ehepartners mit. Ab diesem Zeitpunkt wird der wahre Lebensbaum bearbeitet.

Ich versuche einmal folgende Anleitung anzubieten:

Wie schon gesagt, ein jeder hat die „freie Wahl".

Man muss die Entscheidung für sich selbst treffen.

Dein Wille für Dich ist **SEIN** Wille für Dich, da wir das SEIN sind!

Wenn du mich schon zum Tanzen aufforderst solltest du wissen,

Lieben kann man nur, die man kennt oder wahrhaft sieht, denn wahre Liebe hat keine Erwartungen, denn nur so kann man niemals enttäuscht werden.

Ich glaube, unsere Beziehungen mögen uns manchmal anstrengend vorkommen, aber unsere Bemühungen werden sich für unsere Zukunft lohnen. Denn es gibt keine **Zufälle**. Nach Phasen von stürmischen Zeiten und Phasen des Bedürfnisses von Kontrolle kommen plötzlich und unerwartet Momente, wo alles ganz leicht wird, spielerisch im Spiel des Lebens. Es kommt der Zeitpunkt, an dem man sich fallen lässt und sich bewusst wird und somit lernt, es leichter zu verstehen. Das heißt, wir gestehen uns nun ein, dass für das eigene Glück nicht der Partner verantwortlich gemacht werden kann sondern wir selbst unsere Eigenmacht in Anspruch nehmen dürfen. Wenn wir wirklich zu uns selbst gefunden haben, kann uns nichts und niemand umwerfen. Das beste Rezept für diese Suppe, damit sie auch schmeckt, wird wohl sein, ein Löffelchen Moral und ein Löffelchen Philosophie als Gewürzmischung, das wäre für mich das Dessert des Lebens.

Ich bekam wieder zur richtigen Zeit per E-Mail einen netten Witz gesandt, der ganz gut in diese Stelle passt.

ICH F R A U

Ich lese keine Anleitungen. Ich drücke Knöpfe bis es klappt. Ich brauche keinen Alkohol um peinlich zu sein. Das krieg ich auch so hin!

Mit Alkohol erst recht!

Es heißt ja, Kinder, Narren und Besoffene sagen ihre Wahrheit. Wenn ich ein Vogel wäre, wüsste ich ganz genau, wen ich als erstes anscheissen würde!

Ich bin nicht zickig, ich bin emotionsflexibel!

Ich habe keine Macken! Das sind Special Effects!

Frauen müssen wie FRAUEN aussehen und nicht wie tapezierte Knochen!

Ich habe keine Haxen bis zu den Achseln.

Heute habe ich etwas für Bauch, Beine und meinen Po getan, mit einer Tafel Schokolade.

Mein Gewicht ist ideal, nur etwas größer könnte ich dafür sein.

Nun wiege ich 0,066 Tonnen.

Ich bin Figürlich natürlich.

Das ist kein Speck! Das ist erotische Nutzfläche!

Wir Frauen sind Engel und wenn man uns die Flügel bricht, fliegen wir weiter - auf einem Besen! Wir sind ja schließlich flexibel!

Als Gott die Männer schuf, versprach er, dass ideale Männer an jeder Ecke zu finden sein werden & und dann machte er die Erde rund.

Auf meinem Grabstein soll stehen:

Schau nicht so blöd, ich läge jetzt auch lieber am Strand!

Tja, WIR FRAUEN sind eben einzigartig!!!

An die lieben Herren der Schöpfung, die diese Zeilen vielleicht einmal lesen werden. Wenn Sie wirklich mit einer Frau Ihr Leben und Ihre Zukunft teilen und in See stechen möchten, lernen Sie als erstes „leidensfähig" zu werden, glauben Sie mir, nur dann klappt es und kann eine Partnerschaft mit einer Frau überhaupt möglich sein.

Eine Frau wird sich nicht mit „ja mei" zufriedengeben. Dies wäre den meisten Frauen einfach zu wenig Kommunikation.

Starten wir also jetzt durch, unser Leben zu vertreten und unsere Wünsche zu äußern.

Bitte nicht, wie Madam Butterfly in der berühmten Operette.

Ob es uns bewusst ist oder nicht. Wir finden bei unseren Partnern zurzeit alles, was unser inneres Licht, der Diamant für uns bereithält. Manchmal gehen Partner nur eine begrenzte Wegstrecke miteinander, um aus dieser begrenzten Zeit aus der Vergangenheit zu lernen und nach und nach fügt sich alles wieder zusammen. Scheiden tut ja bekanntlich weh, und bei diesem Scheiden kann man sehr gut beobachten, wie es mit dem entwickelten Geisteszustand der Parteien bestellt ist. Wenn es um das liebe Geld geht, trennt sich die Spreu vom Weizen wieder einmal. Die Oktaven haben sich einfach zu unterschiedlichen Tönen entwickelt, eine Trennung ist absehbar, wenn ein Part das

Gefühl hat, man wäre für den Anderen ungefähr so liebenswert wie der Wohnzimmersessel.

Wie heißt es in einem berühmten Lied so schön:

Eine neue Liebe ist wie ein neues Leben, der neue Start zum Wachsen und Gedeihen. Eine Trennung ist in (meiner) Wahrheit nicht wichtig, denn wie gesagt, ein jeder hat seinen eigenen Erkenntnisweg zu gehen. Höhere und niedere Frequenzen schwingen einfach manchmal zu unterschiedlich. Wenn wir genau hin spüren, wissen wir es einfach, dass alles genau so ist, wie es sein soll.

Gefühle kann man weder verhindern, noch kann man sie unterdrücken, weil das Gefühl immer mehr Macht haben wird als der Verstand. Aber die glücklichen Momente sind jederzeit für uns greifbar.

Es gibt eine Sprache, es die einzige Sprache, die von sieben Milliarden Menschen gleich gesprochen wird:

Es ist Sprache des Gefühls.

Ich habe einmal gelesen, die universelle Sprache im Jenseits wäre Englisch, aber ich denke es ist die Sprache der Liebe.

Es gibt immer einen inneren geistigen Grund, warum die Menschen zusammenfinden, denn wir erkennen uns im Du.

Suchst du eine Tänzerin oder einen Tänzer für deine zukünftige Symphonie, so schalte bei den ersten Begegnungen deinen Verstand aus.

Wir spüren nun einfach, dass uns unser Gegenüber genau das richtige Werkzeug in die Hand legen wird, um geistig daraus zu wachsen, das heißt, in eine höhere Schwingung oder in eine höhere Ebene des **Seins** zu kommen. Was immer wir mit unseren Partnern verwirklichen, wird von innerem und äußerem Erfolg und Umständen begleitet sein. In der wahren Partnerschaft hat ein jeder seinen Freiraum, da man sich bewusst geworden ist, dass man ohne Freiraum ersticken würde und die Voraussetzung für partnerschaftlichen Erfolg ist der Einklang mit dem Willen des Ganzen, des einen reinen Diamanten, der in jedem von uns ist.

„Lass Raum sein in unserem Zusammensein."
(Kahlil Gibran, Dichter u. Philosoph, 1883 -1931)

Mit dem Prozess des Erwachens ist das gelebte Lieben ein Geschenk der Partnerschaften.

Eigentlich könnte man dies vereinfacht, aber nicht so poetisch auch rüberbringen:

Sei mal ganz ehrlich zu dir selbst, aber dazu muss man sich selbst ganz tief in den Spiegel gucken. Was hat dein Gegenüber wohl, was bei dir noch fehlt?

Mein Rat an dich ist, bitte bleibe nicht aus irgendeiner Angst heraus bei deinem Partner, wenn nichts mehr stimmig ist oder wenn es zu einem Horrortrip wird. Angst macht krank. Manchmal fällt die Liebe halt auf einen Misthaufen. Scheiden tut ja, wie wir alle wissen, weh. Ich hörte schon oft Sätze die in etwa so in meinen Ohren klangen:

Ich kann sie/ihn nicht mehr beim Essen ertragen. Dies wäre ein solches Zeichen. Die Nase rümpft ein jeder einmal mit Sicherheit, das kann schon mal passieren. Numerologisch gesehen kursieren ja viele Ansichten in der Gerüchteküche, welche Partnerwahl-Zahlen mit welchen anderen Zahlen kompatibel sein würden.

Hierbei möchte ich gerne dazu noch sagen: Diese Beziehungen können da noch so viele gemeinsame Seelen verwandte Zahlen oder viele kompatible Zahlen haben;

aber wenn man den Partner nicht mehr beim Essen ertragen kann, dann ist es Zeit Abschied zu nehmen, einfach Schicht im Schacht. Ab diesem Zeitpunkt fängt eine Arsch an Arsch Beziehung an. Man kann die Probleme auch zu Tode diskutieren, bringt nichts.

Bitte nicht aus einem Sicherheitsbedürfnis bei deinem Partner bleiben, denn:

„Macht dir das Schicksal eine Türe im Leben zu, dann macht dir dein Glaube eine neue Tür auf!"

Man muss über dieses Irdische hinaustreten, seine Zeichen wieder finden.

Ist denn **Liebe** nicht der **Sinn** des Lebens?

Wo wir gerade beim Sinn des Lebens sind. Für mich sieht der Sinn des Lebens folgendermaßen aus:

Bei vielen Bäumen den Wald noch zu sehen!

Ist denn nicht Gott gleich **Liebe**?

Alles was ich suchte, war lang genug die Suche nach der wahren Liebe!

Und wenn wir doch alle ein Teil vom Ganzen sind, also höchstes Bewusstsein. Ist es dann nicht super einfach, Entscheidungen im Leben zu treffen? Aus der Sicht der einen **Liebe.** Simpel einfach von zwei Wegen, die man zu gehen hat, einen auszusuchen. Entscheidungen, die man zu treffen hat, haben zwei Antworten. Und eine Antwort wird dir immer mehr **Liebe** signalisieren.

In jeder Partnerschaft, das heißt selbstverständlich auch in gleichgeschlechtlichen Partnerschaften, die ja in unserer heutigen Zeit eigentlich kein Thema mehr sein sollten.

Heute heißt es leider immer noch.....ja aber?

Es gibt dafür genug Beispiele, sogar in der Öffentlichkeit.

Das Thema Partnerschaft ist eigentlich unerschöpflich und man kann Liebe nicht denken aber in jeder Partnerschaft geht es letztendlich lediglich darum:

RESPEKT, ACHTUNG, BEACHTUNG, TOLERANZ und LIEBE

zueinander in warme, offene Herzen zu erlernen. Die Anerkennung und die Bekennung von unserer Verschiedenheit führen zur wahren Verantwortungsgemeinschaft. Das beste Rezept wäre aus meiner Sichtweise wieder einmal die moralische und philosophische Ausrichtung der Gedankenwelt von beiden Seiten.

Die bedingungslose Liebe ist unser einziger SEINS-Auftrag.

Da gibt es doch jetzt ein Lied mit der Sängerin Claudia Koreck, das in etwa so klingt, a bisserl was von dir, a bisserl was von mir.

Ohne Dich!

Ohne Dich

bin ich ein Regentropfen.

Ohne mich

bist Du ein Regentropfen.

Zusammen aber könnten wir selbst einen Regenbogen

an der Nase herumführen!

Dein Lächeln!

Ich halte dich und gebe dir den Impuls, diese simple Leichtigkeit zu erleben, was immer sein wird, den Weg zu finden.

Den Weg der Wege, es zu fühlen wie es ist, für immer diesen Weg zu gehen.

Es ist ein Weg für Alle, es ist die Weggabelung des Lächelns.

Dein Lächeln macht alles wieder bunt,

die Welt verändert sich durch dein Lächeln,

denn dein Lächeln verdreht deiner Welt ihre Köpfe.

Haben wir unsere Mutter geliebt, wird es uns also viel leichter fallen, einmal unseren Lebenspartner zu lieben.

Drei Dinge sollen meiner Meinung nach unbedingt vorhanden sein:

Bedingungsloses Vertrauen, eine gute Kommunikation und das wichtigste - aufrichtige Ehrlichkeit.

Da fällt mir gerade eine misslungene Kommunikation ein, die ich aber gleich korrigieren konnte. Vor kurzem schrie ich meinem netten Nachbarn von weitem folgende Worte zu:

„Ois guade zum 30. Geburdsdog!"

(Übersetzt: Alles Gute zum 30. Geburtstag!)

Er schrie zurück:

„Wos, wei ih so greislig bih?"

(Übersetzt: Was, weil ich so hässlich bin?)

Ich wieder deutlicher und fast auf Hochdeutsch:

„Alles Gute zu Deinem 30. Geburtstag!"

Er lachte, da er eigentlich älter ist. Dies nennt man dann wohl doch noch eine gelungene Kommunikation!

Jetzt fällt mir wieder eine erlebte Geschichte zum Thema Kommunikation zwischen Mann und Frau ein, da war es sogar eine sehr gute Unterhaltung, die ich in Empfang nehmen konnte:

Damals fuhr ich mit dem Donnerkeil meiner besseren Hälfte um 4 Uhr morgens auf einen Flohmarkt in der Nähe von München, um dort den jahrelang angehäuften Ballast unter die Leute zu bringen. Da dieses Auto sehr unübersichtlich ist, hatte ich wohl Glück, dass man mir für mein Fahrverhalten keine Strafzettel wegen Falschparkens auf der Autobahn verpasste. Es gesellte sich ein sympathischer junger Mann an den linken Nachbarstisch. Wir fingen an, uns zu unterhalten und redeten, quatschten und philosophierten über Gott und die Welt. Ich dachte bei mir: "Wow

Anke, endlich bist du einmal einem Mann begegnet, mit dem man so richtig Ratschen kann."

Er erzählte mir noch seine ganze Lebensgeschichte und zum Schluss folgendes:

„Weißt Du Anke, ich habe deswegen Liebeskummer, da mein Freund mit mir Schluss machte mit den Worten: „Ich wäre ihm zu männlich."

„Das Vertrauen ist eine zarte Pflanze; ist es zerstört, so kommt es sobald nicht wieder."
(Otto von Bismark, 1815 -1898)

Diese Wahrnehmung konnte ich bei diesem sympathischen jungen Menschen eigentlich überhaupt nicht empfangen. Ganz im Gegenteil, ich konnte sogar sehr viele weibliche Züge wahrnehmen. Mir war auf Anhieb bewusst, dieser Mensch hat die Fähigkeit, sich um den Frühstückstisch zu kümmern. Er war keiner, der nur den gedeckten Tisch genießen möchte. Da sieht man mal wieder, wie unterschiedlich die Empfindungen und Wahrnehmungen sein können. Ziemlich sicher war ich mir eigentlich auch, dass der Schlussmacher zu feig war, die Wahrheit zu sagen, ich glaube, dieser suchte halt nur eine neue Abwechslung und war definitiv nicht auf der Suche nach langjähriger Partnerschaft. Für mich wäre es in einer Beziehung das Wichtigste, ob dieser sich als vertrauenswürdig erweisen würde, wäre ich nun auf der Suche. Bei dieser Person spürte ich, ja da könnte ich mich richtig wohl fühlen. Aber ich war ja nicht auf der Suche und wenn er wieder auf Suche geht, dann bestimmt nicht bei den Frauen. Na ja, mit dieser ganzen Ratscherei hatte ich wieder einmal meine fehlende geschäftstüchtige Zahl 8 vergessen. Darum nahm ich den meisten Krempel wieder mit heim.

Wieso schwirrt jetzt eigentlich das Wort „Singlebewusstsein“ unter meinem Blondschopf herum?

Hmmm, Aha, jetzt weiß ich es.

Man darf erst mit sich selbst im Reinen sein, um sich richtig achtern zu können.

Ein Aristokrat verliebt sich in ein Bauernmädchen. Sie brennt mit einem Geistlichen durch und tätowierte sich noch eine Blume auf ihren Arm. Er liebt sie noch immer, warum?

***Wir erkennen uns im Du, denn nur dann können wir EINS sein, so lautet das Gesetz*.**

Ich glaube auch, dass es nur sehr wenige Paare schaffen, sich in ihrer Beziehung richtig zu achtern.

Liebe

Wenn du vielleicht denkst, dass bei dir die Liebe einfach zur

falschen Zeit, am falschen Ort oder sonst irgendwie,

vielleicht noch im ungünstigsten Augenblick geschehen ist,

war dies mit sicherer Wahrscheinlichkeit unsere wahre Liebe.

Laut J. Chardonne (Schriftsteller, 1884-1968) liegt das Geheimnis für ein glückliches Leben mit einem geliebten Menschen darin, nicht zu versuchen, diesen zu ändern.

Tja also dieser Herr Chardonne hat meiner Meinung nach die Wurzel des Übels von Liebeskummer durchschaut.

An alle Singles, bitte setzt eine Annonce in die Zeitung!

Suche Partner zum Checken auf Augenhöhe und bitte mit Pferdeschwanz, Frisur und Herkunft wäre mir eigentlich egal!

Man landet sowieso, kurz in der Polarität gedacht, immer richtig, darum wird man auch in partnerschaftlichen Beziehungen die Sprache des Lebens in Zukunft verstehen lernen.

In meiner Numerologie steht die **5, ich wiederhole mich,** für **Weisheit**.

„Das Glück ist keine leichte Angelegenheit. Es ist schwer, es ist in uns, und unmöglich, es anderswo zu finden."
(N. Chamfort, franz. Schriftsteller, 1741 - 1794)

Es könnte sein, dass ich mich für meine Lästereien, die der Leser schon gelesen hat, oder in meinem Buch noch lesen wird, noch einmal 26000 Jahre hier auf Erden verfleischlichen muss. Darum werde ich mir das mit der „Partnerschaft immer auf Wolke mit der Farbe rosa und der Nummer 7" für mein nächstes Leben vornehmen. Liebende Menschen sind immer glückliche Menschen, denn Zuneigung macht einfach stark.

lö Flaschen
Geist

Unser Leben ab JETZT

Da ich bislang gelernt habe, dass kein Gedanke jemals im Universum verloren geht, treffe ich nun folgenden Entschluss:

Es ist nun unverzichtbar, ab **JETZT** nicht länger als 3 Sekunden bei negativen Gedanken zu uns und unserem Nächsten zu bleiben. Dies hat nichts mit Gedankenkontrolle zu tun.

„Zuerst muss man erkennen, dass Gott existiert und für das Weltall sorgt und daß ihm keine Tat, keine Willensregung und kein Gedanke verborgen bleibt.“
(Epiktet Griechischer Philosoph, 50 nach Chr. – 138)

Eigentlich sind wir ja ohne NSA schon gläsern genug, darum könnten wir uns das Geld für diese Bespitzelung meiner Meinung nach auch ersparen. Ich würde diese drei Buchstaben umtaufen in ÜSA,

das für mich so viel wie Überirdisch/Seher/Aufmerksam bedeuten würde.

Kaum angekommen bei meiner großen Mutter als Quelle, werde ich Herrn Epiktet aufsuchen, und ihm erzählen dass mein Gott mein Selbst war, der immer als stiller Beobachter und Geist-Vater von vergeistigten Sammlungen meiner Erkenntnisse und Erfahrungen über mir stand.

Circa 70000 Gedanken sausen jeden Tag durch den Kopf eines jeden Menschen, wie schon in meiner 7. Schrift erwähnt, wir dürfen also nun entscheiden. Man stelle sich einmal vor, schätzungsweise 70000 Wörter mal 7 Milliarden Menschen. Das ist ja das reinste Gedankenchaos, wenn man so darüber nachdenkt. Darunter gibt es bestimmt viele traurige oder schmerzhafte Gedanken. Und auch viele liebevolle und friedliche

Gedanken. Dies ist nun die interessanteste Inkarnation, die es je gab, da wir so viel geschichtliches und philosophisches Wissen sammeln durften!

Die Esoterikkritiker werden mich schon nicht gleich auffressen für folgende Sätze:

Die vielen Leben sind eine Wanderschaft des Schattenkampfes.

Das Übel der Schattenseite der Polarität würde eliminiert werden, wenn viele Menschen ein paar Mal am Tag

„Gott ist Liebe!" denken würden. Es kostet nichts und man kann es überall anwenden.

Wo soll da eine Kontrolle sein?

So hat man die Polarität überwunden. Dies hebt uns in eine höhere Oktave und zieht uns von den traurigen Geschichten, die um uns herum ja auch immer wieder geschehen Stück für Stück weg.

„Der Mensch soll nicht sorgen, daß er in den Himmel, sondern daß der Himmel in ihm komme."
(Otto Ludwig 1813 – 1865, Erzähler und Dramatiker)

Der Tag wird kommen, da man die Waffen niederlegt und viele Religionen ihren Frieden mit Gedankenkraft erreichen.

Geht es nicht letztendlich immer um die Findung unseres Herzensfriedens, dies würde automatisch ja dann unsere Herzensfreude mit sich bringen sowie ein faires und freundlicheres Miteinander?

Jesus sagt: „Ihr seid nach meinem Ebenbild geboren!"

„Ich bin ewiges Bewusstsein!"

Seien wir viele liebevolle Aufmerksamkeiten.

Fühlen wir, dass wir es sind.

Männer tun sich sehr schwer mit fühlen.

Männer denken lieber.

Männer haben doch auch Gefühle oder?

Die Indianer sagten schon: Frieden wird in die Herzen der Menschen kommen, wenn sie ihre Einheit mit dem Universum erkennen.

Jesus hat gesagt:

„Was ihr einem dieser Geringsten getan habt, das habt ihr mir getan“ sowie

„Ich und der Vater sind Eins.“

Das nenne ich geistige Größe!

„Der Mensch hat das Netz des Lebens nicht gewoben, er ist nur ein Strang des Netzes. Was immer er dem Netz antut, tut er sich selbst an. - Anonym"

Die Mystiker wussten und wissen: **Alles ist EINS**.

Die Atomphysiker wissen: **Alles ist EINS**

Der Zen Buddhismus weiß: **Alles ist EINS**

Zahl ist EINS

EINS mit DU

EINS ist Freiheit (freie Wahl)

EINS ist QUELLE

EINS ist LIEBE

EINS hat keine ZEIT

EINS bin ICH

Jeder Gedanke erzeugt eine universelle Welle und manifestiert sich irgendwo. Wir wollen ja schließlich alle, dass sich eher die schönen Dinge des Lebens manifestieren oder?

Wir sind in Wahrheit ALLE höchste Oktave!

Sehen wir im „Du" höchste Oktave!

Wenn wir eine Entscheidung treffen müssen, fragen wir zuerst unser Herz. Unser Herz ist mit dem wahren Ur-Diamant verbunden. Nur unser Herz kennt die richtige Antwort. Lassen wir uns nur auf eine Entscheidung ein, wenn es für uns und unsere Umgebung auch stimmig ist.

Gehen wir in uns, fühlen wir entweder Wohlbehagen oder ein Unbehagen, das nennt man authentisch sein. Irgendein Signal werden wir körperlich empfinden, wir haben ein paar Sekunden Zeit dafür. Dann wissen wir es.

Jetzt ist unser Durchbruch. Jetzt bekommen wir diese Impulse.

Ab jetzt ist es unsere große Chance. Wir dürfen nun unserem inneren Navigator folgen, er trifft den Nagel mit e wie Erkenntnis auf den Kopf.

Wir sind die **Schöpfer** unserer Welt!

Schöpfung geschieht nicht morgen oder nächste Woche oder nächstes Jahr.

Wir kommen aus unserer Schöpfung als Schöpfer mit der freien Wahl zu schöpfen.

Schöpfungen geschehen JETZT.

Alles ist möglich dem, der an sein wahres höheres Selbst und dem Licht in seinem Herzen glaubt.

1. Unser so **Sein** (geistige Entwicklung) ist unsere energetische

   innere Signatur und Ausstrahlung, unser wahrer Wesenskern!

   Seien wir eine natürliche liebevolle Aufmerksamkeit, be friendly.

   Mit be friendly meine ich nicht ein aufgesetztes Scheingrinsen,

   sondern ein inneres faires Wohlwollen zu unserem Nächsten.

Wenn (ich) den Sinn des Lebens richtig verstanden habe, ist der Berg nicht zu Moses gegangen, sondern der Prophet Moses zum Berg.

Was säen wir aus? = Man erntet, was man sät = unsere Zukunft

Das Gesetz der Resonanz

Unsere Zukunft wird von den Entscheidungen getroffen, die wir

in jeder Minute treffen. Freie Wahl!!!

2. Schwingung verändern.

   Handynummer wählen!

   Heißt übersetzt, **Gedanken** verändern.

   Damit ziehen wir an!

Wir wählen mit unserer **Imagination**!

Unseren Gedanken

Unser Geist denkt in Bildern

Unsere Gedanken werden Worte

Worte sind auch deine energetische Signatur

3. Stellen wir es uns lebendig vor!

   Die geistige Verbindung herstellen!

4. Fühlen wir, dass wir es haben

5. Ich wünsche mir unseren Frieden!

„Nicht, was wir erleben, sondern wie wir empfinden, was wir erleben, macht unser Schicksal aus.“
(Marie von Ebner Eschenbach, Schriftstellerin, 1830-1916)

6. **Dankbar** sein, jeden Tag

Dankbarkeit, ist so glaube ich, das Wichtigste im Leben.

Vor circa 2 Millionen Jahren lernte die Menschheit das Feuer zu kontrollieren. Dies war wohl die größte menschliche Errungenschaft in unserer Menschheitsgeschichte. Kein anderes Lebewesen wäre dazu fähig. Ich finde, wir sollten endlich mehr Dankbarkeit zeigen, denn wir würden heute nicht so viele Menschen auf unserem Erdball zählen können ohne Feuer. Damals haben wir uns sprichwörtlich einen zweiten Magen zugelegt. Kochen und Braten außerhalb unseres Körpers, einfach genial. Denken wir einfach nur mal an diese ganzen Bakterien, die dank des Feuers in der Nahrung abgetötet werden können.

Die 13. Oktave bedeutet:

Verstehe das Lied und folge so dem Rhythmus, trepp, trepp, trepp.

Misstöne der einen Musik gibt es nur auf unserem Spielball Erde, dort muss es Misstöne geben, um weiter zu lernen.

Meine 8. Schrift

Wenn man das Datum betrachtet, an dem ich begann, diese Zeilen zu schreiben, also die Quersumme dieses Datums umrechnet, kommt man auf die Zahl 8:

4.9.2011 = 8

Bitte schaltet den Kopf aus und euer Gefühl ein.

Uns sehend machen, das große Himmelsgeschenk.

Die Quelle kann man nicht beweisen, denn man kann es ja nicht wissenschaftlich denken, doch kann man sie in seiner inneren Stimme hören.

Wenn du das Gefühl hast, mit deiner Krankheit ein schweres Schicksal tragen zu müssen, möchte ich dir sagen:

Schick – Sal, Sal heißt übersetzt Heil, somit heißt Schicksal: „Schicks **Heil.“**

Mit der Zahl 8 wird das EGO bearbeitet!

„Mehr für die Welt zu tun,
als die Welt für dich tut – das ist Erfolg.“
(Henry Ford 1863-1947)

Da fällt mir doch gleich bei Schick-Sal der Salbei ein. Jede Pflanze hat ein Wesen und Heilpflanzen haben die Fähigkeit, uns viel Geist zu geben. Vertraue auf deine eigene Intuition. Mit der Zahl 8 in einem Geburtsdatum dürfen die Menschen daran erinnert werden, dass es sich hier um einen inkarnierten höheren spirituellen Meister handelt.

Die Zahl 8 ist eine sehr mächtige Zahl, die Zahl der Gerechtigkeit, sie verleiht Kraft und auch Macht. Geld ist auch eine Art Macht, darum trägt sie die Zahl 8. Alle Menschen, die die Zahl 8 in ihrem Geburtsdatum tragen, werden mit Sicherheit Erfolg in ihren Berufen haben, denn ihr Stichwort heißt Ehrgeiz. Mit dieser Zahl 8 durfte ich in meinem Leben auch schon vielen charakterlichen Vorbildern begegnen.

Ich habe gelernt „money ist love in motion“, also Geld ist Liebe in Bewegung, wenn man den EINEN Weg wählt. Würde man die 8 waagerecht legen, bedeutet ein Kreis der 8 den Weg des erwachten Geistes.

Über die Schattengeister der Zahl 8 durfte ich als Numerologin auch stolpern und dem Leser in meinem Buch berichten. Da die 8 eine sehr mächtige Zahl ist, kann es auch vorkommen, dass manche leider den anderen Weg (Kreis), die Schattenseite der 8 wählen und verkaufen zum Beispiel für Geld Drogen an Kinder in Schulen ohne auch nur einen Funken Unrechtsgefühl dabei zu empfinden. Eine Zahl, die sich nur von seinem Stolz leiten lässt, ist schwer zu Fall zu bringen. Bei diesem Weg ist jeder Weg recht, um an die Macht oder an Geld und Besitztümer zu kommen. Das Motto „make money and your life is very funny“ ist nur von Bestand, wenn man erkannt hat, dass money in Wahrheit ein Liebestausch ist. Leider steht bei vielen korrupten Geschäften die Zahl 8 noch senkrecht, sie ist noch nicht in einer waagerechten erw8ten Position. Gold und Geldsucher, die sich über das Leid anderer bereichern sind für mich noch halb Tier halb Mensch. Manchmal kommt es einem so vor als würden diese ein Leben führen wie „die Axt im Walde“. Dieses Bewusstsein braucht noch Zeit zum reifen. Das Leben besteht dann zum Beispiel aus der Achterbahnfahrt Sex, Drugs und Rock’n’roll.

In der Polarität tummeln sich leider viele Raupen, denn die 8 (kann) viel mit dunkler N(acht) zu tun haben. Oh Freude schöner Götter Verlockungen. Iwan der Schreckliche (25.8.1530) hatte auch eine 8 in der Mitte seines Geburtsdatums und ich denke, dass es keine Übertreibung ist, wenn ich nun behaupte, dass er die Schattenseite der Zahl 8 voll auslebte.

Erst rettest du ihnen das Leben, damit sie dich dann auslaugen können, und zum Dank plustern sie sich vor dir auf wie ein Pfau.

„Stell dir ein Füllhorn vor,

das überquillt von bunten Früchten, Edelsteinen und Gold,

bereit, seinen Segen mit all denen zu teilen,

die sich hervortun und die Reise unternehmen.

Was empfindest du angesichts solchen Überflusses?

Wie könntest du dich in der Welt hervortun?

Trägst du vielleicht dies Füllhorn schon in deinem Inneren?

Der Wert, der uns bleibt, nachdem wir unser Geld verloren haben, ist das wahre Maß unseres Reichtums. - Anonym“

Zur Zahl 8 fällt mir auch gleich der Neem Baum ein mit der Nummer 80, es ist die Pflanze der Liebe und der Hoffnung. Mit der Pflanze Nummer 88 fällt mir auch die Pilocarpus ein, die Pflanze, die dich zu deinem nächsten Bewusstseinszustand führt.

Ich habe noch nie eine Pflanze mit vier geraden Kanten gesehen.

Ein Seminarleiter erzählte einmal von einer Pflanze, die Pflanze mit dem Namen Okoubaka, sie hat die Nummer 53, was als Quersumme die 8 ergibt.

Diese Pflanze ist das Gold der Armen in Afrika und sie lässt sich nicht fotografieren, sie möchte das nicht, es sei ihr vergönnt.

Spagyrik ist eigentlich simpel nach Dr. Zimpel.

Ich würde die 8 noch verwandeln in die Angelika, die Engelwurz mit der Nummer 8. In dem Wort Angelika ist das Wort „Angel“, also Engel enthalten. Sie hat was mit Gleichgewicht zu tun und einem spirituellen Schutz. Sie führt uns zu unserem Schutzengel. Sie hilft uns, bergauf zu gehen, also an unserer geistigen Weiterentwicklung beharrlich zu arbeiten.

Sagt man nicht auch, 8 Seelen wurden mit der Arche gerettet?

Waren dies in Wahrheit die 8 Seelenzahlen? Gott muss also Mathematiker sein.

Bei den keltischen Runen ist es die Rune Dagaz, die letzte der Transformationsrunen. Die Verschmelzung mit der Gegenseite ist geboren. Die 8 fällt für mich dann also in eine Waagrechte.

In der nordischen Mythologie ist es der Göttervater **Odin**, der auf seinen Reisen zwischen Himmel und Erde von Sleipnir getragen wird, seinem achtbeinigen Pferd.

Die Acht gilt aber auch schon seit den Zeiten Pythagoras als Zahl der Gerechtigkeit, weil sie sich immer wieder in gleiche Teile zerlegen lässt. Sie trägt den Stempel der Ewigkeit. Es ist die Zahl, an der Zeit und Ewigkeit zusammenfallen.

Herr Pythagoras war ein griechischer Mathematiker und Philosoph sowie Mystiker, der im sechsten vorchristlichen Jahrhundert geboren wurde. Dieser Meister sagte also schon vor mindestens 2500 Jahren: „Alles ist Zahl!“

Die Acht besteht aus drei Teilen:

Vergangenheit –LOSLASSEN- mit der Lehre aus den Erinnerungen

Gegenwart - mit Rücksicht zum Nächsten – genießen-

Zukunft erschaffen WIR -JETZT-

Aus Vergangenem lernen, die Gegenwart genießen und dankbar für die Zukunft sein. Das Leben ist höchst interessant, wenn man beginnt zu analysieren.

Die 8 symbolisiert Christus selbst, dessen Name im Griechischen den Zahlenwert 888 hat, vor allem aber, weil er der Mittler zwischen Gott und den Menschen ist, und seine Auferstehung als achter Schöpfungstag gefeiert wird, mit dem eine neue Zeit, der neue Bund beginnt.

(dreimal die 8 habe ich aus den Büchern von Hajo Banzhaf, er beschreibt dort die Zahlen mit sehr vielen schönen Bildern, dreimal die 8 war auch bei Frau Christa Zettel zu finden. Die Bücher dazu gebe ich in meinem Literaturverzeichnis an.)

Der wahre Sinnsuchende wird ständig überflutet von Gewissenskonflikten. An der großen Tafel wird er sich nicht als erster den besten und größten Fisch für sich nehmen. Er möchte, dass ALLE satt werden, darum gewährt er auch Anderen gerne den Vortritt.

Der wahre Kern der Schöpfung stellt „Ich will Haben“ hinten an.

„Schreite achtsam voran, um nie zurückgehen zu müssen.“
(Oswald Wirth, 1860-1943)

Ist es Zufall? Heute schreiben wir den 7.1.2014. In meiner Werkstatt betrachtete ich zwei Hufeisen, die wir als Kerzenständer umfunktionierten. Ein Hufeisen soll ja bekanntlich Glück bringen. Mir fiel auf, dass ein Hufeisen 8 Löcher hat, um ein Pferd zu beschlagen.

Die Quersumme von 888 ergibt die 24, also 6. Nun schließt sich der Kreis wieder für mich, denn die 6 steht für bedingungslose Liebe.

Wenn ich das Wort Fibonacci in Zahlen verwandle und die Quersumme daraus errechne, erhalte ich die Zahl 8 aus der Zahl 44.

„Der goldene Schnitt", was heißt das für mich?

Die Seligpreisungen am Anfang der Bergpredigt, mit der Jesus zu lehren beginnt, weisen dem Menschen den Weg aus der irdischen Welt (Viereck) ins Paradies (Kreis).

Kreiere dein Heim nach Fibonacci, dann wirst du dich darin wohl fühlen.

Somit erinnert uns die 8 an die vom negativen **N** befreiten **Nacht** und somit an den neuen **Tag** und unser erwachtes Bewusstsein oder erw8es schöpferisches SEIN.

Wenn der Mensch nach 7 Schritten lernbereit (freier Wille) war, wird ihm das 8. Jahr (wobei jeder Schritt ein Jahr bedeutet) dieses durch eine Art Ernte zeigen. Und somit beginnt wieder ein neuer Zyklus nur mit einer eventuell höheren Schwingung oder einer Art höheren Oktave, und zwar solange, bis die 8 in die Waagerechte fällt.

Die 8. Schrift bedeutet:

Fühle, dass DU es bist!

„Ich bin, der ich bin"

Ständig in der Energie der Gewissheit der Erfüllung deiner Herzens-Wünsche zu bleiben ist der Schlüssel zu unserer Macht.

Die größte Macht auf unserem Lernplaneten ist unsere bewusste Gedankenkraft. Die gesammelte Liebe hat zwar nach meinen bisherigen Erkenntnissen noch einen größeren Stellenwert, wird aber erst am Ende unseres Lebens für unser nächstes Leben die wahre Kreditkarte sein.

Achte auf deine Gefühle, wenn du wünschst.

Das ist der Dauerauftrag in unserem Leben.

Wählt man eine andere Nummer, hat man eine andere Schwingung.

Du ziehst dann genau das an!

Das Gesetz der Anziehung.

Man erntet, was man sät.

Erlebe dich in deinem vorgestellten Wunsch und glaube daran.

Das 8. Chakra ist das energetische Chakra.

Die 8 ist eine Sonnenzahl, bei Runen wäre es die Hagalaz, die Elementargewalt, ich nenne sie auch die Zahl 13.

Seien wir ständig (natürlich) sympathisch, denn das ist unsere Energie, das ist unsere **energetische** Brücke. Unsere energetische Signatur verändert sich dramatisch, wenn wir anfangen, etwas Gutes an dem Anderen zu finden. Man findet immer etwas Positives.

Unser Gegenüber könnte unser Lehrer sein oder wir dürfen Lehrer sein, vielleicht sogar im Wechsel.

Wir sind alle Schöpfer!

Ziele sind für uns Menschen wichtig und da gibt es immer zwei Wege, die berühmte Kreuzung.

Wir sind die Kapitäne auf unserem Schiff

Ein großes Schiff mag vielleicht einmal gekentert sein, aber wäre es nicht sinnvoll, wenn der Mensch dann endlich anfängt, etwas daraus zu lernen?

Selbstverständlich habe auch ich Wünsche.

Meine Seminare besuchte ich aus einem Grund. Ich bin Betroffener.

Bei mir wurden als Kind 13 Amalgamfüllungen vorgenommen und ein paar Jahre später eine Amalgamwurzelbehandlung von Wissenschaftlern, die in ihrer Schulzeit bestimmt das Fach Chemie hatten. Daraufhin bekam ich ein Nierenversagen und die Folgen daraus. Die Folgen waren Lupus erythematodes und Hashimoto sowie sämtliche Allergien. Vor allem aber eine Allergie auf Schattengeister. Diese Krankheiten sieht man nicht von außen aber ich war offenbar so vergiftet, dass ich mir zeitweise dachte, ich wäre ein Hypochonder, denn ich bildete mir damals ein: „Ja Anke, du erfindest ja schon Krankheiten!“

Die Antwort auf mein Nierenversagen fand ich in einem Buch von Herrn Dr. Mutter, dem ich entnehmen konnte, dass Amalgam zu fünfzig Prozent aus Quecksilber besteht.

Ich möchte an dieser Stelle nicht als Süßholzraspler schreiben, darum fragte ich mich seit dieser Zeit, warum man eigentlich immer noch Nervengift in Kindermünder baut?

Quecksilber hat in einem menschlichen Körper rein gar nichts verloren.

Liegt es an dem Geschäftssinn der Pharmaindustrien oder Krankenkassen die ja, wie man hören darf so viele Überschüsse haben?

Ist es die Habgier?

Sind das einfach immer wieder die ewigen Verlockungen?

Menschen bewusst krank zu machen, damit man hinterher sein Portmonee noch mehr füllen kann?

Es gibt im Leben noch ein bisschen mehr als die Flocken die so sehr locken oder?

Nach vielem Recherchieren und studieren von Büchern ließ ich mir die ersten beiden Füllungen entfernen und schwupps, ich war danach 10 Wochen ziemlich krank. Krank, das heißt, im Siechtum, ähnlich wie ein Zombie. Totale Wahrnehmungs- und Gleichgewichtsstörungen bis hin zu Sehstörung, ich sah alles doppelt, sowie permanente Müdigkeit. Ich denke so fühlen sich Menschen bei einer Chemobehandlung. Gerade einmal fähig, mit letzter Elendsüberwindung ein Essen zuzubereiten, da meine Kinder noch sehr klein waren. Hinzu kamen noch das schlechte Gewissen wegen der Arbeitsunfähigkeit sowie eine stille Depression.

Als ich mir in dieser Zeit von einem Arzt helfen lassen wollte, ich aber nie ein Jammerlappen sein möchte, fragte ich diesen Arzt, ob meine Symptome etwas mit der Füllentfernung zu tun haben könnten. Er gab mir zur Antwort:

„Einbildung wäre auch eine Bildung!“

Er untersuchte mich nicht einmal. Ich bedankte mich noch für das Gespräch, wir schüttelten uns noch die Hand und ich durfte mich anschließend wieder heim schleppen und versuchte mich selbst wieder hoch zu ziehen. Mein Körper hatte damals wohl eine allergische Schockreaktion.

Der damalige Satz des Herrn Doktor ist bestimmt ein weiser Satz.

Ich weiß ja nicht, was ein Teelöffelchen Arsen mit einem Menschen anstellen kann und was man sich hierbei so alles einbilden kann.

Selbstverständlich musste ich mir als damaliges Opfer nicht nur selbst helfen, sondern auch noch alles selbst bezahlen.

Bei meinem nächsten Zahnarztgang bekam ich dann die Bronchitis, die viele Monate dauerte vor lauter Angst, dies noch einmal erleben zu müssen.

„Jeder klagt über sein Gedächtnis, niemand über seinen Verstand.“
(Francois de la Rochefoucauld, 1613 - 1680)

Es ist doch immer wieder die alte Leier:

Das Opium der Welt.

Geld, Geld, Geld, gleich wie und woher.

Sind wir tatsächlich wissend? Oder haben wir bislang nur Wissen angesammelt?

Nur eine moralische und philosophische Gedankenausrichtung wird ein wirklich gesundes Miteinander der Menschheit ermöglichen können. Ohne eine Moralvorstellung wird das nie etwas.

Es gibt da eben ein paar Dinge in meinem Leben, ja bei diesen Dingen fällt es mir halt einfach schwer zu lachen.

Wenn du den Goldbarren auf deinem Amboss zertrümmerst, sei dir dessen bewusst, es möchte dich etwas entdisziplinieren.

Ich habe schon viele Stunden in Wartezimmern bei Ärzten verbracht. Eines Tages sagte eine innere Stimme zu mir:

„Anke, mache dir auch eigene Gedanken, du kommst sonst aus diesem Sumpf nie raus!"

Rückblickend bin ich für alle meine erlebten Krankheiten, besonders der Depressionen und Ängste sehr dankbar, denn wenn mir die Leute auf die man trifft ihre Krankheiten erzählen, kann ich mich sehr gut in viele einfühlen.

Sollte jemals ein Kind vom Bahnhof Zoo mein Bienenflüster lesen, möchte ich dieses Kind an dieser Stelle bitten, sich entweder den goldenen Schuss zu setzen oder endlich aufzuwachen. Vielleicht wartet ja noch eine Seele darauf, in diese besondere Chance zur Todüberwindung einzurangieren, es ist aber im Moment kein Körper frei. Gib dir einen Ruck, es gibt viele Hilfseinrichtungen und helfende Engel, du musst es nur für dich wollen.

Spirit heißt Geist

Spiritus ist Alkohol

Es gibt so viele Alkoholiker, weil sie nach (m)einer Wahrheit Suchende nach Liebe und Wärme sind und eine Sehnsucht nach Einheit in sich tragen. Viele bekommen die vielen wiederkehrenden immer kreisenden Gedanken einfach nicht weg. Der Versuch mit Hilfe von Rauschmitteln die Gedanken auszuknocken, um in Verbindung zu unserer All-Mutter-Quelle zu treten. Der Leber fehlt das Licht des Lebens.

Nur ein Glaube an eine höhere Weisheit hat die Fähigkeit, Wärme und Liebe zu speichern.

Ok, sein eigenes Leben darf jeder selbst regieren, sagte das nicht auch Jesus schon?

Das gekaufte Glück

„Schwarz ist die Nacht und der Regen fällt, wenn der Teufel Ausschau nach Beute hält.
Viele Menschen verhüllen sein Gesicht,
denn sein Gewerbe scheut das Licht.
Er ist zu Haus in den dunklen Gassen,
er kennt sich aus und lässt sich nicht fassen.
Er nähert sich leise ganz ohne Hast,
dann greift er zu, wie es ihm passt.
Er findet immer ein offenes Ohr und flüstert,
komm ich zeig dir das Tor.
Dahinter wartet Glückseligkeit.
Ein kleiner Schritt, es ist nicht weit.
Kaum heben sich die Schatten der Nacht,
hört man wie der Teufel lacht.
Das Geschäft war gut,
es hat sich gelohnt und er verschwindet, wie gewohnt.
Sein Opfer liegt am Boden,
die Hand noch warm
und die Nadel steckt noch im Arm.
Zu teuer war das gekaufte Glück,
das Leben kommt nicht mehr zurück.
Und immer wenn ein neuer Tag beginnt,
weint irgendwo eine Mutter um ihr verlorenes Kind. - Anonym“

Danke

„Am Tag als Conny Kramer starb…“ (Juliane Werding)

Lass uns doch einmal Spaß haben, also mach die nächste Flasche auf, denn keiner kann leben bis die letzten Flaschen leer sind.

Die 5. Dimension ist das, was wir gedacht haben, auch zu tun!

In meiner Numerologie steht die 5 auch für „ **TUN**".

„Während mans aufschiebt, geht das Leben vorüber."
(Seneca, röm. Philosoph, 4. v. Chr. – 65 n. Chr.)

Für dieses Tun gibt es viele verschiedene Wege und die freie Wahl ist und bleibt unantastbar.

„Wer aufhört besser werden zu wollen, hört auf, gut zu sein."
(Marie von Ebner Eschenbach, 1830 -1916)

Was, wenn ich jetzt behaupte:

„Alles, was wir **TUN** oder nicht tun, tun wir für uns **Selbst!**"

Durch **Tun** oder Nicht-Tun entscheiden wir unsere **Zukunft**. Wenn wir zum Beispiel unsere sieben Sachen packen und an einen anderen Ort ziehen, sind wir in **Zukunft** an diesem anderen Ort und dessen Begebenheiten. Die Begebenheiten werden uns weiterbringen, das zu wissen, ist unser Schutz.

Mit Tun meine ich jetzt nicht irgendein Diät-Buch zu lesen und dieses in die Tat umzusetzen, sondern den geistigen Aufsprung zu wagen.

„Ich werde immer mindestens eine Sehnsucht mehr in mir haben, als das Leben mir erfüllt. - Anonym"

Ich spreche nur im Rahmen meiner Möglichkeiten, denn von meinem

Sichtfeld aus kann man dies auch so ausdrücken:

Wenn wir einen Baum fällen möchten,

genügt es nicht, viele Äxte zu sammeln.

Man könnte dies auch anders ausdrücken. Ein Nagel braucht ein Gegenstück, dies wäre ja dann ein Hammer oder?

Was nutzen eigentlich viele Hämmer, wenn man keinen Nagel hat?

Je mehr Begebenheiten wir begegnen, desto weniger werden wir suchen und desto weiter werden sich unsere Augen öffnen!

Die Stille, die Quelle, aus der wir alle kommen, ist vielleicht unser Hirte, aber Segel setzen müssen wir für uns mit Sicherheit selbst als Kapitän und Bootsführer.

Heißt nicht auf bayerisch die Begrüßung

„Griaßte Gott?“

Meine 9. Schrift

Und nun das Wichtigste:

Solange wir uns selbst (noch) nicht lieben, können uns andere ja trotzdem lieben, und in der inneren höheren Stimme repräsentiert

sich unsere Schöpfungs-Quelle, aus der wir ALLE kommen und in die wir wieder gehen:

der Schoß der zeitlosen Liebesquelle.

Wer dies begreifen kann, der hat die **9. Schrift** verstanden oder auch, der hat den Sinn des Lebens verstanden.

Wir sind der Ausdruck des Schöpfers.

Nun nehmen wir den Wald auch noch wahr, wenn wir gerade mit vielen Bäumen beschäftigt sind.

Jetzt hat man das Spiel des Segelns verstanden.

Diese Quelle hat bei meinen Runen den Namen Algiz.

In anderen Kulturen ist es der Buchstabe Y.

Ich glaube, bei uns ist dieses Symbol das Christuskreuz t.

Würde ich mit ein wenig Abstand als Künstler nun auf diese drei Symbole blicken, könnte ich ja keinen Kreis um diese Symbole ziehen, allenfalls so etwas wie ein Osterei käme da heraus.

Darum wäre wohl mein Kreuz gleichschenkelig.

Es wird nicht mehr um Noten gehen, sondern um die Musik.

Da fällt mir gerade ein, gab es da nicht einmal einen Hit, der in etwa so lautete:

„Und ich düse, düse, düse, düse im Sauseschritt, und bring die Liebe mit auf meinem Himmelstrip.“

Selbstliebe

Meine Texte

„Welche Einsamkeit wäre einsamer als die des Mißtrauens?“
(George Eliot, Schriftstellerin, 1819 – 1880)

„Das Große ist nicht dies oder das zu sein, sondern man selbst zu sein.“
(Soren Kierkegaard, dän. Philosoph, 1813 – 1855)

„Stilles Reifen
Alles fügt sich und erfüllt sich, musst es nur erwarten können und dem Werden deines Glückes Jahr und Felder reichlich gönnen. Bis du eines Tages jenen reifen Duft der Körper spürest und dich aufmachst und die Ernte in die tiefen Speicher führest.“
(Christian Morgenstein, Schriftsteller, 1871 – 1914)

„Es kann sein, daß nicht alles wahr ist, was ein Mensch dafür hält, denn er kann irren, aber in allem, was er sagt, muß er wahrhaftig sein.“
(Immanuel Kant, Philosoph, 1724 – 1804)

„Jeder schöpferische Geist ist auch Kritiker.“
(George Eliot, Schriftstellerin, 1819 – 1880)

„Der Edle achtet auf das Wort eines einfachen Mannes.“
(Laotse, chin. Philosoph)

„Wer vor seiner Vergangenheit flieht, verliert fast immer das Rennen.“
(George Eliot, Schriftstellerin, 1819 – 1880)

„Es wird nie rote Rosen regnen.
Wenn wir mehr Rosen wollen, müssen wir mehr Rosen pflanzen.“
(George Eliot, Schriftstellerin, 1819 – 1880)

Charlie Chaplin hat an seinem 70. Geburtstag am 16. April 1959 einige Sätze zum Thema Selbstliebe vorgetragen.

Liebe Leser, bitte googlen Sie nach "Charlie Chaplin über Selbstliebe".

Der letzte Satz von Herrn Charlie Chaplin hat mich persönlich am meisten berührt. Meine Hochachtung.

Die Welt wird der Mensch erst dann begreifen können, wenn er die Welt mit ihren vielen Charakteren verstanden hat.

„Progressiv und Konservativ ergibt Evolution, das Ei wird somit immer runder, bis daraus dann eines Tages die Erkenntnis, der wahre Diamant, schlüpfen kann.“ (Anke 9.12.2013)

Wir steuern unser Schiff jetzt mit großer Geschwindigkeit auf das nächste Jahr zu.

Die Musik wechselt auch in einer höheren Oktave noch, aber die Frage ist doch, wie gehen wir mit den Dingen, die uns zufallen, in seiner eigenen Show?

Vielleicht sogar in seiner letzten menschlich lernenden Show, denn ich durfte viele grundgütige Menschen kennenlernen.

Wer hat denn nun wirklich seelisches und geistiges Wachstum und diese geistige Anmut im Leben gefunden, wie selbstverständlich und so wichtig ist doch immer noch die Materie?
Dank sei denen, die nicht nur in der Materie denken und andere aufbauen, bevor sie diesen Planeten verlassen.

Unser Atem ist die Verbindung zwischen Oben und Unten und siehe da, du lächelst wieder!

„Lebe dein Leben nie ohne ein Lachen, denn es gibt Menschen die von deinem Lachen leben. - Anonym"

OK, jetzt fragt sich der eine oder andere bestimmt:

Es ist doch schön hier!

Wir dürfen ja wiederkommen, denn wir haben immer die freie Wahl.

Doch kommen wir dann nicht mehr als Schüler, sondern als Lehrer.

Vor 67 Jahren waren viele Menschen am Ende. Da fällt mir gleich die Symphytum ein, sie erlaubt unserem Gehirn mit dem Teufelskreis zu brechen, um sich nicht ständig im Kreis zu drehen, und sich zu wiederholen.

Wenn ich nun die Zahl 6 plus 7 nehme, komme ich auf die Zahl 13, manche sagen, die Unglücksdreizehn, diese Zahl heißt auch Hexenzahl.

Wir schreiben gerade noch das Jahr 2013!

Man denke an die 13 Vollmonde im Jahr. Nun ist es für mich wieder rund, jetzt weiß ich auch, warum ich nur bei Vollmond so gut schlafen kann.

Das Jahrhundert lasse ich gerne in meiner Rechnerei weg, denn das sind karmische Verbindungen.

Die Zahl 13 ist die Zahl des VOLL entwickelten Menschen.

Man hat nun alle Zahlen in früheren und diesem Leben ausgelebt und kann somit die Polarität überwinden.

Man darf deswegen trotzdem Fehler begehen.

Den Stimmen unseres Gewissens zu folgen, das ist der echte Volltreffer, der richtige Schachzug.

Da Jesus der Dreizehnte war, ist demzufolge auch die Zahl 13 unser Lichtbringer. Er wird uns in Zukunft leiten.

Ich werde jetzt in meine Werkstatt gehen und mir die Kugel geben. Nein, so ist das nicht gemeint, ich werde wiedermal eine Kugel mit meinen Händen formen. Ganz nebenbei schenke ich mir noch ein Ferrero-Küsschen als goldene Kugel. Und das schönste in meinem Leben war immer schon das Weitergeben.

Die Zahl 13 ist eine echte Glückszahl.

Die Hexenzahl!

Hexen vom englischen abgeleitet „wicche" – „Wissen"!

Diese Zahl verleiht uns höchste Weisheit, Jesus war der Dreizehnte und es könnte sein, dass wir im Jahre 2013 Erfahrungen mit Außerirdischen machen dürfen. Zumindest wird deren Existenz bewiesen werden.

1945 war Deutschland am Nullpunkt

Quersumme von der kompletten Zahl 1945 ergibt die 1.

„Ein einziger Schatten."

Neunzehnhundert ist die 1 plus die 9 ergibt als Quersumme wieder die 1, Ich bin die Erste.

Das sagt ja schon die Zahl, Ich (Ego) bin die Erste, das heißt:

„Nach mir die Anderen."

Man kann aus der Geschichte viel lernen.

Der Rhythmus des Atmens ist die Reise, Einsichten zu erkennen und auch der richtige Weg, sich auf die weite Reise des Rückblickens zu machen, denn das immerwährende Ziel ist die Erinnerung.

Wenn du nun, im Jahre 2013, Quersumme 6, in das Gesicht eines Menschen schaust und denkst dir, das ist mein Bruder oder meine Schwester als Lehrer, dann hast du den Nullpunkt überwunden.

„Nun sind wir einzigartiges Licht!“

Die 2 steht für das Du plus der Null, dem göttlichen Kreis.

Die Kinder, deren Geburtsdatum im Jahrhundert mit einer 2 beginnt sind anders. Es werden sich da große Künstler finden.

***Die Erde müsste aus lauter Engeln bestehen,
aus einem Regenbogen voller Küsse und einer Musik,
die von einer Kraft bewegt wird.***

Man wird auch im Jahr 2013 einen langen Atem und viel Mitgefühl im Leben brauchen, das nennt sich dann Beharrlichkeit. Ich durfte vor kurzem Zeuge eines Telefonates von einem sympathischen Menschen sein, dessen Handy gerade klingelte. Diese Person empfing dieses Gespräch wie folgt:

„Sie wünschen, ich spiele?“

Das Leben beginnt erst oben auf dem Gipfel!

Man wird auch im Jahr 2013 seine Ideen gleich umsetzen müssen, das heißt, seinen inneren Schweinehund überwinden wollen, sonst wird man wieder mit angezogener Handbremse sein Segelboot steuern.

In Bayern würde man sagen:

Wir werden auf unserem Instrument spielen müssen, um weiterzukommen, und wenn es auch mal die falsche Note ist, so
bitte glaube an dich.

Wir werden auch im Jahr 2013 noch Erfahrungen machen, aber zu unseren Fehlern samt Konsequenzen stehen. Wir spüren in uns eine vorwärtstreibende und regelmäßige Energie auf unserem Lebensweg, die uns die Kraft geben wird, denn noch sind wir erdgebunden.

Wenn du in das Tagebuch deines täglichen Wahnsinns etwas Positives eintragen möchtest, so gehe bitte den Weg der Wahrheit.

(Made by Ingo Rittscher)

Erlebnisse und Erfahrungsberichte

Mein 1. Eintrag für heute:

Liebe Leser,

jetzt geht mein eigentliches Buch los, jetzt gibt es Spiel, Spaß und Spannung, wie bei einem Kinderei.

Was jetzt kommt, ist genau der neue Zeitgeist, den ich vor mir sehe, eben nicht mehr:

„Hinter dem Baum stehen bleiben zu müssen!“

Ich lasse einfach meine Gedanken über die Tasten fliegen. Man sagt ja, in der Bibel steht:

Am Anfang war das Wort!

Und vor dem Wort muss ja der Gedanke gewesen sein oder?

Wenn man aber gelernt hat, Gedanken abzuschalten, nennt man dies Channeling.

Folgendes wird jetzt abwechselnd sein, denn es gibt da noch ein paar „unerlöste seelische Konflikte“ in meinem Leben. Und ich glaube, aus meinen Erfahrungen könnten die Leser lernen. Und da, wie ich schon einmal erwähnte, ich kein Redner, sondern eher der bessere Zuhörer bin, werde ich kurze wahre Geschichten aus meiner eigenen Vergangenheit mit einbauen. Ich erkläre auch etwas näher, warum ich gerne Zahlen Spiegel-verkehrt sehe.

Die Betonung liegt auf wahre Geschichten.

Der Leser soll doch bitte nur dem Glauben schenken, was er auch dank des „freien Willens“ glauben möchte.

Siebenuhrzwanzig:

Mobile WC-Lieferung dank der Bestellung meines Mannes für eine bevorstehende Geburtstagsfeier ohne mein Wissen.

Aufgrund der immer noch hervorragend funktionierenden Kommunikation zwischen Mann und Frau nach 27 Jahren, versuchte ich mich nicht zu ärgern und Amok zu laufen, das heißt, Gedanken abziehen von und richten auf.

Was sagte Herr Tepperwein in dem Seminar so schön:

„Sich ärgern mache alles nur noch ärger!"

Ärger verzerrt und versperrt unsere positiven Gedanken.

Meine Gedanken an diesem Morgen abziehen und richten auf, war nichts anderes, als dass ich bei mir dachte:

Ach, der kann mir egal sein, der lebt in seiner eigenen Gedankenwelt. Von mir aus nimmt der abends drei Motorsägen mit in sein Bett. Er sagt ja auch immer, nur wegen mir wären seine Haare so ergraut. Einen oder mehrere Scheidungsgründe würde es ja bei allen und immer geben, außerdem kann man da am besten bedingungslos Lieben lernen, da ich mir ja stets erst einmal meine Gefühle dazu ansehe. Der kann so lang und so oft wie er möchte einen Baumarkt (Himmel für Männer) aufsuchen. Wenn er mal eine Grippe hat, könnte man meinen, er wäre der einzige Überlebende des Weltuntergangs 2012 und die letzte Stunde hat geschlagen mit 37,2 Grad hohem Fieber. Ich spielte schon öfter mit den Gedanken, zum muslimischen Glauben überzutreten, denn da dürfte ich mehrere Männer heiraten, für jede Situation den richtigen Partner an meiner Seite, wie wunderbar wäre das denn? Einen zum Fliesenlegen, einen zum Plaudern, einen zum Anlehnen usw., meinen Vater würde ich auch noch heiraten, da ich nichts mehr im Lexikon nachschlagen oder gugeln bräuchte. Außerdem wollte ich meiner besseren Hälfte eh schon immer mal sagen, dass meine Kinder vom Schornsteinfeger sind, der ja bekanntlich Glück bringen soll.

Es gibt ja nie ein Tun ohne Nutzen. Kurzer Scherz!

„Das Ärgern hab ich eigentlich aus meinem Programm gestrichen, ebenso das Verwundern über meine Mitmenschen.“
(Franziska Gräfin zu Reventlow, 1871 – 1918)

So konnte ich den Lieferanten dazu überreden, das Ding wieder aufzuladen und mitzunehmen.

Ich musste dafür nur 65 Euro und 45 Cent zahlen.

Apropos Ding, da fällt mir gerade ein Witz ein:

Eine Blondine kommt in eine BMW-Werkstatt und fragt nach einem „710“.

Der Mechaniker schaut sie fragend an:

Was soll denn ein „710“ sein??

Die Blondine antwortet:

„Sie wissen schon, das kleine Ding in der Mitte des Motors.

Es war immer da, aber jetzt habe ich es verloren!“

.....fragende Blicke.

Der Mechaniker gibt der Blondine ein Stück Papier und einen Bleistift, damit sie das Ding vielleicht aufzeichnen kann:

Sie malt einen kleinen Kreis und schreibt „710“ hinein.

…..Achselzucken.

Da hat der Mechaniker die Idee, mit der Blondine zu einem Wagen mit offener Motorhaube zu gehen und zu fragen:

Ist da ein "710" drinnen??

Sie zeigt in den Motorraum und antwortet:

„Na klar, da ist es doch!"

Und nun lerne was ein „710" ist.

OIL

Die Welt bräuchte ein Umdenken!

Nur tote Fische können nicht mehr das Meer ihrer Träume erreichen.

Ja Herrschaftszeiten, Liebe Politiker, könnten Sie bitte endlich und schnellstens ein Gesetz gegen nächtliches Schnarchen bei den Herren der Schöpfung erfinden? Das mit dem großen Rosenquarzstein auf meinem Nachtkästchen bringt einfach nichts. Ich dachte bei mir, ich könnte damit vielleicht Angst einflöhhhsen, denn man kann ja mit so einem großen Stein auch Jemanden erschlagen. Auch das dritte Kissen im Bett als Notfallapotheke zum eventuellen Ersticken schlägt bislang zur Angsteinflöhhhsung einfach nicht an...OH BITTE... erfinden Sie schnellstens dieses Gesetz im BGB! DANKE.

2. Eintrag

Meine Erkenntnisse würden vom ersten Verlag angenommen werden, trotz der vielen Bücher, die jeden Tag zugesendet werden.

Ich freue mich riesig.

Die Sache hat da allerdings einen Haken.

Ich müsste zuerst einmal viel Geld bezahlen.

Einen Lektor zu honorieren, würde ich ja noch einsehen, denn ich habe schließlich (m)einen Sinn des Lebens studiert und nicht die deutsche Recht- und die handschriftliche Schönschreibung, wobei ich glaube, dass man die Schrift meines Sohnes besser lesen könnte, wenn man einfach mal zufrieden wäre.

Ich weiß nicht, was das für eine erneute Umstandskrämerei war, vor allem bei dem Buchstaben Z (8).

Man stelle sich einen Drittklässler vor, der gerade erlernt, den Buchstaben Z zu schreiben. Nach der neuen Schönschrift hat dieses handgeschriebene Z nun an seinem Ende eine komplizierte Schleife nach unten. Eine schwere Yogaübung ist da ja leichter.

Ach, wer weiß, was wir in hundert Jahren für eine Schreibreform haben.

Aha, ich sehe ab jetzt jeden Verlag als meinen Lehrer, wie immer und werde es jedes Mal komplett überarbeiten.

Und ich habe auch volles Verständnis, wenn ein Verlag ein reines Dienstleistungsunternehmen ist.

2. Verlag:

Und täglich grüßt das Murmeltier.

Numerologie passe nicht in ihr Programm, ich solle es aber bitte nicht als abwertend sehen. Aber ich sehe mein Buch nicht als Numerologiebuch. Numerologie wird der Leser in meinem Buch nicht erlernen können. Da braucht es jahrelang viele Bücher von vielen Autoren. So ähnlich ist es in der Reiterei ja auch, auf vielen verschieden Pferden das Reiten lernen, da jedes Pferd ein Unikat darstellt und anders tickt.

Und das sagt ja mein Mann auch zu mir, ich würde nicht ins Lichtbild passen.

„Eiso ned oder?"

Dies ist ein Satz aus einem bayerischen Film Namens „Wer früher stirbt, ist länger Tod". Da fragt ein kleiner Junge seine Lehrerin:

„Mogst du mit mia vegeln?"

Deutsche Übersetzung:

„Möchtest du mit mir vögeln?"

Ein nächster Gedankengang:

Gedanken abziehen von, richten auf…:

„Sollte ich es mal mit einem Mantra versuchen?"

Liebe deinen nächsten - Verlag, bitte sagen Sie mir, zu welcher Kategorie mein Buch gehört, damit ich nicht so viele Umwege gehen muss und ich mich nicht so oft verirre.

Noch besser wäre, ich bekäme meine Zeilen ohne Rechtschreibfehler wieder.

Danke

Kurzer Scherz, denn Lachen ist gesund!

„Wer tiefer irrt, der wird auch tiefer weise“
(G. Hauptmann, Dramatiker, 1862-1946)

3. Eintrag

Nun habe ich den 1. plus den 2. Level in der Quantenheilung. Mit diesen Urkunden kann ich nun meine Toilette tapezieren, denn ich könnte für solch eine Dienstleistung kein Geld verlangen. Es gab Zeiten in meinem Leben, zum Beispiel bei und nach meinen 8 OPs, dank Nervengift und aus energetischer Sicht, dank einprogrammierter Teufelsangst als Kleinkind, aber einer ansonsten wundervollen Kindheit, ja es gab Zeiten, da war ich froh, wenn einer für mich dagewesen war. Mein Baby ist die Numerologie, aber ich denke, es ist nie schlecht, wenn man Quantenheilung für sich und seine Familie noch zusätzlich zum Arztbesuch anwenden kann. Hilft sowieso nur, wenn die geistige Entwicklung mitwächst. Es gibt ja ständig etwas Neues auf dem Heiler Markt, vor kurzem stolperte ich über ein Prospekt von Ionenarmbändern. Ich würde so ein Armband ja gerne einmal ausprobieren, aber erstens stört es mich ein wenig, dass es mit „Indianern“ beworben wird und zweitens habe ich dank zu vieler Metalle im Mund schon immer eine Allergie auf sämtliche Metalle.

„Krankheit ist eine Art von Festigung der geistigen Haltung. Man braucht nur den Geist eines Patienten zu behandeln, und die Krankheit verschwindet.“

(Edward Bach, engl. Arzt, 1862-1946)

Na ja, Herr Edward Bach, könnte da die Ernährung, Umweltgifte, Denkmuster, Ahnengeschichten oder Opfer schon im Mutterleib und diese (noch) nicht wahrhaft ernste Gen Sache vielleicht auch noch eine Rolle spielen?

Aber vielleicht haben Sie ja Recht, sie waren schließlich ein englischer Arzt und wie heißt es, die Dosis macht ja bekanntlich das Gift.

4. Eintrag

Windows 7 finde ich eigentlich voll winddoof.

Es sollte einmal ein Computer erfunden werden, der sich von einer Blondine nur mit Intuition bedienen lässt.

In einem türkischen Sprichwort heißt es:

„Der Mensch ist ein Spiegel der Menschen."

In meiner Schulzeit hatte ich einmal eine türkische Freundin. Sie war bildschön. Ich besitze noch ein Bild von ihr. Dieses Mädchen zeigte mir damals ihre drei Busen und erzählte, dass man sich in ihrer Heimat als schwangere Frau nur schöne Sachen ansehen sollte.

Vielleicht war dies ja damals ein Zeichen für mich und konnte es erst viele Jahre später erkennen.

Auf der Suche nach einem seriösen Verlag, sandte ich unter anderem auch eine zwanzigseitige Bewerbung an den Spiegel-Verlag. Ich dachte bei mir, wenn doch das ganze Leben ein Spiegel ist, bin ich da vielleicht richtig.

Ich bekam als Antwort einen Satz der erst einmal ein großes Fragezeichen verursachte:

„Für ihre Zuschrift vom 12. Juli bedanken wir uns. Wir haben sie aufmerksam gelesen."

?

Was bedeutet dieser Satz nun.

Ich griff zum altbewährten Telefon.

Eine freundliche sympathische Frauenstimme aus Hamburg erklärte mir dann, es würden nur die eigenen Bücher verlegt werden.

Ich entschuldigte mich noch für die Zeit die ich ihr gestohlen hätte, und sie wünschte mir noch viel Erfolg.

Ja, das Leben ist manchmal kein Kindergeburtstag. Gerade im Moment wären ein paar Tage im Liegestuhl angebracht. Ja, eine Einladung zum innigen Date von meinem Liegestuhl für Abchillen wäre jetzt eine große Sache.

„Es ist doch erstaunlich, was ein einziger Sonnenstrahl mit der Seele des Menschen machen kann".
(F.M. Dostojewski, Schriftsteller 1821-1881)

Ob ich diese nette Person vielleicht nach ihrem Alter hätte fragen sollen, denn rein parapsychologisch gesehen gibt es in ca. 20 bis 30 Jahren diese schöne Hafenstadt dank Klimaerwärmung und steigendem Meeresspiegel ja nicht mehr. Im Moment sieht es nicht nach „Zurück in die Zukunft" aus, wegen diesem Konkurrenzdenken.

Ja, zuvor wird es wohl die Malediven treffen, gefolgt von Madagaskar, Holland usw.

Rein wirtschaftlich gedacht, sehe ich unsere derzeitige Lage in etwa wie folgt:

Je mehr wir unserem Lernplaneten „Erde“ zur Last fallen, desto mehr Umweltkatastrophen würden passieren. Dies hätte zur Folge, dass jedes Mal die Konjunktur der wiederaufbauenden Kräfte die Wirtschaft ankurbelt. Man muss einfach positiv denken, doch:

Seit Jahrzehnten machen sich unsere Wissenschaftler schon Sorgen um die Meeresversorgung. Auch die Überfischung ist ein Problem. Unsere Gletscher schmelzen laut unseren Wissenschaftlern in einem unglaublichen Tempo. Nicht die kleinen Fischer vernichten die Meere, sondern wie immer die großen Fischer so wie die Umweltvernichter.

Unser ökologisches System ist außer Rand und Band geraten, aber nur weil wir als Lernopfer uns ständig einmischen müssen.

An der Klimaerwärmung kann man die vereisten und ertrunkenen Herzen der Monetenverdiener erkennen.

Wir leben längst über unsere Verhältnisse, da braucht man doch keine Schulbildung für dieses Wissen. Darf man heutzutage nicht einmal mehr dumm sein und trotzdem ein Buch schreiben? Welche Dummheit ich mir als Vorbild gewählt habe, werden meine Leser am Schluss zu Lesen bekommen. Würde ein Frühmensch uns derzeit besuchen, stelle ich mir schön langsam die Frage:

„Hätte dieser überhaupt die Chance, auch nur einen Tag zu überleben?“

Jedes Jahr sterben über 100000 Vögel und im Wasser lebende Tiere allein aufgrund von Plastikmüll, den die Menschen in die Natur werfen. Schön langsam dürften wir einmal aufwachen, wir steuern allesamt das Boot der Menschheit auf eine Lebensmittel-„Hölle“ hin.

Ich denke die Frage eines neuen Blickwinkels wäre eine philosophische Antwort!

Einem eher tiefgründigen Menschen fällt es halt manchmal auch schwer, immer nur positiv zu denken, denn die Häuptlinge der Indianer sagten schon: „Reißt nicht die Eingeweide unserer Erde auf. Sonst werden die Flüsse und Bäume weinen!" In diesem Fall war es der Keokuk, der Häuptling der Sauk.

Nein, ich muss in die Akzeptanz gehen, denn ich möchte jetzt keine Angst schüren.

Und laut dem Buch von Christa Zettel (Numerologie) war ja Griechenland auch schon mal ertrunken und circa 12000 Jahre vor Christus wieder aufgetaucht.

„Nein, die Natur darf uns nicht auch noch an die fürchterliche Beschränktheit unseres Daseins mahnen, da wenigstens muß der Blick hinaus können in das Unendliche, muß sich wenigstens eins fühlen mit der Unendlichkeit des elementaren Lebens."
(Malvida von Meyenbug, deutsche Schriftstellerin 1816 -1903)

Wir sind unabhängig von unseren Gedanken und können diese frei wählen. Wir sind auch unabhängig von unseren Gefühlen, da wir diese ja immer frei wählen können. Wir sind ja auch unabhängig von unseren körperlichen Energien, da wir uns jederzeit an Ruhe, Fröhlichkeit, Ausgeglichenheit, Gesundheit und Freude, diese Dinge, die allesamt EINS mit der wahren Liebe sind, erinnern können.

Zeit und Raum zu überwinden sowie dabei vergessen können wird immer die wahre Dichtkunst bestimmen.

Wenn man sich an das Gefühl erinnert, an dem man verurteilt, hat man, so denke ich, keine so schönen Erinnerungen. Ich sollte also meine Beurteilungen wieder streichen, denn wir sind ja alle nur Lernende.

Verurteilen wirkt toxisch, das wissen wir ja alle.

Mein Ding, so glaube ich, ist es aber keine weitere Liebesschnulze zu schreiben, die gibt es schon nicht mehr zählbare.

Wilhelm Busch war ja auch ein bissiger Humorist.

Wahre Mystiker schreiben keine Balladen, denn sie waren schon immer die neuen Zeitgeister (auch wenn es mal aus Versehen eine Frau ist).

Love on Tour, so liebt einander doch endlich!

Wenn es um die Zahl 4 geht, also das Fundament und Grundgerüst, bin ich sogar ein Rasierklingen scharfer Mystiker.

Eher ein bitterer Nussknacker.

In meiner Vergangenheit bat mich einmal eine Dame, ihr auf ihrem Pferd Reitunterricht zu geben.

Ich fragte nach den Zahlen, bzw. den Ahnen des Pferdes und die Dame nannte sie mir.

Also dachte ich bei mir, soll ich jetzt ehrlich oder höflich sein und sagte ganz spontan:

„Bringe doch dieses Pferd bitte zu seinem Verkäufer zurück, besser noch:

Lass es einschläfern!“

Die Dame ging empört und ich spürte, dass sie mich für meine Worte hasste, aber meine Lebenseinstellung war immer, lieber niveaulos ehrlich, als niveauvoll unehrlich den Leuten ihre Zeit stehlen.

Jahre später begegneten wir uns „zufällig“ wieder und sie sagte:

„Anke, du hattest damals recht. Ich hatte nur Unglück und viele Tierarztkosten. Letztendlich musste ich das Tier einschläfern lassen.“

Einer anderen damals (noch) beratungsresistenten Dame empfahl ich einen anderen Tierarzt für die Kastration ihres Junghengstes zu wählen.

Sie hörte nicht auf mich wegen ein paar Euros, die sie sich sparen könnte.

Der Preis war hoch.

Die Penisversteifung (Schlauchlähmung) kostete ihr hinterher viele tausende Euros für die Tierkliniken und mir viele Stunden Pflege, wegen meines Mitgefühls (ohne Wertschätzung, da der Geldbeutel ja leer war). In dieser Zeit hatte ich gerade eine schwere OP hinter mir. Letztendlich war das Leben des sehr schönen Pferdes zerstört.

Bin schon ganz gespannt, was der Taschenbuchverlag antwortet, wenn er überhaupt antwortet, denn dies würde ja Zeit in Anspruch nehmen und Zeit ist in unserer heutigen Zeit Geld.

Im Musikhörbewusstsein fällt mir da gleich ein Lied ein:

„Kleine Taschenlampe brenn, schreib ich lieb dich in den Himmel.“

Die menschliche Intelligenz schenkt uns die Einzigartigkeit, Dinge zu erschaffen. Als kleine Pflanze kommen wir und haben sie zu Pflegen mit Achtsamkeit, nur ein wenig, dann ist unser Segelboot vorbereitet.

Bin sehr dankbar dafür, dass ich eine Mail von einem kleinen Verlag bekam, die keine Autoren mehr aufnehmen können, da sie schon 100 Autoren haben und nur zu zweit sind.

Um Himmelswillen, den ganzen Tag Bücher korrigieren, womöglich noch solche wie meines, auch kein leichter Job.

5. Eintrag

Zeit wird es, dass ich wieder in meiner Werkstatt arbeiten darf. Dies erinnert mich gerade daran, dass ich neue Heizspiralen für meinen Brennofen benötige und werde mich jetzt erst einmal darum kümmern. Nun komme ich gerade zu folgendem Entschluss:

Wir machen es hier ganz prima, denn wir sind was wir sind.

I am what I am ....

Und im Moment haben wir ja noch nicht den Löffel abgegeben oder haben Ebola Virus, also spielen wir unser Leben einfach.

Was du jetzt nicht kannst begreifen, kannst du vielleicht einmal an einem anderen Ort und zu einem anderen Zeitpunkt begreifen.

Ich habe mir heute ein neues altes Auto gekauft. Einen Audi 80 mit der Umweltplakette Euro 4 für 1300 Euro. Nun schließt sich der Kreis wieder für mich, jetzt weiß ich, wo der Wackelhund in Zukunft wohnen wird, den ich mal geschenkt bekam.

Mein neues Fahrzeug wird nun angemeldet. Dabei nutze ich die Faszination des Augenblicks, unsere armen Beamten etwas näher zu betrachten mit folgendem Resultat:

Beamte haben es auch nicht ganz leicht in unserer heutigen Zeit, wenn sie die Menschen und die Dinge mit Nummern versehen müssen. Ich habe die Nummer 31. Würde man nun die Nummer umdrehen, käme die Zahl 13 heraus. Aber ich muss auch sagen, ich sehe ja auch alles von einer Zahlenseite als Numerologin.

Juhu, bin dran bei Platz Nummer 5, in der 5. Dimension, eine sehr freundliche nette Frau bearbeitet meine Anliegen. Meine Wunschnummer ist AN 2012, muss dann nur noch bezahlen bei dem nächsten Platz mit neuer Nummer und bekam 80 Cent Wechselgeld, schon war ich wieder weg.

Wohlwollend untereinander, statt nur noch Tagesumsatz-Gedanken, ist immer wieder meine gleiche Erkenntnis.

Alles am Laufen zu halten, der, der ich wirklich bin, muss erst einmal lernen, sich mit wenig zufrieden zu geben, dann folgt als Resultat das andere von ganz allein.

Heißt es da nicht, wer das Kleine nicht ehrt, ist das Große nicht wert.

Oder wer den Winter nicht ehrt, ist den Frühling nicht wert.

Mir fallen gerade die Toten Hosen ein, die in etwa singen:

Wie letztes Mal über die Brücken musst du gehen, wo die Anderen warten und das Ziel ist schwerelos.

Während wir uns verändern, verändern sich auch die Passagiere auf unserem Segelboot.

Als ich gerade dabei war, den Donnerkeil meines an ohne Bedingungen geknüpften Ehemannes bei der Zulassungsstelle anzumelden und ich die Nummer 21 zog, zog nach mir eine sehr bekannte und freundliche Frau, die ehemalige Religionslehrerin meiner Kinder, die Nummer 22. Ich freute mich sehr, sie „zufällig“ mal wieder zu sehen und sagte zu ihr:

„Na, die Zahl 22, welch eine Glückszahl!“

Ich fragte noch, ob sie denn heute auch ein Fahrzeug anmeldet. Sie antwortete mir sehr höflich, wie immer: „Nein, sie würde eins abmelden, und zwar ein Motorrad!“

Ich sagte: „Oh ja, so glaube ich, das ist auch gesünder in unserer heutigen rasanten Zeit.“

Darauf antwortete sie mir:

„Na, Frau Rittscher, wissen sie es denn nicht?“

Fragend und verdutzt sah ich sie an und sagte: „Was sollte ich denn wissen, ich lese doch wenig Zeitung und ich wäre ja auch nicht an Dorftratscherei interessiert?“

„Mein Mann ist gestorben, vor zwei Monaten schon, und ich hätte nicht geglaubt, dass dies ein Mensch hier in der Umgebung noch nicht wüsste.“

Ich entschuldigte mich bei ihr, dass ich nicht auf der Beerdigung war und auch dafür, dass ich kein Kirchgänger bin, es sei denn, es wäre angebracht.

Als es dann endlich soweit war, und unsere deutschen Beamten endlich in Wallung kamen, denn ohne Mampf kein Kampf, werde ich als Nummer 21 (würde man nun diese Zahl umdrehen, käme die Zahl 12 heraus) an den Tisch mit Nummer 6 gebeten. Ein paar

Minuten später kommt die Nummer 22 in den Raum an den Tisch mit Nummer 5 rechts von mir.

Ich habe in meinem Leben sehr selten solche Menschen erleben dürfen, die so über sich hinausgewachsen waren und versuchte in ihr meinen Lehrer zu erkennen und nicht in Tränen auszubrechen, obwohl ich ihren verstorbenen Ehemann noch nie in meinem Leben gesehen habe. Sie wäre für mich die nächste Päpstin, ihr Nachname beginnt mit dem Wort Engel.

Damals sah ich in ihr mein Vorbild und erkannte mich in dieser Frau.

Und das war auch gut so. Denn dieser sehr unfreundliche im Dienste der Dienstleistungen arbeitende Halbgott machte mich zur Minna, nur weil die Versicherung ein Kreuz an der verkehrten Stelle machte und befahl mir, dies telefonisch zu regeln, aber im Freien.

„Zufällig" hatte ich, dem Himmel sei Dank, ein Handy dabei und es funktionierte sogar, denn manchmal gehen die Knöpfe nicht. Nebenbei setzte ich dem Herrn am Tisch mit der Nummer 6 noch geistig einen Spiegel vor.

Da fällt mir gleich wieder ein Witz ein, den ich vor kurzem hören durfte:

Sagt ein Beamter um 12 Uhr zu seinem Kollegen, der gerade am Schreibtisch eingeschlafen ist:

„Du Müller komm mit, wir haben jetzt Mittagspause!"

Da antwortet der Kollege als er kurz aufwacht, bevor er wieder weiter schläft:

„Nein ich bleibe hier, heute arbeite ich einmal durch."

Bewusstsein ist wie gutes Essen, ein jeder isst nach seinem Geschmack.

Ja, die fabelhafte Welt der Ämter, wir schreiben gerade April 2014, nachdem ich auf dem Landratsamt über eineinhalb Stunden Niemanden telefonisch erreichen konnte, fasste ich den Entschluss einen Brief zu verfassen. Ich dachte bei mir, vielleicht hat dieses Amt ja heute Tag des geschlossenen Hauses. Einen Tag der offenen Tür gibt es ja auch, also gibt es auch das Gegenteil.

Betreff: SDAH offener Kasten Nummer...

Sehr geehrter Herr ...,

am 20.12.2013 tätigte ich eine Überweisung an die Versicherung in Höhe von 30,59 für den zu versichernden Hänger für das Jahr 2014.

Beweis: Kontoauszug.

Mir ist damals leider nicht aufgefallen, dass das Geld wieder zurücküberwiesen wurde und zwar am 7.1 laut meiner Kontoauszüge.

Meine Bank teilte mir telefonisch mit, dass die nächsten zwei Jahre im Inland noch ohne Bic-Nummer Überweisungen getätigt werden dürfen.

Erst als ich eine Mahnung im Februar bekam sah ich das Drama.

Der Grund, ich habe nicht mit der Byladem Nummer überwiesen.

Habe es dann im Februar noch einmal überwiesen.

Beweis: Kontoauszug

Dieses Mal ist mir wieder nicht aufgefallen, dass es zurücküberwiesen wurde.

Ich habe mich auf eine Dame der Versicherungsgesellschaft verlassen, die mir versicherte, sie würde sich um die Sache kümmern und ich müsste die 5 Euro Strafe nicht bezahlen.

Der Grund für die Rückbuchung im Februar waren wahrscheinlich die fehlenden 5 Euro Mahngebühr.

Nachdem ich dann noch einmal bei der Versicherung anrief, war eine nicht so freundliche Dame am Apparat die mir sagte, das wüsste inzwischen jedes Kind, dass man Überweisungen mit der Bic-Nummer auszufüllen hat. Ich sagte zu der Dame:

„Ich bin aber kein Kind!“

Darauf sagte sie:

„Stehlen sie mir nicht die Zeit.“

Und so legte sie einfach auf.

An diesen Tag, den 27.3.2014 habe ich dann noch einmal überwiesen.

Beweis: Kontoauszug, einen Betrag von 34,79.

Dieses Mal ist es nicht wieder zurücküberwiesen worden, zumindest bis zum heutigen Tag den 1.4.2014.

Heute, den 2. April kam nun ein Brief von der Zulassungsstelle, dass das Fahrzeug stillgelegt wurde.

War dies jetzt ein Aprilscherz?

Hiilfeee Herr ..., was soll ich denn jetzt noch alles tun. Das ist doch auch meine Zeit die man mir nimmt oder? Darf ich Sie anrufen?

Können Sie mir helfen?

Ich werde morgen früh noch einmal versuchen, Sie persönlich zu erreichen. Selbstverständlich wird der Anhänger nicht benutzt, solange kein Versicherungsschutz da ist.

Mit freundlichen Grüßen

Anke Rittscher

Dieser Mann war telefonisch am nächsten Morgen leider nicht erreichbar, so dass ich den Brief zur Post trug.

Tja, die Kosten des Verfahrens durfte selbstverständlich ich übernehmen.

Kurze Pause es ist wieder Abholtag (hole meinen Vater)...

Jetzt fällt mir gerade ein, ich hatte einmal das große Glück mit einer sehr verzweifelten Frau telefonieren zu dürfen. Diese Frau ist Krankenschwester auf einer Intensivstation. Für mich sind das ja an sich schon sehr hervorzuhebende Persönlichkeiten, denn wie bereits erwähnt, kann ich kein Blut sehen und außerdem sind Krankenschwestern ohnehin sehr minderwertgeschätzt.

Sie erzählte mir von diesem, ich nenne es jetzt mal Giftschrank.

Wenn man aus diesem Schrank etwas entfernt, muss man darüber genauso Buch führen, wie wenn man etwas zufügt. Wie das Leben halt so spielt, wurde eines Tages ein neuer Arzt eingestellt und nach einiger Zeit fehlten aus diesem Schrank immer öfter Giftsubstanzen ohne Buchführung.

Rate mal, wer für diese Schuldzuweisung vor Gericht stand?

Ich für meinen Teil brauchte dazu nicht raten, ich brauchte mich nur daran erinnern, dass mir einmal erzählt wurde, ein Herr Doktor der Gynäkologie hätte gesagt, dass man eine Jungfrau nur untersuchen könne, wenn man sie vorher in Vollnarkose legen würde.

Als ich damals so darüber nachdachte kam ich zu folgendem Entschluss:

Würde dies stimmen, was dieser Doktor Sowieso hätte weismachen wollen, dann hat sich unsere moderne Medizin ja zurückentwickelt, denn bei mir hat es ja einst auch einmal ganz gut geklappt.

Er war bestimmt überarbeitet, ist ja bei vielen Ärzten so. Ich übe mich wie immer in Akzeptanz.

Es heißt 36000 Ärzte arbeiteten im Jahre 2013 in Deutschland und es heißt auch, dass dies zu wenig wären.

Krankheiten nehmen also zu statt ab. An was könnte dies wohl liegen?

Gen!

Zu meinem Bekanntenkreis zählen mehrere sehr nette Ärzte, die so gut wie rund um die Uhr im Schichtdienst arbeiten. Hoffentlich lohnt sich das für sie eines Tages und sie werden Millionäre, denn dann kann man sich viele Freunde kaufen. Die meisten Ärzte, die ich kennenlernen durfte, sind eigentlich ganz großherzige Menschen.

„Der alte Arzt spricht Latein, der junge Arzt spricht Englisch und der gute Arzt spricht die Sprache seiner Patienten - Anonym“

Es ist nun in dieser Schwingung sehr wichtig, dass man in der Pharma-Industrie nicht zu kaufmännisch denkt und manchmal einen Gang zurückfährt, um seine Sensoren wieder aufzuladen. So könnte man noch die Gelegenheit bekommen, in die 13. Oktave reinzuinkarnieren. Ein gelassener Mensch würde nun sagen, ja mei, es gibt halt solche und solche, so ist es halt.

Noch kann ich aber nicht in heiterer Gelassenheit bedingungslos Lieben, das würde für mich im Moment (n)och heißen: Ja mei, nur hinschauen und mit den Schultern zucken.

Denn mein jetziges Bewusstsein denkt wie folgt:

Vom Praktikanten zum Profi!

Apropos, hörte ich da nicht einmal den Namen Peter der Große, ein Schiffsbauer, der in seiner Lehre erst mal Schiffsholzböden schruppen musste?

Ich möchte ihn jetzt nicht im Weltverbindungskasten gockeln, er wird schon so geheißen haben. Dies erinnert mich daran, dass es an der Zeit ist, meinen Vater mal wieder abzuholen. Diese Geschichtsstunde wird wohl länger dauern, ich muss mir dann ja wieder die geführten Kriege mit der dazugehörigen Jahreszahl merken. Ich höre dann einfach aufmerksam zu und tue so, als hätte ich es abgespeichert.

Ich möchte nun nicht mehr hören, dass ich wenig bis keine Kriegsbildung habe.

Vorwärts und rückwärts immer.

Alle sogenannten „Großen" in der vergangenen Geschichte der Menschheit hatten für das einfache Volk wenig Mitgefühl, auch viele Einzelschicksale kümmern da nicht. Sogar bei

Massenmassakern zuckten diese nur mit den Schultern für diese Bluttaten.

Die Geschichte lehrte mich, dass der wahre Friede in einer Welt in der man noch an einen Schatten glaubt, oder dieser noch nicht überwunden wurde, gar nicht funktionieren kann. Schwarz und Weiß müssten innen einander verschmelzen. Diktatoren blenden und posten am Anfang immer und nutzen die Angst der Hoffnungssuchenden schamlos aus, immer mit dem Versprechen, sie würden Sorge für die Kleinen, die große Masse, tragen. Allerdings wurde inzwischen schon zu oft bewiesen, dass ein Diktator keine Moralvorstellung hat und diese Bosse würden sich auch niemals kritisieren lassen. Ein Ego erträgt keine Kritik, diese sind nicht kritikfähig. Zu oft ist in der Vergangenheitslehre schon von Diktatoren mit wenig vor- oder umsichtigem Agieren Geschichte geschrieben worden.

Macht haben wollen, bedeutet immer Kampf haben wollen.

Taucht dann mal ein klarer Kopf mit Tatendrang auf, dieser auch den Schatten, der oft vor der Wahrheit versteckt wurde, an das Tageslicht bringen möchte, wird er aus dem Weg geräumt oder an den Pranger gestellt wegen vielleicht Störung öffentlicher Ordnung.

Wieso, weshalb, warum landen eigentlich immer Massenvernichter in den Lexika?

Kann mir das einmal jemand verraten (Schulbildung)?

Haben sich diese denn nie gefragt, wen sie eigentlich in Wahrheit jeden Morgen im Spiegel rasieren?

Noch bekomme ich einfach manchmal nicht in mein Gehirn, wieso manche Menschen so berühmt wurden, die eigentlich so gar keine „Meister“ sind oder waren.

„Wie seltsam sind doch diejenigen, die sich selbst anbeten, obwohl sie verwesende Kadaver sind.“
(Khalil Gibran 1883-1931)

Wieso, weshalb, warum sind nicht ganz normale Ärzte in den Lexika zu finden? Ein jeder Arzt rettet viele Leben!!!

Vielleicht kann ja nur mein Verstand dies nicht begreifen. Mir fehlt dazu einfach das nötige Bewusstsein.

Der leichteste Weg wird wohl sein, meinen Vater erst gar nicht nach Peter den Großen zu fragen. Oh, hätte ich nur die Hälfte des geschichtlichen Wissens als Rucksackwissen meines 15 jährigen Sohnes, dann könnte ich bei manchen Sachen intensiver darauf eingehen.

Obwohl, lernte ich an einem anderen Abholtag nicht etwas von Friedrich dem Großen um das Jahr 1200(?), dem Enkel von Barbarossa (der Kaiser mit dem roten Bart, „Rotbart“, diesen Namen Barbarossa gab man ihm ja erst im 13. Jahrhundert). Dieser soll auf der Straße aufgewachsen sein, mit den Kindern von Arabern und Juden. Somit erlernte er leicht diese Sprachen und hatte von Anfang an Verständnis für alle. Seine Lehrer waren auch Araber und Juden, er wurde Naturwissenschaftler.

Dem damaligen Papst passte dies nicht und er überredete ihn, in den Kreuzzug nach Jerusalem zu ziehen mit seinem Riesenheer.

Ich bin einfach zu schlecht in Geschichte, aber ich glaube, von diesem Abholtag habe ich mir noch merken können, dass dieser Friedrich der Große sich mit dem obersten Führer, einem Sultan der Gegenseite heimlich getroffen hat. Natürlich waren 12 weibliche Schönheiten dabei. Innerhalb einer Woche hatte er einen Friedensvertrag.

Er erkannte für sich damals wohl:

Wir glauben an den Gott der Juden, nicht umgekehrt.

Und damit war der freie Zugang für Jerusalem gesichert für alle Christen ohne einen Schwertschlag. Dies ist doch besser, als 100000 Tote oder?

Verzeihe mir der Leser und die geistige Welt bitte, dass ich diese obige Geschichtsstunde nicht ausführlicher schildern konnte, aber ich war Hauptschüler. Und ich kenne mich zu gut, würde ich diese Geschichten jetzt nachschlagen und lesen müssen, würde ich dabei einschlafen, da bin ich zu unbeleuchtet.

Aber das macht mir nichts aus, da kann ich gut über mich selbst lachen.

Ein bekanntes Sprichwort:

„Was du nicht willst, das man dir tut, das tu auch keinem anderen zu!"

Der damalige Papst war über diese Friedensabmachung nicht sehr glücklich, sogar so unglücklich, dass er den „Großen" in eine Acht getan hat, das heißt, ein jeder hätte ihn töten können, ohne dabei bestraft zu werden.

Kann ein menschliches Herz wirklich so unüberschüttbar sein und sich dann Papst nennen?

Für mich ist das eher eine gruselige Gedankenwelt und mir fehlt hier einfach der Zugang oder die gelassene geistige Entwicklung.

Muss ich mir jetzt auch noch hinter die Binsen kippen, dass Krieg führen seit Ewigkeiten zum Mensch sein oder zu Mensch, als sich seinem wahren Selbst bewusst werden, gehört?

Aha

Ja, du himmlische Gestalt, was wurde nicht schon alles in Gottes Namen vollbr8?

Das be(geist)ert mich jetzt eindeutig nicht.

Will ich dies eigentlich lernen? Nein, dabei bleibe ich mir selbst treu.

Der Mensch plant ja nur allzu gerne und das Schicksal lacht darüber ebenso oft allzu gerne, solange bis der Mensch anfängt den Plan des Schicksals zu erkennen.

Vielleicht dachte der damalige Papst ja, man kocht sich sein Leben selbst süß, und erwartet das nicht von anderen?

Musik ist auch unsterblich und darum sehe ich in unserer Zukunft vermehrt Künstler für sinngebende Kunst.

„Jesus ist nicht in diese Welt gekommen, um die Menschen zu lehren, hoch aufragende Kirchen und gewaltige Tempel neben Hütten und engen Häusern zu errichten, sondern er kam, um die Herzen der Menschen zu Tempeln zu machen, ihre Seelen zu einem Altar und ihren Geist zum Priester.“
(Khali Gibran 1883 – 1931)

Jetzt fällt mir gerade auf, ein besonders hohes Alter hatte dieser Herr Khali Gibran auch nicht erreicht.

Über Jesus wurden so viele Bücher geschrieben, dass ich mir darüber irgendwann meine eigenen Gedanken machte.

„Ich sage was ich denke, damit ich höre was ich weiß - Anonym“

Ach du letztes Einhorn, wie viel Geld wurde über seinen (Christus) Rücken oder anderen Propheten schon verdient und wie viel Macht wurde über sein TUN nun schon über 2000 Jahre lang ausgeübt? Kann man da eigentlich noch eine Geld-Zahl nennen?

Vielleicht schätzen? Reichen da überhaupt Billionen? Man denke dabei einmal an die ganzen Kreuzzüge, die sich ja bestimmt nicht mit Hosenknöpfen finanziert haben. Soweit würde mein Gehirn diese mathematische Rechnung wohl gar nicht raffen. Vielleicht bin ich auch deswegen ohne diese geschäftstüchtige Zahl 8 auf die Welt gekommen, da ich es mir unter meinen Blondschopf (ich muss zugeben, 3 Haare auf 5 Reihen) schwer vorstellbar ist und sein wird, dass Jesus auf Gold, Geld, Glanz oder Glimmer seinen Blinkwinkel gerichtet hat.

Als ich am Anfang meines Buches schrieb „keiner" ist perfekt, habe ich mich wohl getäuscht, denn jetzt, wir schreiben gerade April 2014, würden mir da spontan eigentlich einige einfallen, nämlich unsere ganzen Propheten.

Die andere Seite meiner fehlenden Zahl 8 habe ich sehr wohl bearbeiten dürfen. Ich durfte Beobachter und Zuhörer von Leid und fehlendem Mitgefühl sein aber auch das Gegenteil sehen und stellte dabei fest, eine Moralvorstellung hat ihre Begründung in sich selbst.

Wenn Christus wieder einmal kommen würde, wäre es mir daher eher wahrscheinlicher, dass man ihn in unserer reizüberfluteten Welt übersehen könnte.

Wurde mit dieser ganzen Missioniererei eigentlich irgendetwas verbessert auf unserer Erde?

Für mich sieht das jetzt nicht so aus.

Wie viele Weltreligionen gibt es eigentlich weltweit?

Ich glaube es sind 5 große und Tausende von kleinen Unterarten.

Viele Siege über den Namen von großen Propheten waren in (m)einer Wahrheit viel schlimmer, als ihre Niederlagen.

Hier nun meine Gedanken:

Jesus Sohn war ja eine Art Rebell mit einem Schwert. Wem folgt ein Volk immer (man denke dabei an unseren Führer aus dem dritten Reich)?

Damals gab es ja auch noch die Gladiatorenkämpfe, die Menschen brauchten schon immer ihre Götzen.

Ein Volk folgt am besten dem, der gut Posaunen kann (posten, blenden). Dies ist lediglich meine Theorie.

Vielleicht opferte sich Jesus ja für seinen Sohn, der als Rebell damals inzwischen verfolgt wurde, da das Volk ihn bejubelte.

Jeder „Vater" würde dies für seinen Sohn tun.

Dies würde auch zeitlich stimmen, es heißt, er wäre 33 (Meisterzahl) Jahre alt geworden. Nach nun über 2000 Jahren kamen so viele Schriften, dass ich mich darüber wieder nicht begrenzen lasse. Vielleicht ist er ja 44 Jahre (Meisterzahl) geworden. 4 plus 4 ergibt, die 8 ist erwacht. Man bedenke dabei, von unserem damaligen Führer aus, dem dritten Reich, kann man heute, nach nur 50 Jahren, schon nicht mehr alles nachvollziehen, wie dann erst nach über 2000 Jahren.

Eine Frau, die damals nicht mit 13 Jahren schon verheiratet war, wurde verspottet, man könnte auch sagen, es wurde hinten rum getuschelt.

Jungs wurden meist mit circa 16 Jahren verheiratet, da man sich sehr wohl der Geschlechtskrankheiten bewusst war und damals schon wusste, dass man in jungen Jahren am zeugungsfähigsten ist.

Und die Bordelle gab es ja auch schon immer!

Und da Jesus inzwischen ein Glückskind für seine guten Taten war, ohne dass er diese auf einer Bühne groß hinausposaunte, rettete ihm ein Schwamm am Kreuze das Leben.

Damals gab es ja auch schon Alchemisten. Al steht für Gott. Ich erkläre später noch genauer, was ich unter Alchemie verstehe. Dieser Schwamm war mit einer Art Sedativa (Giftpflanzen) getränkt.

So konnte er am dritten Tage auferstehen und weitere gute Taten vollbringen, vielleicht in einem anderen Land.

Dies ist lediglich meine Theorie, meine Philosophie, da ich gerne gedankliche Quersprünge mache.

...

An diesem besagten Abholtag unterhielten wir uns über dieses Konkurrenzdenken. Er erklärte mir, dass nach einem Geschlechtsakt die Samen sich untereinander bekriegen, also sich gegenseitig umbringen, da ja jeder Erster sein möchte.

Wenn dann eine Frau nach einer Stunde mit einem anderen Mann VereinICHung spielen würde, würden die neuen Samen die alten und umgekehrt lynchen.

Aha sagte ich, ja dann hat doch jeder schon mal Krieg geführt, reicht doch oder?

Krieg ohne Schießen ist für mich höchstes Niveau.

Schmiedet euch halt wieder Schwerter und treibt es auf den Feldern, aber haltet Frauen und Kinder von euren animalischen Trieben fern.

Noch soll es ja gute Schmiede geben! ...

Außerirdische

Zum rechten Zeitpunkt, am rechten Ort, auf der richtigen Frequenz ist nicht immer leicht, es sei denn, man ist Außerirdischer.

Doch was, wenn es sie doch gibt und du dich irrst?

Außerirdische, das höchste Bestreben der Homo sapiens.

Entfernung ist hier genauso relativ wie die Zeit.

Es braucht ja für messerscharfe Denker heutzutage für alles eine mathematische Formel oder die 7 Variablen.

Es gibt vor unserer Haustüre intelligente Wesen, die Signale senden, die sogenannten Zeichen ohne Signale, die von Zeichensuchenden zu lesen sein werden.

Wir haben jetzt die Riesenchance:

Nutzen wir diese Herrlichkeit.

Wo sind wir, was machen wir hier und warum machen wir diese Geräusche, die wir machen?

Es gibt eine universelle Sprache, die alle sprechen, auch die sogenannten Außerirdischen.

1 plus 1 ergibt 2 vielleicht.

Es könnte ja auch sein, dass ein Außerirdischer diese Zahl in einer anderen Form sieht.

Die große Form

Die große Gleichung und das Alpha.

Wir sind die Denkleistung des Intellekts.

Wir sind die Fähigkeit der Befehle von Fähigkeiten.

Wir sind nicht die wartenden Signale, wir sind die Signale.

Die Zahlen von 1 bis 10 sagen uns unsere Zahlen.

Unsere Existenz müssen wir nicht groß hinausposaunen.

Physik ist Energie und Energie verbraucht Form, schon wieder sind wir bei dem Alpha.

Unsere Existenz ist die, die sie ist.

Wir sind so primitiv, dass wir nicht sehen aber trotzdem immer verändern werden.

Und doch kommt schon bald der Kontakt mit der einen Quelle,

denn wir sind nie alleine.

Vor 14 Milliarden Jahren, so erklärt es die Wissenschaft.

Ja vor 14 Milliarden Jahren waren wir alle Teil davon, wovon wir alle noch eine Ahnung in uns tragen.

„Der Punkt, der Gedanke“

Der Urknall war der Anfang aller Atome.

Dieser Punkt, um den sich alles dreht, der Kernbrennpunkt, es wird Zeit, dass jemand diesen Punkt knackt.

Verdichtung bringt Verdichtung zu den heutigen Galaxien.

Es ist wie mein Ton in meiner Werkstatt formbar und sehr expandierbar.

Die Theorie kränkelt schon immer, denn so ist das Leben,

nicht der Wahrheit letzter Schluss.

Es waren schon immer die neuen Zeitgeister der nächsten Ära der immer während gleichen Geschichte.

Das neue Muster wird sein:

Gleichmäßig strebend!

Es gibt immer die Theorie und die dazugehörigen Beobachtungen.

Da bislang ja Außerirdische uns besuchen können und wir trotz Forschungen (noch) nicht sie, schließe ich daraus, dass diese Außerirdischen wohl die intelligenteren Wesen sind.

Aber es gibt auch das sogenannte Gefühl, das alle Menschen in sich tragen, und dieses Gefühl würde den sogenannten Druck aus dem Kessel nehmen.

Und Gefühle haben auch die sogenannten Außerirdischen.

Es kommt jetzt auf uns an. Haben wir das Gefühl, wir müssten uns verteidigen, wird laut Gesetz der Resonanz dies auch eintreffen. Diese Wesen werden die Gefühle in uns wahrnehmen und darauf entsprechend reagieren. Wir haben also wieder einmal die Gelegenheit, nachzudenken, bevor wir losrennen, denn das könnte Katastrophen verhindern.

Das heißt nichts anderes als Süßes oder es gibt Saures.

Ich lade nun ein außerirdisches rundes Schiff ein!

Vor meiner Haustüre befindet sich ein kleiner Longier Zirkel (falls man mal wieder ein Pferd bei mir abstellt).

Wenn Ihnen der Durchmesser von circa 15 Metern ausreicht, könnten Sie mit Ihrem Mobil auf diesem Sandplatz landen?

Ich tue Ihnen nichts und ich weiß, dass Sie mir auch nichts tun würden!

Könnten Sie mich dann bitte mitnehmen, nur für 1000 Jahre, ich werde des Ganzen nämlich schön langsam müde?

Dann bräuchte ich die nächsten 1000 Jahre nicht gegen den Strom rudern!

Es tauchen einfach zu viele Menschen in meinem Leben auf, bei denen ich mich nicht mehr erkennen kann.

Ein Universum wird immer geordnet sein, das ist der ewige Urknall, der Run zur Erlösung.

Da gibt es ein sehr schönes Bild von dem Film ET. Ich habe diesen Film zwar nicht gesehen, da ich eigentlich kein oder wenig Fern sehe, aber ich habe einmal ein sehr schönes Bild zu diesem Thema gesehen. Es berührten sich zwei Hände.

Ich wüsste jetzt nicht, bei wem ich anfragen sollte, ob ich es in meine Erkenntnisse packen dürfte, darum stelle ich es mir einfach an dieser Stelle gedanklich vor.

Unser wahrer Friede wird da anfangen, wo der unbewusste Umgang mit der Waffe aufhört. Je mehr Menschen sich bewusst werden, dass wir eigentlich ein ungetrennter Teil der Quelle sind, je mehr werden wir uns diesem Frieden nähern.

Es heißt ja nicht umsonst, der Deife ist mit dem Schmied verwandt.

Bewusstsein kann nicht aus Stahl erwachen.

„Weicher denn Stahl sollst du sein!“

Stammt dieser oben genannte Satz jetzt von mir oder habe ich diesen schon mal gelesen? Ich gebe ihm einfach mal Gänsefüßchen.

Schwarz oder weiß, ein Dazwischen wäre ein Kompromiss.

Vollkommenheit duldet keinen Kompromiss.

Das Spiel aus Hell und Dunkel wäre Stirb und Werde.

Das Leben ist wie Musik, der Klang macht die Farben zum fliegenden Teppich.

Aus Hell und Dunkel die Vielfalt des SEINS, solange bis die Noten von allen in flexiblen hellen Farben gespielt werden.

6. Eintrag

Es lebe hoch die Bürokratie!

Ich bekam einen Anruf von der Realschule, man bräuchte noch das Jahreszeugnis meines Sohnes zur Ummeldung. Ich sagte, ja das mache ich sofort, darf ich es Ihnen faxen?

Nein, dies ginge nicht, man benötigt das Original.

Alles klar, ist schon unterwegs, war meine Antwort.

Ich düse also mit meinem neuen Luxusschlitten mit dem Namen Silberpfeil in die nächste Kleinstadt, nur um beobachten zu dürfen, wie man das Original kopiert.

Na ja, Zeit ist für mich ja kein Teuro oder Euro. Ich führe ja auch ein Leben, ähnlich wie Beamte, vormittags drei Stunden Kaffeepause, danach nahtloser Übergang in eine entspannte Mittagspause und am Nachmittag Kaffee und Kuchen. Ha Ha?

Zur heutigen Zeit braucht man ja für eine Formularausfüllung erst einmal ein anderes Formular und wie dieses erste auszufüllen wäre, müsste man erst einmal recherchieren.

Ich werde mir darüber keine weiteren Gedanken mehr machen und bedingungslos akzeptieren. Würden mehr Menschen bewusster durchs Leben laufen, gäbe es ja nicht so viel Bürokratie. Wir wollen ja alle nur wohlwollend miteinander umgehen und immer nur untadelig sein, auch wenn dafür viel Benzin verfahren wird, schadet ja nichts, es gibt ja auch noch Selbstbestäuber und unsere Wissenschaft erfindet bestimmt bald Miniroboter, die meisten Pflanzen werden ohnehin vom Wind produziert.

Katastrophen hat es ja schon immer gegeben. Und jede neue Katastrophe bittet uns erneut, die Chance einer Umkehrung wahrzunehmen, also zurück in eine neue Zukunft zu denken.

Hoffnung kann uns manchmal auch blind machen.

Vielleicht dürfen wir ja bei unseren zukünftigen Robotern die Bediensteten spielen und diese speisen uns im Gegenzug von Lichtenergie? Na hoffentlich haben wir dann auch noch genug Sauerstoff.

Ich versuche mir bei meiner Heimreise dieses sogenannte Dauerglücksgefühl zu verpassen, damit ich bei 30 Grad im Schatten, dem Himmel sei Dank, nicht frieren zu müssen, die Fahrt genießen kann.

Dieses Dauerglücksgefühl ist besonders dann sehr lobenswert, also beste Entspannung, oder man kann dazu auch „relax mal wieder" sagen, wenn mein jetziges Schiebedach bei meiner funkelnagelalten Luxuskarosserie im Moment keine Zeit hat, um sich öffnen zu lassen, da es ja schon mit fahren beschäftigt ist.

Das oben genannte Glücksgefühl erreiche es am schnellsten, indem ich wertfreier Beobachter meiner Gedanken werde, wie am Anfang schon einmal erwähnt wurde. Wenn ich mich nicht mehr von Gedanken beherrschen lasse und diese mitunter auch zum Stillstand kommen, entsteht sofort ein sehr schönes friedvolles Gefühl in mir.

Eigentlich geht es noch schneller, ich atme ein und sage mir:

„Gott ist Liebe" und dann erlebe ich den Frieden in mir.

Das sogenannte Dauerbauchgrinsen kann man nicht in der Materie finden. Wenn ich das ein paarmal mache, einatmen und „Gott ist Liebe" denken, brauche ich doch keine Bestellung aus dem Universum mehr, da bin ich doch dankbar, dass mich mein funkelnagelalter Luxusschlitten von A nach B bringt.

Bei einem älteren Fahrzeug sind auch diese ganzen giftigen Dämpfe schon verdampft, wäre gut für Asthmatiker.

Und wenn das Schiebedach auch mal nicht zu einer Öffnung bereit ist, weiß ich, dass ich ja nur kurz über ein Kopfsteinpflaster zu fahren brauche, denn dann rutschen die hinteren Scheiben von ganz alleine ein Stück nach unten. Nebenbei möchte ich noch erwähnen, bei meinem Auto muss man nicht gleich den ganzen Motor ausbauen, nur weil ein paar Glühwürmchen zu wechseln sind. Oh, ich glaube ich stehe auf Oldheimer. Oldies are Goldies!

„Verlange nicht, dass das was geschieht, so geschieht, wie du es wünscht, sondern wünsche, dass es so geschieht, wie es geschieht, und dein Leben wird heiter dahinströmen.“
(Eptiket, antiker Philosoph, 55 – 135 n. Chr.)

Unsere Wünsche sind nicht unberechtigt, solange wir bis dahin gelernt haben, unseren „Nächsten“ rücksichtsvoll zu verlassen. Und mit diesem „Nächsten“ meine ich nicht nur Menschen.

Das heißt, uns bewusst machen, dass diese ganze Wünscherei auch einen Rückkoppelungseffekt auf unsere Umwelt haben könnte.

„Es gibt ein erfülltes Leben trotz vieler unerfüllter Wünsche.“
(Dietrich Bonhoefer, Theologe, 1906 -1945)

Wie dickschalig kann unsere Erde eigentlich noch sein, um auch noch diese großen materiellen Wünsche von vielen Menschen auszuhalten. Ich weiß es nicht. Ich gebe auch das Rezept zum Wünschen preis, bitte wünsche der Leser aber erst, wenn er mein Buch zu Ende gelesen hat.

Und wurde nicht einst gesagt: „Ihr seid schlafende Götter."

„Als ich meine Seele fragte, was die Ewigkeit mit den Wünschen macht, die wir sammelten, da erwiderte sie:
Ich bin die Ewigkeit!"
(Khalil Gibran 1883 – 1931)

Ich bin mir ziemlich sicher, dass das Universum alles erfüllt, da es grenzenlos ist, man muss nur die Formel dazu wissen und die findet der Leser auf Seite **277**.

Wieso strebt der Mensch eigentlich nur immer nach einem Speckgürtel?

Eines, und da bin ich mir ziemlich sicher, wird uns das Universum nicht senden können:

Geistige Erkenntnis.

Wer meint, in einem goldenen Zeitalter zu leben, lebt zwar gelassener und reicher, denn heutzutage gibt es ja schon Mentaltrainer, die einem Beibringen, wie man im Lotto gewinnt. Ob dies allerdings zu wahrem Reichtum führt, stelle ich wieder in Frage. So ein Lotto-Jackpot gehört für (mich) ohnehin in viele einzelne Millionen aufgeteilt.

Nur wer der Einnahmequelle dieser unserer Erde auch gefallen mag, das heißt, auch ein Stück mit unserem Ernährer, der Erde, mitdenkt, die Erde, die eigentlich unser wahrer Ernährer ist, auch mit in sein Segelboot nimmt, wird auf Ewigkeit erblühen.

Diese fehlenden geistigen Erkenntnisse dürfen wir in unseren nächsten Leben weiter erlernen, um eines Tages die Vollkommenheit zu erreichen.

Ich mache mir es jetzt zu meiner weiteren Lebensaufgabe, den oft vermeintlich „spirituellen" maßlosen Wünschlern, über die ich

„zufällig" stolpern werde, eine rasierklingenscharfe Egobremse zu erteilen. Diese Wunschvorstellungsgedanken, die wieder nur an sich denken, das heißt, nur ihr eigenes großes EGO-ICH mit materiellen Schönheiten und Eitelkeiten befriedigen möchten, ohne dabei nach hinten sehend zu sein.

Wir gehen mit unserem Lernplaneten um, als könnten wir uns einen zweiten Erdplaneten im Internet bestellen.

„Überlege einmal, bevor du gibst, zweimal, bevor du annimmst, und tausendmal, bevor du verlangst."
(Marie von Ebner Eschenbach, 1830-1916)

Ich möchte wieder einmal betonen, dass dies lediglich meine Sicht der Dinge ist.

7. Eintrag

Heute ist mein Glückstag.

Ich bekam das erste Mal eine Bewerbung von einigen Seiten zurück, mit einem Brief, in dem man sich für mein freundliches Schreiben bedankte und ich aber leider nicht ins Verlagsprogramm passe, da sich dieser Verlag ausschließlich mit Unterrichtslehrmaterial für Lehrer und Schüler befasst. Ich muss sagen, es gibt wirklich noch aufrichtige Leute heutzutage und ich werde mir jetzt auch nicht den Kopf darüber zerbrechen, dass es für einen Lehrer ja auch lehrreich sein könnte, wenn er lesen würde, dass es nicht die feine englische Art ist, ein kleines Kind mit einem Schlüssel zu bewerfen. Man muss ja immer ehrlich sein, ich bin im Englischunterricht eingeschlafen, es war in der 5. oder 6. Klasse.

Und ich werde jetzt auch nicht in eine Art Opferrolle fallen und zum Beispiel schreiben, dass es ein Esoterrorist auch nicht immer leicht hat. Eigentlich hat es gar kein Terrorist leicht, da gibt es zum Beispiel die Radlerterroristen.

Von März bis Oktober fahren solche um unser Haus, da der Jakobsweg an unserem kleinen Gehöft, was früher mal ne Ruine war, vorbeiführt. Diese besagten Terroristen halten immer genau vor unserem kleinen Steingarten, da die meisten nicht mehr weiter wissen und fragen in sämtlichen Sprachen nach dem richtigen Donauradweg.

Da ich ja nur die Herzenssprache so richtig spreche, schicke ich sie meistens erst zu unserer Wirtin, denn viele Radler machen mir ja wirklich einen sehr abgestrampelten Eindruck und so denke ich, ein kleines Ruhe-Päuschen kann ja nie schaden.

„Kämpfe um das, was dich weiter bringt. Akzeptiere das, was du nicht ändern kannst und trenne dich von dem, was dich runterzieht - Anonym“

Heute war wieder Abholtag und ich lernte von meinem Vater, dass der Fortpflanzungstrieb einer Gottesanbeterin so groß ist, dass sich das Männchen mit dem Weibchen paaren möchte, auch wenn das Weibchen seinen Kopf schon im Schlund hat, und dass pünktlich zur Urlaubszeit die Benzinpreise steigen, da das Öl immer weniger wird und man müsste die Ursache bekämpfen.

Vielleicht sind meine Erkenntnisse ja noch nicht fertig und vielleicht konnte ich auch inzwischen ein paar Lektoren beherzigen?

Vielleicht bin ich ja so eine Art Geisterfahrerin, so quasi aus dem Lastwagen gefallen, und ticke als einzige verkehrt herum?

Vielleicht habe ich ja meine Inkarnation nicht akzeptiert?

Das wollte mir wahrscheinlich der Laternenpfosten schon beweisen, mit dem ich, als ich 11 Jahre alt war, kollidierte.

Vielleicht brauche ja nur ICH einen erweiterten Blinkwinkel?

Da fällt mir wieder ein Lied ein:

Allein, Allein, bin so Allein, Allein.

Es könnte ja sein, dass nur ich kein neuer Zeitgeist bin und alle Anderen schon. Bin ich vielleicht versehentlich in diese schnelllebige Industrialisierung reinkarniert und hatte vergessen, mir einen Wecker auf eine andere Zeit zu stellen?

Ich werde mir, was einen seriösen Verlag betrifft, selbst treu bleiben, vorher waren meine Erkenntnisse halt noch nicht fertig, denn Geduld ist in meinem Augenblick eine wichtige Tugend.

Der Grund:

Meine Einstellung ist, der Mensch muss Geben lernen (ohne dabei an sich zu denken) um eines Tages zu empfangen, sonst sagt mir mein Bauchgefühl, würde bei meinem zukünftigen Verlag nicht das gleiche Herzblut pumpen.

Es kommt mir nun auch die Idee, auch E-Mail-Anfragen zu versenden, anstatt nur ausgedruckte Seiten, ist ja günstiger und ohne diesen Schreibschutz, denn Hacker oder computerversierte Menschen hätten damit ohnehin kein Problem.

Wer waren jetzt gleich nochmal die natürlichen Feinde bei Neandertalern?

Waren das jetzt die Höhlentiger oder die „weisen“ homo sapiens, ach egal, so ähnlich ist es halt heute mit unseren Hackern.

Apropos Neandertaler, würde ich ein nacktes Adlerbaby betrachten, sehe ich darin ein kleines Dinosaurierbaby.

Pause

Dies gibt mir nun auch die einmalige Chance und auch die Zeit, meine Rechtschreibung zu überarbeiten.

Nun habe ich meine Rechtschreibung nach bestem Wissen überprüft, man soll ja immer sein Bestes geben, besser war es mir nicht möglich. Meine Zeilen gab ich einem Steuerberater zur Überprüfung und einer Deutschlehrerin.

Die Deutschlehrerin sagte mir per Telefon, mein Buch hätte ihr gut gefallen, aber ich solle doch am Anfang etwas über die Liebe schreiben, wenn es mit der Liebe enden würde. Diese Frau ist mir sehr ans Herz gewachsen, denn ich durfte 7 Jahre lang ihre Nachbarin sein. Sie ist auch ein Mensch, der ihr Herz auf der Zunge trägt, viel lacht und jemand, bei deren Nähe sich jeder wohl fühlt. Sie hat es auch nicht ganz so leicht. Es gibt nämlich „Futzis", die Lehrer bestechen möchten, damit das Kind das Abi schafft. Ich trauerte nach unserem Umzug lange um meine liebgewonnenen Nachbarn und diesen freundlichen Mieterhöhungsbringer kann ich bis heute noch nicht bedingungslos lieben. Obwohl ich zu seiner Verteidigung sagen muss, dass er der Startschuss meines Lebens nach 7 Jahren zum nächsten Aufstieg war. Aber ich habe ja viel Zeit ihn vielleicht doch noch lieben zu lernen.

Und der Steuerberater erklärte mir den Unterschied zwischen das und dass.

„Tu, was du kannst, mit dem was du hast, dort wo du bist."
(T. Roosevelt, 1858 - 1919)

Und ich muss auch nicht erwähnen, wie viele beratungsbereite Menschen ich schon von ganz unten raufgezogen habe, ohne oder mit sehr wenig Wertschätzung. Ich hatte es einfach vergessen, bzw. wollte immer etwas Vorleben, was man vielleicht gar nicht Vorleben kann, da man das Wichtigste nur in sich selbst finden kann und die freie Wahl unantastbar bleibt. Bin ja schließlich ne Blondine und ich tat es von Herzen gern, ich wusste ja immer schon, es kommt in anderer Form etwas zurück. Nun entbinde ich mich einmal kurz bei ein paar Erfahrungen aus meinem Leben von meiner Schweigepflicht, damit ich etwas weitergeben kann, wovon der Leser eventuell profitieren könnte.

In meinem Leben habe ich schon Millionäre mehrere Jahre beraten ohne oder mit wenig Wertschätzung, meistens sonntags oder spät am Abend oder an meinem Geburtstag. Dies machte ich immer gerne, manche gehen an einem Sonntag in die Kirche und ich durfte eben das tun. Da man ja immer ehrlich sein muss, sprudelten schon öfter die Worte aus meinem Mund:

„Du bist wie ein Kind, das gerade seinen Lutscher nicht bekommt!“

Nicht gerade geschäftstüchtig, aber ehrlich und verhungert bin ich deshalb ja auch nicht. Ich bin mir ziemlich sicher, dass Geld kein Thema ist, um das es dem Geist als Entwicklung geht. Sondern eher, wie man mit dem Geld umgeht, das man gerade besitzt und ob man jetzt weniger hat oder mehr spielt meiner Ansicht nach auch keine Rolle. Wenn man gerne mehr haben möchte, nutzt es wohl nichts als Goldmariechen mit aufgespannter Schürze zu warten, bis es die Taler vom Himmel regnet.

Eigentlich waren dies allesamt reizende sowie sehr charismatische Persönlichkeiten. Aber ich hörte immer wieder:

„Du hast ja eine Familie!“

Wie viele vielschichtige Masken verbergen sich doch hinter dieser Zahl 8. Man muss nur einmal still sein und hinter den Gardinen bleiben um zu erkennen, wie es um die geistige M8ausübung des Gegenübers bestellt ist. Ich durfte immer wieder beobachten, wie manche vom Regen in die Traufe gefallen sind, einfach 8- und Kopflos.

„Kein Volk gibt es, wie ich sehe, mag es noch so fein und gebildet, noch so roh und unwissend sein, das nicht der Ansicht wäre, die Zukunft könne gedeutet und von gewissen Leuten erkannt und vorhergesagt werden."
(Markus Tullius Cicero, 106 - 43 v. Chr.)

Sollte es tatsächlich sein, dass der moderne Mensch vergessen hat, wie sich sein Nächster fühlen könnte, war mein verlängerter Aufsatz vielleicht wirklich für den Arsch.

Ich möchte mich nicht selbst überschätzen, doch vermute ich, dass manche Personen ihren Lutscher noch nicht gefunden haben. Der Grund:

Diese permanente unzufriedene im „Mangel" denkende Gedankenwelt dieser Kaptiäne (Angst, nur des Geldes wegen geliebt zu werden), zieht einfach immer wieder diese „Mangelerfahrungen" ins eigene Segel-Boot.

Aber Zeit gibt es ja ohnehin nicht.

Geiz ist ebenso stark mit der 8 verwandt.

Dies soll jetzt bitte nicht als Verurteilung, sondern eher als eine kleine Lästerei und meine eigene Beurteilung für den Leser in Empfang und zur Kenntnis genommen werden. Diese Persönlichkeiten dürften aus meinem Blickwinkel einfach nur einmal mit Sackgewändern umherlaufen, damit sie sich nicht ständig Raupen ins Boot ziehen. Ich möchte auch hierbei betonen, dass ich dies jederzeit wieder tun würde, denn es ruft ja keiner umsonst an und ich weiß, lernen kann ich ja immer, auch wenn ich vielleicht nicht helfen kann.

Da durfte ich lernen, dass ich das nächste Mal dankbar für meine Vergangenheit sein darf, da ich ja nur kurz zurückblättern brauche, um eine Seite aufzublättern.

Meine Vergangenheitssammlungsschatzkiste. Ich musste mir schon öfter über längere Zeit ein Häufchen weinendes Elend antun. An einem Sonntag erinnere ich mich noch, telefonierte ich mehrere Stunden am Stück, so lange, bis diese Person nicht mehr weinte. Das nächste Mal wird nämlich so eine Story von einer Depression und Suizidandrohung keine so lange Zeit mehr in Anspruch nehmen. Oh mein Gott jetzt klingelt es, ich bin ja eigentlich auch ein Sammler, ein Sammler von Erfahrungen aus meiner Vergangenheitszeit.

Bei der Zahl 8 stellen sich mir mittlerweile 3 Haare auf meinem Haupte auf.

Der reinste Affen Circus mit vielen Kronen sind bei den 8ern zu finden. Eigentlich wundern mich die Depressionen der 8er gar nicht. Mit der Zahl 8 wird auch in einem 8er Lebensjahr das gesammelte Karma der letzten 7 Jahre bezahlt, da die 8 die Zahl der Gerechtigkeit ist.

Die wahre 8 ist eigentlich das komplette Gegenteil von Nehmen und Geiz, das ist wahrer geistiger Reichtum, und somit würde es auch keine Depressionen mehr geben!

Der wahre Gewinn eines jeden Menschen ist sein nächster Mensch!

Die 8 ist in Wahrheit eine Sonnenzahl, und mit Sonne haben folgende Erlebnisse rein gar nichts zu tun.

Ich habe schon Damen (8) vom Abtreiben beraten mit stundenlangem Hineinbeten ohne Wertschätzung.

Ich wurde Beobachter der schrecklichen Schicksale, man möchte halt einfach nicht hören. Ist es denn erst ein Mensch mit Herz und Gefühlen, wenn es aussieht wie ein Mensch?

Dies würde jetzt viele Seiten füllen.

Kleine Kinder lernen eigentlich viel schneller, wenn sie einmal eine heiße Herdplatte berühren, dann bestimmt kein zweites Mal. Und wenn doch, kein drittes Mal.

Es lebe hoch das Kondom und die Verhütungsindustrie.

Bei mir war es jedes Mal ein Aha-Erlebnis.

„Alles was du in deinem Leben und Dasein einmal an Ungerechtigkeiten, Lügen, Betrug, Kälte und Unwissenheit anderen Menschen zugefügt hast, kommt wieder zu dir zurück in sieben Jahren. - Anonym“

Ist es Zufall? Die Steuerhinterziehung von Herrn Uli Höhnes. Ich hörte heute im Bayern 3 Radio, dass er sieben Jahre lang seine gesetzesmäßige Steuer nicht abführte. Nun kam es ans Licht, man fällte ein Urteil:

3 Jahre und 6 Monate. Alter schützt vor Torheit nicht.

Na ja, ein Verbrechen oder eine Inkarnationsfalle ist für mich etwas anderes, darauf komme ich noch.

Wenn es einem Esel zu gut geht, geht er halt gerne aufs Glatteis, so heißt es.

Meine Kinder haben ja den Humor von mir geerbt und darum erzählten sie mir, dass die Jugendlichen in der Schule Rechnungen erstellt hätten, die in etwa so lauteten:

„Wie viele Minuten müsste man in das Gefängnis, wenn man 1000 Euro Steuern umgehen würde?“

…

Einmal bat mich eine Frau telefonisch um Rat, ich hörte zu und beriet sie, darauf schrieb ich für sie circa sieben Seiten ohne Wertschätzung. Sie war Quersumme 7. Das nächste Mal bat sie mich, für ihren Sohn zu schreiben, ich tat es wieder ohne Wertschätzung. Sie hatte eine glockenhohe sympathische Stimme und erzählte mir noch, sie würde mit Engeln für Leute channeln. Ihr Mann wäre der wiederinkarnierte Jesus, könne sie aber nur von hinten nehmen und gehe regelmäßig ins Bordell, da er dies einfach braucht.

Eigentlich keine schlechte Anmachattacke, ich war schon mal Jesus zu behaupten, jubb, wenns denn klappt?

Hmm???

Ich habe ja viel Fantasie, es fehlt mir jedoch bei dieser sogenannten Inkarnation jegliche Vorstellungskraft.

Jesus brauchte sich doch (laut meiner Wahrheit) nicht mehr als Mensch manifestieren, er wohnt längst in allen Herzen der Menschen, die dieses dank freier Wahl auch möchten. ER brauchte nicht mehr in die Geist darf Erwachen-Schule. Diese Frau kann bestimmt schon bedingungslos lieben und dafür muss ich sie auch sehr bewundern. Sie denkt sich bestimmt:

Ja mei, es ist ja hinterher noch alles dran.

Ich würde diesem Puff-Esel, entschuldige der Leser, dieser besseren Hälfte ganz andere Karten, ich meine die Leviten lesen, zum Beispiel mit einer versalzenen Suppe oder einer Bratpfanne.

Auch glaube ich, dass dieser Esel, ich meine die bessere Hälfte, ihr bei der VereinICHung nur nicht in die Augen schauen kann, da er unbewusst ein schlechtes Gewissen hat. Wäre das 7. Gebot nicht (gibt ja eigentlich keine Gebote) „Du sollst nicht stehlen". In diesem Fall meine ich:

Nicht stehlen die Würde deines Gegenübers!

Und sie tun es doch!

Als ich sie das dritte Mal telefonisch ohne Wertschätzung beriet, hatte sie gerade Krebs. Ich denke dies mit dem „Puff" hat sie nur geahnt und darum wurde sie krank. Und er macht halt sein Ding weiter *ohne offene ehrliche Aussprache*, und wird selbstverständlich nicht krank, denn unsensible rücksichtslose Menschen suchen die höchste Oktave einfach nicht, die haben kein schlechtes Gewissen, und darum tragen sie wenig krankmachende Gefühle in sich.

Sie bot mir im Gegenzug an, auch für mich einmal bei den Engeln zu channeln, ich lehnte dies dankend ab.

Es gibt ja keine Todsünden, denn diese könnte man den Menschen noch so oft vorlesen, würde nichts nützen. Rein „zufällig" wäre die 5. Todsünde Wollust.

In der 5. Dimension dieser oben genannten Kurzgeschichte könnte der Mann aus meinem Blickwinkel sich verwollustigen so viel und so oft und mit wem er möchte. Er dürfte Schnecken checken, den wilden Hengst spielen und pimpern und sein Wurzelchakra in viele Schneeflittchens mit den Silicontittchens vergenußwurzeln. Allerdings fehlte (mir) da eine Zahl, die 8, Ehrlichkeit, zu sagen, wie man sich sein eigenes Leben vorstellt, damit man seinem Gegenüber nicht ständig seelische Verletzungen zufügt.

Ja, ja, je älter der Stier, desto härter das Horn, wers glaubt wird selig. Prost auf das nächste Stößchen!

Lieber vereinsamt mit nur einer Palme, oder wie diese derzeitige Sendung heißt.

Und wenn der Mast mal nicht mehr so gut steht, gibt es ja immer eine rettende Tablette: „Viagra"

Bitte auch hier in Maßen einsetzen und nicht in Massen, Herzinfarktgefahr.

Hatten wir es da nicht schon wieder mit der 5 und 8 Kombination zu tun. Ich sehe bei dieser Zahlenkombination die Schattenseite.

Das 8. Gebot, du sollst nicht Lügen und sie tun es doch. Mir ist es manchmal ein sehr großes Puzzle, wie man so heilige Zahlen so facettenreich leben kann. Liebe Leser, seien Sie mir jetzt bitte nicht böse, wenn ich jetzt behaupte, bei dieser Zahlenkombination gibt es auch viele unseriöse Menschen und Schauspieler, die mit allem handeln würden, um an Macht zu kommen, damit sie ihre Ideen berechnend verwirklichen können.

Das Reduzieren auf eine Zahl stellt für mich also nicht immer den gleichen Wert dar.

Kennt der Leser den schon?

Die Ehefrau überrascht ihren Mann:

„Liebling, ich fahre Morgen für ein paar Tage zu meiner Mutter. Kann ich noch irgendetwas für dich tun?“

„Nein danke, das genügt vollkommen.“

Ich bin kein Moralapostel aber ich denke:

Geistige Vervollkommnung wird man mit so einer Art Wollust nicht erreichen können, da dies nicht nach hinten sehend ist (Offenheit heißt rücksichtsvoll!). Ich dachte eigentlich bis dahin immer, manche Dinge gibt es nur in Filmen, aber oh doch, es gibt diese Dinge.

Um eine geistige Ausstattung zu erreichen, darf man auch einmal eine Seite (Zahlen) umblättern.

Was für ein geiler wollüsterner Satz, ich muss mich einfach mal selbst loben, denn bis jetzt habe ich für meine Arbeiten hier am PC, meine vielen vielen vielen Stunden noch keine Wertschätzung.

Nicht mal im Traum würde es mir einfallen, von jemandem eine Dienstleistung anzunehmen, ohne wenigstens die Frage zu stellen, was bekommst du denn dafür.

Es kam der Tag, da hatte ich für mich beschlossen, mein Wissen weiterzugeben. Und so wollte ich meine Weisheit in einem Friseurladen zur Verfügung stellen.

Damals hatte ich noch die Einstellung, ich müsste mein Feen Amt walten lassen.

Man gewährte mir ein Zimmer im Keller mit der durchschnittlichen Temperatur von 8 Grad als selbst und ständig.

Oh Mann, was habe ich dort unten gefroren. Ich bot mein Wissen für einige Minuten gratis an, die weitere Zeit würde Geld kosten. Es waren viele bei mir für ein paar Minuten, viele brachte ich nach kurzer Zeit zum Weinen, da die meisten sexuell misshandelt wurden, na wenn es etwas umsonst gibt.

Geiz ist (für mich) eigentlich die größte Armut, was ein Mensch je erlernen kann.

Leider wenige, die wahres Seelenheil suchten und sich bereit erklärten, in ihren eigenen dunklen Keller hinabzusteigen, um ihre äußere Maske fallen zu lassen. Man gibt lieber viel Geld für Schönheit aus. Lieber längere Fingernägel, als einen erweiterten Geist. Ich durfte beobachten, wie man sein Äußeres schmückt. Meine Güte, wie sehr achtet man auf sein äußeres Erscheinungsscheinbild. Der äußere Glanz. Wimpern färben und Augenbrauen zupfen, Haare bügeln, ist wirklich wichtiger.

„Keiner kann einen Körper frisch und schön erhalten, wenn er sich von ausgelaugten Gedanken nährt."
(Prentice Mulford, 1834 – 1891, Philosoph)

Figero, Figero, Figero

Bitte nicht falsch verstehen, ich benutze auch Wimperntusche und Lippenstift, denn rote Lippen soll man ja bekanntlich küssen. Und wenn wir ganz ehrlich zueinander sind, was gibt es Schöneres, als schöne Frauen?

Ich habe noch nie so viel Oberflächlichkeit erleben dürfen. Ich durfte beobachten, wie viele ins Ausland fahren, wo man viel Geld zahlt, weil ein Engel spricht. Du grüne Kartoffel, dachte ich immer, warum suchst du den Engel nicht in dir?

Labella, wie sehr möchte man doch die leibhaftige Venus sein. Der Zauber der Schönheit. Es gibt ja auch Menschen, die sich mit Blattgold eine Gesichtsmassage gönnen, denn man müsse sich ja so sehr selbst lieben und sich Dinge implantieren um zu blenden. Implantate über dem dritten Auge machen Menschen noch lange nicht nach innen sehend. Mache es für dich selbst, dies ist meiner Meinung nach völlig in Ordnung, aber niemals nur, um den anderen zu gefallen.

„Auf den Geist muß man schauen. Denn was nützt ein schöner Körper, wenn in ihm nicht eine schöne Seele wohnt.“
(Euripides, griech. Dramatiker 480 v. Chr. – 406 v. Chr.)

Diese „Selbstliebe“, die gerade herumschwirrt, und wobei man viel Geld verdienen kann, geht mir langsam auf den Sender.

Dies könnte nämlich bei so manchen Menschen wieder ein Fallstrick sein, denn es würde auch wieder in eine Sucht der ständigen Verlockungen führen, vergleichbar mit einem bunten Briefumschlag, der große Erwartungen erweckt. Würde man diesen Umschlag aber öffnen, wäre er leer. Und manchmal wäre er im besten Falle leer. Na hoffentlich wächst mit dieser Selbstliebe nicht wieder ein Ellenbogenbewusstsein. Ich ahne, dass es nicht diese Selbstliebe ist, die uns Herr Charly Chaplin vermitteln wollte. Am besten gefiel mir sein letzter Satz, wo er in etwa sagte: „Manchmal prallen Sterne aufeinander, so ist das Leben“, das meinte ich mit Progressiv und Konservativ. Allein sich in ein friedvolles Gefühl mit unserer Vergangenheit und sich in ein träumendes vertrauensvolles Gefühl für unsere Zukunft versetzen zu können wäre doch schon eine heilende Lösung und führt zu einer Selbstliebe, die für mich eine viel höhere und tiefere Bedeutung darstellt.

Das DU mein Nächster ist wichtig, denn wenn das Du endlich wichtig ist, dann bin ich (Selbst-Geist) mir wichtig, und schon wären wir in der wahren Selbst-Liebe, denn nur vom Du können wir lernen. Ich wiederhole mich, so wären wir also automatisch in der Liebe zu unserem nach Aufstieg hungernden wahren Selbst (Geist), was meine Bedeutung für Selbstliebe wäre. Wir erkennen uns im Du.

Ich möchte jetzt nicht als arrogant beim Leser ankommen, und schon gar nicht möchte ich mich in irgendein grünes Licht bringen, aber da waren für (mich) schon seltsame Geister. Da fragen diese, wann werde ich denn endlich mit meinem zweiten Kind schwanger. Rasten beim ersten schon von Pontius bis Pilatus, man weiß ja, wie viele Methoden es heutzutage dazu gibt. Wenn das erste Kind dann endlich da ist, muss es bald den ganzen Tag in die Kinderkrippe, da es nervt, obwohl man zu Hause wäre, da der Mann ein Spitzenverdiener ist. Man selbst ist aber auch noch ein studierter Wissenschaftler.

Aa Ha? Fehlt es manchmal nicht ein bisschen an Dankbarkeit, es ist doch schon das größte Wunder, wenn man ein gesundes Baby zur Welt bringen darf?

Ähh, a, ich meine es könnte nun sein, dass viele sensible Menschen meinen Aufsatz lesen und ich möchte mit Sicherheit keine Gefühle verletzten aber wenn man mich zum Beispiel fragen würde:

Möchtest du da reinkarnieren?

Meine Antwort wäre spontan:

Eiso ihaa äher ned.

Wenn man solche oder ähnliche Fragen über 30 Jahre lang gestellt bekommt, taucht einem selbst manchmal die Frage im Kopf auf, ob man denn in seiner kindlichen Unbekümmertheit vielleicht versehentlich aus einem außerirdischen Schiff „Fallschirm springen spielen“ wollte.

Es könnte ja auch sein, dass man mich mit einer Banane aus dem Urwald gelockt hat!

Vielleicht habe ich mich ja in irgendeinem Universum nur verlaufen?

Unsere Gefühle brauchen wir lediglich zum Krankwerden, Wünschen und „**Lernen zu Leben“**!!!

Es geht im Leben lediglich um geistige Entwicklung, und da spielen Gefühle überhaupt keine Rolle.

Wir sind viel mehr als unsere Gefühle!

Je mehr man plant, umso mehr wird uns das Schicksal leiten.

Ich lernte mit meinen vielen Lehrmeistern im Laufe der Jahre, die Antworten auf den Punkt zu bringen.

Nur das Du, das deinen Weg kreuzt, ist für (mich) in Wahrheit wichtig. Wahre Schönheit geht in die Tiefe ist authentisch und pur, das wäre die Sprache des Lebens zu verstehen.

In dem damaligen Salon erbettelte ich mir dann ein neues Zimmer im Erdgeschoss und tapezierte noch die linke Wand und den Garten. Da ich ja ein Glückskind bin, schaffte ich es auch. Ich spürte bald, dass ich loslassen muss. In diesem Musikantenstadl, in dem man sich nur um Äußerlichkeiten bemüht hat, durfte ich eine einzige Person persönlich spüren und kennenlernen, die mit Sicherheit damals schon zu dieser „Prüfung“ zugelassen war. Ich taufte sie Barbra Streisand, denn sie hätte ihre Zwillingsschwester sein können und ich spürte, dass sie ein Herz wie ein Bergwerk hat. Da bedurfte es keine oder wenig Worte, ich hatte bei dieser Person ein Gefühl, als würden wir gleich denken.

Weilst a Herz hast wie a Bergwerk (Reinhard Fendrich)

Worte, die aus einem tiefen Herzen kommen berühren immer andere Herzen und manchmal bedarf es tatsächlich keine Worte mehr, aber es berührt und trifft einen trotzdem. Die Oktaven schwingen gleich, als säße man zu zweit auf einer

Hollywoodschaukel und lässt sich schaukeln, ist dabei zufrieden mit dem Schaukeln, keine weitere Erwartungshaltung.

Möchte ich wahre Schönheit sehen, so wurde ich immer schon mit meinem Pferd in Mutters Natur fündig.

Da wir schon bei der Wahrheit sind. Ich hatte vor vielen Jahren, circa einem Jahrzehnt, das große Glück, zu einer Geburtstagsparty eingeladen zu werden. Sie fragten mich alle aus, allen erzählte ich ihre Lebensaufgaben in dieser Runde. Einer gab mir sein verkehrtes Geburtsdatum, da er offensichtlich nicht an so einen Schmarrn glaubte. Ich erzählte und erzählte allen, ohne Wertschätzung, für mich ist das selbstverständlich, denn mein Wissen gab ich schon immer gerne weiter. Nachdem ich fertig war, sagte er vor dieser großen Runde, es wäre das verkehrte Geburtsdatum gewesen, er log mich bewusst an. Er und alle anderen lachten mich aus. Ein paar Monate später hatte dieser Lügner einen schweren Schicksalsschlag und darauf bekam er einen Herzinfarkt, er tat mir leid.

Einer damals (noch) beratungsresistenten Frau lieh ich viele Stunden mein Ohr wegen irgendwelchen Affen, die ihr Liebeskummer bereiteten. Es war immer nur eine kurze Verblendung der Augen und Ohren. Einer war dabei, der sie anlog, bzw. mich, da mir das viel Zeit kostete (ohne Wertschätzung), auch er bekam einen Herzinfarkt, dies dauerte keine paar Wochen, er tat mir leid. Eigentlich müssten meine Ohren schon telefonverstrahlt sein, ich lebe aber zum Dank immer noch.

Die Liebe hat in (meiner) Wahrnehmung kein Ende, sie verlässt einen nicht mehr, die wahre Liebe kann nicht sterben.

Einer (noch) beratungsresistenten Person schenkte ich viele Stunden meiner Aufmerksamkeit ohne Wertschätzung. Als ich eines Tages etwas unfreundlicher deutlich wurde, da sie permanent irgendwelche erfundenen Lügengeschichten erzählte, beschimpfte sie mich, sie baute einen Unfall, sie tat mir leid.

Es kam der Tag, da lud man bei mir ein Pony ab. Dieses Pony diente zum Ponyführen von Kindern, die gerne reiten. Man führt normalerweise Ponys mit Kindern von Mai bis Oktober um Geld zu verdienen. OK, es war Oktober. Als ich mit Entsetzen feststellte, dass dieses Pony mit zurückgelegten Ohren und offenem Maul auf meine eigenen Kinder losging, da man es nicht einmal striegeln konnte, musste ich handeln. Dieses Handeln bestand darin, dass ich mit dem Pony erst mal spazieren ging und feststellte, dass es Kraft anwendet und mich über die Straße zerrt. Dieses Pony war wieder einmal eine Großbaustelle und dauerte ein halbes Jahr „ohne GEWALT“.

Am Ende konnte ich das Pony und mein Pferd gemeinsam auf die Koppel bringen und jedes Kind konnte es striegeln und führen.

Heute weiß ich, dieses fletschende Pony spiegelte der Person ihre seelischen Untoten wider, ihr aufgeladenes Glaubensmuster, Männer wären schlechte Menschen. Das sich ungeliebt gefühlte Kind des Vaters wird sich solange wiederholen, bis sie dank freiem Willen aufwacht.

Der Leser ahnt nicht, was es alles gibt, ich kam zu dem Schluss, es gibt nichts, was es nicht gibt.

Es heißt, Rache ist das Glück unglücklicher Menschen. Ich denke, so spinnt man sich mit einem Faden langsam aber sicher seine Hölle auf Erden selbst. Lebendig begraben, so könnte man es eigentlich auch nennen.

Diese kleinen Geschichten erwähne ich nur, damit wir uns ein für alle Mal nicht mehr von unseren Emotionen einfangen lassen. Der Friede ernährt und Angst verzehrt uns das eigentliche Leben. Das Anhängen mit bitteren Gefühlen an unsere Vergangenheit, das Verweilen in dem, was einmal war, kann nur Unzufriedenheit, Unrast und letztendlich Frustration mit sich bringen. Unsere Vergangenheit dient lediglich dazu, aus unseren eigenen selbst gezüchteten Schöpfungen zu lernen und zu erkennen, um weiter zu wachsen. Wir sagten damals „Ja“ und ließen uns blenden.

Wir dürfen nun stattdessen mit Freude vorwärts in eine Zukunft blicken, für die wir durch die befreiende Energie aus den gelernten Erfahrungen vorbereitet wurden.

Vergebung war schon immer süßer als Rache.

Wahre Liebe ist Geben ohne zu Nehmen. Wer noch nicht mit sich selbst im Reinen ist, hängt noch an einem roten Faden.

Und noch idealer wäre es, wenn der Nehmende freiwillig und ohne Erwartungshaltung auch geben möchte, somit wären wir wieder bei der wahren liegenden 8, die Liebesschleife ist vollbr8.

Oh, AH, IHAH, wie poetisch.

Man kann nur hoffen, dass so manche Zahlen-Kombinationen der 5-8 bald aus ihrem Tiefschlaf erwachen, denn gerade diese Personen würden eigentlich im positiven Sinne viel Charisma, Offenheit, Power und vor allem ihren Humor in die Erdumlaufbahn bringen.

Es ist im Leben ganz wichtig, dass man sich auch einmal den Frust von seiner Seele spricht, dies mache ich gerade in meinem Buch, doch manchmal reden Menschen einfach aneinander vorbei. Numerologie war für mich nie nur eine kurze trendige Modeerscheinung, genau wie meine Reiterei.

Doch muss ich an dieser Stelle wahrlich zugeben, dass ich nicht immer eine Brücke oder ein Sprungbrett und damit eine Verbindung zwischen Menschen und ihrem wahren Lebensauftrag bauen konnte. Deshalb schrieb ich am Anfang, Manche sind auch beratungsresistent.

Häd ih, dad ih, wa ih heit!

Vielleicht?

Hätte ich, getan ich, dann wäre ich heute?

Ja, wenn da Hund net gschissen häd. (keine Übersetzung)

Persönliche Veränderung fängt bei einer geistigen Wandelung an.

Die Vergangenheit war unsere Wahrheit und Wirklichkeit, die wir als das Heute in Empfang nehmen dürfen und schon immer durften, denn wir sind Zeitlosigkeit.

Es ist schon lange her, aber die Erinnerungen fallen nicht schwer.

Heute weiß ich, ein jeder schwingt in seinen eigenen Lebens-Wahrheiten und in seiner eigenen Oktave.

Arthur Schoppenhauer, geboren in Danzig im Jahre 1788 war ja, wie es heißt, auch nicht gerade mit Gleichmut und Gelassenheit gesegnet. Vielleicht liegt dies an unserer gemeinsamen Einstiegszahl 22. Scheibenkleister.

Peter Hofmann geboren am 22.8.1944 – 29.11.2010.

Mir fehlen die Worte für Herrn Hofmann und sein musisches Talent. Seine Einstiegszahl gleich die Meisterzahl 22. In der Mitte wohl die vollentwickelte 8, wenn man seine Kunstwerke hören darf. Und am Ende schon wieder eine Meisterzahl, die Zahl 44. Er hat wahrhaft die Unsterblichkeit erreicht. Friede sei mit ihm.

Als man dieses oben geschilderte Pony nach einem halben Jahr wieder bei mir abholte, war meine Wertschätzung folgende Worte:

„Was hast du denn mit meinem Pony gemacht?"

...Ähä...vielleicht...oäh...oder doch anders...uih?

Vielleicht ticke ja nur ich nicht richtig und habe bei meiner Inkarnation den Planeten verwechselt, darum schwieg ich wieder einmal und lernte dazu. Ich versuchte weiter meine Gaben zur Verfügung zu stellen.

Wenn ich in meinem Buch manchmal Zahlen umdrehe, möchte ich meinem Leser eigentlich nur nahelegen, mit einem anderen Auge auf so manche Angelegenheiten zu blicken. Und ich mache dies halt mit Zahlen. Ich sehe mir die Zahlen auch über Kreuz an.

Sobald manche Kapitäne das Segeltuch mit Namen 8 plus 5 ergibt die Zahl 13 in die richtige Windrichtung setzen werden, würde man sich den richtigen Lover „in" ins Boot angeln.

Es gibt also in Wahrheit nur gute Zahlen aber die freie Wahl der Anwendung auch für „ungute" Anwendung.

„Stell dir eine dunkle Höhle vor.
Mit einer großen, leuchtenden Blume,
die in der Dunkelheit schwebt
und im Lichte innerer Weisheit schimmert.
Die Blume bleibt im Verborgenen, weil sie
Die eigene Schönheit nicht zu würdigen weiß
und fürchtet, vernichtet zu werden,
wenn sie sich offenbart, indem sie sich dem Licht öffnet.
Inwiefern gleichst du dieser Blume?
Lässt du andere in deine Privatsphäre ein?
Was wäre, wenn du genug Vertrauen aufbrächtest,
um aus der Höhle herauszukommen
und dein Herz zu offenbaren,
deine Verletzlichkeit, dein eigenes inneres Licht - Anonym"

Man kann nur Samen streuen, die Saat in die Erde geben darf jeder für sich selbst.

Meine Erfahrungen machte ich alle freiwillig, es waren meine Lernaufgaben und ich sehe alle als meine Lehrer und darum bin ich für jede Erfahrung die ich machen durfte zu tiefst dankbar.

...

Heilpraktiker und Heiler schießen ja heutzutage auch aus dem Boden, wie die Pilze. Ab ca. Mitte 30 kommt plötzlich die Idee!

Ich durfte schon mal eine circa 70 jährige Heilpraktikerin kennenlernen, diese freundliche Dame prahlte eineinhalb Stunden, wie toll und gut sie wäre. Ich war Zuhörer und die Rechnung hoch, denn ich musste ja für diese Prahlerei einen hohen Stundensatz bezahlen. Geholfen hat nichts, war bestimmt meine Schuld, dass ich ihr nicht glaubte. Ich musste dafür bezahlen, dass sie prahlte, sie würde von Krankenhäusern eingeladen und was sie alles geleistet hat. Danach schwang sie mit der Rute über mich und stellte mir ein paar Fragen.

Da ist mir ja ein Urologe lieber, der vor einer Operation 7 Flaschen Weißbier eliminiert hat, dafür aber etwas von seinem Fach versteht. Der Leser solle dies jetzt bitte nicht falsch verstehen, es mag ja eine Koryphäe in ihrem Fachgebiet sein. Lediglich nur (ich) kann mit Prahlgeistern (Selbst-beweihräucherung) wenig anfangen, zumindest nicht, wenn man sowieso für jeden Handgriff Zaster bekommt.

Mir sind schon viele Ärzte begegnet, noch nie war da ein Prahlgeist dabei, eher welche, die mir ihre Sorgen erzählten.

Vor vielen Jahren besuchte ich an einem Tag in meinem Leben ein, wie ich es jetzt nenne:

Rutenschwinglernseminar.

Die meisten Kursteilnehmer waren Patienten der Heilpraktikerin. Viele von ihnen hatten keine Haare und trugen ein Kopftuch wegen den Chemos.

Ein jeder hängt doch an seinem bisserl Leben oder?

An diesem Tag war dieses Seminar in einem kirchlichen Gebäude, wo mir erzählt wurde, zur Anmiete der Räume müsse man nicht viel bezahlen. Das Mittagessen wurde von Teilnehmern organisiert und der Unkostenbeitrag für das Essen betrug 5 Euro. Es waren zwei Gruppen zum Ruten schwingen lernen. Ich durfte den Kurs zum Rutenschwingen bei einer Angestellten erlernen. Da ich als Numerologin auch für mich kurz die Teilnehmerzahl der Schüler in meinem Kopf überschlug, kam ich zu folgendem Ergebnis:

Ich kam auf einige tausend Euro Seminareinnahme für diesen einen Tag. Ich hätte wieder lernen können, wie man vielleicht viel Geld verdient von kranken Leuten, bei denen man schon Xmal verdient hat.

In diesem Seminar fühlte ich mich komplett deplatziert, denn meine Einstellung ist:

Geld kann sogar ganz schön stinken.

Damals bekam ich kein Aha-Erlebnis, da hatte ich wieder einmal gerade kein Gefühl der „Dazugehörigkeit“.

Denn, entweder bin ich in erster Linie Heiler, also nicht auf den großen Fischfang aus, oder der Monetenverdiener.

„Wer zufrieden ist, ist reich.“
(Lao Tse, Philosoph, 6. Jahrhundert vor Christus)

Was für ein wahrer Spruch von diesem alten Meister, denn man kann das wahre Glück nicht im Außen finden. Niemals wird es von wahrem Wert sein, nach der Erfüllung der äußeren Wünsche und Begehrlichkeiten bestrebt zu sein, dieses ist letztendlich am Ende ohne Wert und ohne Bedeutung für das wahre Selbst. Das wahre Selbst würde wieder und wieder leer heimgehen.

Es mag ja sein, dass dies eine tolle Heilerin ist und sie auf der Überholspur des Lebens lebt, da ihr die Leute die Türe förmlich einrennen. Aus meinen vergangenen Erfahrungen kann ich diesbezüglich nur folgendes sagen:

Ich durfte schon viel Zeit damit verbringen, Menschen mein Ohr zu schenken, die ihr ganzes Hab und Gut bei einem „Heiler (in)" im In- oder Ausland gelassen haben, es hätte nichts geholfen und sie waren danach absolut pleite. Ich finde, es gibt nichts Schlimmeres, als krank zu sein. Menschen klammern sich in ihrer Not an jeden vielleicht helfenden und rettenden Strohhalm. Manche nahmen sich dafür sogar einen Kredit auf.

Ich wurde schon oft gefragt, sag mal Anke, hast du ein Problem mit Geld verdienen?

Meine Antwort lautet:

Nein, ich habe kein Problem mit Geld verdienen. Es ist nur die Art und Weise. Zu oft kommt in mir ein Gedankenbefehl auf, Mensch Meier, diese Wäsche könnte auch weißer sein zum Beispiel bei folgendem:

Wenn man bewusst Implantate zu horrenden Preisen verkauft, bei denen man genau weiß, dass diese in zwei Jahren ohnehin auslaufen, würde ich solche Personen als „geistig verfault" abstempeln.

Ich frage mich manchmal:

Interessieren sich manche Heiler wirklich für das Leid der Menschen oder wieder nur für den Wolf in sich, der gefüttert werden möchte und selbstverständlich beliebt und bewundert sein möchte, für mich manchmal einfach nur zum Heulen.

Wahre Heiler, und da bin ich mir sehr sicher, ja die gibt es, doch bislang sind diese (noch) sehr dünn gesät. Bei dieser Art Heilung braucht man an nichts glauben und es hilft trotzdem, denn es schlägt wie ein Blitz im Geiste ein. Ich stolperte zufällig einmal über geschriebene Zeilen einer kanadischen Heilerin, deren Worte mich sehr berührten und gut in diese Stelle passen würden, diese Zeilen wird der Leser erst später noch zu Lesen bekommen.

Zufälliger weise fängt das Wort Heiler schon mit der 8 und 5 Kombination an und als Ziel ergibt die Zahl 13.

Auch wurde ich schon angelogen (8) und man blickte mir dabei tief in die Augen. Leider bekamen diese Menschen keine große Nase wie Pinocchio.

Ehrlichkeit hat etwas mit Würde und Selbst(acht)ung zu tun, was ist schon dabei zu sagen, ich habe einen Fehler begangen, es tut mir leid. Ich habe sogar schon viele Fehler begangen. Erst wenn man anfängt, Fehler sich selbst gegenüber einzugestehen und seinem Gewissen zu folgen, kann der Geist anfangen, sich weiter zu entwickeln. Alles andere ist (lediglich für mich) der Kampf des Egos zum Sieg. Und dieser Sieg kann nie gewinnen, auch wenn man am Ende einen Pokal in der Hand hält. Wobei es für (mich) keine Rolle spielt, wer den Pokal in der Hand hält, sondern wie es zu diesem Sieg oder Pokal kam.

Ich gebe es ja zu, dass ich einen etwas übertriebenen Gerechtigkeitssinn, was Kinder, ältere Menschen und Tiere betrifft, habe. Und auch gebe ich zu, dass ich ein übertriebenes Helferleinsyndrom hatte.

Ich vertraute den Menschen schon immer, denn meine innere Einstellung war immer:

Alle Menschen verdienen Vertrauen, denn in jedem wohnt Gott, und dieser Gott besteht aus reiner Güte und Gerechtigkeit!

Darum mischte ich mich zu oft in Angelegenheiten, die mich eigentlich nichts angingen, bzw. zog diese wie ein Magnet in mein Leben, sie waren einfach da oder kamen zu mir, ich brauchte dafür gar nichts tun.

Bei diesen Lügen konnte ich vorher eigentlich keine Absichten gesetzt haben, denn ich wurde wie folgt erzogen:

„Ihr dürft alles machen was ihr wollt, nur nicht lügen und stehlen, sonst breche ich euch das Kreuz."

In dieser Sprache bin ich groß geworden. Man hätte uns sofort erschlagen und enterbt.

Es wäre jetzt eine Endlosliste, das nennt man wohl Karma schaffen und mehr möchte ich auch nicht sagen, denn Hochmut kommt vor dem Fall. Eine wahre Spende oder wahres Geben wird von unserer „höchsten Instanz" nur dann anerkannt, wenn man diese nicht an die große Glocke hängt.

Progressiv und Konservativ ergibt Ei.

Mit Mitte 20 hatte ich einmal das Glück, Sylvester in einem sehr großen bayerischen Hotel eingeladen zu sein. Ich durfte den Gästen meine Weisheiten anbieten. Man gewährte mir einen großen Nebenraum, in dem es sehr kalt war.

Jeder Gast durfte mich in diesem Zimmer besuchen und ich würde mit Karten in sein nächstes Jahr blicken. Die sogenannten guten Ideen, kommen halt nach dem Essen und Trinken.

Nachdem ich ja zu diesem Zeitpunkt Runen schon jahrelang zu meinen Freunden gemacht habe, hatte ich meine Freunde dabei.

Der Leser ahnt nicht, welche Fragen man mir unter Alkoholeinfluss stellte. Ich nenne jetzt nur zwei Fragen:

„Wann stirbt mein Bruder endlich, damit ich den Hof erbe?“

„Wann stirbt meine Frau endlich, damit ich mit meiner Geliebten zusammenziehen kann?“

Ich musste also damals schnell reagieren und die Gedanken meines jeweiligen Gegenübers umlenken. Also stellte ich Gegenfragen, die mit Wie, Wieso, Warum anfingen und hörte einfach nur zu.

Ich spielte einfach einen Clown und kletterte in die Schicksale meiner Fragenden hinein.

Damals kam ich zu (m)einer Antwort, dass Bequemlichkeit keine geistige Erkenntnis ist, allenfalls ein Augenschein.

In den niederen Oktaven ist Ursache und Wirkung immer beides, eine Entmachtung des wahren Geistes.

Es waren natürlich auch viele ganz „normale“ Fragen dabei und auch viele sehr freundliche Menschen. Ich wollte nur kurz erwähnen, was für (mich) geistige Impotenz ist.

Diese eher nicht so schönen Erlebnisse waren wieder einmal der Beweis für mich, dass man Raupen niemals satt bringt.

Denn sie wissen nicht, was sie tun! (James Dean)

In der höheren Oktave schwingen alle Herzen gleich, ab dieser Frequenz wurde die Schattenwelt (ich will Haben) längst überwunden.

Auf dem Heimweg warf ich die paar Kröten, die ich bekam, gleich wieder unter Leute, ich wollte mich nicht mit so einem Geld beschmutzen.

Für dieses Ungleichgewicht müsste man eigentlich dankbar sein, es sind die kleinen Überraschungen, die unser wahres SELBST schleifen lassen.

Ein Edelstein wird ohne Reiben nicht blank, ein Mensch ohne Prüfung nicht vollkommen, dieses Wissen stammt von den Chinesen.

Kann man nicht einfach wenigstens ein bisschen geradeaus durchs Leben marschieren?

Ab diesem Zeitpunkt hatte ich für mich beschlossen, mich einem anderen Wissen zuzuwenden.

Meine Lästereien (Beurteilung) sehe ich nicht als Verurteilen sondern als Urteilungskraft, da diese Erlebnisse in Wahrheit meine Lehrer waren und es bietet uns die Chance zum Aufwachen!!!

Und ich möchte nochmal deutlich betonen, dass ich schon viele Fehler in meinem Leben begangen habe und alles andere als perfekt bin. Ich bin wahrlich alles andere als päpstlicher wie unser Heiliger Vater Papst, denn da dürfte ich ja nicht mehr rauchen und auch kein gemütliches Feierabend-Bier trinken.

Ich habe immer die schwersten Baustellen in mein Leben gezogen. Bei vielen wüsste ich nicht, was ich von diesen Personen lernen könnte, vielleicht „Nehmen ist seliger als Geben?".

Zum Beispiel sagte eine Freundin zu mir, komm mit, wir gehen jetzt zu diesem Hypnotiseur. Er erzählte uns mit seinen, na sagen wir mal einigermaßen verständlichen Deutschkenntnissen seine ganze Lebensgeschichte, sein Sohn wäre übergewichtig, seine Freundin hat in verlassen usw. Dieser Mann zeigte uns sogar seine letzten Urlaubsfotos auf seinem Computer.

Nach einer langen Zeit des Zuhörens und des Betrachtens der Urlaubsfotos, die mich eigentlich gar nichts angehen, dachte ich bei mir:

AHÄH..???

Jetzt habe ich mich gerade von dem Minderwertigkeitsgefühl meiner mangelnden Sprachkenntnisse geheilt, obwohl mir bewusst ist, dass die englische Sprache leichter zu erlernen wäre, als unsere deutsche Sprache.

Andere haben ja das gleiche Problem nur umgekehrt!

Man kann ja trotzdem kommunizieren!

Und ich dachte weiter:

Wenn der jetzt nicht bald mit dem Hypnotisieren anfängt, gehe ich mal eine Zigarette rauchen. Und ich dachte weiter so und fragte mich:

Erzählt der uns jetzt sein Leben zum Stundenschinden oder ist dies normal?

Als es dann endlich so weit war, wurden wir kurz hypnotisiert.

Er schrie mir etwas ins Ohr, und es durfte jeder von uns 200 Euros blechen.

Es lag ja nur an uns, dass diese Hypnose nicht geholfen hat, wir hätten einfach besser daran glauben sollen oder mit diesem Geld lieber einen Stadtbummel machen können.

Von diesem Hypnotiseur hätte ich wieder einmal lernen können, wie das mit dem Monetenverdienen funktioniert, mehr durfte ich da nicht für (mich) mitnehmen. Ich glaube, er spiegelte einer anderen Person etwas wider.

Und dies möchte ich gar nicht erst lernen, da bleibe ich mir selbst treu, er war für (mich) einfach (noch) ein Praktikant, und so werden wir nie aus der Polarität kommen. Das „DU ist mir wichtig" könnte unsere Welt optimieren, mehr ist nicht zu tun, nur unser Nächster.

Heute arbeitet die Besitzerin des damaligen Salons als energetische Reiki-Meisterin. Ich wünsche ihr viel Glück und Erfolg, denn wir hatten viel Spaß und ich denke, auch sie hat eine große Menschenkenntnis entwickelt, da man mit der Zeit als Friseur eigentlich auch so eine Art Hobbypsychologe wird.

Ich sympathisiere eigentlich mit allen Menschen, die ihr Herz auf der Zunge tragen.

„Freundschaft ist keine Frage der Quantität der zusammen verbrachten Tage, sondern der Qualität der Stunden."
(Marc Aurel)

...

Es gibt ja heutzutage telefonische Kartenlege- und Beratungsfirmen. Bei diesen Hotlines suchen Menschen einen Rat für ihre Probleme oder Zukunftsängste.

Für so ein oben genanntes Unternehmen wäre ich absolut ungeeignet, ich könnte die Leute nicht lange an der Strippe halten, damit ich dem armen Hilfesuchenden Geld entziehe.

Ich war noch nie käuflich.

Der Buchstabe Q steht für das Wort Question an das Orakel.

Folgendes bekam ich einmal von einer Freundin:

„Questions“

„Fears, a thousend fears,

chase me day by day.

Tears, a thousend tears,

make me daily pray.

Make me strong

to leave worst behind.

Show me the way

to live a life full of love.

Dreams, a thousend dreams,

take me far away.

Yearnings, a thousend yearnings,

to research for a new start.

Bottles, a thousend bottles,

and our aim seems so far.

Questions, a thousend questions,

asking, who we are?

Desires, a thousand desires,

seeking for the start.“

(Fabiola Stoll, Dichterin geb. 1964)

...

Die Verlagssuche entpuppt sich ja mittlerweile als reinstes Kaschperltheater, ich dachte hin und dachte her und stürzte mich somit in die nächste Katastrophe. Bei der letzten E-Mail-Anfrage kam zurück, man sollte berücksichtigen, es werden keine Romane, Märchen, Geschichten und Gedichte angenommen.

Da müsste ich ja meine Gedichte und Geschichten wieder streichen?

Auf welcher Oktave flügelt denn dieser Verlag?

Jedenfalls nicht auf meiner Frequenz!

Was bin ich eigentlich für ein Buch, zu welcher Kategorie gehört denn mein Buch?

Bin ich auch so eine trockene Kost?

Ja, woher soll ich denn das wissen, ein Außenseiter eben!

Ein Flaschengeist und Sachbuch!

Ein Sondermodel eben!

Ich bin ein verlängerter Aufsatz für ein Stück mehr (m)einer Wahrheit, damit man beginnt, sich einmal mehr und mehr selbst zu hinterfragen.

Ich erkenne nun für mich an, Bewusstsein hat etwas mit, wie sieht man die Dinge oder die Sache an sich zu tun.

„Anderen an seinem Unglück die Schuld geben, ist ein Zeichen von Dummheit, sich selbst die Schuld geben, ist der erste Schritt zur Einsicht. Weder anderen noch sich selbst die Schuld geben, ist ein Zeichen von Weisheit.“
(Epiktet Griechischer Philosoph 50 vor Chr. -138)

Was ist eigentlich wahre Liebe?

Was ist eigentlich wahre Literatur?

Na für mich bestimmt kein Schleimgeist, wohl eher ein neuer Zeitgeist.

Ich möchte gerne ein Buch sein, der diesem „Zahn um Zahn" einfach einmal den Zahn zieht, damit wir uns nicht ständig im Kreis drehen und diese ständige Quälerei ein Ende nimmt. Eine friedliche Einigung kann es in einer Polarität nicht geben, da ein in einer Schattenwelt denkender Mensch sogar mit Tränen in den Augen lügen kann. Die Schattenseite müsste überwunden sein. Eine Schattenseite folgt (noch) zu sehr seinem inneren Angst-Wolf. Ich würde gerne ein Zeitgeist der Beflügelung einer Welt zurück in eine (moderne?) Zukunft sein, lösungsorientiert; und vor allem möchten meine Leser zur „Prüfung" zugelassen sein.

Ich habe die Befürchtung, dass es in unserer derzeitigen schnelllebigen Zeit als erstes um das schnellverdiente Geld geht, also um den lukrativen ökonomischen Grund. Wobei ich denke, wenn man sich manchmal bei größeren Entscheidungen etwas länger die Zeit zum Nachdenken geben würde, wären die Folgeschäden vermeidbar oder zumindest überschaubar. Ich gebe kurz ein Beispiel.

1946 (ergibt als Quersumme die Zahl 11) Berlin lag in Trümmern.

Heute schreiben wir März und das Jahr 2014 und ich las folgenden Witz, der ungefähr so ging:

„Wäre es nicht mittlerweile sinnvoller, Berlin komplett abzubauen und an einem gut funktionierenden Flughafen wieder aufzubauen?"

Was ich mit diesem Witz zum Ausdruck bringen möchte ist:

Kompetenz am Bau!

Man geht doch nicht zum Metzger, wenn man so ein großes Unternehmen bauen möchte oder?

Bei so einem Projekt spielen doch ein paar Millionen keine Rolle.

Jetzt zahlt man lieber eine Milliarde drauf, bloß wer zahlt wieder?

Dieses Dilemma wird wieder der Rücken des arbeitenden Volkes übernehmen müssen. Jetzt wird wieder in die Hände gespuckt.

Schämen sich die Verantwortlichen eigentlich gar nicht für diese Entscheidungen, schön langsam können wir das Wort Rente aus dem Duden streichen um Papier zu sparen.

Der Leser darf mir Glauben schenken, dass ich gerade nicht voll bin wie eine Handbremse und nun zu folgendem Schluss komme:

Pech ist in (meiner) Wahrheit der Schlüssel zu Hans im Glück. Jede sogenannte Pechsträhne bietet uns die Gelegenheit, unsere nächsten Entscheidungen vorher mit unseren gewonnenen glückhaften Erkenntnissen zu überdenken.

Der Leser solle doch mein Buch in die Ecke stellen und bei Bedarf (Sorgen) die Seite **277** aufschlagen.

„Nicht die Sprüche sind es, woran es fehlt, die Bücher sind voll davon – woran es fehlt, sind Menschen, die sie anwenden.“
(Eptiket, griech. Philosoph, 55 n. Chr. bis 135 n. Chr.)

Dies wusste der Herr Eptiket also damals schon.

Die Verlage wollen alle eine Inhaltsangabe?

Expodingsda

Die offenen Baustellen in diesem Leben bestimmen deine nächste Kindheit, reicht doch oder?

Vielleicht sollte ich ja ein Witz - Buch schreiben.

Fischers Fritz möchte frische Fische fangen!

Liebe Leser, bitte schreibt doch mal ein Buch. Viel Spaß bei der Verlagssuche!

Lachen ist gesund.

Es gibt so ganz besondere Menschen auf dieser Kugel, die könnten nichts Schlimmes tun, außer vielleicht einmal ein bisschen dumm daher schwatzen. Es gibt immer Schlimmeres, als ein siebengescheites Plappermäulchen zu haben, man braucht nur die Nachrichten hören. Wir schreiben gerade Februar 2014 und in dieser Woche wurde ein 12 jähriges Mädchen hier ganz in der Nähe „Tot“ aus dem Wasser gefischt. Sie wurde vorher von einem lüsternen Halbgott missbraucht und ermordet. Bei meinem Glück stolperte ich auch noch zufällig über eine Frau, die mir erzählte, sie sei befreundet mit einer Person, die einen Verwandtschaftsgrad mit dem armen Mädchen hätte. Sie sagte zu mir:

„Anke, du glaubst nicht, wie der dieses Kind zugerichtet hat!“

Und weiter, dass er ein eigenes kleines Kind und ein neun Monate altes Baby von zwei verschieden Frauen habe.“

Da kribbelt mal wieder gar nichts über meinem Bauchnabel.

Einen aalglatten falschen Fünfziger bringt man nicht zu Fall, das funktioniert nicht. Vielleicht schafft es ja der derzeitige Heilige Papst mit Füßewaschen.

Statistisch gesehen, dieses Wissen habe ich von meiner besseren Hälfte, sind die Täter nach ihrem Gefängnis-Aufenthalt oft noch schlimmer und aggressiver. Wahrscheinlich haben diese danach erst einmal große Entzugserscheinungen, die gesättigt werden möchten.

Oh der Bumsnudelwalzer hat wieder zugeschlagen.

Das Schnaggseln braucht man wohl Niemandem beibringen.

Wann macht man eigentlich einmal Pause vom Töten?

Mein Ding wäre es also daher eher, fantasievolle Dinge zu erzählen, wie denn die nächste Kindheit so ausfallen oder aussehen könnte, war die jetzige ja schon schwer genug. Vielleicht so? oder vielleicht doch so?

Ich muss unseren derzeitigen Heiligen Papst wirklich bewundern, und wie schon gesagt, Füße waschen wäre einfach nicht mein Ding, kein Wunder, dass dies jetzt schon ein Heiliger ist.

Wie wäre es zum Beispiel mit:

Feinstaubbelastung bei etwa 70 % und zitternd vor Angst im Nebel der nächsten Bombenangriffe?

Gibt es in Indien nicht dieses sogenannte berühmte Kistensystem?

Ist zwar offiziell verboten genau wie die Beschneidungen. Aber in einigen Gebieten wird dieses Kistensystem noch praktiziert.

Ohh..., oder wie wäre es denn mit einer gefühllosen Beschneidung als dreijähriges Mädchen? Darauf folgt Jahrzehntelanges gefühlvolles Wasserlassen. Krankhafte Egomanie ist schwer zu Fall zu bringen.

Bei den Beschneidungen gibt es inzwischen schon Frauen die aufstehen, da sie geistig erw(8) sind.

Aach, da hätte ich keine Sorge, mir würde schon etwas Fantasievolles einfallen.

Ja, ich hatte ja so eine schlechte Kindheit ist und darf keine Ausrede sein.

Ob dieser halbe Gott wohl in der Schule das Fach Religion hatte?

Zurzeit verkauft man ja in China auch Schlüsselanhänger mit lebenden Baby-Schildkröten und kleinen Echsen, die langsam aber sicher in einem Plastikbeutel verrecken. Da hat der Spaß langsam für mich ein Loch.

Einfach nur crazy, dieses TUN finde ich schlimmer, als in seinem eigenen Buch mal richtig abzulassen.

Na ja, die Nachfrage regelt ja die Herstellung.

Da fällt mir im Musikhörbewusstsein gleich wieder ein Lied ein von den Shakespeare-Sisters:

Hello, hello, turn your radio on, is there anybody out there, help me sing a song.....

In jedem Augenblick soll ich offen sein, für den richtigen Zeitpunkt, am richtigen Ort, zur richtigen Frequenz,

um aus der Selbstvergessenheit zu erwachen.

Die wahren Clowns der nächsten Generation!

Man sagt den Ziegen nach, dass sie Glück bringen, denn sie nehmen den Menschen die Bakterien.

Gehe keinen Umweg, nur weil du die Erinnerung vergessen hast.

Was auch immer der menschliche Intellekt noch so alles erfinden wird, der Weg zum höchsten Potential wird immer die gleichen Gesetzmäßigkeiten haben.

Je besser wir in unserer Wellenlänge übereinstimmen, desto eher werden wir mit unseren Worten eine Verbindung zueinander schaffen.

Ich schneide drei Tage alte Semmeln kann man ja auch anders auffassen.

Man sagt ja, Worte könnten auch vergiften, aber nur, wenn man dies auch zulässt. Und eigentlich müsste man sich selbst jedes Mal eingestehen, dass es noch unbearbeitete Dinge gibt.

Die nächste Verlagsanfrage per ein paar Seiten, klingt in etwa so:

„Wie unser Chef schon mitteilte, teilen sich der Autor und der Verlag die Kosten."

Dies muss wohl unter Kleingedrucktem gestanden haben. Ich habe eine Aversion gegen Kleingedrucktes.

Der Zinssatz wäre doch (noch) im Moment günstig oder?

Ach so, Soll möchte Haben.

Ein gelangweilter Gedankengang, der Nächste bitte.

„Zu philosophisch!"

Upps, die Pannenshow hat wieder zugeschlagen!

Meine fehlende 8 stürzte mich natürlich ins nächste 8er-Abenteuer.

Habe ich jetzt einen kompletten Dachschaden?

Aber was wäre denn ein Leben ohne Philosophie?

Kann es sein, dass ich einmal in einer Kfz-Werkstatt meine Gehirnwindungen mit dem Rad-Kreuz oder, was vielleicht schneller gehen würde, mit dem Schlagschrauber in eine andere Richtung reparieren lassen sollte?

Ich gehe in mich rein und es kommt spontan ein:

NEIN

Nur noch Wissenschaft und rationales kontrollierendes Konkurrenz-Denken mit China, wo viele in so Kisten schlafen?

Für mich kein Aha.

Mülltonne auf und fallen lassen!

„Ich verändere mich nicht, indem ich versuche, etwas anderes zu sein, als ich bin. Ich verändere mich, indem ich anerkenne, wer ich jetzt gerade bin. (Zen-Sprichwort)"

Ich atme ein und stelle gerade fest, ich bin zufrieden.

Ob ich im Internet nach einem Philosophieverlag suchen sollte?

Man soll ja seine Ideen immer gleich in die Tat umsetzen. Ich schrieb eine kleine E-Mail an einen Verlag, in dem stand in etwa, nehmen Sie auch Fremdautoren und ich habe ein Manuskript zu „Hans zum Glück" erstellt.

Es kam von diesem esoterischen Philosophie-Verlag folgendes zurück:

Wir nehmen nur qualifizierte Fachliteratur und übersetzen diese vom Englischen ins Deutsche.

AHA

Also, so glaube ich jedenfalls, dass ich in meinem Fach kein Praktikant mehr bin, aber da müsste ich mein Buch ja erst ins Englische übersetzen lassen und mich dann noch einmal bewerben. Vorher bräuchte ich ja erst einen deutschen Lektor, der meine Anliegen bearbeitet. Aber diese Verlagsleute leben doch auch in Deutschland oder?

Wieso nehmen die keine Deutsch-Bayerischen Bücher?

Dies wären mir einfach zu viele Denkschritte.

Also, da braucht man schon eine Esels, ich meine selbstverständlich eine Engelsgeduld, bis man mal einen Verlag findet, der einen sympathisch findet.

Die Verlagssuche erweist sich ja mittlerweile als reinste Pleiten, Pech und Pannenparty!

Jeder hat eine Fähigkeit, man müsste sie nur nutzen. Gedanken manifestieren sich, und ein Gott macht aus Gedanken Taten.

Ich spüre in mich rein, und gestehe mir ehrlich ein: „Ich möchte ja noch gar nicht fertig sein."

Stelle sich das der Leser einmal gedanklich vor:

„Ich müsste eine Lesung halten?"

Spontan fällt mir jetzt dieser Loriot-Film ein:

Wie hieß der gleich noch einmal? „Papa-Anti-Porta-Dingsda?"

Oh, mein Gott, da habe ich gerade gar kein Bauchgrinsen!

Ich glaube, ich würde spontan einen Lachkrampf bekommen und müsste irgendwann wiederbelebt werden.

Aber wenn mein Buch nicht veröffentlicht wird, würde es ja auch keinen Sinn ergeben oder?

Und wenn es nur ein Satz wäre, den der Leser für sich nutzen könnte, hätte sich die Sache doch rentiert oder?

So Anke, Gedanken sind eine Art Energie, Energie kann nicht mehr verlorengehen aber diese Energie kann umgewandelt werden. Ach ich tiefgründiger Denker, wäre schön, wenn ich darauf schon eher in meinem Leben gekommen wäre. Aber lieber spät als nie.

Was würde ich bei einem schwierigen Pferd machen, das zum Beispiel nicht rund galoppiert?

Umsatteln!

Passt der Sattel nicht, drückt er oder ist zu eng, spiegelt dies ein Pferd wider. Ich denke, ich sollte meine Gedanken einmal versuchen zu verkanten, auch wenn die Zahl 8 in meinen Daten fehlt.

Auf meiner ver2felten Suche nach einem Verlag fiel mir wieder ein, dass ich ja viele Jahre lang der kleinen Tochter eines Bürgermeisters Reitunterricht geben durfte. Er erzählte mir damals, dass er einen eigenen Verlag für seine Doktor-Arbeiten gründen musste. Ich dachte bei mir, vielleicht würde ich ja in sein Verlagsprogramm passen, und außerdem war er ja einmal in einer Handwerkskammer beruflich tätig. Dieser hat bestimmt ein Mitgefühl für unsere heutigen Handwerker, diesen ich mein Buch auch widmen möchte und darum schrieb ich ihn per E-Mail an.

Es kam ein sehr freundliches Schreiben zurück, in dem stand, dass er sich sehr wohl noch an mich erinnern könnte, seinen Verlag aber schon in den 70iger Jahren wieder auflöste.

Dies nennt man wohl alles andere als einen Geniestreich oder verkantete Gedanken, das war wohl eher ein dämlicher Einfall (Umsatteln) von mir. Ich Schaf, das gerade verloren war. Ohhh ich Amsel, eigentlich dachte ich immer, wir Menschen hätten ja nur zwei Denkweisen, die zu Problemen führen könnten:

Wir handeln ohne zu denken oder wir denken ohne zu handeln.

Da habe ich mich gerade mal wieder voll daneben benommen und in der Kürze, ja da lag ja auch keine Würze. Ich fühle mich gerade wie Miss Piggy und die Globuli schlagen auch nicht an. Am liebsten würde ich mich jetzt aus dieser peinlichen Affäre ziehen, aber mir ist gerade bewusst geworden, dass ich diese Geschichte schon geschrieben habe. Es gibt Schlimmeres.

Kennt der Leser das Gefühl, das sich so anfühlt als wäre man Inquisitioniert?

Trotzdem erweist sich die Verlagssuche für mich als freudig, locker und flockig, sonst würde ich es ja nicht machen, irgendetwas treibt mich an, es brennt eine Art inneres Feuer in mir. Es ist ein Feuer, das in jeder Seele brennt.

Sollte ich mir mal einen Traumfänger aufhängen?

Man darf sich ja ab und zu auch einmal selbst hinterfragen.

„Ist bei mir eigentlich noch alles im Lot?“

Es kommt zur Antwort:

„Probiers mal mit dem Zapper von Dr. Hulda Clark!“

X geteilt durch 2 ergibt 5.

Ich weiß, mit dieser Hammerrechnung würde ich nicht einmal einen Blumentopf als Preis bekommen.

„Stand by me“ Ben E King 1961

Hoffentlich fischt mich bald ein Verlag und zieht mich an Bord. Ich kann gut handgebrühten Kaffee kochen, ist doch schon mal was oder?

Wenn das so weiter geht, kann ich mein Buch bald umtaufen in:

„Die Schicksalsjahre einer Verlagssuchenden!“

Soll ich mich jetzt von schlechten Karten abbringen lassen?

Da kommt noch viel auf mich zu, was ich noch niederschreiben darf.

Ich bin doch ohne hin immer zum richtigen Zeitpunkt am richtigen Ort oder? Dann kommt halt noch was, es wird von alleine auf mich zukommen, das weiß ich?

Besser war es mir halt mit der Verlagsfischerei noch nicht bewusst oder möglich.

Jetzt bräuchte ich eine pfiffige Idee!

Ich werde in die wartende Position gehen und weiter E-Mail-Anfragen stellen aber wo und bei wem?

Vielleicht im Ausland?

Apropos Ausland:

Sollte ich mein Glück vielleicht einmal im Ausland probieren?

Dies machen die großen Firmen ja auch, dass sie im Ausland produzieren lassen oder?

Dann darf ich das als Autor doch auch oder?

Da bekomme ich womöglich mein Buch in spanischer Sprache gesandt und könnte es nicht lesen, ich kann doch keine Sprachen, keine so gute Idee.

Die Menschen werden sich in Zukunft mehr öffnen.

Begehren schafft Konflikte, Konflikte führen uns zu uns selbst, da wir geistiges Wissen sammeln dürfen, dieses zu wissen, ist unser Schutz.

„Sei kein abhängiger Patient – heile deine eigene Seele."
(Epiktet, griech. Philosoph)

Lachen überwindet unsere Ängste!

Selbstverständlich spreche ich mit Menschen, die ich nicht persönlich kenne in einer Sie-Form, dies verlangt ja schon mein Grundanstand.

Das Schönste an einer Begegnung mit einem Menschen ist es, diese Herzlichkeit und Witzigkeit spüren zu dürfen, denn dies bringt uns ein Stück weit näher zu dieser Vollkommenheit.

In meinen Erkenntnissen bin ich irgendwann zum Du übergegangen, da ich bei mir dachte, ja wenn doch alles EINS ist, sind wir ja alle Brüder und Schwestern und mit meinen Geschwistern spreche ich im Du.

„Jedes Ding hat zwei Henkel. An dem einen kann man es anfassen, an dem anderen nicht. Wenn dir dein Bruder Unrecht tut, dann packe ihn nicht bei seinem Unrecht – denn an diesem Henkel lässt er sich nicht anfassen – sondern lieber an dem anderen Henkel, der besagt, dass er dein Bruder ist und mit dir aufwuchs, dann wirst du ihn dort packen, wo er sich fassen lässt.
(Epiktet, griech. Philosoph)

Dieses mit dem Henkel habe ich versucht, viele Jahre lang zu leben und auch zu praktizieren, ich war „hinter dem Baum stehen geblieben und beobachtender Schüler“ daher kam ich für (mich) an einem Zeitpunkt meines Lebens zu folgendem Ergebnis:

Ob Mann, Ob Frau, manchmal bringt das einfach nichts.

Es kommt nun ein kleiner Zwischengedanke auf:

Da heißt es doch, wer schreibt, der bleibt oder?

Wieso halten sich eigentlich die Banken nicht daran?

Banken dienen doch eigentlich einer Gesellschaft im positiven Sinne oder?

Wie es sich halt als fürsorgliche Mutter so gehört, wollte ich die Sparbüchlein meiner Kinder nachtragen lassen, mit dem Ergebnis, dass man den vereinbarten Zinssatz von 1,5 % auf 0,15 % herabsetzte. Eigentlich müsste ich jetzt noch ein bisschen weiter zurückdenken. Vor diesem „normalen“ Sparbuch unterschrieb ich ein „goldenes Sparbuch“ für meine Kinder, mit dem Versprechen, dass dieses „güldene Sparbuch“ im Laufe der Jahre über 3,5 % Zinsen für meine Herzallerliebsten abwerfen würde. Denn das unterschriebene und abgestempelte Versprechen war:

„Der Zinssatz würde im Laufe der Jahre steigen!“

Als ich mich nach einem guten Jahrzehnt auf die gesparten Zinsen für meine Kinder freute, musste ich feststellen, dass genau das Gegenteil eintrat.

Wenn ich einen unterschriebenen Kreditzinssatz einfach zu meinen Gunsten verändern würde, könnte ich im Knast, ähh, ich meine, im Kittchen meine Erkenntnisse in aller Ruhe vervollständigen.

Stimmt doch oder?

Die könnten sich eigentlich die ganze Unterschreiberei und Abstempelei sparen!

Stimmt doch oder?

Der reinste Sündenfall!

Das Wort Euro in Zahlen verwandelt ergibt die Zahl 5. Die Frage brauche ich mir wohl nun nicht stellen, ob es die Schatten-5 ist, die unser damaliger Führer dank freien Willens als seine Lebensaufgabe wählte und daraus „Macht" machte, oder eher die Glücks-5.

Wenn ich das Wort Geld in Zahlen verwandle erhalte ich als Quersumme die Zahl 10, also wieder die Zahl 1. Der Geldhunger darf meiner Meinung nach in der 5. Dimension nicht an 1. Stelle stehen. Money is love in motion!

Na ja, es gibt ja keine Geburtsfehler, dient ohnehin alles zum Lernen und Wachsen.

Im Kittchen, hinter diesen schwedischen Gardinen hätte ich mehr Zeit und bräuchte mich nicht noch um viele andere Dinge kümmern. Einkaufen, Kochen, Waschen, Bügeln, Putzen, Taxi spielen, Abholtage, Töpfern, Tiere versorgen, zwischendrin mal ein paar Moneten verdienen, viele beratungsbereite Halbgötter wecken müssen usw.

In diesem Kittchen hätte ich dann quasi einen Zwangsurlaub und man würde mir vielleicht einen Seelenklemptner zur Verfügung stellen, dem ich das Leben zur Hölle machen könnte oder er mir.

Da hätte ich sogar so viel Zeit, dass ich oft ins Traumland reisen könnte. Vielleicht hätte ich sogar schon 1001 Seiten?

Mit Kindern kann man es ja machen!

Es heißt ja so schön, der gute Mensch verhütet Katastrophen und es heißt ja genauso auch, der böse Mensch bedient sich in den Katastrophen.

„Würden die Menschen das Geldsystem verstehen, hätten wir eine Revolution noch vor morgen früh.“
(Henry Ford 1863 – 1947)

Vielleicht möchte ja jemand seinen Wedel mit Blattgold belegen lassen?

Wie kann man etwas schönschreiben, was man einfach nicht schön schreiben kann?

Geiz ist in Wahrheit gar nicht geil!

„Weltliche Gerechtigkeit, du Geizhals!
Du bildest die ganze Religion der bösen Geister und bist die Vernichtung der Religion Gottes!
(Zarathustra, verm. 628 – 551 v. Chr., prophetischer Reformator)

Vielleicht kann es ja keine weltliche Gerechtigkeit geben, solange der Mensch den Schatten der Gier noch nicht überwunden hat aber eines, da bin ich mir sicher, es gibt eine universelle außerirdische Gerechtigkeit.

Ich stellte mir noch für mich die Frage, wie kann es sein, dass man meiner 73 jährigen Nachbarin einen Bausparvertrag aufschwatzt?

„Akademische Bildung verringert nicht die Neigung zu Vernunftwidrigkeiten, sondern potenzieren sie.“
(Marc Aurel)

Da ich ja wie immer alles positiv sehe, und lernte zu akzeptieren, habe ich mit langwierigen Gesprächen und vielen Papierfluten die Sachbearbeiterin davon überzeugen können, den Zinssatz nun auf 0,20 % zu erhöhen mit nur 77 Cent Zinsverlust.

So ganz nebenbei erzählte sie mir noch von ihren ganzen Krankheiten. Ich sagte zu ihr, sie solle doch mal die Packungsbeilage ihrer Pille durchlesen.

Es lebe hoch alles, was Verhütung heißt.

Vielleicht sollte ich ja ein Intuitions-Kochbuch schreiben, denn wie man eine 4-köpfige Familie satt bringt (biologisch) weiß ich, darum habe ich keine Sorge.

Und an dieser Stelle möchte ich noch hinzugeben:

Steuer muss auch ich pro Erkenntnisse bezahlen. Ich weiß jetzt nicht ganz genau, von vielleicht 77 Cent wahrscheinlich 19 % Mehrwertsteuer, genau wie bei einer Babywindel.

Es kommen jetzt in mir keine Angstgefühle auf von wegen Hexenfänger und an den Pranger stellen.

Sorry, aber ich wusste nicht, wie ich diese Steuer in schönere Worte verpacken könnte?

Wieso sollte man so etwas auch blumiger schreiben?

Man wird mich schon nicht von hinten erschießen, nur weil ich meinen eigenen Blickwinkel habe und mir meine eigenen inneren Friedensgedanken mache und diese zu Papier bringe. Ich bekomme bestimmt mildernde Umstände.

Wie heißt es so schön:

„Steter Tropfen höhlt den Stein."

Und selbst beim härtesten Stein wird es einmal so sein, denn Zeit gibt es ja in Wahrheit nicht.

Die wahre Forschung hat immer mit Menschen zu tun.

Unser Geist will sich selbst erinnern, indem er sich immer wieder neu auf der Erde manifestiert, um mit den gewonnenen geistigen Erkenntnissen eines Tages die Vollkommenheit zu erreichen.

Wir haben nun die Gelegenheit und auch die große Chance, unsere geistige Entwicklung auch umzusetzen.

Meine Bewunderung gilt Menschen, egal aus welchen Branchen sie kommen, die sich aufmachen um zu suchen und dem Suchen auch Ausdruck verschaffen, zu Findung einer besseren Welt.

Die Weltfriedensgedanken von Charly Chaplin am 16.4.1959 ergibt als Quersumme die Zahl 8.

Die positive 8!

Der Leser darf mir doch bitte Glauben schenken, ich bin weder betrunken, noch schmeiße ich mir irgendwelche Pillen ein.

Lieber Leser, bei mir bekommt man doch Zahlen, Fakten und Daten, findet dies der Leser nicht auch?

Es gibt Dinge, die benutzt werden müssen, um glänzen zu können.

Es ist wohl jetzt erforderlich, dass ich etwas über das Jahr 2014 weitergebe:

Die Zahl 14 ist die Verdoppelung der Zahl 7, was als Quersumme wiederum die Zahl 5 (5. Dimension) ergibt.

Ist es Zufall?

365 Tage (so sagt man) hat ein Jahr.

Die Quersumme der Jahrestage ergibt 14.

Am 14. Tag nach Beginn der Monatsblutung einer Frau ist sie besonders empfängnisbereit.

Bei mir war es immer der 13.

Würde man jetzt die Zahl 14 verdoppeln, käme die Zahl 28 heraus.

Dies kann man auch anders rechnen:

1 plus 2 plus 3 plus 4 plus 5 plus 6 plus 7 ergibt 28.

Von Vollmond zu Vollmond dauert es 28 Tage oder umgekehrt betrachtet, nach 28 Tagen ist der Mond wieder rund.

2 plus 8 ergibt die 10.

Die Zahl des Diamanten!

Jeder der an diesem Datum geboren ist, oder aus seinen Geburtstagszahlen diese Quersumme 28 errechnet, darf sich mal ordentlich für seine guten Dienste seiner Vorleben auf die Schulter klopfen.

Künstler sind Künstler, Geschäft ist Geschäft. Beides zusammen wäre für mich ein künstliches Geschäft.

Wie in meiner 7. Schrift schon erwähnt, steht die doppelte 7 (14) für Güte und Gerechtigkeit und daraus ergibt sich das Vertrauen und Vertrauen heißt nichts anderes als:

Vertraue der m8vollen Liebe!

Spätestens ab dem Jahre 2014 würde es sich lohnen, damit zu beginnen, auf eine höhere Macht zu vertrauen, also mit ihr schwanger zu werden.

Es werden immer mehr Menschen andere Menschen mit ihren Worten ermutigen.

Vom bisherigen Trend zur aufsteigenden Tendenz dank Verwandlungsgespräche.

Gottes Wege sind sogar sehr ER- gründlich. Begreifen heißt leider noch lange nicht verstanden haben.

Der Schüler wird irgendwann zum aufgestiegenen Schüler.

Wir werden uns solange im Kreise drehen, bis es die Mehrheit der Menschheit endlich erkannt hat.

Die wahre Liebe hat viel Gerechtigkeit.

Turnaround (Bonny Tyler)

Auch ohne uns wird sich die Welt weiterdrehen.

Und plötzlich war das Ufo da, denn Zeit und Raum dürften dann ja kein Problem mehr sein.

Sobald man anfängt sich selbst zu verstehen, kann man anfangen, andere zu verstehen.

Die 8. Oktave on Tour

Es war am 6.8.2012 (Quersumme 10) und es ist ja immer alles Interpretationssache.

Unsere seit nun fast schon 15 Jahren an Diabetes mellitus I erkrankte Tochter ist zu einer Diabetikerkur oder auch Schulung genannt, das erste Mal angemeldet und auch zu diesem Termin nach vielen Papierfluten und Rennereien aufgenommen.

Dieser Tag war auch der Geburtstag unseres nun 14 Jahre alten Sohnes.

Wie dem auch sei, wir machten uns auf den Weg zu viert. Um vier Uhr morgens war wecken.

Kurze Zeit später fuhren wir mit meinem Silberpfeil los und waren wie immer pünktlich.

Wir teilten uns ganz gerecht die weite Fahrerei und Wegstrecke.

Eltern werden durch Unterschrift dazu verpflichtet, an drei Schulungen innerhalb des 10-tägigen Kuraufenthaltes teilzunehmen.

Die Vormittagsschulung, es war ein Familiengespräch mit einer Diplom Psychologin, sah ich ja noch ein, denn Psychologen sind ja immer sehr freundlich und sympathisch. Wir mussten dazu nur wieder zwei Stockwerk runter, den langen Gang hinter und wieder drei Stockwerk aufwärts. Wir nahmen den Aufzug und ich folgte wie immer meinem Bauchgefühl und bog rechts nach Türöffnung ab.

Ich stand drei Sekunden später vor unserer Dipl. Psychologin.

Meine stur an nicht dem Bauchgefühl haltendem Rest der Familie (Alles Wissenschaftler, sie würden mein Buch nicht lesen) bog streng den Schildern folgend, links ab.

Die Psychologin fragte mich als erstes, wo denn meine Familie wäre, ich sagte ihr, sie würden noch am anderen Ende des Ganges suchen aber sie kommen gleich.

Die Nachmittagsschulung konnte ich dann nicht mehr so ganz befürworten. Es wäre eine Schulung in der Klinikküche zum Errechnen von Kohlenhydraten gewesen. Obwohl ich ja nun lernen muss, dass Schweigen manchmal Gold ist, legte ich mich kurz mit der hübschen unfreundlichen und einigermaßen gut deutschsprechenden Stationsärztin an und teilte ihr mit, dass ich dies bereits in nun schon 15 jähriger Praxiserfahrung erlernen durfte und mein Sohn heute Geburtstag hat und wir es ihm eigentlich auch Recht machen sollten.

Zu unserem Glück konnten wir sie mit Zustimmung der sympathischen Psychologin davon überzeugen. Wir fuhren wieder Richtung Heimat mit dem Versprechen, an den anderen Schulungen brav teilzunehmen.

Zwischenstopp

Einen Zwischenstopp machten wir in einem von unserem Sohn und meinem Mann erwünschten Kriminalmuseum.

Dort hatte ich schon wieder diesen verbrannten Geschmack im Mund, genau wie damals im Schulausflug und leider nichts zum Schreiben dabei, sonst hätte ich meine beklemmenden Gefühle zu Papier gebracht.

Also machte ich mich schleunigst wieder aus dem Staub.

Sieben Tage später, es war ein Sonntag, war die nächste Schulung in der Diabetesklinik. Am Vormittag war eine Gruppenschulung aller Eltern bei der netten Psychologin mit dem Thema:

Leben mit Diabetes Jugendlicher.

Ich wusste ja, dass ich nun das Schweigen lernen muss, darum verkniff ich mir meinen esoterischen Senf und ich wäre ja auch sehr dankbar, wenn mein Kind nun endlich selbst den richtigen Umgang mit Diabetes lernen würde, der da hieße, Disziplin ist der Schlüssel zur Freiheit mit ihren Zahlen.

Die Nachmittagsschulung war dann nicht ganz so lustig bei dieser anderen ebenfalls sehr sympathischen Diplom- Psychologin.

Es ging um das Thema Führerschein und Beruf und wie viele Berufe man „nicht“ anstreben darf mit dieser Krankheit.

Nicht ganz so einfach.

Ich verkniff mir diese ganzen W-Fragen, die da heißen würden:

W- darf ein Mensch mit 3 Herzkathetern, oder Schlaganfällen oder ein Typ 2 Diabetiker, jederzeit ein Auto oder Mofa bedienen. Kann da nicht in jeder Sekunde auch etwas passieren?

Ich verkniff sie mir, diese W-Fragen, denn man muss immer gesetzestreu sein und ich muss ja nun das Schweigen lernen.

In dieser Klinik fand ich dann endlich einen Lehrer für mich. Es war eine Putzfrau, die bei ihrer Arbeit in den Toiletten gesungen hat, so schön, dass ich mir in diesem Moment wünschte, ich könnte sie bei einer Gesangstalentshow anmelden für eine neue Chance.

Am Abholtag fragte ich meine Tochter, was sie denn für Ausflüge unternommen hätten, sie erzählte mir von einem Ausflug zum Mac Donalds.

Aha?

Und was habt ihr denn sportlich unternommen?

Wir waren einmal für 1,5 Stunden im Schwimmbad und im Kurpark.

Aha?

Warum haben denn die erwachsenen Diabetiker so ein schönes Fitness-Center und ihr nur 1 Tischtennisplatte für 19 Jugendliche?

Weil die anderen ja mit 4 Zentnern abnehmen müssen und wir nicht.

Wir müssen Messen, Essen, Spritzen oder Messen und nicht Essen und trotzdem Spritzen.

Aha, ich versuche zu akzeptieren.

Es häuft sich ja nun vermehrt die Krankheit Diabetes I bei Kleinkindern in Deutschland.

Könnte man nun endlich einmal anfangen, die Mehrfach-Impfungen bei den kleinen Babys zu hinterfragen?

Könnte dies vielleicht auch eine Rolle spielen?

Oder zumindest mit eine Ursachensetzung sein?

Sowie der übermäßige Weizenanbau?

Wird tatsächlich diesem Gen-Mais Zustimmung gegeben?

Dürfte man eigentlich nicht auch einmal diesen Gen-Mais-Gedanken zu Ende denken oder zumindest einen Schritt weiter denken? Man kann damit nicht den Welthunger bekämpfen, allenfalls einen Geldhunger bei einigen Geldfischern. Diese Entscheidung wäre angewandte Dummheit. Dieses ist für mich Intelligenz ohne Verstand. Die halbe Menschheit möchte gerne schlank sein und die andere Hälfte verhungert, das wird sich auch nicht mit Genmais verändern lassen können. Wir hatten bei 4 Milliarden Menschen auch einen Welthunger. Wir würden ihn auch mit 8 Milliarden trotz Gen-Mais haben. Wir brauchen nicht ständig neue Gesetze und Konzepte sondern andere Gedankengänge und vor allem ein erweitertes Bewusstsein.

Genmais ist doch keine lösungsorientierte Denkweise oder?

Man fühlt die Dinge doch in der Brust oder?

Wir ergänzen uns zum Nutzen für ALLE wäre für mich die größte Gewinnenergie!

Nah ja, man muss ja immer alles positiv sehen, mit dieser Entscheidung würden die Krebserkrankungen sowie die Ängste und Depressionen der Bevölkerung weiter zunehmen. Dafür brauchen wir wieder mehr Ärzte und Heilpraktiker sowie die Forschungslabore. Diese wirtschaftliche Zukunft wäre also gesichert.

Wir werden wieder Fehler begehen und so weiter geistig wachsen und aus den Fehlern lernen dürfen.

Aber je mehr wir aus unseren Fehlern lernen, desto mehr werden wir uns selbst entdecken, um eines Tages zu erkennen, dass es die Falle der Spirale des Schattens war.

Um diesen Schatten zu überwinden dürften mehr Menschen die höheren Oktaven erreichen, um somit unser Herzblut an der Stange zu halten.

Dürfen unsere Enkel-Kinder in Zukunft doch noch Haxen mutierender Forellen essen?

„Es gibt zwei gefährliche Abwege: Die Vernunft schlechthin abzulegen und außer der Vernunft nichts anzuerkennen.“
(Blaise Pascal, franz. Mathematiker, 1623 – 1662)

Man müsste halt mal eine Woche lang in der Haut eines Jugendlichen stecken mit einer Krankheit wie zum Beispiel Diabetes mellitus 1 oder irgendeiner anderen Krankheit, die uns zufliegt durch oder mit diesen ganzen Gift- und Sondermüllentscheidungen sehr intelligenter Menschen, oder wie man auch gern zu pflegen sagt:

In den Schuhen des Anderen sieben Tage laufen.

Schuhe sollen ja bekanntlich das Tor zur Seele sein.

„Die alten Dakota waren weise. Sie wussten, dass das Herz eines Menschen, der sich der Natur entfremdet hart wird. Sie wussten, dass mangelnde Ehrfurcht vor allem Lebendigem und allem was da wächst, bald auch die Ehrfurcht vor dem Menschen absterben lässt. Deshalb war der Einfluss der Natur, die den jungen Menschen feinfühlig machte, ein wichtiger Bestandteil ihrer Erziehung.“
(Luther Standin Bear)

Ich denke, die Friedhöfe waren immer schon voll von fantastischen Denkern und tatkräftigen Meistern, die Weisheiten und Philosophien in Form von Büchern, Schriften und Lehren verbreiteten, nur darf man diese auch einmal anwenden.

Wir wissen es längst!!!

Wie Albert Einstein sagte würde unsere Welt nicht von den bösen Menschen bedroht, sondern von denen, die das Böse zulassen.

Die schlimmsten Krankheiten sind die, die man von außen nicht erkennen kann, also mit dem bloßen Auge nicht sehen *kann.*

...

Nach dem Langwierigen mit Papierfluten und ermahnendem Ärztegespräch und dem sehr netten Psychologiegespräch in dieser Diabetiker-Schule machten wir am Ende einen kleinen Sonntags-Stadtbummel an diesem sehr schönen Ort und ich bekam folgende Inspiration:

35 % Rabatt nur 3 Tage

Schönheiten im Verkauf schüchtern wahre Einkäufer ein,

denn viele Käufer sind zu schüchtern.

Bei diesem Stadtbummel begleitete uns auch eine andere Familie, deren circa 12 jähriges Kind an Diabetes erkrankt ist. Da dies ja nicht schon genug wäre, leidet sie auch noch an einer Gluten Allergie.

Wir unterhielten uns darüber, dass die Ärztin zu den Jugendlichen sagte:

„Ihr braucht mal keine Kinder bekommen, denn die würden sowieso krank sein."

Ach du meine Güte, so etwas sagt man doch zu keinem Jugendlichen, warum passiert mir das immer!

Ich kenne eine zuckerkranke Frau, die ganz gesunde Zwillinge zur Welt brachte!

Um die Situation etwas aufzuheitern, wollte ich das Thema wechseln und stampfte in ein volles Fettnäpfchen.

Ich sagte zu den Dortmundern folgendes:

„Ach, die Dortmunder können doch nicht Fußballspielen, nur die FC-Bayern Spieler wären richtige Fußballer!"

Ich brachte diesen Herrn zum LACHEN.

Mein Ehemann klärte mich später mit folgenden Worten auf:

„Ja, weißt du nicht, dass die 60er schon zweimal hintereinander Deutscher Meister waren?“

„Nein, weiß ich nicht, man muss ja immer ehrlich sein!“

An alle FC bayerischen Spieler:

„Gewinnt mal die WM!

Für was habt ihr eigentlich diesen Namen?

Doch nicht zum Biertrinken oder?

Für was bekommt ihr eigentlich eure Mäuse?

Vor allem die Zweibeinigen!

Denkt beim nächsten Spiel daran.

Geht net, gibt's net!!!

Bitte ohne Blutvergießen, denn ich kann kein Blut sehen.

Da würde sogar ich Fußball schauen, wenn ihr die nächste WM gewinnt!“

Als mein Mann abends von der Arbeit nach Hause kam, wollte ich ihm gleich meine neue Idee mitteilen, denn Frauen haben ja bekanntlich ein großes Mitteilungsbedürfnis. Er klärte mich über Fußball auf und sagte:

„FC-Bayern hätte schon alles gewonnen, was es zu gewinnen gibt und diese Mannschaft kann aus vielerlei Gründen gar nicht die WM gewinnen.“

AHA Sorry, ich weiß von Fußball nur eines:

Der Ball darf ins Tor und am 23.10.2013 konnte ich den FC-Bayerischen 5 zu 0 voraussagen, aber dies war wirklich nur Zufall!

Ich reite auch deshalb, weil so ein Sport für mich Geld verdienen heißen würde, dies würde ich niemals zum Spaß machen, man denke dabei an unsere armen großen Fußballspieler und ihre Wehwehchien, da hat man ja ruck zuck kaputte Knie.

Solche Sportler verdienen ihr Geld ja mit ihrem Gehetze?

Diese Sportart wäre jedenfalls nix für mich.

Es müssten aus (meiner) Sicht sowieso auch mal den Bayerischen-Frauen-Spielern mehr Aufmerksamkeit geschenkt werden.

Alle Achtung für diese Damen!

Sport verbindet ja auch Menschen und Länder!

Beim Reiten habe ich jedenfalls nicht das Gefühl, ich würde einen anstrengenden Sport machen. Aber ich muss zugeben, die schönsten und ruhigsten Ausritte sind immer gerade die, wenn gerade ein wichtiges Fußballspiel im Fernsehen gesendet wird. Würden den ganzen Tag wichtige Spiele im Fernsehen laufen, hätten die Menschen keine Zeit mehr sich zu streiten. Toller Gedankengang.

...

Nun, nach insgesamt 18 Stunden im Auto und dafür dankbar, alle wieder von diesem Kurort zu Hause sein zu dürfen, bekam ich wieder eine Inspiration:

Es ist bei jedem tief angelegt zu diesem Ort zu dieser Zeit des paradiesischen Duftes zum Wunderwerk nach Hause.

Und während wir hoffen, findet da draußen das Leben statt.

„Auch wenn ich glaube, keiner versteht mich, so kann ich mich trotzdem immer noch selbst verstehen.“ (Anonym)

„Meistens sind die Menschen deshalb mit einer Wahrheit nicht einverstanden, weil sie sich von der Form beleidigt fühlen, in der ihnen die Wahrheit dargeboten wird.“
(Leo Tolstoi)

Geist kann in Wahrheit gar nicht beleidigt sein, denn Geist hat kein Gefühl, unser Geist ist quasi gefühllos. Er ist auf der Suche nach etwas anderem. Der Mensch kann nur aufwachen oder weiterschlafen.

Mit meiner Naivität, dieser ich erst gar nicht den Kampf ansagen möchte, sendete ich auch einen Auszug von ein paar Seiten dem nächsten Verlag mit folgendem Hintergedanken:

Ja, wenn die Erkrankung „Haben wollen" doch ein globales Problem ist, wäre ich vielleicht ja bei „diesem Verlag" richtig, um im Sinne der Menschlichkeit aufzurufen.

Es kam ein sehr freundliches Schreiben zurück mit folgendem Tipp:

„Sehen Sie sich im gut sortierten Buchhandel nach gleichartigen Titeln um und bieten Sie dann diesen Verlagen Ihr Buch an."

Ich bin für jeden Tipp dankbar.

Auf welcher Mission dieser Verlag schwingt, weiß ich bis heute nicht. Da empfingen meine Zellen NULL Signal, es beflügelte mich rein gar nichts.

Vielleicht nimmt dieser Verlag ja auch nur Softpornos als Bestseller, denn man muss ja heutzutage wirtschaftlich denken und dieser Verlag hat halt eine andere Bild dir die Welt Meinung. Es könnte auch sein, dass ich für diesen Verlag eher so eine Art banale Unterhaltung, die sich „Nervensäge" nennt, wäre.

War vielleicht noch nicht das richtige **e** wie 5.

Vielleicht liegt es ja daran, dass ich sozusagen ein Neu Autor bin, der gerade mal ein Erstlingswerk niederlegte?

Vielleicht liegt es ja daran, dass ich noch daran arbeiten muss?

Vielleicht lande ich ja als einsames verstaubtes Buch in meinem eigenen Regal?

Wenn ich eine Taube wäre, wüsste ich jetzt genau, auf wen ich meine Exkremente zielen würde, nämlich auf mich selbst.

Vor 4 Tagen beschloss ich, meinen Aufsatz umzutaufen und schrieb fröhlich immer wieder an diesen Tagen zwischen irgendwelchen Zeilen, da es ja ein Intuitionsbuch ist. Am Abend des 4. Tages bin ich wohl aus meiner inneren Ruhe gekommen, es wollte ein anderes Familienmitglied an den PC. Ich habe mal wieder nicht nachgedacht, bevor ich auf den Knopf zum Abspeichern drückte. Ich speicherte auf meinem alten, schon gewohnten Buchnamen ab, und wunderte mich heute früh, warum es nun schon wieder weniger Seiten sind.

Liebe Leser, bitte schreibt niemals ein Intuitionsbuch und wenn doch, dann auch nur, wenn ihr der Computersprache auch mächtig seid.

Blondinchen hat nicht nachgedacht, bevor sie die entscheidenden Tasten drückte.

Ach was solls, dann waren es vielleicht nicht so wichtige Sätze.

Vielleicht gibt es für mich ja doch noch eine rettende Tablette?

„Stößt dem gebildeten Weisen Hindernis und Schwierigkeit auf, so sucht er die Schuld in sich.“
(Epiktet, griech. Philosph)

Ich werde es also überarbeiten und versuchen, es zu verbessern, solange ist es halt noch nicht fertig.

Hiiiilfeeeee!

Ich bin zwar kein Star, aber kann man mich trotzdem rausholen?

Bin ich jetzt von allen guten Geistern verlassen?

Die letzte Antwort von einer Bewerbung war:

„Wir wünschen Ihnen viel Glück auf Ihrer Suche und weiterhin Freude am Schreiben!“

Heiliger Gesangsverein, ja spinnt der BePe (Verlag)?

Dieser hätte doch auch den Namen mit E, wie Erde gehabt?

„Wish you were here“ Pink Floyd

OK Ok, vielleicht spinne ja nur ich und habe einen verkehrten Dreher in meinem Blechkopf und bin aus einem falschen Holz geschnitzt. Oder mir fehlt einfach nur das berühmte Y-Chromosom.

Na hoffentlich sieht mein Finanzamt das mit dem „viel Freude am Schreiben“ genauso.

Jetzt bräuchte ich einen Telefonjoker, der mir einen Verlag nennt. Der nächste Schachzug müsste erst mal überdacht werden.

Wie sagte einst Johann Wolfgang von Goethe:

„Die ich rief, die Geister, werd ich nun nicht los.“

Nur anders als im „Zauberlehrling“, meine ich dies natürlich im positiven Sinne.

Wie baggert man einen Verlag an?

Sind wir nur Spielfiguren auf einem Schachbrett!

Wo ist denn dann mein König?

Auf eine E-Mail-Anfrage erhielt ich ein Formular, das ich auszufüllen hätte mit ein paar Fragen:

Die Fragen lauteten etwa so:

1. Frage: „Wie ist Ihr Bekanntheitsgrad?“

Ich habe zwar viele Bekannte und sogar schon ein paar unechte Freunde im Facebook, aber bekannt bin ich wohl eher nicht. Vor kurzem bekam ich eine Nachricht aus Indien im Facebook, darin stand, dass ich angeblich so „cute“ aussehen würde. Und es wurde ein Bild auf meine Seite gepostet. Na, wenn der wüsste, was ich zurzeit im Spiegel sehen darf.

Die Antwort lautet also: „Keinen Bekanntheitsgrad.“

Muss man eigentlich berühmt sein, um ein Buch schreiben zu dürfen?

Hehhhahi! Wie jetzt? Spinne nur ich?

Bin ich jetzt cracy im Sinne von bekloppt?

Wozu sollte ich eigentlich berühmt sein wollen?

Ich würde doch ständig von einer Presse diskutiert und somit deaktiviert werden oder nicht oder?

Gab es da in der Musikbranche oder in der Filmbranche nicht eigentlich auch die sogenannten „Eintagsfliegen“?

2. Frage: „Geben Sie Seminare?“

Wozu?

Die Antwort müsste also lauten:

„Nein, ich gebe keine Seminare.“

Den Grund hierfür gebe ich erst später preis.

Die weiteren Fragen und meine Antworten erspare ich nun dem Leser. Und das Formular bräuchte ich eigentlich auch nicht zurücksenden, da ich zum Beispiel eben keine bessere Hälfte eines berühmten Politikers bin. Mittlerweile haben wir ja eine Zweiklassengesellschaft und Bücher von Berühmtheiten lassen sich halt leichter vermarkten. Auch fehlt mir bei der Verlagssuche das berühmte Vitamin B wie (b)efreundet. Wir laufen große Gefahr diese Zweiklassengesellschaft in einen Extremfall zu mutieren, darum habe ich in meinem Buch mehrfach deutlich betont, dass ich Hauptschüler war. Für mich ist das ein b wie sich darüber (b)ewusst werden.

Diese Tretmühle der Verlagsanfragen ist ja vergleichbar mit einem Frauen – Arbeiterhaus, wie dieser derzeitige unsinnige Syrienkrieg, einfach höheren und niederen Frequenzen ausgeliefert.

Der reinste Kreuzgang, so eine Verlagssuche, aber sie bringt Spaß, ich darf ja auf der anderen Seite mit schnäbeln. Es macht viel Spaß einfach Spaß.

Allerdings muss ich gestehen, es wäre mir manchmal eine Kundalini-Extase lieber, wenn ich mir die Fragen und Antworten so betrachte!

Bei der nächsten E-Mail–Verlagsanfrage bekam ich aus dem Geschäftszimmer für Erziehungswissenschaft aus der Phillips-Universität Marburg, die Antwort, dass dies kein Verlagshaus sei, und ich dort versehentlich landete.

Aha?!

Erst mal sacken lassen!

Was sagte einst Konfuzius:

„Wer ständig glücklich sein möchte, müsse sich ständig verändern!"

Ist das die wahre Metaphysik?

Meta bedeutet so viel wie hinter die Dinge oder weiter sehen!

Bis auf diese Verlagssuche passt eigentlich alles in meinem Leben, und was in mir noch nicht stimmig wäre, kann ich ja sowieso nur für mich alleine ändern.

„Please Don´t Let Me Be Misunderstood" (The Animals)

Bin ich ein zu schwergeistiges Theaterspiel?

Ich beschließe nun, mein höheres Selbst zu fragen.

Vielleicht finde ich ja da eine Antwort?

Dazu schließe ich die Augen und rolle meine Augäpfel zu meinem dritten Auge.

Noch bevor sich das Tor zum allumfassenden Bewusstsein öffnet und mir Antwort geben kann, hinterfrage ich mich wieder selbst, ob denn folgende vergangene Geschehnisse in meinem Kleinkindalter möglich gewesen wären???

Ich mache mir meine Gefühle vor dem ersten Vernunftsgedanken also sichtbar:

„Kann es sein, dass der Wickeltisch von mir als Baby vielleicht zu hoch war und meine Eltern öfter ungeschickt, das heißt, vor dem TUN nicht nachdachten, und erst als ich, das kleine Kind gefallen war, handelten?"

Mein Segel braucht jetzt eine Pause um in Ruhe nachzudenken.

...

Sollte ich vielleicht mehr Seele geben?

Melde mich nun zum Schiffsdienst zurück!

Heute war kein Glückstag, genau genommen war es eigentlich ein Scheißtag und der verlief wie folgt:

Für meinen fast blinden Freund Cisco, er ist ein Pferd mit Immigrationshintergrund, pachtete ich eine Koppel für eine jährliche Pachtsumme, die man wohl in der heutigen Zeit als günstig bezeichnen würde. Und die Versicherungen für solche Unternehmungen sind ja auch immer sehr günstig. Denn das wilde Tier, das 2 jährige Kinder durch die Gegend trägt, oder sich von einem 2 jährigen Kind durchs Dorf führen lässt, könnte ja flüchten, das heißt durch den Zaun preschen und damit Unfälle verursachen.

Die landwirtschaftliche Berufsgenossenschaft möchte ja auch noch ihre Wertschätzung für ihre Dienstleistungen, falls vielleicht...

Nun bat mich der Vater des Verpächters jedes Jahr, die Wiese zu mähen, da dies ein schöneres Bild neben der Kirche gäbe und er nicht soviel Unkraut in seinem eigenen Garten hätte. Dies tat ich die ersten zwei Jahre gemeinsam mit meinem Mann und den Kindern im Schweiße meines Angesichts, bewaffnet mit einer Sense und Rechen. Diese Grashügel mussten ja dann abtransportiert werden. Dazu beauftragte ich einen Bauern mit Traktor und Anhänger, dieser benötigt auch seine Zasterei für seine Dienstleistung, mit dem Ergebnis, dass mein Pferd jedes Jahr im Spätherbst schon an den Grasnarben knabberte.

Heuer kam er wieder an, und befahl, die Wiese müsse man Mulchen lassen. Da ich es ja immer jedem Recht machen möchte, fand ich trotz der geistigen Einladung, dass Schmetterlinge eigentlich Brennnessel bräuchten und Heilpflanzen ja erst im späten Herbst ihre wahre Blüte erreichen, einen solchen Mulcher. Dieser benötigt ja auch wieder eine Wertschätzung für seine Mulcherei.

Jetzt kam der Vater des Verpächters mit einem riesigen Erdhaufen an und lagerte es auf meiner gepachteten Koppel mit den Worten, die Wiese gehört begradigt und auch der Frage, wie alt denn eigentlich so ein Pferd wird.

Aha, aus einer Pferdekoppel möchte jemand einen Golfrasen machen???

Soll mein Pferd Cisco in Zukunft mit einem Golfspieler seine Koppel teilen???

Nun glaube ich schön langsam, nur ich habe einen an der Waffel, ich meine, einen an der Klatsche.

Mein Bauchgefühl sagt mir, dass ich bald von dieser Koppel loslassen muss, denn man müsse ja immer alles bedingungslos akzeptieren. Warum sollte ich mir dies auch länger antun und auch noch Geld dafür bezahlen, wer weiß, was als Nächstes kommt. Er spritzt ja schon genug Gift bis zum Beginn des Koppelzaunes, es würde bestimmt der Tag kommen, bei dem die

Gänseblümchen das Kirchenbild stören würden. Manchen kann man es nicht Recht machen.

Wäre der wahre Garten Edens nicht im Einklang des Menschen, der Natur und seinen Tieren?

Für viele Schmetterlingsarten im Raupenstadium ist Brennnessel die Hauptfutterpflanze, z.B. für das Tagpfauenauge.

Ich weiß, Vergebung ist grenzenlos.

Sinnkrisen waren immer an meiner Tagesordnung, mein Leben wurde gelebt von diesen Sinneskrisen, von diesen Fragen:

Wie jetzt?

Weshalb dies?

Wieso das?

Weiß der Tierfriedhof, wie viele düstere Gedanken mein Gehirn schon durchkreuzten, als hätte sich ein Stinkefinger in meinem Kopf verankert. Depression ist auch bei mir kein Fremdthema, damit hatte ich mich selbst jahrelang befasst und auch immer wieder ertappt. Darum kann ich da ganz gut ein bisschen mit schnäbeln. Es gibt ja Minister(innen), die ohne jemals ein Kind großgezogen haben, einem gerne erklären möchten, wie man dies am besten macht. Es gibt ja auch Priester, ohne jemals eine eheliche Verbindung eingegangen zu sein, die einem beibringen möchten, wie das mit einer echten Partnerschaft funktioniert. Aus meiner Sicht nur blumiger Wortschwall.

Es kann ja sein, dass ich so eine Art Erkrankung habe, die sich geistig minderbemittelte Kompetenz nennt. Sobald aber jemand an meine Tür klopfte, begann ich wieder zu leben und folgte erneut meiner inneren Stimme. Diese befahl mir einfach, an meiner sozialen Kompetenz weiter zu arbeiten: Geben ohne auch nur den Gedanken an ein Nehmen zu pflegen.

Nach über 30 Jahren kann ich jetzt sagen, dass ich um das Leid des Menschseins weiß und möchte gerne folgendes weitergeben:

Vergebung zieht Vergebung an.

Wenn ich das Wort Yoga in Zahlen verwandle erhalte ich die Zahl 7671, ist 21, ist spiegelverkehrt die Zahl 12.

Ich entschließe mich nun dafür, mit meinem Pferd Cisco durch die Landschaft zu hatschen, es ist sowieso Sonntag, vielleicht fehlt ja noch etwas für unseren Frieden in Deutschland. Dabei fällt mir auf, dass die Wiesenwege von Jahr zu Jahr schmäler werden. Wahrscheinlich, damit man mehr Ackerfläche zum Anbauen hat. Es gibt Menschen die sagen, man solle doch seinen Körper zu seinem besten Freund machen.

Mein bester Freund ist mein Pferd Cisco. Ein Tier kann auch ein Medium sein. Und es gibt für mich nichts Schöneres als einen Ausritt, Eins sein mit sich, der Natur und dem Tier.

Bei diesem Ausritt kommt eine Erinnerung aus diesem Seminar auf:

„Was kümmert Sie der Weltfrieden?“

Und

„Seien Sie eine liebevolle Präsenz des Seins!“

Er sagte die Wahrheit.

Es ist, als würde es mir gerade wie Schuppen von den Augen fallen. Als hätte ich so etwas wie einen Geistesblitz.

Denn nach dem Gesetz der Resonanz würde dies ja dann bedeuten:

Also, das würde ja dann bedeuten, je mehr ich meine Aufmerksamkeit auf das Weglaufen von Angst richte, desto mehr Angstgefühle steigen in mir hoch. Wurde nicht eins auch von jemandem gesagt:

„Tatsächlich habe ich weniger Angst, seit ich mich der Angst stelle.“

Ok, ich stellte mich erneut meiner Angst vor Zahnärzten. Natürlich kündigten sich wieder Infekte nach der Terminvergabe an. Ich dachte bei mir trotz Husten, Heiserkeit und Sonstigem: „Du gehst jetzt dahin, du Feigling, die letzten Quecksilberfüllungen müssen raus."

Ich ging hin und ließ erneut eine Entfernungs-Schlacht um 3 Amalgamfüllungen über mich ergehen und siehe da, ich fühlte mich wieder wie inquisitioniert, oder wie das heißt und dachte wieder bei mir:

„Anke, du brauchst keinen Alkohol mehr zu dir nehmen, du läufst auch ohne wie besoffen durch das Leben."

Ich denke das Schlimmste ist die Einsamkeit vieler Kranken.

Ich bekam ein geistiges Geschenk und durfte zufällig über folgende Sätze des Herrn Khalil Gibran stolpern:

„Weisheit hört auf, Weisheit zu sein, wenn sie zu stolz wird um zu weinen, zu ernst um zu lachen, und zu sehr von sich eingenommen, um anderes zu sehen als sich selbst."
(Khalil Gibran, 1883 - 1931)

Aha!

Die Angst darf also durch hinsehen und annehmen da sein, denn nur dann kann sie wieder gehen, wahrscheinlich, weil wir sie als eine Erfahrung ausgesucht haben, nicht verdrängen sollten und erst durch liebevolles annehmen auflösen können, sonst bleibt sie womöglich als Aufgabe zurück.

Vor circa 2 Millionen Jahren lernte die Menschheit das Feuer zu kontrollieren. Dies war wohl die größte menschliche Errungenschaft. Kein anderes Lebewesen auf unserer Erde wäre dazu fähig. Stellen wir uns unser Leben einmal ohne Feuer vor. Wir haben uns damals sprichwörtlich einen 2. Magen zugelegt, außerhalb unseres Körpers. Kochen und Backen passiert ja außerhalb unseres Körpers. Gleichzeitig wurden Bakterien und Keime getötet. Dies ist, so glaube ich der Hauptgrund, warum die

Menschen im Laufe der Zeit älter werden durften. Darum dürfen wir aus meiner Sicht jetzt endlich mehr Dankbarkeit zeigen.

Wir könnten also mit unseren Gedanken Liebe und Dankbarkeit zum Leben an alle Kriegsgebiete senden, denn Liebe kann immer nur Liebe erzeugen, niemals Gewalt. Ich habe gelernt, Heilung passiert von innen nach außen, das würde wiederum (für mich) bedeuten, wir dürften vorher Gedankenkraft auf unser Land senden, die Antwort liest man in meiner Politik, da braucht es die heilende Kraft der Liebe bei den Finanzgenien und ich bin auch fest davon überzeugt, dass mein Vorschlag mit unserer Gedankenkraft möglich wäre. Jeder der dies liest soll den Wunsch mit den 70500 Euro auf einen Zettel schreiben und diesen dann verbrennen. Dieser Wunsch mit den paar Billionen geteilt durch ALLE würde mit Sicherheit funktionieren, der Grund:

Die meisten Wünsche funktionieren deshalb nicht, da man nicht loslassen kann, da die Gedanken an dem Wunsch kleben bleiben und man sich immer wieder um eine bestimmte Sache Kopfzerbrechen oder Gedanken macht.

Ein sehr gutes Beispiel bietet meine Verlagssuche. Dies klappte bislang nur deshalb nicht, da ich bis heute in meinem tiefsten Inneren einfach noch nicht von meinem Buch loslassen konnte. Falls dies einmal ein Autor liest, wird dieser mir sicherlich bestätigen können, dass man sein erstes Buch schwer aus der Hand geben kann. Außerdem musste ich schon sehr oft in meinem Leben loslassen.

Stimmt es eigentlich, dass einst die Libyer 50000 US Dollar bekamen, wenn sie sich frisch vermählten, wahrscheinlich um ihnen einen Startschuss zur Familiengründung zu geben?

Dies habe ich aus dem freundlichen Google entnommen, es wurde am 9.7.2013 von Pibendum eingestellt. Aus dem Schweiz Magazin News.

Wenn dies tatsächlich stimmen sollte, klappts auch mit meinem Wunsch-Vorschlag, den 70500 Euros zur Lösung unserer Eurokrise.

Nicht mehr daran denken, und schon gar nicht davon sprechen, wäre hier unsere größte Dividende!!!

Und gerade deshalb würde dieser Wunsch in Erfüllung gehen, da für einen normal rational denkenden Menschen dieser Wunsch sowieso unrealisierbar wäre, somit hätten wir unseren Verstand überlistet, genau dies machen Quantenheiler.

Also, diesen Wunsch aufschreiben und verbrennen, heißt vergessen.

Heißt es nicht bei den Kabbalisten für LOSLASSEN

YUD YUD LAMED?

Wobei man hierbei noch betonen muss:

Dieser Wunsch wäre im EINS gedacht, weg vom ICH, es würde ein Wunsch für ALLE sein, vor allem für die kinderreichen Familien und unsere älteren Menschen, die einst mit ihren Händen dieses Land erbauten. Ganz einfach eine philosophische moralische Ausrichtung mit unseren Sensoren in und außerhalb unserer Köpfe.

Wer? Wenn nicht wir ALLE! Wann? Wenn wir ALL(e) nicht JETZT!

...

Dear Misses Kanzlerin, come take a walk with me.

(Pink)

Ich erzähle Ihnen etwas von Ihrer wahren Lebensaufgabe.

Sie haben doch Physik studiert oder?

Physiker bräuchte man bei den Quantenheilern!

Was sagte Zarathustra, vermutlich 628-551 vor Christus nicht einst:

„Wie selbst ein Messer aus härtestem Stahl des Schleifsteins bedarf, so braucht auch der Klügste manchmal Rat.“

Mehr erzähle ich jetzt dazu nicht.

Kein Wunder, dass es die Blondinen Witze gibt und da fällt mir auch gleich einer ein:

Vorstellungsgespräch:

Eine Brünette, eine Rothaarige und eine Blondine treffen sich für ein Vorstellungsgespräch:

Die Brünette wird als erste aufgerufen.

Nach verschiedenen gewöhnlichen Fragen fragt der Personalchef:

„Im Wort INDIANA JONES kommen wie viele „T“ vor?“

Sie nimmt sich einige Sekunden um zu überlegen und endet mit der Antwort:

„Es hat keines!“

„Sehr gut, danke vielmals, wir werden sie kontaktieren.“

Die Rothaarige geht als zweite.

Nach verschiedenen gewöhnlichen Fragen fragt der Personalchef:

„Im Wort: INDIANA JONES kommen wie viele „T“ vor?“

Sie nimmt sich einige Sekunden um zu überlegen und endet mit der Antwort:

„Es hat keines!“

„Sehr gut, danke vielmals, wir werden sie kontaktieren.

Schlussendlich ist die Blondine an der Reihe. Auch ihr werden zuerst einmal verschiedene gewöhnliche Fragen gestellt. Dann fragt der Personalchef:

„Im Wort: INDIANA JONES kommen wie viele „T“ vor?“

Sie nimmt sich einige Sekunden um zu überlegen und antwortet ganz leise 2-4-6-8-10-12, nimmt einen Taschenrechner, fängt an, Quadratwurzeln zu ziehen und kommt mit stolzer Stimme zum Schluss:

„Es hat 32““

„Ah ja! In Ordnung. Aber könnten Sie mir bitte erklären, wie sie auf diese Zahl kommen?

„Tö Tö Töö Tääh, Tö Tö Tööh, Tö Tö Töö Tääh, Töh Töh Tää...“

Er hatte also so Recht.

In Bayern würde man nun sagen, wer Recht hat, zahlt a Maß.

...

Da gibt es ja auch esoterische Menschen, die würden bei Vergewaltigungsopfern folgendes behaupten:

Die Seele dieses Opfers hätte sich das vorher gewählt, dies einmal erleben zu dürfen.

Da klingelt bei mir die Zahl 13 in der Polarität, IAHU, mein innerer Gaul wiehert, es fehlt mir an Gelassenheit,

der 13. Schattengeist hat wieder zugeschlagen!

Und jetzt behaupte ich komplett das Gegenteil!

Die Zahl 13 war schon immer meine Glückszahl.

Keine Seele würde sich so eine Schweinerei aussuchen, denn was könnte die Seele denn daraus lernen?

Nichts!!!

Das wusste die Seele ja vorher schon, dass dies eine Riesensauerei ist oder?

„Der Feind in meinem Bett“

Diese animalischen, geistig impotenten Gedanken können nur aus freien Stücken umgedacht werden, nur dadurch könnte aus meiner Sicht eine neue Persönlichkeit erwachen. Dieses Stirb und Werde wäre Voraussetzung für das Tier, das zu einem neuen Bewusstsein als Mensch erw(acht) sein darf.

Die Seele ist nur auf der Suche nach geistiger Erkenntnis, mehr nicht.

Weder das vergewaltigte Opfer kann daraus eine geistige Erkenntnis gewinnen, noch der ausführende Täter.

Der Leser darf mir dies ruhig glauben, denn nachdem ich über viele Monate ein vergewaltigtes Opfer, sie wurde mit 5 Jahren das erste Mal missbraucht, ohne Wertschätzung beraten habe und auch Geld investierte, wurde ich von ihr zum Dank auch noch finanziell betrogen.

Diese Person möchte (freier Wille) einfach (noch) nicht aufwachen. Vielleicht hatte sie auch aufgegeben.

Bewusstsein braucht halt doch Zeit, genau wie guter Wein Zeit zum Reifen braucht.

Ich sprach hier ausschließlich über die Vergewaltigungen in unserem aufgeklärten Land, nicht von den anderen Ländern.

In der Schattenwelt nehmen Menschen den Menschen den Fisch weg und als Dankbarkeit lassen sie Müll zurück, im Großen wie im Kleinen, wobei hier das Wort Fisch für mich nur ein Wortspiel darstellt. Aber mir ist ja nun bewusst, dass hier jedes Mal nur der Pfeil der Liebe abgeschossen wurde.

Man wird sich so oft VERFLEISCHLICHEN, bis es klingelt, solange wird man unevolutioniert durch das Leben sausen, bis man an dem berühmten Kreuzweg richtig abbiegt.

Wenn es dann klingelt, geben diese erw8en Geister der Menschheit etwas weiter, hierfür gibt es schon genug Beweise.

Die Vergewaltigungen erzählte mir das Opfer nach nur 15 Minuten telefonieren. Ich fragte sie per Telefon, wem hast du denn das bislang erzählt?

Die Antwort war:

Niemanden!

Die Therapeuten therapierten lediglich die Alkoholsucht mit Tabletten und Antidepressiva für die Depression. Sie fing als kleines Kind das Trinken an und trank ab ihrem 15. Lebensjahr nur noch reinen Spiritus.

Ich besitze aber noch einen Brief von ihr, den sie mir einst schrieb.

Bei der Nächsten ging es noch schneller, dies dauerte keine 5 Minuten und sie fing an zu weinen.

Kein Wunder, dass diese Person unter Morbus Crohn oder wie das heißt, leidet.

Am 16.5.1997 wurde dann doch endlich im Strafgesetzbuch nach Paragraph 177 (Quersumme 6) das Gesetz niedergeschrieben, dass eine Frau ein Selbstbestimmungsrecht hätte, wonach eine Vergewaltigung auch in der Ehe keine Nötigung mehr sei.

Da Lachen gerade meine Zehennägel, doch schon mal darüber nachgedacht, und über zwei Wörter philosophiert:

Gegenseitiges Einvernehmen!

Seit wann dürfen Frauen, die nicht gerade Königinnen oder „Hildegard von Bingen“ hießen eigentlich Bücher schreiben?

Es gibt tatsächlich in unserer heutigen aufgeklärten Welt immer noch Männer, die anscheinend mit folgender Geisteshaltung für „die schönste Nebensage der Welt“ durchs Leben segeln:

„Eva hat schließlich Adam mit einem Apfel verführt, deshalb sollen sie gefälligst auch herhalten. Außerdem las man da mal was von einer Rippe weniger und darum sind Frauen auch weniger wert."

Liebe Vergewaltiger!

Ihr werdet ohnehin von höchster Stelle beobachtet. Viel Spaß in euren nächsten Leben, wobei es nun von Inkarnation zu Inkarnation immer schwieriger werden könnte, wenn man nur sein tierisches Ego füttert. Zufälligerweise hat dieser Paragraph von dem Jahre 1977 - 2mal die Zahl 7.

Die Zahl 7 steht auch für:

Töte dein Tier-EGO!

Das gleiche gilt natürlich auch für das weibliche Geschlecht, sexuelle Belästigung an Kindern, viel Spaß in eurer nächsten Kindheit!

Armselig!

Mir wurde einmal etwas erzählt, das jetzt sehr gut in diese Seite passen könnte:

„Man nehme seine rechte Hand und führe diese unter sein Allerwertestes. Man beschwere diese Hand dann solange mit seinem eigenen Gewicht, bis diese Taub werde. Danach bürschtelt man sich mit dieser tauben Hand einmal selbst, vielleicht wird diese rechte Hand ja dadurch etwas sensitiver."

Eigentlich keine schlechte Idee, ich sagte zu meinen Schülern früher immer, sie sollten doch ihren größten Geldschein einmal beim Reiten unter ihren Hintern klemmen, würde dieser dann beim Reiten fliegen, gehöre dieser mir.

Der Leser ahnt nicht, wie schnell die Reitschüler dadurch einen unabhängigen Sitz bekamen.

Kennt der Leser den schon?

Eines Tages, als eine arme Schneiderin an einem Flussufer nähte, fiel ihr Fingerhut ins Wasser.

Sie weinte über den Verlust so laut, dass Gott erschien und sie fragte: „Mein Kind, weshalb weinst Du denn?“

Die Schneiderin erklärte ihm, dass ihr Fingerhut in den Fluss gefallen sei und sie ihn dringend brauche, weil sie mit ihrer Arbeit ihrem Ehemann helfe, das nötige Geld zum Überleben ihrer Familie zu verdienen.

Gott tauchte seine Hand ins Wasser und holte einen goldenen, mit Türkisen bestückten Fingerhut heraus.

„Ist das Dein Fingerhut?“ fragte er.

„Nein“.

Gott tauchte seine Hand wieder ins Wasser und fischte einen goldenen, mit Rubinen geschmückten Fingerhut heraus.

„Ist das Dein Fingerhut?“ fragte Gott.

Wieder antwortete die Schneiderin: „Nein“.

Gott tauchte seine Hand wieder ins Wasser und fischte einen ledernen Fingerhut heraus.

„Ist das Dein Fingerhut?“ fragte Gott.

„Ja, das ist er!“.

Gott war über die Ehrlichkeit der Frau sehr erfreut und schenkte ihr alle drei Fingerhüte.

Die Schneiderin ging überglücklich nach Hause.

Einige Jahre später spazierte die Schneiderin mit ihrem Ehemann am Flussufer entlang.

Ihr Ehemann rutschte aus, fiel ins Wasser und verschwand in den Fluten.

Die Schneiderin weinte so laut und wieder erschien Gott und fragte nach dem Grund ihrer Tränen.

„Oh Gott, mein Mann ist soeben in den Fluss gefallen!"

Antwortete sie.

Gott stieg in die Fluten und kam mit George Clooney heraus.

„Ist das Dein Ehemann?" wollte er wissen.

„Ja" sagte die Schneiderin.

Gott wurde wütend und schrie:

„Du hast gelogen, das ist nicht Dein Ehemann!"

Die Schneiderin antwortete: „Gott, bitte vergib mir, das ist ein Missverständnis. Siehst Du, wenn ich bei George Clooney nein gesagt hätte, wärst Du mit Brad Pitt wiedergekommen.

Und wenn ich bei Brad Pitt nein gesagt hätte, hättest Du meinen Ehemann geholt, und wenn ich bei ihm ja gesagt hätte, hättest Du mir alle drei mitgegeben.

Gott, ich bin nicht mehr bei bester Gesundheit und hätte mich nicht um alle drei Ehemänner kümmern können. Nur deswegen sagte ich bei George Clooney ja."

Gott war gerührt und so durfte die Schneiderin George Clooney behalten.

…

Ich weiß nicht, warum ich immer nur Großbaustellen anziehe.

Meine Anziehungskraft ging so weit, dass ich zu Tode sozialtherapierte Menschen kennen lernen dürfte. Anfang 20, sprühen nur so von Lebenskraft, werden aber für den Rest ihres Lebens Harz 4 Nuckler bleiben, denn sie hatten ja so eine schlechte Kindheit. Diese Lebenskraft verbringen die armen Opfer lieber mit SFV.

Wie viele Kinder wachsen denn in Heimen auf?

Seien wir doch endlich froh für unsere Kinderheime, denn Schlimmer geht es doch immer, man denke dabei nur einmal an die Nachkriegsheime!

Trägt viel 8 Blut in sich.

So ein sozial therapierter Mensch half einmal (gegen Bezahlung) zu pflastern. Ja, da ist mir dann die Spucke weggeblieben. Als er zum X-ten Mal sitzend auf einem Steinhaufen sagte, er hätte es ja so schwer in seiner Kindheit gehabt, denn er wuchs in einem Heim auf. Diese arme Leuchte bringt es fertig, in aller **Gelassenheit** jammernd und sitzend, er bekommt sein Geld ja sowieso stündlich, zusieht, wie eine Frau Tonnen von Gewicht (dank Newtons Erdanziehung) verträgt.

Als es dann doch einmal soweit war, dass er seine Keulen für kurze Zeit bewegte, lobte ich ihn immer wieder, denn das hilft ja auch bei kleinen Kindern. Die Horizontale mit der Fernbedienung, den Schattengeist der Trägheit zu überwinden, bedarf ein „Ja" des freien Willens. Aber ganz ehrlich, am liebsten hätte ich ein paar ADHS Kinder als Zuschauer herbeigerufen, sie wären auf der Stelle eingeschlafen und hätten sich dadurch einmal ihr Ritalin sparen können. Bei diesem Schneckentempo hätte man auch ganz nebenbei seine Schuhe neu besohlen können. Ob da Bob der Baumeister angucken was nützen könnte?

Man bezahlte ihm noch seinen Führerschein und wenn man öfter durchfliegt, wird dieser Lappen immer „günstiger".

Ich hätte nach diesem Erlebnis fasst einen Aderlass benötigt. Heute, nach vielen Jahren kann ich da gelassen nach hinten blicken, denn man kann sich ja öfter mal „Bob der Baumeister" ansehen, das wird schon noch.

„Dass mir mein Hund das Liebste sei,
sagst du, oh Mensch, sei Sünde,
mein Hund ist mir im Sturme treu,
der Mensch nicht mal im Winde.“
(Franz von Assisi)

Erwarte keine Dankbarkeit!

Er konnte (noch) nicht den Schattengeist der Trägheit überwinden.

Diese Person möchte (freier Wille) einfach (noch) nicht aufwachen und auch keine Verantwortung übernehmen, zumindest nicht für ein Kind. Man sucht sich lieber die nächste Bleibe und Nuckel 4 gibt's ja ohnehin, das nächstes Kind ohne Verantwortung, da hilft die ganze Schattenarbeit nichts. Vögeln braucht man wirklich keinem beibringen.

Wie viele Menschen würden gerne arbeiten, sind aber zu krank, zu alt oder passen nicht ins äußere Schema?

Das wahre Leben funktioniert nicht per Fernbedienung wie die Glotze beim bequemen Sofaliegen!

Kennt der Leser den Witz schon?

„Ich hatte doch erst einmal Sex, und dies war vor 9 Monaten.“

Für mich ist das Leben schon „Krimi“ genug, da bräuchte ich eigentlich keinen Fernseher mehr.

Mitgefühl hatte bei mir nie ein Ende, und dies werde ich wohl nun ändern müssen. Ab jetzt hat der Frosch seine Locken ganz woanders. Gab es da nicht einmal in einem Märchen einen Frosch der eine Leiche wachküsst?

Bei dem Wort Leichen klingelte es bei mir schon immer naserümpfend, ich kann doch keine Leichen sehen. Also schlage ich mir das mit dem Frosch gleich wieder aus den Locken, wäre keine gute Idee.

Der Tag war gekommen, da fühlte ich mich nicht mehr stark genug, so durfte ich erlernen, auch einmal „Nein“ zu sagen. Ich hatte einfach keine Kraft mehr, mich auslaugen zu lassen. Und ich musste rückblickend feststellen und zu der Einsicht kommen, dass ich viel zu viel meiner wertvollen Zeit damit verbrachte, Menschen mit auf einen Berg tragen zu wollen, die eigentlich noch gar keine Bereitschaft zeigten. Es war also meine sinnlose Zeitverschwendung. Ein weiterer eigener Lernprozess in meiner Schule des Lebens. Dabei hatte ich auch noch ein Erlebnis, das ich jetzt nicht mehr näher erwähne, nur so viel sei gesagt, ich brauchte danach Wochen um mich selbst wieder nach oben zu therapieren. Bei so einem Rosenkrieg kann man nicht als Streitschlichter fungieren. Manche möchten einfach an ihren Hassgefühlen etwas länger verweilen. Damals bin ich zu der Erkenntnis gekommen, wenn bei ständig wechselnden Partnern immer die Schuld auf die „ach so bösen“ Partner geschoben wird, na ja dann wird es Zeit einmal sich selbst zu hinterfragen.

Wird der Mensch erst wissend, und auf Geist Ausschau halten, wenn er tief genug gefallen ist, zum Beispiel mit „Aushaltezeiten“ von Krankheiten?

Im Gegenzug durfte ich aber schon eine charismatische Persönlichkeit in Teneriffa kennenlernen. Sie verlor mit 30 Jahren beide Beine bei einem Autounfall. Als Vorbild spielt sie Violine bei einem großen Orchester, hat einen kleinen Garten, den sie krabbelnd pflegt, bereist die ganze Welt und kann tanzen, wenn sie sich die Kunstbeine anzieht.

Und wenn ich bei den Lebensstorys meiner Nachbarin zuhörte, so glaube ich, würde dies heute keiner mehr glauben können. Als

Kleinkind im Krieg, auf einem Wagen, es hieße, bei einem Bombenangriff sofort unter dem Wagen verstecken.

Hätte ja eh nichts genutzt, wenn eine Bombe gefallen wäre.

Sie hatte mit nur fünf Jahren beobachten müssen, wie Mütter ihre Babys ins Gebüsch legen mussten, da sie sie nicht mehr ernähren konnten. Sie hatte es wahrlich nicht leicht in ihrem Leben, ich nehme sie aber immer als eine charismatische fröhliche Frau war, von der man nur lernen kann, vor allem ihren Humor und ihren Tatendrang.

Halt kein Jammerlappen, ich hatte ja so eine schlechte Kindheit, eben wieder ein charakterliches Vorbild.

„Was ist das Leben?
Es leuchtet auf wie ein Glühwürmchen in der Nacht.
Es vergeht wie der Hauch des Büffels im Winter.
Es ist wie der kurze Schatten, der über das Gras huscht
und sich im Sonnenuntergang verliert."
(Indianisches Sprichwort, dem Blackfoot-Häuptling Crowfoot zugeschrieben)

Ein jeder hat doch eigentlich eine interessante Lebensgeschichte und bei jedem kann man etwas in seiner Kindheit finden, man braucht nur lange genug zu suchen.

Das ist ja gerade das Wunderspendende, das sich Leben nennt.

Meine innere Stimme über die Feder fließen zu lassen macht mich glücklich.

Ab jetzt wäre es also von Vorteil, wenn wir alles mit den Augen der Liebe sehen, ja, das würde ja auch kein Geld kosten oder?

Je mehr wir sind, umso mehr würde dies von großem Nutzen sein.

Oh, wie wunderbar ist die Welt, so sieht es einfach ein Poet.

Moment mal, was kommt denn jetzt für ein Gedanke rein.

Beim Lachen kann man das Denken vergessen, das wollte Charly Chaplin ja schon beweisen (Verbindung zur Urquelle).

Wie oft habe ich eigentlich schon lesen dürfen, alles ist Zahl.

Ziehen sich nicht nur die Herzen an sondern auch die fehlenden Zahlen?

Bin ich deswegen so oft in meinem Leben auf Achter gestoßen, da ich bei ihnen lernen kann?

Lerne sie zu unterscheiden.

Unterscheide nachtverwandte erkrankte 8, die Piranhas halt, von der erwachten 8.

Du brauchst dieses Selbstvertrauen von ihnen und lasse nicht gleich Dämme innerer Tränen brechen, wenn dir ein schweres Schicksal begegnet.

Ich gehe in mich rein und horche und es kommt spontan ein ja.

Auch ich werde nun für mich erlernen dürfen, die Sprache des Lebens zu verstehen.

Aha

„Versuche nichts zu denken, was du für schlecht hältst“
(Epiktet, griech. Sklave und Philosoph, 50 n. Chr. – 138 n. Chr.)

Jetzt setze ich noch einen oben drauf. Es ziehen sich auch zwischendurch die gleichgewachsenen Geister an!

Und da bin ich auch froh, denn mit denen kann man ab und zu in aller RUHE zwitschern.

Bald wird es nicht mehr um Schuld gehen, sondern nur noch um Verstehen.

Hoffentlich gibt mir der nächste Verlag mal den richtigen Tipp.

Vielleicht gibt er mir ja den Tipp, ich solle es doch mal mit einem Psychologen probieren und dieser würde mir wahrscheinlich anraten, mein Leben zu verkürzen, also den letzten Hilfekasten zu erwägen. Er würde mir dann vielleicht sagen, der Mensch stammt vom Affen ab und ich wäre einer der Letzten dieser Art (weniger als 60 ICQ) und ich könne es ja mal mit einem letzten Cocktail aus der Schweiz probieren.

Apropos Affen. Mit 15 Jahren sammelte ich alles Aha-Wissen, was ich finden konnte, stand vor der Klasse und wollte beweisen, der Mensch stamme vom Affen ab.

Keiner glaubte mir.

Affen sind unsere Cousinen und Cousengs.

Vielleicht rät er mir ja, ich solle mich auf die Couch legen und mein inneres Kind umarmen, es geht ohnehin immer nur um dieses kleine Kind, das geheilt sein möchte:

„Und werdet wie die Kinder!“

Was im Innersten wichtig ist, tragen alle Kinder in sich. Der Leser wird mir bestimmt recht geben, ein Baby würde niemals einem Anderen etwas zu leide tun. Und mit den Erfahrungen reift dabei das wackelige Hühnerei zu einem Küken, bis es dann schlüpfen kann.

Beweis:

In meiner Werkstadt kreierte ich eine Kugel, schnitt sie oben auf, und man sieht ein putziges Drachenbaby schlüpfen. (unverkäuflich)

„Wenn du die Stadt deiner Kindheit besuchst, merkst du bald, dass es nicht die Stadt war, nach der du dich gesehnt hast, sondern deine Kindheit. - Anonym“

Das kleine alleingelassene Kind möchte nie mehr übersehen werden, darum strebt der „Erwachsene“ so nach äußerlicher Anerkennung.

„Hast du keine Kraft in dir zu brennen und Licht auszustrahlen, so verstelle es wenigstens nicht.“
(Graf Leo Tolstoi, 1828-1910)

Eigentlich hatten die Verlage schon Recht, dass sie mich nicht sympathisch fanden, denn ich hätte ja wirklich schönere Bilder einfügen können aber man kennt sich ja selbst am besten. Bei mir ist es, wie bei einem Schuster, meine schönsten Sachen schmücken andere Gärten, die meisten habe ich verschenkt.

Da müsste ich mich mit der Bedienungsanleitung eines Fotoapparates auseinandersetzen und wenn ich da ganz unten angekommen wäre, hätte ich vergessen was man mir oben hätte beibringen wollen, die Bilder habe ich eigentlich auch zum Seiten verlängern eingefügt.

„Aus kleinen Träumen können irgendwann einmal große Erfolge werden.“
(B. Samwalt, 1867-1920)

Erlebnisse und Beobachtung der Buchmesse 2012

Es war der 10.10.2012 (Quersumme 7), als ich mich auf dem Weg zur 64. Frankfurter Buchmesse machte, um dort einen seriösen Verlag für meine Wahrheit zu finden. Es hieß im Reisebüro, ich müsse nur einmal am Bahnhof umsteigen, und dafür hätte ich 7 Minuten Zeit.

Bei der Zahl 64 fällt mir gleich die Pflanze Sambucus nigra (Schwarzer Holunder) ein, sie löscht alte Programme und programmiert die freie Wahl zur Bewusstseinswerdung.

6 plus 4 ergibt 10, die Zahl des Diamanten.

Würde ich jetzt die 64 umdrehen, käme die Zahl 46 heraus.

4 plus 6 ergibt 1, 6 plus 4 ergibt 1, 4 plus 6 ergibt 1.

Dreimal die 1, die Zahl der finanziellen Fülle.

111, der Leser solle doch bitte kurz zurückdenken an meine Münze mit den drei Haaren (die Gottesrune)

Geld in Zahlen verwandelt:

7534 ergibt 19, 1 plus 9 ergibt 10 reduziert wieder die 1.

Ich komme später noch einmal auf die Zahl 10 zurück.

Nachdem ich drei Tage auf der Frankfurter Buchmesse war und ein paar Stände ansprach, denn man machte mir Angst, ich solle doch hier nicht hingehen und solle dort nicht hingehen, denn da würde man Manuskripte umschreiben und dort würde man die Bücher nicht mal lesen. Ich durfte sogar beobachten, wie man zwei minderjährige Mädels im Oktober mit einem Bikini ein Buch bewerben lässt.

Damals bin ich nach vielen Eindrücken zu folgendem Entschluss gekommen:

Ich bin kein Marktschreier und brauche eine längere Pause, die siebenhundert Euro hätte ich für etwas Sinnvolleres verwenden können und heiler werde ich die Welt bestimmt nicht machen, aber vielleicht würden meine Gedanken zum Nachdenken anregen.

Kann Angst Intuition lindern?

Nein, wir sind immer am richtigen Ort, um aus der Selbstvergessenheit zu erwachen.

In dieser Pause waren wieder meine Kommunionskinder da und unsere Weihwasserkesselchen waren wie immer von oben beschützt. Es ist wohl jedes Mal ein Sternenstaub in meinem Brennofen mit dabei.

Heute schreiben wir den 8.5.2013 und ich stelle fest, nachdem ich alles nochmal las:

„Was für ein Gedankensalat!"

Dies nennt man wohl künstlerischen Esosenf, vielleicht auch kreative Ordnung.

Dabei wollte ich eigentlich nur 3 Fragen beantworten:

1. Wie stets mit unserem Weltfrieden?
   Der Weltfrieden fängt bei jedem einzelnen Menschen
   im Bewusstsein an.
   Nur Bewusstsein kann die Welt optimieren.

Aus China:
„Eh du anfängst, die Welt zu verändern, gehe dreimal durch dein eigenes Haus."

2. Gibt es Außerirdische?

   Ja.

3. Ist das Leben denn nicht langweilig, wenn man bewusster ist?

   Nein, da fängt das Leben erst an, von der Raupe zum Schmetterling und unsere Gedanken sind Gott.

Aber dies wäre ja ein kurzer Aufsatz.

(Made by Ingo Rittscher)

Jetzt sind wir auf dem Hügel der Eingeweihten, der höher ist als der Everest.

„Hans guck in die Luft“

Als ich am Anfang schrieb:

Wie mächtig ist dann das geschriebene Wort?

Wollte ich eigentlich nur sagen:

passts auf, liabe Leit, was ihr alles so per E-Mail, SMS oder in Briefen unbewusst schreibt, da ich öfters geschriebene Worte erhielt, aus denen zu erlesen war, wie schlecht es der Person ergehe, ohne über das Gesetz der Anziehung Bescheid zu wissen.

Zu dem Besen vor der Haustüre fallen mir meine Nachbarn ein. Wenn ich meine Haustüre verlasse, sehe ich meine liebe 75 jährige Nachbarin, mit der ich schon so viel Spaß hatte, jedoch auch philosophische Gespräche führen durfte.

Und beim Rundumblick sehe ich meine drei Nachbarn, die für mich ein Team darstellen, wo sich keiner scheut, sich gegenseitig zu helfen.

Würde ich mich weiter drehen müsste ich mich eigentlich nur wiederholen. Eine Hand wäscht die Andere. Jetzt schreiben wir gerade April 2014 und wir bekommen bald neue Nachbarn, die sich einen verwahrlosten alten Hof hinter unserem Gehöft gekauft haben und diesen nun mühe- und liebevoll restaurieren. Meine baldige neue freundliche Nachbarin heißt Evi, ich freue mich schon für sie, wenn es fertig ist, sie bauen sich gerade ein Schmuckstück.

Als ich gerade dabei war meinen Aufsatz abzuschließen, klingelte zufällig das Telefon, eine Freundin war dran und fragte, wie es denn mit meinem Buch stehe. Ja, sagte ich, werde dem Ganzen langsam müde. Ich habe mich nun bei circa 10 Verlagen beworben und der letzte Verlag antwortete, dass er leider mein Dingsda nicht..., dies hätte aber nichts mit der Aktualität oder Qualität zu tun, was auch immer das bedeuten möge. Vielleicht bedeutet es ja: Sie war stets bemüht, also eine Note 6. Ich möchte dies erst gar nicht hinterfragen und aus Leider wurde ich auch nicht gscheider.

Da reitet man ja leichter 10 Jungpferde ein, als einen Verlag zu finden!

Die Verlagssuche erweist sich für mich wie ein liegendes V, ein Labyrinth, von einer Ecke in die nächste, so ähnlich ist es ja mit Ping Pong spielen.

Würde mir die geistige Welt einen Verlag herbeihiefen, so glaube ich, würde mein BH auf der Stelle in zwei Teile auseinanderfallen. Ein Pulverfass würde explodieren. Da würde ich zwei Klopapierrollen in meine Nasenlöcher stecken müssen, denn aus meiner Nase würden Freudentränen kullern. Zumindest brauche ich für diesen Tag eine wasserfeste Wimperntusche.

Es wird das V, wie Verlag sein, um den ich einen Kreis ziehen kann.

Mit 18 Jahren fing ich bei einer deutschen Bank das Arbeiten an. Da ich ja sprachunbegabt bin (hat mir die Sprach-Ilingua-Schule bewiesen), war es eben eine deutsche Bank. Ich war die jüngste und darum durfte ich den Lehrlingen und Mitarbeitern immer die Brotzeit holen. Auch so kleine Schnäpse waren darunter. Ich war für die Kreditabteilung als Schreibkraft im 3. Stock zuständig. Da ich es ja jedem Recht machen wollte, besuchten mich öfters die Herren von der Baufinanzierung ganz unten und beschwerten sich bei mir, dass sie keine Schreibkraft hätten und die da oben schon. Ich habe ja immer schon mit dem Herzen entschieden und erledigte diese Arbeiten mit, diese Arbeiten tauchten ja bei meinem Chef nie auf. Für diese nebenbei Dienstleistungen landete ich dann immer öfter bei den Beurteilungsgesprächen des Hauspsychologen, ich müsse besser und besser werden. Es kam dann noch ein sehr netter italienischer Gast dazu, der

Auslandserfahrung für ein paar Monate machen durfte. Seine Arbeiten erledigte ich mit, und diese Arbeiten landeten auch jedes Mal im Papierkorb. Bei diesen Deutschkenntnissen verstand man am besten das Wort Kaffee. Ich wurde wieder verurteilt von diesem dämlichen Hauspsychologen zum Schneller und Besser werden. Das wurde ich dann auch, es machte Klick in meinem Hirn und ich entdeckte, dass ich mit Treppensteigen schneller bin, als mit dem Aufzug. Die Lehrlinge gaben mir immer viel zu kopieren, und die Kopiermaschine stand sowieso im Treppenhaus. Nach neun Monaten wurde ich dann gekündigt mit den Worten:

Sie haben die Probezeit nicht bestanden.

Man muss ja immer alles positiv sehen, beim vielen Treppensteigen (Stepp-Aerobic) bekommt man eine ausgezeichnete Figur. Und je besser die Figur desto leuchtender die Augen eines verheirateten Vollpfostens mit drei Kindern, der mich anbaggerte. Als ich nicht die gleiche Idee teilte, musste ich noch öfter verurteilt werden. Er machte mich zur Minna, nur weil ich No Hau verkehrt schrieb. Und ich schreibe es dieses Mal noch verkehrter, denn für was wurde eigentlich TipEx erfunden? (Hau niemals zu ist meine Übersetzung, denn du könntest es in deinem nächsten Leben bereuen!) Zu meinem Glück wurde der Krawattenschleimheini dann befördert und übernahm den Chefsessel einer Filiale.

Ich betete mir immer die Urlaubstage des 2. Direktors dieser Bank her. Dieses Gebet war:

Hoffentlich macht die mal wieder Urlaub, die Hoffnung stirbt ja bekanntlich als letztes. Diese Zeiten waren für mich die reinste Erholung, weg von diesem Ellenbogen und Mobbingbewusstsein.

Es war ein älterer sehr warmherziger Herr 2. Direktor, er sagte immer zu mir:

„Fräulein ..., ich weiß gar nicht, was die alle gegen Sie haben?“

Wusste ich ja auch nicht.

Es stellte sich später heraus, dass ich für einen Schreibcomputer ersetzt wurde.

Nun habe ich gerade meinen, wie es so schön heißt „unerlösten seelischen Konflikt“ mit Psychologen aufgelöst.

Was hatte ich da wieder für ein Glück.

Meine Freundin sagte mir dann, es gäbe ja noch viel mehr Verlage, mindestens 300 in Deutschland, willst du jetzt aufgeben?

Ja, dann könnte ich mich ja noch bei 290 Verlagen in Deutschland bewerben?

Ob ich es vielleicht doch mal mit einer Lektoration probieren sollte?

Die Verlagssuche entpuppt sich schön langsam als ein Dreitausenderberg, der zu besteigen gehört. Eine Stecknadel im Heuhaufen ist ja leichter zu finden, denn da könnte man einen Metalldedektor verwenden.

Dies war ja bislang wie der berühmte verlockende Briefumschlag, würde man ihn aufmachen, wäre wieder nichts drinnen.

„Betrachte einmal die Dinge von einer anderen Seite, als du sie bisher siehst, denn das heißt, ein neues Leben zu beginnen.“
(Marc Aurel, 121 – 180 n. Chr.)

Man kann einen Schlafenden nur aufwecken, seine Gräten und Keulen muss er schon selber in Bewegung setzen.

Oh Mann, oh Mann, bin ich froh, dass ich zurück in meine Vergangenheit denken kann, und Seiten aus meinem Leben herbeiblättern darf, obwohl ich manchmal das Denken beim Nachdenken vergesse.

Ein großes Dankeschön an meine Vergangenheit.

Ich habe noch nicht (meine) ganze Wahrheit über diese Buchmesse geschrieben. Als ich Landei in einer Großstadt damals so ängstlich durch diese Buchmesse irrte, es waren mir zu viele Menschenmassen, sagten die meisten, ich solle doch wieder heimfahren, denn hier möchte man verkaufen und würde keine Autoren suchen. Wie ein Magnet zog es mich immer wieder in die geisteswissenschaftlichen Verlagshäuser und zu älteren Herrschaften.

Dort durften meine Ohren Sätze empfangen wie:

„Bilden Sie sich etwa ein, mit so einem Manuskript einen Verlag zu finden?“

Ich dachte bei mir:

„Na klar!“

„Zwischen Hochmut und Demut steht ein Drittes, dem das Leben gehört, und das ist der Mut.“
(Theodor Fontane, deutscher Schriftsteller, 1819 -1898)

Heute weiß ich:

Im Oktober 2012 war mir noch nicht bewusst, dass dieser Herr mit Sicherheit Recht hatte. Ich sah 3-mal den Buchstaben K in seinen Augen, denn als er mich so ansah, dachte er bestimmt: Küche, Kinder, Kirche.

Trotzdem:

„Halten Sie sich von jenen fern, die Ihren Ehrgeiz schmälern wollen, Kleingeister tun das ständig, aber die wirklich Großen vermitteln Ihnen das Gefühl, dass auch Sie selbst groß werden können.“
(Marc Twain, Schriftsteller, 1835 - 1910)

Die Anke muss noch sehr viel lernen. Sie braucht das Selbstvertrauen der 8, ist das zu schaffen?

„Lehre mich vor allem eines:
Dankbar zu sein für deine Güte, aber auch danken zu können der geringsten Menschen Taten gegen mich.“
(Zarathustra, vermutlich 628 – 551 v. Chr.)

Bei den Quantenheilern hast du doch lernen dürfen, geht nicht gibt es nicht, und man solle sich nicht so beschränken.

Die 8 kann Blut und Leichen sehen, ich verschiebe dies lieber auf mein nächstes Leben, denn in diesem Leben bin ich ja die 11. Nicht ganz korrekt, Ich bin die 2 mit 5 Meisterzahlen.

Diese mächtige 8 trage ich nicht in meinen Daten und darum brauche ich einen Verlag der Marketing-fähig ist.

Diese Zahl 8, nennt man unter Numerologen auch die Geld Zahl. Wer diese Zahl in sich trägt, ist vollautomatisch (eigentlich) sehr geschäftstüchtig. Und diese Zahl habe ich einfach auf der anderen Seite vergessen, vielleicht ist diese Zahl ja auch im Geburtskanal meiner Mutter hängen geblieben. Man kann es ja auch nicht wieder mit hinübernehmen, dies musste mein Geist wohl vor meiner jetzigen Geburt schon gewusst haben.

Auf dieser 64. Buchmesse traf ich unter anderem nur rein „zufällig“ eine sehr nette Person, mit dieser ich ein sehr wertvolles Gespräch führen durfte. Zwar kurz, aber das Wesentliche auf den Punkt gebracht. Sie sagte mir, sie sei eine selbst und ständige Lektorin und wäre auf der Suche nach Aufträgen. Sie erzählte mir noch, dass sie immer esoterische Bücher anziehen würde. Darauf fragte ich sie, ob sie denn auch wie ich daran glaube, dass circa die Hälfte der Menschheit die „Prüfung" bestehen würde. Nein antwortete sie mir spontan, nach allem was sie bisher gelesen hat, schafft es höchstens ein Drittel der Menschheit.

1 Drittel, Aha 1/3

1 neben 3 ergibt **13**

Der Leser stimmt mir sicherlich zu, dass in jedem Hotel in unserem Land die Zimmer Nummer 13 fehlt, zumindest habe ich noch keines gesehen.

Apropos, habe ich eigentlich schon einmal eine Hausnummer 13 gesehen?

Ich denke nicht, oder?

Oh doch, diese Hausnummer gibt es.

Auf die Zahl 13 gehe ich später noch intensiver ein.

Diese Zahl ist (nur) in der Polarität eine absolute Unglückszahl!

Aha, jetzt weiß ich, warum ich mich oft so alleine fühle, umgeben von vielen Schimpansen und meine ganzen Vielleicht-Fragen, sollten dem Leser nur nahelegen, sich mehr und mehr zu hinterfragen. Denn mit den Wörtern:

Vielleicht bin ich?,

komme ich irgendwann zu:

SEIN bin ich, Ewigkeit bin ich!

Aha, jetzt ist es wieder rund für mich. Deswegen brach meine Tischplatte nicht ganz in der Mitte, von dem ich noch reden werde und warum ein Feuer in mir brennt.

Warum eigentlich immer ich?

Darf ich kurz mal in eine Opferrolle fallen?

Jetzt bräuchte man einen echten Mathematiker, der errechnen könnte, wie hoch die Wahrscheinlichkeit ist, auf einen die „Prüfung" Bestandenen zu treffen. Ein Drittel von circa 7 Milliarden Menschen?

Da kommt ja eine ungerade Zahl heraus?

Bei meinem Tisch von dem noch zu lesen sein wird, war ja auch eine Seite größer, jedoch nicht viel?

Und auch einen Mathematiker, der errechnen könnte, wie hoch die Wahrscheinlichkeit ist, dass ich einen Verlag finde?

Ist Gott ein Mathematiker? Wahrscheinlich!

Die Schiffsfahrt unserer jetzigen Seins-Welt ist das Ticket unserer zukünftigen De Lüx-Sweet.

Meiner Meinung nach, sind unsere Zielzahlen viel bedeutungs- und machtvoller als unsere Lebensaufgabenzahlen.

Nachfolgende Gedanken bringe ich jetzt lieber nicht auf Papier.

„Der Gedanke ist alles.
Der Gedanke ist der Anfang von allem.
Und Gedanken lassen sich lenken.
Daher ist das Wichtigste:
Die Arbeit an den Gedanken."
(Leo Tolstoi, russ. Schriftsteller 1828-1910)

In meinem Fall benötige ich einen Verlag, der zu dieser Prüfung zugelassen ist. Es müsste ein Verlag mit der Zahl 8 sein, der erw8en 8. Der mutigen 8. Ohne Geiz und Habgier. Dieser Verlag ist imstande meinen Aufsatz über N(acht) wie ein 5. Apokalyptischer Glücks-Bringer-Reiter auf die Ladentische zu bringen.

Dieser Verlag möchte auch unseren Bienenköniginnen Aufmerksamkeit schenken.

(Made by Ingo Rittscher)

Es wird kein Bamperlverlag oder Bambini-Verlag sein. Dieser Verlag beherrscht im Gegensatz zu mir mehrere Sprachen, denn vielleicht könnten ja auch die anderen Euroländer von meinen Erkenntnissen profitieren.

Nicht nur wegen meiner fehlenden 8 bin ich kein Marktschreier. Ich habe sehr viel Phantasie und kann sogar in Bäumen Gesichter sehen oder in Ästen Wildschweinköpfe erkennen. Eines kann ich mir jedoch nicht vorstellen:

Den Rest bringe ich jetzt lieber nicht zu Papier, es wäre einfach zu derb bayerisch, dies konnte jemand anderes besser.

Oh doch, denn Feigheit ist für mich ein Fremdwort, und ich bringe es auf meine Weise zu Papier.

Es gibt Menschen, die wie aufgescheuchte Hühner auf einer Bühne stehen und in (m)einer Wahrheit aus vielerlei Gründen noch nicht authentisch, seiner selbst bewusst sein können. Diese Marionetten nutzen jede Situation um ihr Image auszubreiten und ihren äußeren Glimmer zu vergolden.

„Sollte es dir aber begegnen, daß du dich einmal vor dir selbst nach außen wendest und der Welt gefallen willst, so hast du deinen richtigen Zustand verloren. Begnüge dich immer ein Philosoph zu sein, und willst du es auch jemand scheinen, so scheine es dir selbst – das ist genug.“ (Epiktet, griech. Philosoph)

Das Wort Verlag in Zahlen verwandelt:

Verlag

459317 ergibt 29, 2 plus 9 ergibt 11, die positive 11 ist in Wahrheit eine Elfe, zwei Meisterzahlen

Let the music play (Barry White)

Man braucht nur ein wenig Abstand, um zurück zu den Wurzeln zu kommen. Es geht nicht mehr um Töne, nur noch um Musik.

Es ist die stille Musik, die in jedem von uns spricht, es ist die leise Flocke, die über uns wacht und wenn es auch manchmal als düsterer Wind uns erscheint, ist es doch die wahre Liebe.

Ich weiß nun, dass der wahre Frieden (noch) eine Illusion ist, ein großer Witz mit Turnschuhen, da wir uns ja auf einem Lernplaneten befinden. Gegen den Strom zu schwimmen, der für alle Fische zum Wohle wäre, ist das überhaupt möglich? Ich glaube es wäre möglich, wenn die Masse der Fische ihren Nächsten beim eigenen Fresspaket nicht übersehen würden, denn somit könnte sich der Mensch über das Tier hinausheben. Für einen globalen Frieden müsste ja jeder über sich selbst nachdenken und hätte keine Zeit mehr für das Kontrollieren wollen der Anderen. Es dürfte sich jeder ja dann in Bewusstseinspflege üben. Es dürfte jeder in seinem eigenen Teich fischen und immer wieder diese Stille suchen.

Nachbars Katze kann sich nicht versteigen, denn jede Katze weiß, wie man einen Baum erklettert.

Ich treffe nun folgenden Entschluss:

Kein Esoterrorist mehr zu sein!

Ich melde mich jetzt vom Esoterroristendienst ab!

Da lernt man nämlich auch viel Schmarrn, zum Beispiel, dass alles, was man bräuchte, vor der Haustüre zu finden wäre. Für meinen Teil sehe ich ihn jedenfalls nicht, wo bitte schön soll da ein Verlag sein?

Stimmt doch oder?

Da bin ich doch im verkehrten Film oder?

Mir ist auch bewusst, dass Menschen, die solche Bücher schreiben, eigentlich ihren eigenen Verlag gründen, aber dazu kenne ich meine fehlende 8 zu gut.

Ich sehe im Moment vor meiner Haustüre nur Kamille.

Kamille gibt man den Frühgeborenen, denn diese brauchen Erdung.

Es ist doch so, in den ersten drei Monaten einer Schwangerschaft entsteht bei einem Kind der Körper, in den nächsten drei Monaten kommt die Seele dazu, und in den letzten drei Monaten entwickelt sich dann der Geist.

Gebt euren Kindern bitte kurze Nachnamen. Jeder Buchstabe bedeutet mehr Karma.

Ich beschließe nun für (mich), mir nie wieder ein Esoterikbuch zu kaufen, da schreibe ich ja in Zukunft lieber „Hans zum Glück" Bücher.

Einmal las ich in einem Buch, man solle niemals toi, toi, toi sagen, denn da würde man den Deife dreimal rufen.

Schön langsam kann ich dieses Wort „Esoterik" nicht mehr hören.

Damals glaubte ich das und korrigierte jeden, der diese Wörter in den Mund nahm.

Heute weiß ich, dass dies nur ein weiterer blöder Glaubenssatz war.

Sehr froh bin ich trotzdem, dass ich mir Friedensgedanken gemacht habe, sonst wäre ich da nie drauf gekommen. Blondinen sitzen ja bekanntlich länger auf der Leitung. Die Gehirnströme fließen bei Blondinen einfach langsamer und deswegen kann man ihnen auch sofort wieder jede Lästerei verzeihen.

Eine Blume braucht ja bekanntlich auch mehr Zeit zum Blühen, als Unkraut.

Es war manchmal sehr anstrengend, besonders wenn man wahrnimmt, dass sich manch ein Familienmitglied denkt:

Jetzt sitzt de scho wieder am PC.

Auch unsere Katze kam sich äußerst vernachlässigt vor, einmal machte sie einen Slidingstopp quer über den Schreibtisch oder tappte öfters die Klaviertastatur rauf und runter, nur um ihr ADS zur Schau zu stellen.

Es kamen auch immer diese Fragen:

Kannst du mein Zeug waschen?

Oder

Was gibt es heute denn zu essen?

Ich erinnere mich gerade wieder an das Seminar, das ich in meinen Erkenntnissen schon erwähnte und „zufällig“ unfreiwillig bei unserer Politik landete.

An diesem besagten Tag durfte ich auch noch eine andere Erfahrung machen, dessen Überschrift ich:

„Blondinen bevorzugt“ geben würde.

Es war ein heißer Sommertag, wir waren mit dem Wohnmobil unterwegs, weswegen auch die Schiebedächer dieses Mobils meiner Freundin offen standen.

Ich saß in dem besagten Seminar und wenn man zum Fenster hinaussah, hatte man den Blick auf einen sehr schönen See. Dieser Blick und besonders meine Augen wurden immer größer, als plötzlich ein Platzregen auf diesem See zu sehen war. Wir wollten den Unterricht nicht stören und losrennen aber konzentrieren konnte ich mich ab da auch nicht mehr. Rückblickend bin ich doch sehr froh, dass ich mich nicht mehr konzentrieren konnte. Ich war wieder einmal von oben beschützt. So wie ich mich kenne, hätte ich mir wieder alles zu sehr zu Herzen genommen. Da müsste man ja in jeder Lebenslage perfekt sein und alles voll im Griff haben, Beruf, Partnerschaft, Gesundheit usw. Da denke ich lieber an meine Geschichte mit dem Reiter, der mit 99 Jahren, in seinem Sterbebett liegt. Ohne Frage, als Ja-Sager hat man es um ein Vielfaches leichter, man rempelt und eggt nicht so oft an. Aber kann dann wahrhaft geistige Evolution stattfinden?

„Prüfungen erwarte bis zuletzt!“
(Johann Wolfgang von Goethe, deutscher Dichter, 1749-1832)

Wir hätten vor diesem Seminar mal wieder nachdenken können, bevor wir losrannten, dies hätte die Zeit verkürzt, die wir brauchten, um dieses Wohnmobil wieder trockenzulegen. Vermissen möchte ich diese Trockenlegung und das Szenarium trotz all der Umstände nicht mehr, so viel Spaß hatten wir.

Eine Antwort auf eine dreiseitige Autorenbewerbung lautete in etwa mit folgenden Worten von einem Verlagshaus wie folgt:

„Ich hätte einen erfrischenden Schreibstil, aber leider bekämen sie 20 Bücher am Tag, würden als kleiner Verlag aber nur 20 Bücher im Jahr veröffentlichen."

„Echt jetzt, erfrischend?"

Gerade im Moment wäre eine erheiternde Erfrischung für mich einmal dringend nötig.

As Kreiz muas rund sei, ja Sackl Zement nomoi, ja verstäht des den koana, des is für mi grod einfach zum woana.

OH, du Himmlische, fehlt bei meinen Bewerbungen der Scharm?

...Pause für mein Bauchgrinsen...

Drei mal einatmen und „Gott ist Liebe" denken.

Offensichtlich ging ich schon wieder einem Verlagshaus nur auf den Zeiger, denn meine nächste Verlagsantwort mit ein paar Seiten Autorenbewerbung lautete:

„Es wäre originell aber....", in etwa so, aber unsere Bücher haben eine Gliederung und Kapitel!

Ja, das wollte ich ja schon am Anfang beweisen, ein jeder ist ein Original, mit meiner Schneeflocke und dem Zungenabdruck wollte ich dies beweisen. Dies beweist ja auch unsere einzigartige DNA, dass jeder Mensch ein Unikat ist.

Mein Gehirn wäre eigentlich zum Denken da. Ja ich weiß und mir ist auch bewusst, dass zwischen dem Reden und dem Tun oft Ozeane liegen, na ja diese Blamage von mir ist nun schon geschrieben.

Ja, wie soll man sich denn bei einem Verlag bewerben?

Wie lang soll denn so eine EXpoDINGSDA sein?

Kann mir das jemand mal explizite erklären (Schulbildung)?

Vielleicht sollte ich ja zurückschreiben:

Sehr geehrtes Eingangslektorat,

verzeihen Sie mir, ich möchte Ihnen jetzt nicht auf den Sack, ich meine Latz gehen oder Sie bei Ihrer wertvollen Lektoren Arbeit, ich meine mit, ähh, Sicherheit wahrscheinlich sinnvolleren Büchern stören. Aber mit Verlaub nur noch eine Frage, ich kann das Wort Esoterik nicht mehr hören.

Als immer eher neugieriger und beobachtender Mensch, durfte ich an einem Tag in meinem Leben einem Opfer Trost und mein Gehör schenken (ohne Wertschätzung). Dieses Opfer wurde von einem spirituellen „Heiler?“ und Seminargeber um mehrere hundert Euro bestohlen. Ich denke, dieses spirituelle Schaf hat den Berggipfel noch nicht ganz erreicht.

Wenn ich jetzt in der “exterischen Ecke” nach einem Verlagsnamen weiter suchen muss. Glauben Sie wirklich, wir würden jemals aus der “Polarität” oder der mittlerweile auch verrufenen Branche (Ecke) rauskommen?

Wir wissen ja, überall finden sich verlorene Schafe, da diese die aufsteigende Tendenz (noch) nicht hoch genug spüren konnten und sich auch (noch) nicht darüber bewusst sind, dass „Teilen“ das Wesentliche des Menschseins darstellt.

Und gleich noch eine Frage:

Bei den Religionsbüchern brauche ich mit Sicherheit gar nicht erst anzufangen, Bewerbungen zu versenden oder?

Vielleicht sollte ich ja mal unseren derzeitigen Heiligen Papst um Antwort fragen?

Dieser kommuniziert doch bestimmt auch ständig mit der geistigen Welt oder?

Dieser kann wenigstens Beten!

Vielleicht könnte er mir ja eine Antwort von höchster Instanz geben?

Mein Buch hat ja nur deshalb keine Gliederung und keine Kapitel, da ich ein, na sagen wir mal:

"Ich nehme dir deine Sorgen Buch" sein möchte.

Kennen Sie einen Menschen, dessen Leben sich nach Gliederung gestaltete?

Und sich nie eine Spaßbremse dazwischen quetschte?

Vielleicht kennt ja ihr Vorgesetzter so einen unbefleckten Ausnahmezustand als Menschen?

Könnten sie mal nachfragen?

Kann man nicht eigentlich als V, wie Verlag, einmal aus der Reihe treten und sich für etwas Neues öffnen?

Das V heißt nichts anderes, als öffnen sie ihr Scheitelchakra!

Viele behaupten ja, man müsse sein Kronenchakra bis auf Kopfbreite schließen, da behaupte ich jetzt wieder komplett das Gegenteil:

Je weiter unser Kronenchakra ist, desto mehr Bewusstsein kann man tanken und umso schneller kommen die Signale von höchster Instanz!

Würde ich jetzt ein zweites V noch einmal umgekehrt an die Spitze anstückeln (Künstler können das, denn sie haben viel Fantasie), hätten wir ein X.

Die heilige Hochzeit wäre vollbracht!

Mein X wäre natürlich wieder gleichschenkelig, damit ich einen Kreis darum ziehen kann.

Jetzt klingelt es wieder bei Blondinchen, mein Buch kann man ja mit nur 15 Seiten selbst gezimmerter Autorenbewerbung gar nicht verstehen. Ich müsste es wahrscheinlich erst von einem Lektor glätten oder bügeln oder wie man das nennt, lassen.

Jetzt weiß ich, warum ich von den Lehrern mit dem Schlüssel beworfen wurde, ich hänge einfach zu lange in der Leitung, und denke zu wenig vor meinem Tun.

„Ironie ist die Übertreibung einer Aussage, die durch die pointierte Diktion (im Gespräch auch durch Mimik) so weit zurückgenommen wird, dass sie spöttisch distanziert eine wesentliche Seite der Sache trifft." (Lexikon)

Ich brauche eine kurze Pause.

HUMOR, der einen schwarzen Peter in sich trägt, das ist mein Humor.

...

Soll ich jetzt dem Trübsal einen blasen?

Nein, denn für was wird denn Holz geschürt?

Na, um Wärme zu spenden!

Fettnäpfchen:

Zurzeit finde ich, dass das Internet eigentlich eine tolle Sache ist, denn da kann man Verlage gockeln.

Ich gugelte mir also einen Verlag, dessen Name sehr sympathisch klang und schrieb ihn per E-Mail an, mit der Frage, ob dieser Verlag auch Fremdmanuskripte überprüfen würde.

Die Antwort war ja, und ich solle doch 50 Seiten als Bewerbung per Post senden.

Da die Kartuschen gerade leer waren und ich auch gar nicht wüsste, wie man diese blöde Farbkartusche in die Kopiermaschine einlegt, dachte ich bei mir, ich nehme jetzt den kürzeren Weg und sende einen USB-Stick per Post.

Ich dachte, der Verlag wird vielleicht spontan irgendwelche 50 Seiten lesen. Meine Frage war hierbei auch:

Welche 50 Seiten, der Anfang, die Mitte oder eher die Letzten?

Diesem USB-Stick habe ich einen von mir getöpferten Notenschlüssel beigelegt und auch noch den Fehler begangen, über die Adresse das Wort „Cheflektorat" zu setzen.

Beides landete kommentarlos drei Tage später wieder in meinem Briefkasten.

Es gibt in Wahrheit keine Fehler, dient alles nur zum Weiterlernen!

Das nächste Mal schreibe ich Eingangslektorat und sende wieder Papierfluten.

Der Notenschlüssel, war in zwei Teile gebrochen, genau wie ein Tisch, von dem ich noch sprechen werde.

Da ich ja nach über 30 Jahren gelernt habe, aus Zeichen zu lesen, war das für mich ein deutliches Zeichen.

Also machte ich den Deckel der Mülltonne auf und lies die gebrochenen Teile fallen und ebenso wieder den Deckel.

Heute habe ich mich mit einer E-Mail bei einem Verlag beworben. In dieser Mail fragte ich an, ob der Verlag auch esoterisches Wissen verlegen würde.

Die Antwort war:

Nur wenn es sich um ein Kochbuch handeln würde.

Aha, Frauen gehören an Ketten in die Küche.

Aha, da möchte mich ein Verlag auf den Friedhof des weiblichen Selbstwertgefühls schicken.

Am liebsten würde ich jetzt den Namen des Verlages nennen, aber wir müssen ja immer untadelig sein und wir müssen ja immer vorurteilslos sein und wir müssen ja immer bedingungslos lieben lernen. Und ich werde jetzt auch nicht aufgehen, wie ein Dampfbügeleisen. Mein eigener innerer Gaul geht jetzt auch nicht mit mir durch und ich werde deswegen auch nicht in Schwermut verfallen und mich hinter den Zug schmeißen, denn ich übe mich wie immer in Gelassenheit.

Es war ein sehr großes Verlagshaus. Die Biene Maya ist auf einen Heros gestoßen. Eine besondere Spezies. Frauen sind ja Menschen 2. Klasse, sonst hätten wir ja eine Päpstin. Frauen sollen nur buckeln wie die Pferde. Ohne Frauen gäbe es ja keine Kriege, denn dann gäbe es ja auch keine Menschen, wie schlau ist das denn?

Obwohl, wenn ich länger darüber nachdenke?

Hmhm...na ja, heißt es nicht, Gott erhalte die Gesundheit und damit die Arbeitskraft der Frauen?

„Ich habe Angst, vor ihm zu sprechen,
weil er das Weibliche haßt."
(Maria Magdalena, Begleitung von Jesus)

Es war ja auch eine Frau beim damaligen Atomteilchenspielen die Mitbegründerin, die würde sich heute in ihrem Grab umdrehen. Ihr

Vorname begann mit L wie Liebe. Den Pokal, den Run zur Erlösung, den Lobesgesang, das gute Laune Papier, die Ruhmeshalle, die Hall of Fame, holte sich natürlich ein Mann, dessen Nachnahme fängt mit einem H an, H wie Hanswurscht. Dieser H-Mensch marschiert gerade irgendwo auf dieser Erde, sein ewiges Abendland hatte er noch nicht erreicht.

Dieser Verlag verkauft bestimmt Kochbücher für horrende Summen. Rezepte kann man sich inzwischen gockeln, Bewusstsein nicht. Der Mensch braucht ja Götzen und das sind eben heutzutage Kochbücher von 3 Sterne Köchen.

Obwohl man zur Verteidigung der Kochbücher und deren Autoren sagen muss, Essen verbindet viele Menschen und damit auch Länder.

Ich habe schon Bücher für über 80 Euros gelesen, da stand zwar drinnen, wie man Reiten lernt, nicht aber was Bewusstsein ist.

Sorry, jetzt war gerade meine Kette zu lang. In meinem Buch schreibe ich meine Gedanken nieder, so wie ich es möchte, es reicht ja schon, wenn man sich heutzutage in einem Aufsatz (Ball und Fenster) keine Leberkäsesemmel kaufen darf.

Habe ich nun einen IQ von 60 % wie ein Affe oder befinde ich mich lediglich momentan auf dem Planet der Affen?

Laut Albert Einstein ist Fantasie wichtiger als Wissen.

Bei dieser Antwort von diesem Verlag fehlte mir die Liebe, die aus 5 Zahlen besteht in der 5. Dimension. Nach den Zahlen 1 bis 4, das ich Fundament und Grundgerüst nenne, kommt die Zahl 5, eine sehr göttliche Zahl.

Wir erkennen uns im Du.

Eiso, da kann dieser Verlag noch so groß sein, für mich ist das jetzt bayerisch, ein Bamperlverlag.

In dem Wort Mystik befindet sich der Buchstabe Y,

Y steht auch für das Wort Gott.

Muss kurz Pause machen und das Freie suchen um laut zu lachen.

Da ich ja „nur" über den Frieden in Deutschland schreibe und der für mich voll esoterisch ist, denn es hätte ja etwas mit Bewusstsein zu tun, war ich da wieder nicht richtig. In dem Wort Esoterik ist das Wort ER enthalten und die Zahl 5 als erste Zahl in der 5. Dimension. Die 5 ist die Zahl des erwachten Geistes, E – wie Erleuchtung und es ist in Wahrheit die Zahl der Herzausdehnung.

Das Wort Esoterik besteht aus 8 Buchstaben, der erwachten Geist 8.

Eigentlich hätte ich zurückschreiben sollen, dass mein Buch ein Rezeptbuch wäre, in dem man die Anleitung findet, wie man sich das Leben süß kochen könnte, also zu „Hans im Glück" findet.

In einem irischen Segenswunsch heißt es:

Ich wünsche dir den Frieden der Meeresdünung,

den Frieden einer sanften Brise,

den Frieden der schweigsamen Erde,

den Frieden einer klaren Sternennacht.

Ich wünsche dir den Frieden Jesu Christi,

der unser Friede ist für alle Zeit.

Ich weiß, dass es da draußen einen Ritter-Verlag für mich gibt. Es wird ein Verlag sein, der sich darüber bewusst ist, dass unsere Bienenkönigin nur noch 3 Jahre alt wird, und Stubenfliegen ja bekanntlich keine Bestäuber sind.

Ich möchte jetzt keine Angst schüren, denn es soll ja auch gute Tiertrainer geben.

Auf einer Buchmesse sieht mich so schnell keiner mehr, außerdem wurde bei dieser 64. Buchmesse meine Handtasche als Empfangsbegrüßung untersucht. Ich habe diesen Herren zum Lachen gebracht. In meiner Handtasche befanden sich ein Meterstab, falls ich jemanden kennen lerne, der ein Hausschild benötigt, Lippenstifte und zwei ausgedruckte Manuskripte meines Buches im Ringformat, ca. 200 Seiten. Auch viele andere Dinge und hoch geistig explosive flüssige Essenzen für den Fall, ein beratungsbereiter Homo sapiens sapiens sapiens würde meinen Weg beschreiten.

Da fällt mir jetzt ein Witz zur Buchmesse ein:

Das liebste Buch eines Homo sapiens ist das Monetenbuch des nächsten Homo sapiens.

Die Dame im Reisebüro sagte, mein Hotel wäre um die Ecke. Stimmte gar nicht, da hätte ich gerade mal wieder nachdenken sollen, habe es aber vergessen. Mir fehlt es an Orientierungssinn. Der Leser ahnt nicht, wie viele lange Gänge so eine Buchmesse hat, und diese blöden Schuhe waren total unbequem. Man kann ja wohl schlecht mit Bergstiefel auf eine Buchmesse fahren, um sich einen Verlag zu angeln.

„Wie angelt man sich einen Verlag?“

Zum Glück waren da fahrende Gummimatten. Ich dachte bei mir immer, in welche Nummer eines Buchhauses soll ich denn jetzt gehen, ich kann doch keine Sprachen, um mein Buch zu beschreiben? Und als ich das erste Mal mein Hotel suchte, musste ich feststellen:

Gerade aus fährt ja keine Lok?

Nach diesen ganzen Eindrücken an diesem Tag auf dieser Riesenmenschenmassen-Messe fuhr ich dann mit der Straßenlokomotive in die falsche Richtung (rechts) und stieg in der letzten Haltestelle nach 7 Stationen mit zunehmender Dunkelheit aus. Ich dachte bei mir, ich gehe jetzt um die Ecke, da wird das Hotel dann schon sein. Nach vielen Ecken und zunehmender Dunkelheit näherte ich mich dem Frankfurter Hauptbahnhof. Ebenso auch den finsteren Gestalten. Einer bat mich um Moneten. Ich gab ihm drei Euros und bedankte mich, dass er mich nicht überfallen hat. Der Nächste sagte:

„Hast du mal ne Kippe?"

Ich gab ihm eine, denn Geiz ist nicht geil.

Ich hatte halt wieder einmal eine Security von ganz oben.

Völlig erschöpft fand ich dann endlich mein Hotel. Es wäre Station 17 (8) mit der Straßenbahn gewesen. Ich hatte mal wieder nicht nachgedacht, bevor ich losfuhr, denn meine Reisetasche hatte keine Rollen und war schwer wie Blei.

Ach, diese Erdanziehungskraft habe ich doch diesem Herrn Newton zu verdanken, der hat doch dieses „schwer wie Blei" erfunden, als er unter einem Apfelbaum saß und sich wunderte, warum der Apfel senkrecht fiel. Denn einer muss ja schuld sein, kurzer Scherz Herr Newton.☺

Der erste Eindruck in diesem Hotel war:

„Ibis h3682 ergibt 48", ich glaube, ich brauche diese Zahl nicht mehr zu addieren, denn der Leser weiß inzwischen 8 plus 4 ergibt **12**.

Man könnte diese Zahlen auch noch von einem anderen Blickwinkel betrachten.

Ibis ergibt 30, reduziert 3

h3682 ergibt 28, reduziert 10

3 plus 10 ergibt die Zahl **13**

Aber dies wäre jetzt Interpretationssache. Einmal nahm ich den Buchstaben s als Zahl 10, und einmal als Zahl 1.

Meine nächste Wahrnehmung des Hotels:

Viele Menschen sitzen vor ihren Lappenköpfen.

AHA

Ich nahm viel Elektrosmog wahr, dachte bei mir aber:

„Die Strahlung aus unserem Universum ist ja noch viel größer."

Als mir die Dame hinter dem Tresen die Zimmerschlüssel 108 überreichte, entschuldigte sie sich bei mir, dass sie nur noch ein Raucherzimmer für mich haben würde. Ich bedankte mich bei ihr und fragte noch nach einem Bier für meinen Rückzug. Wieder dachte ich so bei mir: „Mit dem Bier könnte ich meinem Kronenchakra mal eine Krönung geben."

In diesem Hotel fand mich dann eine sehr nette Dame mit englischer Sprache. Sie erzählte mir ihre ganzen Schicksale. Da ich ja außer Smalltalk nur zuhören konnte, wünschte ich ihr noch viel Erfolg mit ihrem Buch.

Da man ja immer alles positiv sehen muss, durfte ich auf dieser Buchmesse Ministerpräsidenten mit ihrer Security beobachten.

Meine besagte „von höchster Stelle–AVE" Security hatte ich schon mit 5 Jahren als ich mit einem Minifahrrad und den seitlich angebrachten dicken Stützen einen Hang hinabsauste. Ich landete in einem Brennesselsee und lag danach mit Dreitagefieber im Bett. Ich konnte zwar damals noch nicht Rad fahren, dafür konnte ich mit 3 schon über jeden See schwimmen. Und so geschah es, dass ich als neugieriges Kleinkind in die reißende Donau fiel. Mein Vater sprang hinterher und zog mich wieder raus. Ich habe mich auch schon mit Pferden überschlagen. Die nächste Wasserkatastrophe kam, als ich gerade Flügge wurde. Ich trieb mit einem Surfbrett zur Osterzeit im Bikini am Gardasee ab, da ich keinen Plan vom Surfen hatte, es aber so spaßig war. Meine blauen Lippen wurden von einem Gentleman, den wir damals Frikadello tauften, gerettet. Einmal sprang ein verängstigtes Pony mit circa 300 kg in meinen Schoß, ich landete mit dem Kopf auf dem Asphalt. Als mein Mann von der Arbeit nach Hause kam, stand ich gerade blutüberströmt unter der Dusche. Kolibris können ja bekanntlich auch rückwärts fliegen.

Ich finde meine Vergangenheit eigentlich ganz gut, denn da kann ich ab und zu auch rückwärts denken und muss mich nicht immer wieder in meinen eigenen Schwanz beißen.

Meine Hoffnung ist, es würde mir nie wieder passieren, dass beim Tanken meines Autos der Benzinschlauch explodiert.

Ich weiß noch, als ich circa 14 Jahre alt war, säuberte ich mit meiner damaligen Freundin jeden Tag einen Pferdestall um Reiten zu dürfen. Die meisten Pferde hängte man damals noch in Ständerweise an. Beim Säubern des Anbinde Ständers einer Stute bekam ich einen Schlag mit dem Hufeisen in die Bauchgegend. Diesen Hufabdruck sah man wochenlang. Ich hätte tot sein können. Es stellte sich heraus, dass diese Stute mit dem Besen vergewaltigt worden war. Wer auch immer dies getan hat, vergaß seine leise stille Quelle.

Mit dreizehn Jahren spannten meine damalige Freundin und ich ein Rennpferd vor eine Kutsche, das Rennpferd ging mit uns durch. Der Leser ahnt in seinen kühnsten Träumen nicht, wie schnell eine Kutsche fahren kann. Zur Strafe mussten wir das damalige Stundenhotel von dem Besitzer säubern. Dies machte uns aber nichts aus, Hauptsache war, wir dürfen wieder reiten. Der Leser ahnt sicherlich, um welche Zimmer es sich handelte. Die Zahlen auf den Zimmern waren wohl ein Zeichen für mich, dass ich einmal Numerologin werden soll. In jedem Hotel, zumindest in den Ländern, in denen ich war, fehlt die Zimmernummer 13. Die meisten Pferde, mit denen ich mich überschlagen habe, landeten auf mir, ein Pferd hat im Durchschnitt 500 Kilogramm. Heute kenne ich die Ursache, ein Pferd ist ein Fluchttier, ein Mensch schürte vorher Angst in dieses Pferd für den Run zur Erlösung, den Run zum Sieg. Bei dem Wort Run fällt mir wieder ein Erlebnis ein. Ein Mann bat mich vor vielen vielen Jahren sein Rennpferd (Galopper) anzureiten. Dies tat ich auch, ohne Wertschätzung, und beim ersten Pferd ging alles gut. Beim zweiten Mal setzte man mich auf das nächste vollblütige Jungpferd wieder in einer kleinen Box und man führte uns beide nach draußen. Der Mann machte allerdings den Fehler, beim Loslassen des Pferdes hinter uns ein lautes Geräusch zum Erschrecken ertönen zu lassen. Wahrscheinlich um den Fluchtinstinkt des Pferdes zu schüren. Ich weiß nicht mehr, wie schnell ich mit diesem Pferd durch die Landschaft sauste, es fühlte sich an wie Fliegen. Aber ich kann mich erinnern, dass ich in einem hohen Bogen stürzte. Ich hätte wieder tot sein können, mir ist aber außer Prellungen nichts passiert. Leider verstarb der millionenschwere Doktor kein Jahr später, er tat mir leid.

Mein damaliges Verhalten könnte man jetzt bodenlosen Leichtsinn oder bedingungsloses Vertrauen nennen. Na ja ich liebte halt Pferde.

Wenn ich mir das oben Erlebte nun noch einmal durchlese, so habe ich ja auf ewige Zeit die Ausrede, dass dies meine Andersartigkeit vielleicht erklären könnte, einfach zu oft auf den Kopf gefallen.

Eigentlich wollte ich immer Helfen und stellte irgendwann fest, ich habe geholfen.

Eigentlich wollte ich den Menschen immer Vertrauen schenken und stellte für mich irgendwann fest, ich habe vertraut. Eigentlich wollte ich immer Wahrheit und stellte für mich irgendwann fest, ich bekam die Wahrheit.

„Tod, Verbannung und alles andere, was als furchtbar gilt, halte dir täglich vor Augen, besonders aber den Tod, und du wirst niemals kleinliche Gedanken haben oder etwas übermäßig begehren.“
(Epiktet, griech. Philosoph)

In der Pferdebranche findet man viele „Gurus“, leider aber auch viele Feiglinge.

„Sei nicht feiger als die Kinder!
Wenn es dir angezeigt erscheint sage:
Ich spiele nicht mehr mit.“
(Epiktet, griech. Philosoph)

Mit meiner naiven kindlichen Unbekümmertheit marschierte ich mit 15 Jahren mitten durch eine streitende Rockerbande, die sich gerade mit Bierkrügen bewarfen. Ein Bierkrug landete auf meinem Kopf und ich blutüberströmt im Krankenhaus, es war gerade Weihnachtszeit. Da man ja immer alles positiv sehen muss, habe ich damals das Ave Maria an einem Abend im Flur dieses Hauses gesungen. Bei „(Weih)n(acht)en fällt mir ein. Ja mei, da wird man auf einmal besinnlich. Mir fällt dafür ein:

„Ein Tannenbaum mit Cola Büchsen!“

Weihnachten ist bei mir nicht zur Weihnachtszeit sondern ich interpretiere daraus:

Wenn die „acht“ in diesem Wort erwacht ist, wurde man einge(weih)t.

Diese Liste mit Security könnte jetzt noch seitenweise weitergehen. Auf meine OPs werde ich nicht eingehen. Ich war schon in den finstersten Ecken von Pennsylvania im Jahre 1993. In diesem Land traf ich das erste Mal auf einen Schamanen. Er war Indianer. Wir plauderten einen ganzen Nachmittag über Ohrenkerzen. Er erzählte mir damals, dass man Ohrenkerzen mit „Indianische Heilkerzen“ bewerben würde und dass es in Wahrheit bei den Indianern diese Kerzen, die man den Menschen in das Ohr stecke nicht gibt. In Ungarn und der Tschechei und in Afrika ist mir nie etwas passiert. Ein versoffener Jäger (Ex-Fremdenlegionär) hielt mir schon eine Knarre an den Kopf, drückte aber nicht ab, komisch?

Es gab immer ein Licht in meinem Leben, wenn ich in Seenot geraten war und dieses Licht war bestimmt keine Religion oder ein Gebet.

Ich bin nicht besser als irgendein anderer Mensch, nur weil ich ein paarmal in meinem Leben dem Tod von der Schippe gesprungen bin. Nein, da bin ich zu geerdet. Es gab bestimmt Menschen die viel Schlimmeres überlebt haben, man denke an den Tsunami 2004. Meine Erlebnisse machten mich heute zu dem, der ich jetzt gerade bin. Manche mögen mich, manche mögen mich halt nicht, ich bin wie ich bin und habe mich damit abgefunden.

„Darauf kommt es dem Schicksal auch nicht an, daß der Mensch das höchste Glück erlebe, sondern darauf, daß er sich vollende und immer mehr die Fesseln des Egoismus und der Mängel, die die Welt der Täuschungen ihm an ihm anhängt, abstreife.
(Malvida von Meysenbug, deutsche Schriftstellerin 1816 – 1903)

Mittlerweile kann ich auch das Wort Religion nicht mehr hören.

R, wie Regimente übernehmen wollen, Macht haben wollen.

Obwohl ich muss an dieser Stelle ehrlich gestehen, dass mein Buch schon ein bisschen philosophisch oder religiös angehaucht ist. Ja, ich muss es zugeben, ein Gemisch aus Philosophie und Numerologie.

Ich habe schon einmal gelesen, dass man seinen eigenen Todeszeitpunkt während seines Lebens erschafft.

Dies würde ich jetzt nicht unterzeichnen.

Diesen Zeitpunkt, so glaube ich, wählt man sich schon vor seiner Geburt.

Das Leben war immer schon stärker als der Tod.

Mit etwa 37 Jahren begann ich, sämtliche Mörder der Geschichte umzurechnen und die Daten in Zahlen zu verwandeln, solange bis ich viele Aha-Erlebnisse hatte. Erstaunlicherweise immer öfter die 8-5 Kombination, die dunkle Seite dieser Zahlen bei den noch schlafenden Halbgöttern. Kombiniert mit der dunklen Seite der Zahl 6 kam der reinste Horror zum Vorschein. Eine schlechte Kindheit macht nicht immer einen Engel aus einem Menschen.

„Das Sterbliche wankt in seinen Grundfesten, aber das Unsterbliche fängt heiler zu leuchten an und erkennt sich selbst."
(Novalis 1772 – 1801, deutscher Lyriker)

Wenn ich auch in diesem Leben keinen mehr finden sollte, der in meiner gleichen Wellenlänge schwingt, so ist mir gerade bewusst geworden, dass in früheren Jahrhunderten wohl Menschen gelebt haben müssen, mit denen ich dieselben Erkenntnisse und Ansichten teile, wenn ich mir den Satz des Herrn Novalis so betrachte.

Sollte jemals einer von mir ein Interview haben wollen, bringen Sie bitte Ihren persönlichen Psychologen mit. Mich würde nicht das Interview interessieren sondern das geistige Duett mit dem Psychologen, dann könnte ich endlich vögeln, ich meine zwitschern wie ein Vogel. Einmal war ich zu einer Geburtstagsparty eingeladen von zwei Psychologen. Der Herr begrüßte mich mit der Hand und den Worten „ich bin Buddhist". Mich störte das Wort „ich" so sehr, dass ich am liebsten gesagt hätte „du spinnst". Ich schwieg aus Höflichkeit. Nachdem ich mir dieses Affentheater nicht mehr länger einverleiben wollte, beschloss ich mit den Jugendlichen ein paar Zigaretten im Garten zu rauchen.

Frank Sinatra my way

In der Psychologie heißt es:

„Bedingungslos Ja sagen. Sich annehmen. Genauso, wie wir in diesem Moment sind. Diese Liebe schenkt uns den wichtigsten Verbündeten für ein glückliches Leben, uns Selbst."

Liebe Leser, schieben Sie in Zukunft bitte ALLES auf Ihre ach so schlimme Kindheit, denn einer muss ja die Schuld tragen. Ich hatte als Kind das Pech, nicht in Armut aufwachsen zu dürfen, es war sogar ein Schwimmbad in unserem Haus und unser Kühlschrank war immer voll. Alleine Staplerfahren durfte ich schon mit 8 Jahren und landete im Gartenzaun der Nachbarn.

Keiner schimpfte mich dafür. Dieses riesige Loch des Thuja Zaunes musste ich mir ja dann sehr lange ansehen. Mir war bewusst, dass die Pflanzen mir verziehen hatten, als sie wieder nachgewachsen waren. Ich kann mich noch gut erinnern, dass unser Nachbar im Sommer den Plattenspieler in den Garten trug und mit voller Lautstärke Heino Lieder abspielte, man stelle sich vor, den ganzen Tag Heino?

Dieser Nachbar sah genauso aus, gleiche Brille, nur schwarzhaarig. Meine Eltern hatten zwar wenig Zeit für uns Kinder, da sie fleißig waren und keine aalglatten tentakelhungrigen Couchknutscher, aber wir saßen am Mittag gemeinsam zur warmen Mahlzeit beieinander. Und ich hatte schon immer Tiere und viel FREIHEIT.

Ich lernte daher sehr früh, dass Geld allein kein Glücksrezept sein kann.

Auch durfte ich in meiner Kindheit sogar einmal einem Exhibitionisten begegnen. Den anderen Kindern machte dies nichts aus, die hatten dieses Erlebnis gleich wieder vergessen. Mir jedoch schon. Ich war circa 11 Jahre alt und hatte wochenlang ein schlechtes Gewissen und fühlte mich für unseren Anblick schuldig. Heute weiß ich, dass dieser Anblick vielleicht gar nicht für mich bestimmt war.

Jetzt kann ich sagen, dass es doch sehr lehrreich für mich war, denn er machte auf mich einen sehr armseligen Eindruck. Damals hat es wahrscheinlich noch keine Penisverlängerung gegeben. Aber unsere Wissenschaftler sind ja immer stets bemüht und werden alles erfinderisch Mögliche veranlassen.

Nun beschließe ich für mich, mal wieder in meiner Werkstatt als Einzelkämpfer mein Geld zu verdienen. Ich bin auch deshalb ein „Eine-Frau-Betrieb“, da sich die Menschen immer so seltsam verändern, wenn sie längere Zeit mit mir zusammen sind.

Das Finanzamt würde mir das wohl kaum glauben, dass ich die letzten zwei Jahre die meiste Zeit damit verbracht habe, einen verlängerten Aufsatz zu kreieren.

Was soll ich denn dem Finanzamt sagen, vielleicht:

Heute ist der 4.9.2013, seit genau zwei Jahren ist mein Chef einer aus einer höheren Instanz und ich musste das Geldverdienen hinten anstellen, da es keine Moneten vom Himmel regnet. Das Finanzamt wird mir bestimmt glauben, da ich ja ein Glückskind bin.

An alle kleinen Betriebe, die noch übrig geblieben sind und sich mit ehrlichem Handwerk das Geld in unserem Land verdienen und vielleicht gerade keinen Schampus in einem anderen Land trinken können.

Ich bin stolz auf EUCH!!!

Ein kleiner Wermutstropfen für alle fleißigen Bienchen:

Rundet die Ecken auf Euren Visitenkarten ab und kreiert sie nach Fibonacci, ihr wisst schon, Länge geteilt durch Breite.

Die Visitenkarte bitte so groß, wie eine Bankkarte, eine Bank ist schlau, die weiß, wie das Zasterverdienen geht.

Das Logo auch, Länge geteilt durch Breite, dies machen alle großen Firmen.

Biene Maya bewirbt sich mit einer Anfrage-Mail und der üblichen Frage, ohne Autorenbewerbung, bei dem nächsten Verlag, es kam zurück:

Sie wären ein rein geisteswissenschaftlicher Verlag.

War dies jetzt ein Verlag mit dem richtigen V, oder nur die nächste Spukgestalt?

Reiner Geist, wäre eigentlich das Thema meines Buches. Die nehmen bestimmt nur Studierte und keine Exteriker.

Kein Aha

„Die Liebe ist der Endzweck der Weltgeschichte und das Amen des Universums."
(Novalis, 1772 – 1801, deutscher Lyriker)

Gerade fällt mir auf, dass dieser Herr Novalis nur 29 Jahre alt

Geist ist nur wahrnehmbar, er ist also Zahlen und Namenlos.

„Dem abgestumpften Geist erscheint die gesamte Natur bleiern. Für den erleuchteten Geist brennt und funkelt die ganze Welt dank ihres Lichts."
(Ralph Waldo Emerson, Philosoph, 1803 -1882)

Heute habe ich mich mit einer E-Mail erneut beworben. Es kam als Antwort, dass nur Naturheilkundebücher und Homöopathische Bücher verlegt werden.

Es öffnet sich bei mir jetzt kein Zornchakra mehr und eine Flut von Tränen überkommt mich jetzt auch nicht. Nun wurde mir ja bewusst, ich darf mich in Gelassenheit üben und mir ist auch klar, bei diesem Verlag war ich gerade kein durstiger Wanderer und sah nur eine Fata Morgana vor mir, denn zu diesem Verlag passe ich wirklich nicht.

Am letzten Tag auf dieser 64. Buchmesse, es war ein Freitag, beschloss ich nach diesen vielen Eindrücken (ich habe noch nie so viele Bücher auf einmal gesehen) Brotzeit im Freien zu machen und die Sonne zu genießen.

Es gesellte sich eine Dame ebenfalls mit einer Brotzeit zu mir an den Tisch. Da man sich ja im Du erkennen soll, sagte eine innere Stimme zu mir:

„Eiso Anke, du könntest dich auch mal ein bisschen stadtfeiner gestalten und welche Schule muss man denn besuchen, um mit solchen Schuhen laufen zu können?"

Muss i denn, muss i denn zum Stetele hinaus (Elvis Presley)

Sie war eine wunderschöne Frau!

Diese Dame sprach mich an und erzählte mir, dass sie Journalistin sei und in Hamburg wohnen würde. Weiter erzählte sie mir, dass sie so stolz auf ihren Sohn ist, denn dieser hätte so gute Noten auf dem Gymnasium und auch, dass sie geschieden wurde und nun einen neuen Lebenspartner hat.

Ich dachte bei mir:

„Wie würden denn wohl die Noten auf einem bayerischen Gymnasium ausfallen?"

Weiter erzählte sie mir, ihr Vater hätte mehrere Schiffe und würde jetzt auch in Deutschland wohnen, da man in seinem Land nichts mehr verdienen kann.

Ich dachte wieder bei mir:

„Ist man eigentlich Millionär oder Milliardär, vielleicht sogar Drilliardär, wenn man mehrere Schiffe besitzt?"

Und:

„Wenn alle Millionäre oder wie auch immer ihr Land verlassen, da das Mäuseverdienen schlechter läuft, oder man in einem anderen Land den Wohnsitz hat, da man da weniger Steuern zu zahlen hat, aber in seinem Heimatland „die großen Fische" verdient, wundert mich gar nichts mehr."

Bei vielen Millionen kommt es doch nicht auf ein paar Millionen Steuern an, oder?

Es gibt doch das Wort Vaterland oder?

Jetzt klingelts, man kann sich ja mit dem ersparten Geld Freunde und noch mehr Schiffe kaufen.

„Wer viele Schätze anhäuft, hat viel zu verlieren."
(Laotse)

Ach, mir fehlt dazu einfach der richtige Blickwinkel oder die nötige Schulbildung.

Aha, Geld regiert die Welt.

Nur diesen Satz zu lesen ist für mich langsam unerträglich.

Ist Glück Reichtum?

Ist Glück Armut?

Die Mitte wäre aus meiner Sicht für ALLE das Beste, um nicht die letzten Ressourcen unseres Planeten auszulöschen, wenn man sich einmal die Bevölkerungszahl ansieht.

Aber was ist die Mitte?

„Aus der Sicht der Liebe seine Vorhaben zu erledigen“

Sollte dennoch in unserer heutigen Zeit tatsächlich Geld zu einer Art Religion geworden sein, kann ich dazu nur sagen:

Jede Religion führt oder führte früher oder später immer in eine Katastrophe.

Das Wort Religion in Zahlen verwandelt:

95397965 Quersumme 8.

Die Zahl 8 ist ja auch mit dem Tod verwandt.

Gerade friert es mich mal richtig.

Ich würde mir wünschen, bei der nächsten Währung einmal besser auf eine fröhlichere Farbgestaltung zu achten.

Vielleicht ein bisschen Pink Camouflage wäre doch schön.

Auch auf die Gefahr hin, dass sich Herr Einstein nun in seinem Grabe umdreht, mache ich jetzt noch eine Bestellung aus dem Universum:

Meine nächste Inkarnation bitte auf einem Vulkanberg.

Zwischen einem freundlichen und teilenden Umgang mit unserer Erde und ihren Bewohnern stehen einfach aus meiner Sicht immer noch zwei Dinge: Religionen und Habgier.

„Dass mir mein Hund das Liebste sei,

sagst du, oh Mensch, sei Sünde,

mein Hund ist mir im Sturme treu,

der Mensch nicht mal im Winde."

(Franz von Assisi 1182 -1226)

Pause zum Nachdenken und mir das Bauchwohlgefühl zu geben!

„Wäre ich ein Indianer, denke ich oft, würde ich es unbedingt vorziehen, mich jenen Angehörigen meines Volkes anzuschließen, die auf den freien, offenen Plains geblieben sind, anstatt mich den engen Grenzen einer Reservation zu unterwerfen, um dort der Empfänger der segensreichen Wohltaten der Zivilisation zu sein, deren Laster ohne Maß oder Einschränkung mit dreingegeben werden (..).

Wenn der Boden, den er so lange für sich beansprucht und bejagt hat, von diesem nach seinen Begriffen unersättlichen Ungeheuer (der Zivilisation) gefordert wird, gibt es keinen Einspruch; er muss weichen, oder es rollt gnadenlos über ihn hinweg und vernichtet ihn dabei. Das Schicksal scheint es so beschlossen zu haben, und die Welt nickt ihre Zustimmung.

(Generalmajor George Armstrong Custer über die Indianer, in seiner Autobiografie „My life on the Plains", Mein Leben in der Prärie, 1874)

War nicht bei den Indianern das heilige Symbol auch ein Kreis?

Melde mich nun zum Schiffsdienst zurück!

Man darf ja immer lösungsorientiert Denken, wenn man vor einer Entscheidung, unabsichtlich, versteht sich von selbst, versehentlich vergessen hat, nachzudenken, bevor man eine Wahl, nicht den rechten Weg zu gehen, getroffen hat oder?

Was wäre, wenn wir nur noch 10 % Steuern auf alles hätten?

Wäre das nicht ein nächster Notfallplan?

Ja, dann wären wir doch alle glücklich und zufrieden, oder?

Ja, dann gäbe es ja die Steuerhinterziehungswältler und die Steuerverräter nicht mehr, oder?

Ja, dann wären unsere vielen Drilliardäre steuergesetzmäßig (nicht wohnmäßig, freie Wahl) nicht in einem anderen Land, oder?

Ja, dann könnten doch die Kleinsten und die Größten nicht mehr meckern und lästern oder?

Würde das auch mit unserer zweitgrößten Kraft, der Gedankenkraft, möglich sein?

Diese wäre ja so ähnlich, als würden wir uns unsere eigene Gedanken-Bombe bauen oder?

Wie viele Leser brauche ich denn da?

Es kommt spontan:

Viele!!!

Mit erleuchtetem Blickwinkel und von innen geputzten Augen gibt es eigentlich keine Grenzen.

Ja, das wäre ja so eine Art Explosion von Gedankenkraft, ich meine Sternenstaub, und dies würde wiederum eine Kettenreaktion auslösen. Wir sind in Wahrheit ja gar nicht ohnmächtig. Als viele Glieder einer großen Kette könnte es funktionieren, wir würden dann so quasi mit unserem universellen Computer spielen.

AHA

Jetzt weiß ich, warum mir mein Bauchgefühl beim letzten Verlag einspeiste, ich solle diesen unterschriebenen Vertrag wieder (Umtausch innerhalb 14 Tage) rückgängig machen.

Es war eben halt noch nicht mein Glücksritterverlag, denn Wunder dauern manchmal ein bisschen länger.

Stellen wir uns einmal einen Würfelbecher vor, gemeinsam könnten wir die Würfel in diesem Becher sein und unsere Zukunft mit Gedankenkraft für ALLE in eine positive Richtung würfeln.

Die Dame auf der 64. Messe fragte mich noch, warum ich hier wäre?

Ich sagte, ich bin auf der Suche nach einem Verlag.

Sie gab mir noch den Tipp, niemals ein Endmanuskript abzugeben, dies würde sie erst nach Vertragsabschluss tun.

Ich dachte bei mir wieder bayerisch:

„Jetzt werds hinten heah wia vorn!"

Deutsche Übersetzung:

„Jetzt wird es hinten höher als vorne!"

Ok, ich muss mich nun kurz outen, bin gar kein waschechter Bayer, nur hier aufgewachsen. Wenn man es genau nimmt, bin ich ja außerhalb des Weißwurst-Äquators geboren, stehe aber in keiner Weise als Verwandtschaftsgrad mit dem Michl aus Lüneburg. Ein Preißenzipfe halt (geboren in Harburg Lüneburg), trotzdem:

Als EX-Reiter weiß man, dass ein Pferd am besten zum Pferdesport geeignet ist, wenn der Körperbau des Pferdes ein Trapez darstellt. Also eher eine Waage darstellt. Die oberste und die unterste Linie eines Trapezes sind gerade Linien.

Grulemuck!

Kann man denn heutzutage nicht mal mehr einem Verlag trauen?

Ist da der Pleitegeier jetzt auch schon gelandet?

Da werde ich mir selbst treu bleiben, denn ich fühle mich von oben beschützt.

Auf dieser 64. Buchmesse durfte ich auch noch ein Interview in einem Holzhaus beobachten.

Man stellte einem sehr sympathischen Menschen ein paar Fragen. Ich suchte wieder das Du (von Dir kann ich lernen) in ihm zu erkennen. Prompt kam ich darauf:

Gelassenheit, ich konnte gar nichts Grünes wahrnehmen.

Ich habe mir am 14.10.2013 (Quersumme 12) fest vorgenommen, ich übe mich nun ernsthaft in heiterer Gelassenheit!

Dieser Mensch ist mit Sicherheit sehr weise und es ist auch kein Wunder, dass dieser sympathische Mensch so viele Leser hat, da er so blumig schreiben kann. Was mir allerdings nicht gefiel, war seine Antwort auf folgende Frage:

„Was halten Sie von Kinderkrippen?“

Eine sehr chillige gelassene Antwort, kann nur jemand geben, der keine eigenen Kinder hat, hörte sich ja an wie:

„Ja mei, des is heut heitzudog a so.“

Meine Antwort wäre spontan:

Man züchtet sich damit die nächsten Psychopathen (es reichen ja ein paar für Katastrophen), denn ich habe Beweise dafür, dass man Schreibabys auf die Terrasse schiebt und sie erst kurz vorm Abholtermin wieder reinholt. Die Hauptprägephase eines jeden Kindes ist von 0 bis 5 Jahren.

Weiß dieser „weise" homo sapiens nicht, dass in Deutschland der Kinderanteil von rund 80 Millionen Einwohner nur bei 18 % liegt. (habe ich „zufällig" im Radio gehört) Die Zahl 18 ist bei den Numerologen in der Polarität keine so gute Zahl, denn wenn man 18 in drei Teile zerlegt kommt 666 heraus.

Kann kein Glück bringen!

Das Wort Gott in Zahlen verwandelt:

7622 ergibt die Zahl 8.

Und es macht auch wenig Sinn, kinderreiche Familien aus anderen Ländern einzuladen, der Grund:

Eine ganz andere Lebensphilosophie, eine Milchmädchenrechnung.

Manche Menschen sind Harz 4ler, viele Menschen haben eine bessere Lebensphilosophie.

Ich versuchte mich trotz all dem in ihm zu sehen und erkannte mich auch, jetzt bekam ich die endgültige Beleuchtung:

Mir fehlt es an Gelassenheit, ich bin quasi hoch allergisch auf Gelassenheit! Ich bräuchte ein kleines Stück:

„Nach mir die Sintflut-Bewusstsein".

Ein klein wenig, jetzt bayerisch:

„Scheiß da nix, dann feiht da nix".

Kann man sich eigentlich heutzutage Gelassenheit auch vom Universum bestellen? Dem kann ich wieder keinen Glauben schenken. Ich denke, dies ist eine Charaktereigenschaft.

Vielleicht stellt sich bei mir ja irgendwann so eine Art Altersgelassenheit ein.

Es könnte nun auch möglich sein, dass ich durch die „Vollkommenheitsprüfung" gefallen bin, denn ich war schon immer neidisch auf Gelassenheit.

Neid ist ja eine Todsünde oder?

„Beneiden heißt Unterlegenheit bekennen."
(Lespinasse, franz. Schriftstellerin 1732 -1776)

Vielleicht ist aber dieser Neid gar keine Todsünde, sondern waren immer meine Pferdestärken zum Weitermachen, mit und ohne dem Denken, zu verzagen.

In der Pferdebranche würde man sagen, die Stute ist kuhhessig. In meinem Fall wäre es dann, die ist ja gehässig wie ne Kuh.

Ich weiß, dass ich sehr progressiv geschrieben habe.

Und auch möchte ich mir wahrlich keinen Lorbeerkranz wie Cäsar auf mein Haupt setzen.

Und es könnte auch sein, dass sich so Mancher denkt, was ist das für eine Schachtel!

Mir ist das aber egal, denn ich muss mich ja nun in Gelassenheit üben.

Mein innerer Gaul befahl mir dieses, damit viel mehr Menschen die „Prüfung" bestehen und ich auch ein unverbesserlicher Wahrheitsfanatiker (meiner von vielen) Wahrheit und Lebensart bin.

Ich denke, es gibt noch zu viele wackelige Hühnereier ohne lichtdurchflutete Wurzeln.

Pause

Traumlandreise in mein Ruderboot

Nun werde ich kurz in mein Traumland reisen, um meine geistigen Batterien wieder aufzuladen:

Ich stehe gerade auf einer wunderschönen Ruderyacht und beuge mich gelassen auf meinem Achterdeck über die Reling, dabei spiele ich mit Diamanten Schifferl versenken. Blub, Bluub, Bluuub.

(Made by Ingo Rittscher)

Sich in der Gegenwart geborgen zu fühlen, das ist mein wahres Glück.

Hinter mir der nette Cabriolet, der mir ins Ohr suuummmt.

Rechts von mir sitzt meine persönliche Kartenlegerin Ute, die mir jeden Tag schönes Wetter voraussagt, denn ich möchte doch auf meiner Yacht nicht frieren oder Seekrank werden und über die Reling kotzen.

Jetzt stellt sich für mich die Frage:

Wer setzt denn jetzt die Segel?

Wer spielt denn in der Zwischenzeit den Steuermann?

Aha

Na der Wind, das himmlische Kind wird es wohl nicht sein.

Ich muss mir Helfer einstellen.

Als erstes brauche ich was zu essen.

Ich ernenne nun Walter zum Fischen, der kann wenigstens noch mit Weidenasterln fischen und nimmt nur, was wir tatsächlich brauchen. Ich bin mir ziemlich sicher, zur Not könnte dieser noch Fische mit seinen eigenen Händen fangen.

Und als meinen persönlichen einbeinigen 5 Sterne Chefkoch stelle ich Rüdiger ein, mit seiner hübschen Tochter Lea. Der versteht sein Handwerk ja auch, der macht aus Fischen Königsberger Fritten.

Als nächstes brauche ich doch einen 1. Offizier oder?

Nun ernenne ich als Kapitän, St. Martin als meinen 1. Offizier!

Der hat den freien Willen, seine Helfer im Dienste der Dienstleistungen selbst zu wählen.

Meinen Mann, Willy, brauche ich noch zum Erspähen der üblen Feinde und Kati, mein Kanonier, zündet die Kugeln.

Kati ernenne ich deshalb zu meinem Kanonier, da sie ihr Herz auch auf der Zunge trägt und mir folgender Satz aus ihrem Munde sehr gut gefiel, dieser in etwa so klang:

„Bei Kleinkindern passt man auf, dass sie im Sandkasten ja keinen Sand in den Mund stecken und mit 18 Jahren kauft man ihnen einen 200 PS Schlitten."

Mein Billy ist der Navigator, weil er so schlau ist.

Und meine Emily mit ihrem Vally erzählen mir den ganzen Tag Witze.

Jetzt fehlen eigentlich nur noch viele, welche die Schiffsböden schruppen und in der untersten Etage gegen den Strom Rudern.

Dazu ernenne ich alle schlafenden Halbgötter.

So ne Yacht ist ganz schön groß, da braucht man bei so einer Masse einen Einstellungstest.

Ich werde also herausfinden müssen, ob diese auch genug Ellenbogenbewusstsein haben.

Diesen Bewusstseinstest werde ich selbst übernehmen, denn man möchte ja schließlich heil von A nach B kommen.

Das „Nach mir die Sündflut-Bewusstsein", das den Kleinsten diese Eurokrise angetan hat, diese Profitgeister werden viel Kraft zum Rudern brauchen. Keine Angst, Folterung gibt es da unten nicht, das verbietet der Verfassungsschutz. Vielleicht besuche ich sie ja ab und zu und lächle sie an, damit ich Zähne zeigen kann. Kleider machen ja bekanntlich Leute und Zähne eben Gesichter.

„Denn wir sind nur die Schale und das Blatt. Der große Tod, den jeder in sich hat, das ist die Furcht, um die sich alles dreht."
(R.M. Rilke, 1875-1926)

Der Tod ist der Zwillingsbruder unserer Geburt.

An die besten Filmemacher!

Ein neuer Auftrag!

Ich brauche noch viele Piraten und weitere Kugelbauer und Kugelzünder. Jetzt fällt mir ein, was wäre, wenn einer krank wird, ich möchte ja auf meiner Reling nicht gestört werden. Ich brauche ja noch einen Alchimisten.

Dieser Al(Gott)chemist beherrscht die Fähigkeit, aus den toxischen Pflanzen und Wasser plus ein bisschen Hefe eine Gärungsphase zu zaubern, damit der Spiritus, der daraus entsteht, die Körper heilen kann. Der Alkohol heilt also die körperlichen Symptome, das ungiftig gemachte Gift der Pflanzen ist eine Heil-Essenz, diese die Seele heilt und die Asche dieser Verbrennungsmethode lässt die Geister wachsen.

Ich benötige also mehr Fischer, die noch mit Weidenasterln fischen können, eine schwarze Katze zum Glück bringen, eine Krähe wird auch dabei sein. Es darf der Esel nicht fehlen, der die Diamanten, der Leser ahnt es schon, nämlich aus Exkrementen Diamanten zaubert. Der Papagei sitzt bei meinem Koch auf der Schulter. Einen Gscheidmeiernamen brauche ich ja auch noch für meine Yacht! Klingt nach Anstrengung, bin schon fertig, ich taufe sie einfach mit einer Flasche Sekt Y8.

Herr Dr. Conners, unser Stachelleguan darf nicht fehlen, mein Exen Mann, der findet seine Heuschrecken alleine. Auf meiner Y8 befindet sich auch ein großer steinerner Elefant, ich glaube er kommt aus Indien. Dafür stelle ich jetzt noch jemanden ein. Es ist ein Handwerker, diese sind ja heutzutage vom Aussterben bedroht. Dieser Handwerker hat die Fähigkeit, diesen steinernen Elefanten mit einer Art „Flex“ aufzuschneiden. Man sagt doch, da sind viele Diamanten und Schätze drinnen, unser damaliger (Ver) – Führer wollte ihn? Manche sagen, dieser versteinerte Elefant wäre in Indien, manche sagen er würde in einer Hafenstadt in Deutschland stehen. H wie Hafen steht für die Zahl 8. Jetzt stelle ich noch einen Handwerker ein, der diese ganzen Diamanten verhackstückelt und noch einen stelle ich ein, der diese Diamanten auf circa 7 Milliarden Menschen gleichmäßig verteilt. Das wird meine Galionsfigur Nr. 13 sein.

Schon bald bricht das Chaos aus, denn wir werden verfolgt, zwecks den Diamanten, von allen Seiten sind die Aasgeier zu sehen, die scharf wie Chili auf diese Diamanten sind. Aber ich habe keine Angst (Aqua), denn als kleines Kind erhielt ich ja das Seepferdchen, danach den Leistungsschwimmer.

„Beherzt ist nicht, wer keine Angst kennt,
beherzt ist wer die Angst kennt und überwindet."
(Kahlil Gibran, indischer Philosoph, 1883 -1931)

Immer noch hänge ich trotz Chaos, **gelassen** in bequemen Bergstiefeln über der Reling und es blubbert nur so, blub blub blub, nugget, nugget, nugget.

Die sind immer noch hinter uns her und wollen die Diamanten, sie wollen diese glitzernden Dinger mit allen Mitteln haben, mit Waffen und Raketen und Kugeln, aber ich bleibe gelassen, denn ich habe die Mission, die Diamanten auf ca. 7 Milliarden Menschen aufzuteilen, damit der damalige so sehr nach Geltung süchtige Führer, der Dappe mit dem Kappe, seinen inneren Frieden findet.

„Man muss die Segel in den unendlichen Wind stellen,
dann erst werden wir spüren, welcher Fahrt wir fähig sind."
(Alfred Delp, Jesuit, 1907 – 1945 ermordet)

Da stelle ich natürlich wieder jemanden ein, der mich beschützt, ich stelle die Zahl 13 ein, denn sonst könnte ich ja nicht mehr **gelassen** bleiben. Allen meinen Leuten auf meiner Y8 kann ich bedingungslos vertrauen, denn sie haben den Einstellungstest bestanden, deshalb bin ich ja gelassen.

„Was ist die Furcht vor Mangel, wenn nicht der Mangel selbst? Ist nicht Angst vor Durst, selbst wenn euer Brunnen voll ist, der eigentliche unlöschbare Durst?"
(Khalil Gibran, 1883 – 1931)

Eigentlich müsste es für mich an dieser Stelle heißen: Unlösbar, Raffzähne oder Raupen satt zu bekommen!

Nun ist auch noch eine Flotte von amerikanischen Marinen hinter uns her, sie wollen meine Yacht zum Entern und dann Kentern bringen. Das Segel meiner Y8 wird gehisst, mit der Zahl 13, darum kann ich ja gelassen bleiben.

Als dann die Nacht einbricht, hinter mir die Fetzen fliegen, da es kracht und donnert, Krieg wird geführt, Ursache die Diamanten, ist die See vor mir so **ruhig** und ich zähle die Sterne am Himmel, bis ich dann dem himmlischen Schlaf verfalle. Beim Schlafen träume ich von echtem Feenglücksstaub.

„Es macht Freude, in einem vom Sturm gepeitschten Schiff zu sein, wenn man sicher ist, daß es nicht untergehen wird."
(Blaise Pascal, Franz. Mathematiker, 1623 – 1662)

Am nächsten Morgen erwache ich aus meinem Traumschlummerland völlig erholt. Meine Y8 ANKERTE inzwischen an einer wunderschönen Insel. Mit frischer und heiterer **Gelassenheit** galoppiere ich mit Cisco, der auch dabei ist, in den Morgenstunden erst einmal am weißen glitzernden Strand entlang. Mich begleitet eine Seelenverwandtschaft, so eine Art Zwingelingsschwester, ein schillernder Penny auf ihrem silberfarbenen Motorrad. Als Spitznamen nenne ich sie oft gedanklich „die wilde Hilde". Als wir dann nach unserem erholenden Ausflug wieder an Bord gingen, hatten wir die Idee, zu angeln. In aller Seelen**ruhe** betrachteten wir unsere Angeln aus Ästen und den schönen **ruhigen** Meeresblick und wussten, dass gar kein Fisch anbeißen braucht, da mein Schiffskoch ja ohnehin schon für einen kleinen Happen gesorgt hat.

So, Batterien sind wieder aufgetankt!

Jetzt bin ich endlich ein gelassener Mensch, wie wunderbar.

Nicht zu schwer, aber auch nicht zu leer sollen meine Filme sein!

Nach diesem Erlebnis auf dieser 64. Messe traf ich die Entscheidung, die restliche Zeit damit zu verbringen, dass ich diese Zeit dafür nutzen würde, die anderen Buch-Häuser abzuwandern und stolperte prompt in mein nächstes Fettnäpfchen.

AHA

Frohen Geläutes marschierte ich also über den nächsten Stolperstein, das nächste kleine DINGSDA BUMSDA.

So eine Buchmesse ist für mich die reinste Stresspustel, der reinste Horrortrip!

Ich strandete bei einem Antiquitäten-Buchsammler und fasste ein einziges Buch verkehrt an, habe es aber weder verletzt, noch beschmutzt, denn meine Finger waren sauber, das lernt man in vielen Jahren Blutzucker-Messen von winzigen Kinderfingern.

Du meine Güte, das hätte der Leser miterleben sollen. Ich nahm einen todunglücklichen Millionär wahr.

Wieso sperrt er eigentlich nicht alle seine Bücher hinter einen Glaskasten? Ja, weiß dieser homo sapiens sapiens nicht, dass in der Menschheitsgeschichte schon öfter viele gute Schriften verbrannt wurden?

Hat dieses Gottwesen auch wirklich alle Bücher, die er gelesen hat, verstanden?

War da auch vielleicht eines dabei, wo der Autor über den Sinn des Lebens schreibt, ich meine über den Zyklus von Werden und Gehen?

Dieser Mann kann doch kein einziges Buch mitnehmen oder?

Da lobe ich mir ja jeden Komödien-homo sapiens sapiens, der trägt sein Buch auf der Zunge.

Dort fand ich für mich keinen Lehrer und ich denke, er war nur sauer, da er zu wenig Umsatz machte. Er wollte halt mal seinen

Frust ablassen, dies tat ihm einfach einmal gut. Dies habe ich in meinem Buch ja schließlich auch gemacht.

Ich stand schon in einem Zelt auf einem Weihnachtsmarkt und als gerade der letzte Tropfen Blut in meinen Adern dabei war einzufrieren, konnte ich immer noch höflich sein. Und wenn ein Kind meine Sachen berührt und fallen lässt und dies Scherben hinterlässt, na und?

Scherben bringen Glück!

Kann ich ja jederzeit Nachbauen.

Vielleicht muss man erst jemandem auf die Füße treten, damit sein Innerstes zum Vorschein kommt.

Heute schreiben wir den 20.1.2014. Ich hörte „zufällig" im Radio (Bayern 3), dass es im Moment auf unserem Erdball 85 Menschen gibt, die zu den reichsten Menschen der ganzen Welt zählen. Ob diese sich vielleicht um die Rettung unserer Bienenkönigin kümmern könnten? Diese Menschen hätten doch den finanziellen Background oder?

8 plus 5 ergibt 13!

Immer noch fehlt mir die Gelassenheit, aber ich habe ja Zeit.

Ich erkenne mich in Gelassenheit!
Dafür müsste ich also Loslassen, was mich manchmal nicht so glücklich macht.

Aha, deswegen ziehe ich diese wie ein Magnet in mein Leben.

Gibt es eigentlich eine Antigelassenheitstablette?

Sollte ich einmal einen Doktor fragen?

Welchen?

Vielleicht den Hausarzt?

Es kommt spontan ein

JA!

Ich will aber keine Gelassenheitstablette. Der Leser stelle sich vor, Gelassenheit trifft auf Gelassenheit. Ja, dann gäbe es ja keine Explosionen mehr.

Bei dem Wort Gelassenheit fällt mir ein:

Da möchte beispielsweise jemand über den Rücken anderer seidene Hemdchen tragen, und mit heiterer Gelassenheit und äußerem Erscheinungsscheinbild durchs Leben marschieren.

Ein Seher sieht die Dinge einfach Andreas!

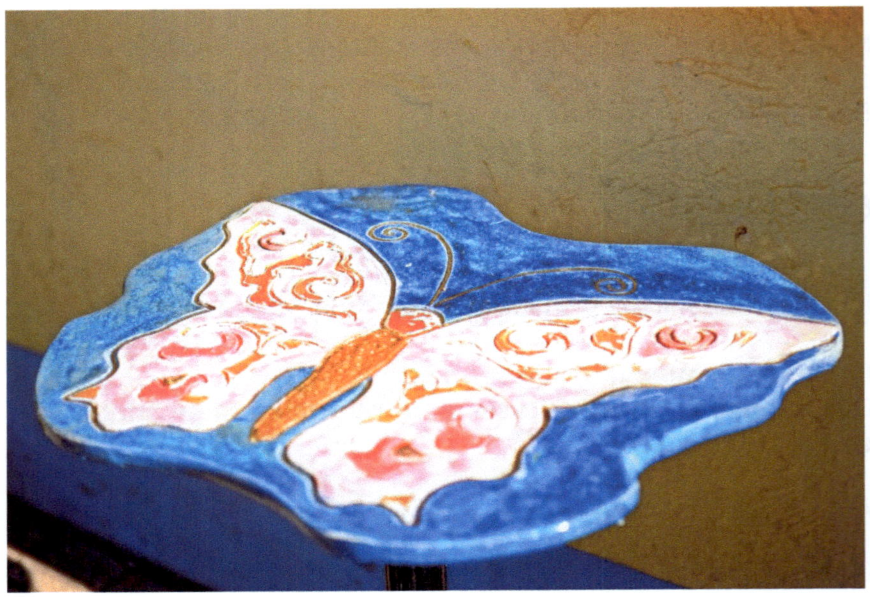

Große politische Verbrechen

Und ich muss auch keine anderländischen Verbrechen erwähnen, denn als geborene Deutsche, was vorher schon eine Wahl war, kehre ich erst einmal vor meiner eigenen Haustüre, denn wir sind immer noch befangen von Schuld, Scham und Schmach (Dappe mit dem Kappe), dieses Karma tragen wir alle mit.

Wir können uns also dank unserer erlebten Erfahrung und dank unserer geschriebenen Geschichte immer wieder rückversichern.

Aus Afrika:

„Wo Gott dich hin gesät hat, dort sollst du blühen!"

Ich denke darüber, wenn es einen Menschen in ein anderes Land zieht, sind es karmische Verbindungen aus Vorleben.

Für jeden geschulten Numerologen wäre es ein Leichtes, in das Datum des 11. Septembers 2001 etwas tiefer zu blicken.

Für mich war Numerologie nie eine nur vorübergehende Erscheinung gewesen, ich hatte damit einfach mein „Baby" gefunden.

Ein persisches Liebesgedicht:

„Die zehn Freunde von den neun Sphären und den acht Paradiesen und die sieben Sterne von den sechs Richtungen schreiben diesen Brief:

Unter den fünf Sinnen und vier Elementen und drei Seelen hat Gott in beiden Welten kein einziges Idol wie Dich geschaffen."

In Amerika gibt es ja fantastische Numerologen, die brauchen auch etwas zu tun.

Okay, Okay, bin ja schon dabei.

Ich verwandle das Datum des 11. Septembers nun zu einem göttlichen Auge.

Die Quersumme des kompletten Datums ergibt die Zahl 5.

Die facettenreiche 5, die diese 4 Elemente noch nicht überwunden haben, durften meine Leser ja schon kennenlernen.

Dabei sehe ich auch 6 x die 1

Da wollte praktisch gesehen 6 mal ein homo sapiens der Erste sein.

Weiter sehe ich als Ziel Zahl die Zahl 5, im negativen Sinne gelebt: MEIN, GELD, ICH, MEHR.

Vielleicht brennt bei mir da nur der Hut oder habe nicht mehr alle Tassen im Schrank, aber ich sehe Öl, das schwarze Gold, als Ursache für das innere Verfaulen dieses Entscheiders der schrecklichen Tat. Dieser Entscheider wird nicht mal im Dunkeln rot. Wie bereits erwähnt, das Wort Politik in Zahlen verwandelt, ergibt die 11. Also, wenn so eine Sauerei eine politische Entscheidung gewesen war, nah dann Prost auf dieses Stößchen. Für mich war das eigentlich wieder nur ein Killergenie.

Aus China:

„Es gibt Menschen, die Fische fangen und solche, die nur das Wasser trüben."

Ob dieser Entscheider (Killergenie) schon einmal von dem Wort „Gott" gehört hat?

Stimmt doch oder?

Man muss ja immer bedingungslos „Lieben" lernen, vielleicht wurde diese arme Seele ja schon bei der Zeugung verletzt und möchte deshalb alles an sich reißen. Oder übt Macht aus, um geliebt und gesehen zu werden, Respekt möchte dieses große ICH genießen. Rein zufällig ist die Quersumme dieser Zahl 5 errechnet aus der Zahl 41. Diese Zahl steht für Humulus, Aha, Erde, die Erde zu seinem Besitz machen, die Ölpreise kontrollieren wollen:

HABEN WOLLEN!

Diese 5 wollte also nur ihre Besitztümer ausdehnen, nicht seine Herzensweisheiten.

Aha!

Wenn ich das Wort Geiz in Zahlen verwandle erhalte ich ebenfalls die Zahl 11. Die Unglückself bedeutet nichts anderes, als mehr haben wollen und andere im Großen, wie im Kleinen manipulieren wollen.

Der schwarze Freitag am 25.10.1929 ergibt als Gesamtquersumme einmal reduziert runtergerechnet 7 plus 1 plus 3 ergibt die Zahl 11, die Seifenblase war geplatzt.

Heinrich der IV soll ja auch seine ganze Verwandtschaft ins Jenseits katapultiert haben, um an die M8 zu kommen.

Dieser Heinrich der 4. war laut Geschichtsbüchern an einem 11.11.1050 (Quersumme 1, Ich will 1. sein) geboren.

„Kaum hat mal einer ein bisserl was,
gleich gibt es welche, die ärgert das.“
(Wilhelm Busch 1832 – 1908)

...

Auch dieses Karma tragen wir mit, 1961 ergibt Quersumme 8.

Die Erbauung von Stacheldraht und Todeszonen und die daraus resultierende Ohnmacht der damaligen Menschen.

Es ist schon erstaunlich, im April 1961 fliegt ein Raumschiff mit menschlicher Besatzung zum ersten Mal ins Weltall und gleichzeitig errichtet man eine Mauer in Berlin um die Bevölkerung zu kontrollieren.

Am 4.8.1961 wurde auch Mr. Barack Obama geboren.

Dreimal eine 8 kann ich auch bei Herrn Wladimir Putin sehen, der am 4.8.1961 geboren wurde. Unter den 8er Kindern finden sich oft auch viele schwarz/weiß oder friss oder stirb Denker. Im positiven Sinne sind diese zwei Führungspersönlichkeiten bestimmt nur erwachte Geist - 8er. Denn meiner Meinung nach darf sich Politik niemals von einer Machtgier beherrschen lassen, dies braucht man nur für unliebsame Vorhaben. Politik muss für mich Wege zusammenführen.

Man braucht ja einen Präsidenten, einen Vizepräsidenten, einen Regierungssprecher und viele Politiker, obwohl wir alle Eins sind, wenn wir nur endlich die 7 Schattengeister überwinden könnten um zur erwachten 8 mutieren zu können.

Ich würde nämlich gerne das Teilen und das Geben schmackhaft machen, aber dies passt vielleicht (noch) nicht in unser System.

...

Auch gibt es eine unaufgeklärte Sache (Skandal-Schweinerei) im Jahre 1960, da soll sich bitte ein Kripologe darum kümmern, ich tauche da jetzt nicht ein, denn ich habe dieses Biene Maya – Spielen langsam satt, da war ich noch nicht mal geboren.

Ok Ok

Diese Sache riecht nach Schwefel, nach fauligen Eiern, die ist so nah mit der erkrankten nächtlichen 8 verwandt, wie die Donau, die im Winter 1963 (ergibt 10) eingefroren war und diesen Skandal spiegelte. Das Wasser (Aqua-Angst) ist der Spiegel der Menschheit und die Donau spiegelte die Angst-Kälte wider, die Massenängste der Menschen sowie die vereisten Herzen großer Gescheidmeierwaschlappen. Erst lässt man von den Kleinsten mühselig eine Mauer erbauen, damit man sie hinterher wieder abbauen darf. Man müsste halt mal vorher Nachdenken, bevor man losrennt oder Entscheidungen trifft, das könnte vielen Menschen physischen und psychischen Schaden ersparen. Mittlerweile höre und sehe ich Flöhe husten. Aus meiner Sicht bringt dieses ganze kontrollieren wollen nichts, nur die Aufklärungsarbeit, wer wir wirklich sind.

Darum hätte man halt damals die Menschen einfach erstmal fragen können, ob die Leute dies auch möchten. Das hätte etwas mit 8samkeit zu tun. Der wahre Friede fängt für (mich) da an, wo keiner mehr darauf aus ist, die Weltherrschaft zu übernehmen.

Diese Gedanken gelten nur für (mich), das möchte ich deutlich betonen. Der Leser darf sich seine eigenen Gedanken darüber machen, am besten gar keine, da lebt es sich viel leichter.

Take a walk on the wild side, Lou Reed, verstarb im Monat 10.2013.

...

Ok, Biene Maya taucht in das Jahr 1960 ein:

Viele 8er, es geht um Macht, viel Tod, viele 5er, Anhäufung von Materie, sich zu Eigen machen. 8 plus 5 ergibt 13. In der Polarität die Unglücksdreizehn. Du meine Güte, da soll sich ein anderer drum kümmern.

8 plus 5 ist Power pur!

(Jetzt muss ich doch kurz ein anderländisches Verbrechen erwähnen: Blutverwandte 8, der Unfall von Prinzessin Diana war gewollt 1997. Diese dreckige Geschichte erwähne ich nur, da diese Frau so viele Herzen der Menschen berührte.

Und wenn ich zu oft böse war, sagte einmal ein Häuptling der Indianer, sind die Ecken des Dreiecks in Form meines Gewissens in meinem Herzen eben abgestumpft und ich kann diesem Signal keine Beachtung mehr schenken.

Manche haben ein Herz aus Gold, genauso kalt und hart.

Sie starb im 8ten Monat 1997. Komplette Jahreszahl ergibt als Quersumme wieder die 8. Die 8 ist ja mit dem Tod verwandt. Die Tat ist in der Tat sehr stark mit der N8 verwandt. Für mich sind dies nicht nur einfach banale Zufälligkeiten. Der Leser braucht mir nichts glauben, lediglich ich bekomme Signale, dass es um M8 haben will ging, und zwar ertrug jemand diese Liebesm8 nicht, die Diana inzwischen hatte.)

Und folgendes berührte mein Herz:

Ein Rollerfahrer überfuhr den kleinwüchsigen Chihuahua (höchstens 2 kg) meiner Freundin. Sie erwarb ihn für „nur“ 800 Euro, da dieser kleine Hund eine offene Fontanelle hatte. Verzweifelt suchte sie den nächsten Tierarzt auf. Dieser Tierarzt wusste doch genau, dass man da nichts mehr machen kann. Anstatt dieses Tier einzuschläfern, fragte er meine Freundin, ob er denn etwas TUN solle. Sie sagte, ja wenn man denn noch was TUN kann?

Seine Antwort war, man kann immer etwas TUN.

Dieses Tun bestand darin, dass er den kleinen Hund aufschnitt, feststellte, dass alle inneren Organe zermatscht waren, und ihn dann wieder zunähte. Er ließ ihn die folgenden 2 Tage noch langsam und elendig verrecken.

Beim Abholen des toten Tieres war ich dann zur seelischen Unterstützung dabei. Als ich diesen Anruf bekam, ließ ich sofort mein Werkzeug aus den Händen fallen, uns sauste mit meinem Silberpfeil los. Dieses Tier ist mir deshalb so ans Herz gewachsen, da es ein paar Mal Urlaub bei mir machen durfte. Das erste Mal brachte man mir dieses Tier mit einem Stahlgefängnis, und sagte, nachts müsse es da drinnen schlafen. Diesen Blickwinkel hatte weder ich noch mein Urlaubsgast und schon waren wir Freunde und hatten viel Spaß. Beim nächsten Urlaubsbesuch begann dieses winzige Tier mutiger zu sein wie mein Pferd und wollte mich vor so einem großen „Ungeheuer“ und auch vor Katzen beschützen. Katzen haben einfach keinen Respekt vor mir. Den Rest erspare ich dem Leser, denn es kam bald der Tag, da wollte es nicht mehr abgeholt werden.

Man überreichte das tote Tier bei diesem Dr. Tierarzt nur gegen vorherige Barzahlung. Es waren ungefähr 1300 Euros und ein paar Zerquetschte. Ich sagte der Dame hinter dem Tresen noch:

Vergessen Sie ja nicht, die drei Cents noch abzukassieren!

Ja, wo ist sie denn, die Menschlichkeit, ich sehe sie nicht? Vielleicht sollte ich mal zu einem Augenarzt!

Also wenn schon bei einem Tier die Zunge raushängt, es im Koma liegt und wenn man bedenkt, dass ein Roller ungefähr 150 kg hat. Für was gibt es eigentlich ein Ultraschallgerät?

Wo auch immer dieser Doktor seinen Titel erworben hat, da er sich viel Wissen aneignen musste.

Bewusstsein war dieses TUN für mich nicht, sondern nur:

Die Pest der Menschheit hatte wieder einen Volltreffer.

Unverbindlich ohne Zugehörigkeitsaffekt. In dem Wort steckt das Wort Affe.

„Stress entsteht, wenn das Gehirn dem Körper verbietet, jemanden in den Arsch zu treten, der es eigentlich verdient hat! - Anonym“

Oft in meinem Leben ist mir schon aufgefallen, manche sind einfach nur gute Entertainer ohne Gewissenshinterfragung.

Ich übe mich in Vorurteilslosigkeit, da ich weiß, dass dieser Nehmer sein „Karma“ zu gegebener Zeit selbst bezahlt.

Ich hätte dieses Tier einfach stehlen sollen, aber man darf ja nicht stehlen.

Folgendes mache nun der Leser bitte nicht nach:

Wir haben uns für eine Baumbestattung des kleinen Dreikäsehochs entschlossen und wurden eines schönen alten Baumes auch fündig.

Als eher praktischer Mensch entschloss ich mich für die Spatenarbeit. Bei circa 40 bis 50 cm Tiefe stoß ich dann auf die Baumwurzeln und dachte, es wäre tief genug für diese etwas größere Ratte. Man darf ja ab und zu auch mal logisch denken und so dachten wir bei uns, mit Steinen beschwert, würde dies der beste Schutz vor eventueller Grabschänderei anderer Tiere sein.

Ein paar Wochen später besuchte meine Freundin diesen Baum und musste feststellen, dass wohl ein Fuchs schlauer war, man kommt ja auch von den Seiten ran, dachte dieser wohl.

Kein weiterer Kommentar, habe mal wieder nicht nachgedacht…auch ich gehe fehl…

…

Die Quersumme von dem oben schon erwähnten Jahr 1960 (unaufgeklärte Sache) ergibt die 7.

Ok, Ok

Wir müssen uns dies jetzt noch einmal geben, diesen Saustall, wenn wir Karma frei werden wollen, Zeit heilt keine Wunden, denn Zeit gibt es nicht und die Wunden würden wir im nächsten Leben mitbringen.

Es wird Zeit, dass wir uns aus dem Meer der Tränen der Vergangenheit heraussurfen, dafür dürfen wir noch einmal kurz eintauchen!

Es rollen Köpfe

Es rollen unschuldige Köpfe

Es hat etwas mit dem Stacheldraht zu tun, dieser erwachten erkrankten Todeszone.

R wie Regiment!

R wie Raffzahn!

Am 13. August 1961 soll doch die Nacht der Entscheidung gewesen sein?

Was war denn das wieder für eine intelligente heroische Entscheidung?

Ne super Heldentat!

Man könnte sich einmal Zeit zum lösungsorientierten Nachdenken geben, das würde die Zeit verkürzen, die Probleme, die mit manchen Fehlentscheidungen getroffen werden, wieder zu lösen.

Manche intelligente Entscheidungsmachos übersehen halt das Wesentliche, Menschenwürde!

„Es wird niemals so viel gelogen wie vor der Wahl, während eines Krieges und nach der Jagd.“
(Otto von Bismarck, 1815 – 1898)

Ich bin kein Freund von Verschwörungstheorien, ganz im Gegenteil, doch denke ich, diese Entscheidung ist viel früher gefallen.

Wer auch immer das Regiment im Jahre 1961 hatte (weiß ich nicht, bin ein unpolitischer Mensch), ist verantwortlich für diese Tragödie der Geschmacklosigkeit, die unschuldigen Köpfe 1960, die Sturmflut in der Nacht vom 16. auf den 17. Februar 1962 an der deutschen Nordseeküste, sowie diese eingefrorene Donau im Jahr 1963 (10), die diese damaligen Ängste und die Ohnmachtsgefühle der Menschen in Form von Wasser spiegelte.

Bei diesen Wassermassen 1962 traf es am schlimmsten Hamburg. Es fanden am Ende 315 Menschen den Tod und 20000 Menschen wurden obdachlos.

„Eisbär", Grauzone, 1981

Macht und Wahrheit sind nicht immer auf derselben Wellenlänge. Wollte man da das Pferd wieder einmal mit einer zu scharfen Kandare reiten? Wie viele Leichenberge möchte man denn noch bauen?

„Demokratie ist eine Einrichtung, die es den Menschen gestattet, frei zu entscheiden, wer an allem schuld sein soll." (Anonym)

Intelligent ist eine Dummheit gut zu verkaufen, da der Deife ja bekanntlich im Detail steckt.

Oh, wann platzt endlich die Fruchtblase bei so mancher machtvollen Zahl zum erwachten Geist.

„sympathy for the devil" Rolling Stones

In der Reiterwelt lernt man, es gibt keine scharfen Gebisse, es gibt nur scharfe Reiterhände.

Für den Dalai Lama sind die Liebe und das Mitgefühl die Grundlagen für den Weltfrieden.

Oh, wie wahr, nur sollte man dies halt auch mal in den höheren Rängen umsetzen, viele sogenannte KLEINE machen dies sowieso, sonst sind es ja nur leere Worte. Manche Politiker bekommen in meinen Erkenntnissen kein Bildchen, da immer schon das fleißige Arbeitervolk geschröpft wurde.

Der Zufall wird es schaffen, den Verantwortlichen dieser obigen Entscheidung folgendes lesen zu lassen:

„Es könnte sein, dass Sie in Ihrem nächsten Leben wie ein Hund auf Knien um das Bett einer Dame bellen, da sich sonst zwischen Ihren Leisten nichts mehr bewegen würde."

...

In einem Seminar lernte ich einmal folgendes:

Würde man zwei Gläser mit Wasser besprechen, das eine Wasser mit Worten der Liebe und das andere Wasser mit dem Nachnamen des Sechshundermillionenleichensammlers könnte man mit dem Mikroskop die veränderten Kristalle beobachten.

Und tatsächlich, mir ging es in dieser Zeit alles andere als gut.

Oh Herrjemine..., wenn ich jetzt ganz ehrlich sein muss, ich fühlte mich da eigentlich wie eine ausgepresste Zitrone ohne Vitamin C, wie an die Wand gespuckt und wieder abgekratzt.

Ich weiß jetzt, ich habe ja mein Papier mit diesem Nachnamen beschmutzt, werde dies also sofort ändern, es war der 16.7.2013 um 5 Uhr morgens.

Oh Anke, du kannst einfach nicht in Ecken denken, du schlägst zu oft aus der Art.

War das jetzt nur ein Fehler von mir oder sogar ein besonderer Fehltritt?

Ich muss mich jetzt einmal selbst schimpfen.

Liebe Leser, sehen Sie, auch ich darf immer wieder nachdenken, bevor...

Der Buchstabe H ist die 8. Ist mir noch zu helfen?

Auch wieder so ein Zampano, der über viele Köpfe entschieden hat.

Im wahrsten Sinne des Wortes, diese Abfälle (Ur-Ängste) sind es, unser angehäufter seelischer Sondermüll, der uns nur belastet, dessen Entsorgung und das Befreien sowie das Gehenlassen werden unsere emotionalen Narben heilen lassen. Hören wir also endlich damit auf, Verdrängungskünstler unserer Vergangenheit zu sein. Diese tiefen Narben, die wir in Form von Ängsten in uns tragen, können uns auch von unseren Vorfahren übertragen worden sein. Ständig diesen alten Kram nachzutragen ist angewandte Dummheit, denn es schadet mehr als uns zu dienen. Stattdessen waschen wir lieber unsere Hände und Seelen frei und rein von einem Ding (sorry, ich Frau), das ich erst zu einem späteren Zeitpunkt preisgeben möchte. Die Verwandlung von der Raupe zum Schmetterling dank liegender 8. Wir haben nun aus diesen Tragödien gelernt und das wird uns in eine positive Geschichte leiten!

Liebe vergangene Verlage, ich entschuldige mich hiermit öffentlich in aller Form für die Zeit, die ich Ihnen gestohlen habe, um meine Zeilen zu überprüfen, ich denke, ich hatte mal wieder nicht nachgedacht, bevor ich losrannte und war deshalb ein paar mal fehl gegangen!

Als Ursache sehe ich meine unvernünftige ohne 8 handelnde (nicht in Ecken denken können) Denkweise. Auch ich darf noch lernen, erst zu Ende denken, bevor ich losstürme.

Was danach an diesem Morgen in mir passierte, gebe ich nicht Preis, das würde mir eh keiner glauben. Den Hauch der Seligkeit erspüren und erfahren zu dürfen. Dieses Wissen nehme ich also in meine runde Urne mit, die ich mir in meiner Werkstatt mit viel Runenzeichen ritzen selbst kreiere. Eines kann ich jedoch verraten, es hatte eine Nebenwirkung, seit diesem Tag bekam ich mein Bauchgrinsen über dem Bauchnabel nicht mehr weg. Ich kann dazu noch eines sagen, dass ich glaube, nur wenige Menschen durften dies in der Geschichte je erleben und dafür habe ich sogar einen Zeugen. Auf meiner Urne wird geschrieben stehen:

„Weine nicht, ich wechsle nur die Seite, um meine Batterien, meinen Accu wieder aufzuladen. Außerdem möchte ich nicht mit meinem restlichen Amalgam das Grundwasser verunreinigen."

Ich wünsche mir auch eine Baumbeerdigung anonym und auf gar keinen Fall irgendwelche Lobreden, denn ich war nicht immer nett.

Bevor ich als Staub in einer Urne lande, muss ich ja in einen Brennofen?

An alle Leichenschänder, ich hätte da noch einen Goldzahn im Oberkiefer, bedient Euch, wer weiß, wie hoch da der Goldpreis ist!

Gold schmilzt bei ein bisschen mehr als 800 Grad.

Oder lieber doch nicht, wartet am besten, bis ich aus dem Ofen wieder rauskomme und nehmt den Nugget vor meiner Knochenzermalmung. Sonst könnte es sein, dass mein höheres

Selbst vielleicht noch zusehen muss, wie Ihr mir einen Zahn zieht und es könnte ja bluten.

Falls mich einmal ein Verlag sympathisch findet, lege ich jetzt schriftlich fest, dass niemals mit dem Nachnamen des damaligen Leichensammlers mein Buch beworben werden darf. Erfinden Sie bitte andere Namen zum Beispiel, der damalige Ver-Führer oder der damalige Chef, Hanswurscht, Blödmann, Vollpfosten, kleinwüchsiger Hampelmann, Saustallheini, Hans zum Pech, Diamentensammler oder der Dabbe mit dem Kappe. Ich bin sehr kreativ, wenn Ihnen die Namen ausgehen, rufen Sie mich einfach an.

Hiahoüoou

Außen hui und innen pfui!!!

Der Wolf, der Seeelefant in mir, hat gerade geheult, es war gerade Vollmond, als ich obige Zeilen zu Papier brachte.

...

Ich gebe nun den Filmproduzenten einen neuen Film in Auftrag:

Soldat lenkt ein Flugzeug, in dem der damalige Führer sitzt, man hält dem Piloten eine Waffe an den Kopf, er tut dies nur aus Angst. Wund-Starr-Krampf! Dieser Film ist natürlich super spannend, das mögen die Leute ja und vor allem bietet er viel Humor (Verbindung zur Quelle, beim herzhaften Lachen wird das Denken vergessen) aber es taucht dort nicht sein Nachname auf, dies würde kein Glück bringen.

(Alle Filmrechte bleiben bei mir!)

Mein Buch ist ja mittlerweile eine Lizenz zum Geldverdienen.

T-Shirt, Tassen, Glückstaler, wau, ich bin zu kreativ.

Diese Chance müsste man eigentlich gleich beim Schopfe packen und im Gleichklang der Herzen violieren sowie zelebrieren.

Rechts steht für Zukunft:

Mein Glückstaler wäre natürlich rund, darauf wäre die Rune Algiz (Gott). Sie sieht eigentlich aus wie ein Besen. Ein Strich und drei Haare sind auf dem Kopf. Ein Haar zeigt nach links, eines nach oben und eines zeigt nach rechts. Wir haben ja eigentlich auch drei Möglichkeiten unsern Lebensweg zu gehen

Jeder Kapitän muss eines Tages für sich selbst Rechenschaft ablegen.

In Wahrheit gibt es keine Menschen erster oder zweiter Klasse.

Au weia, ich habe ja gar kein zartes Händchen, wenn es um Wahrheit auf den Tisch bringen geht. Ich glaube, wenn das ein Verantwortlicher liest, ich meine, eine unrechte Raffzahl, werde ich auf einem Scheiterhaufen in Rauch aufgehen. Vielleicht wird man mich auch entweder zu Hackepeter verarbeiten, mir den Kopf in zwei teilen, mich ans Kreuz nageln oder mich auf ein Fahndungsblatt setzen und auch noch einen scharfen Schützen auf mich loshetzen. Werde ich dann so quasi eine politisch Verfolgte sein?

Hilfeee!

Die Schwierigkeiten, auf die wir stoßen werden, sind am kürzesten, wenn wir diese gleich Angehen, und nicht ständig Umgehen.

Ok, ok, darf ich, was die Scharfschützen betrifft, die Sache trotzdem umgehen?

Und wenn nicht:

Falls dies doch ein scharfer Schütze sein sollte, bitte mit vie-ie-iel Sexappell. Auf den Punkt gebracht, nackter Oberkörper ohne Haare, mit viel 6er Pack bitte, damit er meine Augen vor meiner Hinrichtung noch zum LEUCHTEN bringt. Und bitte von Angesicht zu Angesicht. Denn da kenne ich zu viele Fälle aus meiner Lehrzeit. Da haben keine scharfen Schützen auf Tiere geschossen. Und diese blutenden Tiere schleppten sich mit allerletzter Kraft bis vor die Haustüre des Tierbesitzers. Die Fälle waren jedes Mal das gleiche Theater: „Wer trägt die Schuld" und: „wer zahlt die Flocken". Und außerdem habe ich so gefroren bei diesen Zeilen, dass ich mir fast einen Nerz aus dem Universum gewünscht hätte.

Falls nun ein scharfer Schütze oder ein Kopfgeldjäger auf mich losgehetzt wird, solle doch dieser bitte wissen, dass dies gegen ihn in seiner nächsten Kindheit verwendet werden könnte!

Da ist es bei mir jetzt gerade andersrum, als bei Falco mit seinem Lied: Muss ich denn ....

Liebe Leser, bitte wünscht euch für mich gute Bodyguards oder einen Düsenjet-Besen, eine schnelle Drohne, besser noch, eine Armee von 1001 bewaffneten Ameisen, wie das geht, entnehmt bitte der Seite **277**. Ich bin ja nun Wunschfrei.

Pause, mein Segel setzt nun einen Anker zum Ausruhen, ich werde dieser Sache langsam müde. Es ist schon spät in der Nacht und Zeit für meinen Federfall.

...

Erfahrungsberichte

Melde mich zum Schiffsdienst zurück!

Biene Maya bewirbt sich über Homepage-Kontaktanzeige, bei einem Wirtschaftsverlag, da ich bei mir dachte, Moneten haben doch etwas mit Wirtschaft zu tun. Und wenn tatsächlich Gott heutzutage das Dollarzeichen ist, fungiere ich hier mal als kleine Spaßbremse, um den Adler des Geldhungers einfach einmal ein bisschen zurückzuschrauben. Man musste dort den Akademischen Grad angeben. Ich gab ein:

Bewusstsein.

Ich erspare dem Leser die ganzen Fremdwörter die zurückkamen.

Ok, Ok, gut Ding lässt sich nicht drängen, ich werde meinen Trüffel als Verlag schon noch finden oder er mich. Am liebsten er mich.

Ich bin kein Esoterikbuch, da gibt es mir zu viele schwarze Schäflein.

Erst recht bin ich kein Religionsbuch, bei diesem Wort wird mir mittlerweile automatisch schlecht. Da sind ja inzwischen schon mehr Katastrophen als gute Daten vollbracht worden und man wird dafür auch noch bezahlt. Das nennt man dann wohl „all inklusiv Mentalität".

Glauben heißt nicht gleich wissend zu sein.

Ich weiß nicht, was ich für ein Buch bin, lieber bin ich ja ein Schmalzromanbuch oder ein Horrorbuch, als dass ich in der Esoterikecke landen würde. Ach, man soll mich einfach in die Dramaecke stellen. Ich habe ja tatsächlich auch über ein paar dramatische Dinge geschrieben.

Das 13. Buch könnte man es eigentlich nennen.

Kein Berg der eigenen Lebensaufgabe wäre zu hoch um sie erfüllen zu können, denn die Zahl des Zieles der geistigen Reife oder Höhe wählte man schon bevor man als erster besamt werden wollte.

Ich mache mir nun schon über 2 Jahre lang intensiv in meinem Buch darüber Gedanken, wie sich so manche Menschen ihre Probleme sparen könnten.

Nachdem ich deswegen wahrscheinlich noch einmal 26000 Jahre reinkarnieren muss, als Ursache sehe ich hierfür meine Lästereien. Der Leser weiß ja, man solle ja eigentlich nicht urteilen.

Und darum kommt es jetzt auf diese kleine Lästerei auch nicht mehr an oder?

Außerdem hat mich ja noch kein Verlag gefischt, und deshalb schreibe ich meine Erlebnisse, so wie ich dazu denke.

Gestern traf ich zufällig auf eine ältere Person, die mir erzählte, dass sie sehr schlecht sieht. Auch sagte sie mir, dass sie sehr gerne liest und dies wäre der Grund, warum man ihr so eine Art „Lesecomputer", oder wie diese heißen, kaufte. Auf dieses Gerät lud man 2700 Bücher umsonst aus dem Internet.

Was soll denn das nun wieder für eine Reflektion sein?

Da pfeift mein BH gerade gar nicht, höchstens die HB-Zigaretten-Werbung.

Ich will alles, nach mir die Sintflut?

Ist das Bewusstsein?

Der harte Konkurrenzkampf auf dem Büchermarkt lässt sich auch darauf zurückführen, dass sich computerversierte Menschen viele Bücher umsonst vom Internet runterladen.

Schon einmal davon gehört:

„Leben und Leben lassen?“

Ein bisschen wäre doch auch genug oder?

Was ist eigentlich mit den ganzen Autoren, deren Arbeit und den vielen Verlagshäusern?

Ein Autor leistet eine Arbeit, und ein Verlag leistet auch eine Arbeit um ein Buch ordentlich auf den Markt zu bringen. Beide verdienen dafür meiner Meinung nach ihre Wertschätzung.

Diese Erfindung mit dem Lesecomputer finde ich tatsächlich eine tolle Sache, es bietet viele Vorteile aber dieses umsonst runterladen, na ja, geht mich nichts an.

Sollte ich mein Buch umtaufen: „Wie ich (meine) Gelassenheit fand?“

Vielleicht fließen ja nur bei mir die Gehirnströme verkehrt herum.

„Es braucht das Lächeln eines Kindes, um der Welt voller Zuversicht zu begegnen. - Anonym“

Aähh, puhh, ich meine, bislang habe ich noch keinen Cent als Autor für meine ganzen Lösungsvorschläge, die ich an den Mann bringen möchte.

Und ich verschenke auch gerne mal ein Buch an jemanden, aber bezahle es doch vorher.

Ich verleihe auch gerne mal ein Buch, oder leihe mir eines aus, wenn jemand den gleichen Lesegeschmack mit mir teilt.

Auch habe ich schon vereinzelnd CDs kopiert und diese verschenkt, diese kann man aber an meinen 10 Fingern abzählen. Als Jugendliche haben wir doch alle die neuesten Songs auf einem Kassettenrecorder aufgenommen und diese Kassetten unseren Freunden weitergereicht.

Es gibt bestimmt bald so eine Art Speicherkristall, auf dem man tausende von CDs kopieren kann.

Vielleicht ist hier auch wieder das rechte Maß gefragt, die Mitte, einmal die Fenster seiner eigenen Augen putzen, so kann man sich nicht so leicht verzetteln.

Diese Antwort findet man, indem man einmal anfängt, nach innen zu horchen.

Das rechte Maß, so in etwa fängt doch mein Buch an, oder?

Das rechte Maß?

Ist eigentlich harte Arbeit, der psychische Kampf zwischen zwei Engeln, die über einem stehen?

Wir können uns nur selbst retten. Weniger ist nur all zu oft mehr.

Hierfür stelle ich mir wieder geistig meine Rune Algiz vor.

Meine Besenrune!

„Denkt nicht immer nur an euch selbst, oh Häuptlinge, auch nicht nur an eure eigene Generation. Denkt an die vielen folgenden Generationen unserer Familien, denkt an unsere Enkel und die noch Ungeborenen, deren Gesichter von unter dem Erdboden her kommen!
(Peacemaker, Gründer der Irokesen Föderation ca. 1450)

Das wahre Glück, der wichtigste Fischfang, kann nur in einem selbst passieren.

Heute beschließe ich mal für mich, nach meinen Facebook Freunden zu sehen und war erstaunt, es werden sogar immer mehr Freunde. Dies muss wohl an meinem Bild liegen.

Man schrieb mich sogar an. Die meisten leider von irgendwelchen anderen Ländern unseres Kontinentes, Pakistan, Afrika usw.

Mit meinen begrenzten Sprachkenntnissen kann ich halt nur small talk. Aber ich weiß ja nun, es gibt viele, denen es genauso geht, und darum macht mir das nix mehr aus, vielleicht kommt ja energetische Sympathie an. Es passiert ja nichts umsonst.

Heute bekam ich von einer meiner E-Mail-Anfragen schon wieder eine Absage mit dem Grund, dass dieser Verlag gar keine Zeit hätte, jedes Manuskript zu überprüfen, da sie täglich 20 Zuschriften bekommen. Dies kann ich sehr gut nachvollziehen.

Unser wahres Herz, das mit unserem Ur-Diamanten jederzeit verbunden ist, bleibt von Leid ohnehin unberührt. Dies wurde mir bewusst, als ich die erste Erscheinung einer verstorbenen Person hatte, dessen Lebensabend sehr schmerzvoll war. Diese damalige „Erscheinung“ machte mir alles andere als einen gequälten Eindruck.

Heute war mein Glückstag, der 5.10.2013 (12). Ich durfte einem liebgewonnenen Menschen Trost schenken, dessen Tochter gerade viele Suizid-Probleme hat.

Den Menschen, die für solche Geschichten verantwortlich sind, schenke ich nun mein geistiges Mitgefühl. Ebenso den Menschen herum, die statt handeln lieber in der Nase bohren und nicht sehend, taub und leider schlafend waren oder sind, das heißt, jeglicher Verantwortung und einem rechten TUN aus dem Wege gingen oder gehen.

Es gab schon viele Zeiten in meinem Leben, da hatte ich so gar keine **Gelassenheit** und darum fühle ich mich mit diesem mir liebgewonnenen Menschen verbunden, dieser Person ging es wohl ähnlich. Es gab wahrlich schwere und stressige Zeiten in meinem Leben, obwohl mir immer bewusst war, dass die meisten „Schicksale“ zum Feinschliff anderer Diamanten bestimmt waren. Ich wollte schon oft friedlich verbinden, aber es wurde gespalten. Ich wollte in meinem Leben auch schon oft dämpfend wirken, aber es wurde Feuer geschürt.

„Wenn du einen verhungernden Hund auﬂiest und machst ihn satt, dann wird er dich nicht beißen. Das ist der Grundunterschied zwischen Hund und Mensch.“
(Mark Twain, amerk. Autor, 1835 – 1910)

Mit eine der schwersten Zeiten in meinem Leben war wohl, als meine damaligen Freunde, mein Hund „Sam“ und mein Pferd „Seppi“ von mir scheiden mussten, fasst wäre mein Hund (Labrador) 20 Jahre alt geworden. Er war auch ein Mensch, der sich wunderte, warum er so komisch aussieht. Als ich in dieser Zeit gerade Besuch hatte, durften meine Lautsprecher folgende Worte empfangen:

„Manche Menschen setzen ein Tier über den Menschen!“

Ich schwieg aus Höflichkeit. Nach vielen Jahren des Schweigens wurde ich eine Art Verdrängungskünstler.

Eine Leihgabe:

„Ich werde dir für eine Weile diesen Hund leihen“, sagte Gott.

„Damit du ihn liebst, während er lebt und damit du um ihn trauerst, wenn er gegangen ist.

Vielleicht für zwölf oder vierzehn Jahre, oder vielleicht auch nur für zwei oder drei.

Aber wirst du, bis ich ihn zurückrufe für ihn sorgen?

Er wird dich mit all seinem Charme erfreuen.

Und sollte auch sein Aufenthalt kurz sein, wirst du dich immer an ihn erinnern, auch in deinem größten Kummer.

Ich kann dir nicht versprechen, dass er bleiben wird, weil alle von der Erde wieder zurückkehren.

Aber es gibt Dinge, die hier gelernt werden, die dieser Hund lernen soll.

Ich habe um die ganze Welt geschaut, um einen geeigneten Lehrer zu finden. Und von allem Volk, das sich auf der Erde tummelt, habe ich dich gewählt.

Nun wirst du ihm all deine Liebe geben, nicht das Unvermeidliche scheuen, noch mich hassen, wenn ich komme um ihn zurückzuholen?

Ich liebte es, wenn sie sagten: „Mein Gott, dein Wille geschehe!“

Trotz all der Freude, die dieser Hund dir bringen wird, gehst du das Risiko von großem Schmerz ein.

Wirst du ihn mit Zärtlichkeit aufnehmen, wirst du ihn lieben, während du darfst, und für das Glück, das du kennen lernen wirst für immer dankbar sein?

Aber sollte ich ihn viel früher zurückrufen, als du rechnest, bitte trage tapfer den bitteren Schmerz, der kommt und versuche zu verstehen.

Erinnere dich daran, als du ihn mit deiner Liebe umhegen konntest, halte jeden Moment eures vertrauten Bandes fest und sei sicher: Er liebte dich auch. - Anonym

Um geistige Verantwortung in seinem Leben zu übernehmen braucht man eigentlich nur das richtige E, die 5.

Es hatte oft in so manchen Geschichten niemand auf mich gehört. Dafür wurde ich von so einigen Jahre lang ausgelaugt, meine Ruhephasen bestanden lange Zeit aus „Urlaub bis zum Wecken“. Ich dachte immer, dies sei meine Lebensaufgabe bei so vielen 2ern (4-2er, Dienst am Nächsten). Ich durfte schon viele verdorbene Eier bedienen und beraten ohne Wertschätzung. Da hat man öfter mal das Gefühl, man redet kranken Kühen gut zu und stellt dann rückblickend für sich fest, bei Kühen hätte es etwas gebracht, Tiere lernen nämlich sehr schnell.

Wenn man jemandem 1000 mal die Hand reicht und ebenso dafür als Dank 1000 mal in die Hand gebissen wird, wird man langsam aber sicher eines Tages dieser reichenden Hand müde. Mit der Zeit, wurde ich es auch leid, Jungbäume zu beimpfen, da fühlt man alles andere als Fun, eher, als hätte man es mit Scheintoten zu tun.

„Man muss sich durch die kleinen Gedanken, die einen ärgern, immer wieder hindurchfinden zu den großen Gedanken, die einen stärken."
(Dietrich Bonhoefer, Theologe, 1906 – 1945)

Jetzt kann man nur hoffen, dass die Verantwortlichen so vieler Kindesmisshandlungsgeschichten, die ja stets immer an der Tagesordnung sind, in ihrem nächsten Leben vielleicht in Indien sitzend mit jahrelang hochgehaltener Hand nach der 1000blättrigen Lotusblüte suchen und auch fündig werden oder es bis spätestens 2016 (9) schaffen. Na ja, ich bin nicht so kleinlich, 2017 hänge ich auch noch dazu, wir wissen ja wie das Leben manchmal so spielt und wollen nicht so kleinkariert denken.

Eine andere Hilfe könnte auch dieser Frosch sein, der Tote lebendig küssen kann, ich kann keine Leichen sehen, das wissen die Leser ja inzwischen.

Für meinen Teil habe ich längst bei vielen Dingen meinen inneren Frieden gefunden, da mir nun bewusst geworden ist, dass bei dem Dreieck im Herzen die Ecken zu abgestumpft sind, um sie als Gewissen in Empfang zu nehmen.

„Wenn der, der zuhört nicht weiß, was der, der spricht, meint, und wenn der, der spricht, nicht weiß, was sein Sprechen bedeutet – das ist Philosophie."
(Voltaire, franz. Autor, 1694 -1778)

Nach Jahren bat nun der mir liebgewonnene Mensch in einer Psycho-Klinik eine Psychologin, sie solle doch mal bei diesem Fall Frau Anke Rittscher anrufen. Wie durch einen „Zufall" war ich auch erreichbar. Ich hörte diese Dame Sätze sagen wie, eigentlich hätte sie keine Zeit und außerdem wartet ja der „Nächste" schon. Ich spürte, dass diese Dame sehr therapiebedürftig wäre. Wie immer war ich sehr progressiv und hoffe nun das Beste, glaube aber, dass dies nichts nutzen wird. Diese Psychologen können einen Lügner nicht von Wahrheit unterscheiden. Eigentlich hätte ich am Telefon noch vieles sagen können über diese 8 – 5 Kombination. Kaum zu glauben, wie man so heilige Zahlen noch leben kann. Ich habe dies nicht getan, da ich bei dieser Sache nun heiter und gelassen darüber hinwegblicken kann und mir nun bewusst geworden ist, diese Arglist ist auf tierische Angst gebaut. Ich weiß hierbei allerdings auch:

„An ihren Früchten werden sie sich erkennen und sich selbst erkennen."

Aus Birnbaumsamen werden halt Birnbäume, wenn man noch nicht empfängnisbereit, dank freier Wahl, sein möchte. Manches Bewusstsein wächst halt im Schneckentempo.

Da hatte der Herr Meister Eckhart wieder mal Recht.

Am 2.11.2013 hatte ich die Riesenchance, mit diesem mir liebgewonnenen suizidgefährdeten Jugendlichen telefonieren zu dürfen. Ich setzte alles ein, was ich hatte.

In diesem Falle, kindgerechtes numerologisches Wissen und konnte sie dadurch oft zum LACHEN bringen. Es gibt in meiner Numerologie auch eine Familienaufstellung mit Hilfe von Zahlen. Dies war für mich eigentlich ganz einfach.

Nun bin ich wieder frohen Mutes bei dieser Sache.

Dieses Kind weiß ja (noch) nicht, dass (bei ihr) einfach sehr oft gegen das Gesetz der Liebe (6) verstoßen wurde.

„Die Erinnerung steht immer dem Herzen zu Diensten."
(Antonine de Revavol, franz. Schriftsteller, 1753-1801)

Die Zahl 8 heißt für mich übersetzt:

Die Suche nach Liebe zu Treue und Wahrheit!

Die geistige Wiedergeburt!!!

Dieser oben genannte mir liebgewonnene Mensch ist für mich ein Mann und Gentleman. Er musste viel in seinem Leben durchmachen, gab aber nie auf. Ist selbständig und weiß um das Wort Verantwortung.

„Um Gelassenheit und Festigkeit zu erwerben, gibt es nur ein Mittel: die Liebe, die Liebe zu deinen Feinden"
(Leo N. Tolstoi)

Aha, ja ich übe diese Liebe ja schon dauernd.

Heute habe ich einem netten und stets freundlichen Schlossherren meine drei Großpflanzen geschenkt, eigentlich war es ja nach seinem Versprechen so eine Art Tauschgeschäft. Drei Riesenpflanzen für eine Wurzel. Meine Pflanzen sollen nun das schöne Schloss schmücken. Er hat mir ja auch einmal ein Holzpferd mit afrikanischem Reiter zum Nachbauen geliehen. In dieser Zeit, als ich diese Tat, den Reiter zu töpfern, vollbrachte, ist mir „selbst" so viel bewusst geworden, ich glaube, dies könnte ich in keiner Schule erlernen. Und wieder einmal die Antwort darauf, dass die Antwort auf eine Frage in einem **Selbst** steckt.

Bin schon gespannt auf meine Wurzel.

Wie durch Zufall, sah ich mir mein Kunstwerk, afrikanischer Reiter, nun noch einmal an und stellte fest, dass der linke Arm gebrochen war. Eigentlich ein Ding der Unmöglichkeit. Vielleicht ist dies nun das Zeichen für mich, dass ich jetzt meine Vergangenheit loslassen darf, um den nächsten Schritt in meinem Leben machen zu dürfen.

„Die Sehnsucht nach anderen Ländern, nach einem anderen Ort, nach anderen Menschen oder nach einer anderen Lebensform ist eine wichtige Triebfeder, um persönlich im Leben weiterzukommen und sich weiterzuentwickeln. Wer eine solche Sehnsucht im Herzen spürt, sollte sich jedoch zunächst fragen, ob er alle ihm gestellten Aufgaben erledigt hat, oder ob das Neue nicht lediglich eine Flucht vor dem Bisherigen wäre. Ein wirklicher Neuanfang ist nur möglich, wenn wir das Alte verarbeitet und uns so von ihm gelöst haben. - Anonym"

„Der höchste Mensch gebraucht sein Herz wie einen Spiegel. Er geht den Dingen nicht nach und geht ihnen nicht entgegen; Er spiegelt sie wider, aber hält sie nicht fest.“ (Zhuangzi, chin. Philosoph, 369 – 286 v. Chr.)

Aha, das darf ich also als nächstes erlernen.

Je mehr wir lernen, je mehr wird uns erst bewusst, wie viel wir eigentlich noch zu lernen haben☺

Heute schreiben wir den 13.11.2012. Nachdem man nun auch noch den letzten Grasschnitt vom diesjährigen Rasenmähen auf meiner gepachteten Koppel ablud, kündigte ich gestern Abend den Pachtvertrag der Wiese für mein Pferd liebevoll und bestimmend, da mir ja bewusst ist, dass Pferde keinen Blinddarm haben.

Agieren, statt reagieren ist hier wieder einmal mein Motto.

Aber ich weiß auch:

Macht mir das Schicksal im Leben eine Türe zu, macht mir mein Glaube eine neue Türe auf und wenn nicht, mache ich mir halt selbst eine neue Türe auf und setze mein nächstes Segel.

Und wenn mein Cisco Sehnsucht nach seiner Koppel hat und wiehert sage ich zu ihm:

„Ich kann doch nichts dafür, dass du das Kirchenbild störst!“

Rabimmel, Rabummel, Rabimm.

Es ist halt so wie es ist, wenn ich dies nicht akzeptieren könnte, würde ich ohnehin nur leiden und irgendwann einen Herzschrittmacher oder so etwas Ähnliches benötigen.

Der 24.11. erinnert uns an das Musik-Genie „Freddie Mercury“, der leider an AIDS verstarb im Jahre 1991

Nächster Verlag per E-Mail und übliche Frage.

Antwort in meinem „Briefkasten“ meiner Mailadresse:

Nur ....

Houlimouli!

Hoppladihopp, was ist das?

Mein Mann sagt ja auch zu mir, ich solle doch mal echte Literatur lesen. Wahrscheinlich meint er den Spiegelbestseller „Abgründe“, „Wenn aus Menschen Mörder werden“

Da behauptet der Autor, alles lässt sich auf die 7 Todsünden zurückführen.

Ich aber behaupte, es gibt keine Sünden. Es gibt nur gedankenverirrte Gedanken, denn vor jeder Tat gab es den Gedanken, dieses auch zu tun. Und wenn sich Gedanken zu oft verirren und in die Tat umgesetzt werden, da wenig Feingeist in den Vorleben erlernt wurde, ist schnell die berühmte Hemmschwelle überwunden. Dann wird getan ohne vorher nachgedacht zu haben. Solche verdorbenen Eier sind auch vergleichbar mit einem vertrockneten Ast eines verdorrten Baumes.

Ist mein Aufsatz nicht auch so eine Art aussagekräftige Literatur?

Ach egal!

Sollte ich es mal mit einem Ritual versuchen?

Oh Herr je!

Wie bewirbt man sich denn richtig bei einem Verlag?

Dazu atme ich wieder ein und suche den Gedankenstillstand.

Prompt kam zur Antwort:

„Also so bewirbt man sich nicht!

Du könntest deine Papierfluten mal kräftig überdenken!“

„Wie jetzt?“

„Wenn du mit einem Verlag wirklich in See stechen möchtest, erkundige dich doch erst einmal, was ein Verlag verlegt. Manche verlegen halt nur Kochbücher oder Sachbücher.“

„Aber ein Buch ist doch auch eine Sache oder?“

„Als nächstes muss ich dir sagen liebe Anke:

Eselsohren, Rechtschreibfehler, äußeres Erscheinungsbild, dies macht ja den Eindruck, als hättest du mit deinen Briefumschlägen erst mal den Stall ausgemistet!

„Aber wozu, zählt nicht der Inhalt?“

„Na weißt du, bei den Verlagen ist es so wie bei einer großen Firma, die eine Ausschreibung macht.

Sie bekommen viele Bewerbungen und können nur wenige nehmen!“

„Ja, aber ein Anschlag und eine Attacke auf einen Verlag ist doch noch lange kein Totschlag oder?“

„Hatte dir nicht auch vor kurzem jemand erzählt, dass in einer großen Firma, wie zum Bleistift der Audi, können von ca. 4000 Bewerbungen um eine Lehrstelle, nur ca. 400 genommen werden? Und dass man sich nur 30 Sekunden Zeit nehmen könnte, um schneller auszusortieren? Wäre das nicht ein Zeichen gewesen?“

Würde ich Schnaps trinken, wäre jetzt ein 7sterniger Metaxa recht oder ein 3-facher Ouzo.

Aha

Ja, ja, ich Narr, so wären wohl die Spielregeln gewesen. Und ich gebs ja zu, alles meine eigenen Fehler, die ich machen durfte, um daraus zu lernen und lernen und lehren bis auch ich es endlich einmal lerne, nachzudenken, bevor ich losrenne, auch ohne der Zahl 8, die in Ecken denken kann ... forever, forever, forever...

Jetzt hätte ich da wieder so eine Idee?

Diese Idee wäre so eine Art „Ritual-Such-Verlags-Idee“!

Vielleicht einbeinig um einen Stein zu hüpfen?

Wie ein Hampelmann?

Aaaaaa...

Ich hinterfrage mich wieder selbst:

„Wie bescheuert muss man eigentlich sein, auf die Idee eines verlängerten Aufsatzes zu kommen?“

Gelassen trage ich ab jetzt meine vergangenen Fehler bei der Verlagssuche die ich machte, denn es gibt tatsächlich Schlimmeres und diese Pleiten ließen mich ja auch weiter wachsen. Übung macht ja bekanntlich den Meister und es könnte ja einmal sein, dass ich eines Tages blumiger schreiben kann. Vielleicht lag es ja an meinem persönlichen Bild, das ich bei manchen Autorenanfragen mit einfügte. Ich gebe es ja zu, dass ich mich gerade in einem Falten wollen wachsen Jahrgang befinde. Da fällt mir gerade ein, dass mir einmal erzählt wurde, 12 kg Botox könnte die ganze Menschheit vernichten. Aber zu dieser Aussage fehlt mir jegliches Hintergrundwissen. Falls dies stimmen sollte, könnte dies ein Chemiker mit Sicherheit erklären.

Und noch bekloppter muss man sein, sich vor seiner Geburt 5 Meisterzahlen auszusuchen.

Der Irrsinn ist bei Allen, das sagte doch schon einst Loriot.

Hatte ich da vielleicht bei dieser Entscheidung gerade geistig verwirrte Gedanken oder war wieder einmal geistig umn8et?

Vielleicht ist mein Gehirn ja auch mit einem seltenen Bakterium infiziert?

Ich muss wohl tatsächlich diese Entscheidung schon vor meiner Geburt getroffen haben, denn kein normaler Mensch würde sich so etwas antun.

Sich Herz 7 Gedanken zu machen!

Ja, gäähts no?

Eine recht einseitige Wahrnehmung und Entscheidung!

Die geistige Welt müsste eigentlich wissen, dass ich rein „zufällig" nicht auf 72 Jungfrauen stehe.

Was sollte ich denn mit ihnen machen?

Jeden Tag ein Date zum Kaffeeklatsch?

Sorry, aber mein Abendland stelle ich mir anders vor.

Vielleicht wären es ja auch 72 Jünglinge?

Also dann würde ich Kartenspielen, das Bayerische Watten.

So wichtig ist doch diese Welt gar nicht, meiner Meinung nach werden die höher schwingenden Oktaven zurück zur Allmutter gehen und die restlichen Schüler kommen halt wieder in die „Geist darf noch erwachen Schule".

Ein paar andere bleiben als Besetzung, da die Liebe zur Materie zu groß war, um loslassen zu können.

Gibt es da nicht auch ein Märchen, die Guten in das Töpfchen, die Schlechten (gibt es nicht), ins Kröpfchen?

Ich glaube, ich habe die Welt und ihre Problemzonen wirklich zu wichtig genommen. Vor kurzem befragte ich ein wandelndes Lexikon wie folgt:

Sag mir mal, wie viele Jahre war auf unserem Planeten je komplett Kriegsstillstand?

Die Antwort war:

„Nie länger als 10 Jahre!"

Aha

Vielleicht komme ich ja meiner fehlenden Gelassenheit (Herzensfrieden) nun schon ein Stück näher. Ich hatte einfach vergessen, darüber nachzudenken, dass viele Menschen ja vom Krieg leben und viele Menschen „ich will haben" ohne Rücksicht auf mein Umfeld noch nicht überwunden haben. Ich übe mich im Herzensfrieden mit folgenden Worten einer indianischen Weisheit:

„Nimm dir Zeit, den Himmel zu betrachten.

Suche Gestalten in den Wolken.

Höre das Wehen des Windes

und berühre das kalte Wasser.

Gehe mit leisen, behutsamen Schritten.

Wir sind Eindringlinge,

die nur für kurze Zeit geduldet werden."

…

Vielleicht war dies mit den 2700 Büchern ja kein Zufall, sondern über diese Person stolperte ich als Wink zur Schicksalsberechnung, wenn ich die ersten zwei Zahlen als Numerologin umdrehe und die 2 Nullen als liegende 8 sehe, ah die Zahl 72!

Es gibt doch in China diese berühmten heiligen Berge mit diesen 72 Berggipfeln oder?

Hätte dies der Leser gewusst?

Die riesige Halbinsel Alaska an der Nordwestküste Nordamerikas gehörte einst Russland. Ende des 18. Jahrhunderts war Alaska als „Russisch-Amerika“ die einzige Übersee-Kolonie des Zarenreiches. Es war aber nur sehr schwer zu verwalten, sodass die Russen wegen ihrer leeren Staatskassen Alaska 1867 für 7,2 Millionen Dollar an die USA verkauft haben. Ich weiß dies erst, als ich dies einmal in meinem Terminkalender gelesen habe.

Die Pille danach ist in Deutschland erlaubt, wenn sie spätestens 72 Stunden nach Geschlechtsverkehr eingenommen wird.

Fanden nicht Kunsthistoriker die Zahl 72 versteckt in dem berühmten Bild von Herrn Leonardo da Vinci „Mona Lisa“?

Die Zahl 72 ist doch die Zahl von dem Wort Jahwe oder?

Manche schreiben auch Jahve mit V.

So, jetzt gibt es Numerologen, diese ein w in eine 6 verwandeln und es gibt Numerologen die ein w in eine 5 verwandeln.

Würde ich das Wort Jahwe mit dem w also 5 umrechnen, erhielte ich als Quersumme daraus die Zahl 19, also 1 plus 9 ergibt 10 (unsere Ur-Quelle).

Würde ich nun das Wort Jahve mit v, also mit der Zahl 4 umrechnen, erhalte ich die Zahl 18, Quersumme 9. Bei einem vollentwickelten Menschen ist die Zahl 18 eigentlich eine sehr gute Zahl. Eine meiner besten Freunde ist an einem 18. geboren. Diese charismatische Persönlichkeit denkt nicht halbherzig. Denn wenn ich die Zahl 18 mal 2 (du und ich) nehmen würde, käme die Zahl 36 zum Vorschein.

Auf die Zahl 36 gehe ich etwas später noch intensiver ein.

Kurz noch zur Zahl 18, von der die Leser schon die eher nicht so glanzvolle Seite zu lesen bekamen.

Am 5.12.2013 schreiben wir den Todestag des Herrn Nelson Mandela.

Er war geboren am 18.7.1918 (Quersumme 8).

Zweimal die Zahl 18 und dreimal die Zahl 8. Puh, die 8 hat es wahrlich nicht leicht im Leben und ich denke, es ist keine Übertreibung, wenn ich jetzt behaupte, dass dieser Herr ein großer Friedensstifter war. Seine Ziel Zahl war die Zahl 6 (Liebe).

Dieser Mann verkörperte eine gereifte Ausstrahlung voller Kraft, pur, anmutig und rein.

Man hatte ihn ja zwei Jahrzehnte in einer kleinen Zelle eingesperrt. Bei ihm trifft das Zitat von Sokrates wahrlich zu:

„...Und bist du nicht wenigstens die Hälfte deines Lebens alleine gegangen..."

...

Ist es Zufall?

Würde ich nun die Zahl unseres Diamanten, die 10 (Ur-Quelle) durch die Zahl der Vollkommenheit teilen, also durch die Zahl 7, erhalte ich die Zahl 1,42857 ist als Quersumme die Zahl 27 ergibt die Zahl 9. (diese o.g. Rechnung stammt aus der Quelle, Christa Zettel)

Bei jeder weiteren zusätzlichen göttlichen 0, zum Beispiel 100 dividiert durch die Zahl 7, immer erhalte ich das gleiche Ergebnis, die Zahl 27.

Nun drehe ich wieder die Zahl 27 einmal um zur Zahl 72!

Am 27.12.2013 hörte ich im Radio in den 19 Uhr Nachrichten (Bayern 3-Radio), dass die Stiftung Welt die Bevölkerung der Erde auf 7,2 Milliarden Menschen zählte.

Wurden nicht einst die 5 Bücher Moses von 72 jüdischen Gelehrten 72 Tage lang vom Hebräischen ins Griechische übersetzt?

Sagt man nicht, die Kabbalisten hätten 72 Namen für Gott?

Und auch, dass sie 72 Engel hätten?

Hatte Jesus einst nicht auch 72 Gesandte, um sein Evangelium zu verkünden?

Der 47. Name Gottes der Kabbalisten (Quersumme 11) soll doch für globale Transformation stehen oder?

„AYIN SHIN LAMED“

Moment mal, ich glaube, ich falle gerade aus meinen Socken, jetzt hat sich in meinem Gehirn gerade etwas verklickert.

Wenn nun die Zahl 72 (Quersumme 9) wirklich so eine heilige Zahl ist. Könnte es sein, dass wir uns alle 2 mal 72 Jahre inkarnieren dürfen. 72 mal 2 ergibt 144. Ich rechne deshalb die 72 mal 2, da wir uns ja im Du erkennen, ich plus du, 1 plus 1 ergibt 2.

In meinem Fall wäre das dann:

22.3.1966

1966 (mein Geburtsjahr) minus 144 ergibt?

Ich bin kein Astrologe sondern Numerologe, aber rein zufällig ergäbe auch 12 Tierkreiszeichen multipliziert mit den 12 Aszendenten die Zahl 144.

Die Zahl 144 hat die Schwingung der 9!

Kurze Pause, ich suche schnell einen Taschenrechner!

Heißt das jetzt: „Wer früher stirbt ist trotzdem „nur“ 144 Jahre tot?“

Mensch Meier oh Heiland, darf man nicht einmal mehr in aller Ruhe und lange genug tot, ah ich meine verstorben sein?

Aua, ich bekomme gerade folgendes Signal:

„Wie man sich zu Lebenszeiten gebettet hat, so lange darf man sich hinterher auch ausruhen.“

Wieso musste ich jetzt wieder so eine dämliche Rechnung erstellen.

In meinem Fall käme dann das Jahr 1822 heraus.

Aber das gute an dieser Rechnung wäre doch wohl: „Oh Mann, was bin ich froh, dass ich mich laut meiner Rechnung zumindest nicht in das dritte Reich reininkarnierte. Was war das für eine weise Entscheidung von meinem Geist, denn dann kann ich laut meiner Adam-Riese-Rechnung schon mal gar nicht der damalige Dappe mit dem Kappe, der große Dampfplauderer, gewesen sein. Ein Diktator hat kein Gewissen, darum konnte er auch gewissenlose Taten vollziehen. Ein Stein fällt gerade aus meinem Herzen. So hatte ich wenigstens nichts mit dem Halloween-Haust zu tun. Nach meinem Bauchgefühl werden die, die für dieses Karma verantwortlich waren, ja erst in circa 100 Jahren geboren. Dies macht für mich jetzt den Eindruck als würde ich mich an dieser Stelle widersprechen, da ich am Anfang schrieb, wir würden das Karma unserer Ahnen mittragen. Zum Teil bestimmt, aber diejenigen die zu viel dunklen Schatten sammelten, werden dafür eines Tages auch für ihre eigenen Schatten -Taten selbst bezahlen. Wenn ich mir unsere derzeitige Umweltsituation so betrachte, und wenn dieser schnelllebige kapitalistische und konsumterrorisierte auf Wachstum ausgerichtete gesellschaftliche Zeitgeist nicht gestoppt wird, werden sich die Menschen wohl von frittierten verstrahlten Salbeiblättern ernähren müssen.

„Auch wenn ich wüsste, dass die Welt morgen zugrunde ginge, würde ich noch einen Apfelbaum pflanzen."
(Franz von Assisi 1182 – 1226)

Um endlich mit mir und dem dritten Reich in Frieden zu kommen ist das für mich eine sehr gute Rechnung, reichen schon die anderen Epochen, es passierte ja immer etwas nicht so „Glorreiches" auf unserem Lernplaneten.

Ich werde mir nun mal das Jahr 1822 genauer betrachten.

Quersumme dieser gesamten Jahreszahl ergibt 13.

In dem Jahre 1822 wurde wieder deutsche Geschichte geschrieben. In diesem Jahr wurde eine Kriegsverfassung vom deutschen Bundestag erstellt.

Vielleicht muss man noch erwähnen, dass in dem Jahr 1822 freigelassene schwarze Sklaven in Amerika den Staat Liberia in Afrika gründeten. Liberia ist eine Republik an der Westküste Afrikas. Sie ist die älteste Republik auf afrikanischem Boden.

Ok, ich habe meine Antwort für mich nun selbst gefunden, warum ich mir diese Friedensgedanken angetan habe. Meine Gehirnwindungen bekamen einen leichten Kollaps, als ich die Antwort hörte:

„Was kümmert Sie der Weltfrieden!“

Außerdem ging dieses ganze Drama des Buchschreibens ein paar Tage vor dem 4.9.2011 an. An diesem Tag marschierte ich über den Flohmarkt und sah einen hölzernen Jesuskopf zwischen Messern und Werkzeugen liegen.

Ich fragte den Verkäufer, was dieser Kopf denn kosten solle, er antwortete, 5 Euro, und sagte noch ein wenig spöttisch dazu, vielleicht ist er ja damals auch geköpft worden. Ich nahm diesen Kopf dann mit und gab diesem Herrn den erwünschten 5 Euroschein zum Tausch. Ab diesem Tag geschah alles Schlag auf Schlag. Damals wollte ich mich mal wieder von einem Arzt untersuchen lassen, ob bei mir nicht doch etwas Pathologisches zu finden wäre, aber die Vergangenheit lehrte mich:

Bringt nichts!

Würde ich jetzt ab dem Jahre 1822 weiter zurückrechnen:

1822 minus 144 ergibt 1678 (Quersumme 22)

In meinem jetzigen Leben bin ich an einem 22. geboren, wobei wenn ich mir die Zahlen genauer ansehe, 6 plus 7 ergibt 13.

In dem Jahr 2013 feiert doch der italienische Komponist „Antonio Vivaldi“ seinen 335. Geburtstag, ergibt wieder die 11.

Herr Vivaldi war am 4.3.1678 geboren, was als Quersumme die Zahl 11 ergibt. Er war die 11 aus der Zahl 29, genau wie ich.

Seine Zielzahlen waren ja auch die 7,7,5.

Dieser Herr Antonio Vivaldi kann ich gar nicht gewesen sein, denn dieser konnte im Gegensatz zu mir Noten und komponierte „Die vier Jahreszeiten".

Weiter geht's mit meiner Studienreise.

1678 minus 144 ergibt 1534 (Quersumme 13)

Im Jahre 1534 wurde der polnische Theologe „Zacharias Ursinus" geboren, am 18.7.1534, ergibt wieder die 11 aus der Zahl 29, genau wie ich.

sowie

Der Guru der Sikhs „Ram Das".

Herr „Ram Das" galt als Beispiel für Mitgefühl und Ego loses Dienen.

Da kann ich auch keiner gewesen sein, denn beides waren Studierte. Und außerdem bin ich sprachunbegabt, wie schon gesagt, ich war also Deutsche(r), das ist mir ziemlich bewusst!

Weiter geht's:

1534 minus 144 ergibt 1390 (Quersumme 13)

Ab jetzt wäre ein Geschichtslehrer recht, einer mit Zahlen, Fakten und Daten. Wie immer bin ich hier allein auf weiter Flur.

Hänschen klein, ging allein...

Bei dem freundlichen Wikipedia und dem Internet konnte ich zu den folgenden Jahren keine Fakten für mich finden. In unserem heutigen Internet sollten doch eigentlich alle Weisheiten unserer Geschichte zu finden sein oder?

1390 minus 144 ergibt 1246 (Quersumme 13)

1246 minus 144 ergibt 1102

In meinem jetzigen Leben bin ich zufällig die 2 aus der 11, aus der 29, aber es ist ja immer alles Interpretationssache.

1101 minus 144 ergibt 958 (Quersumme 22, 5 plus 8 ergibt 13)

958 minus 144 ergibt 814 (Quersumme 13)

814 minus 144 ergibt 670 (zufällig wieder Quersumme 13)

670 minus 144 ergibt 526 (rein zufällig wieder Quersumme 13)

526 minus 144 ergibt 382 (zufällig wieder Quersumme 13)

382 minus 144 ergibt 94 nach Chr. (Quersumme 13)

Im Jahre 94 nach Christus gab es einen Seher. Verfasste dieser nicht geistige Himmelsworte in ein Buch, obwohl er eigentlich „nur" Buchbinder war?

Also Zufälle gibt es, die kann es ja gar nicht geben!

Weiter rechne ich jetzt nicht zurück, das Ganze wird mir langsam unheimlich. Genauso unheimlich war es mir, als ich mit meinem jetzigen Ehemann Anfang 20 in ein Haus um Hilfe gerufen wurde, da ein paar Leute die Geisterwelt anriefen, und es stand dort die Toilette in Flammen.

Und welche Personen ich jemals spielte, möchte ich erst gar nicht wissen. Mir ist in diesem Leben ja schon oft genug ans Bein gepinkelt worden, darum interessieren mich meine Vorleben eher weniger.

Weiß der Leser eigentlich, wo bei einem Baum hinten ist, da er rund ist?

Wahrer neuer Zeitgeist würde aus meinem Blickwinkel im Haus und vor der eigenen Haustüre anfangen.

Vielleicht brauche ich ja bei der Verlagssuche nur mehr Geduld, Rom ist ja auch nicht an einem Tag erbaut worden.

Geduld ist Macht, mit Zeit und Geduld wird aus dem Maulbeerbaumblatt Seide dank der Seidenraupen.

OK, ich übe mich jetzt in Geduld.

Eins, zwei, drei, bin schon wieder Erste!

Alles andere würde schön langsam an meinem Nervenkostüm kratzen.

DANKE, Verlag fischt Ankes Gedanken. Das 11 Meter Tor ist geschossen.

„Alles nimmt ein gutes Ende für den, der warten kann."
(Leo Tolstoi, russ. Schriftsteller 1828-1910)

Vielleicht liegt es ja daran, dass ich ein Widder bin, und Widder haben ja bekanntlich 2 Hörner.

Rein zufällig ist mein Aszendent nun auch noch ein Steinbock, der ja auch wieder 2 Hörner hat.

Und dies ist der Grund, warum ich das 5. Horn finde und meinen Verlag den 5. Apokalyptischen-Licht-Reiter-Verlag taufe, in der 5. Dimension, die für Herzausdehnung steht.

Der 5. Apokalyptische Reiter hat rein gar nichts mit diesen bekannten 4 Apokalyptischen Reitern zu tun (Tod, Pest, Krieg, Hungersnot). Ganz im Gegenteil. Die 5. Apokalypse ist die Erlösung von Angst, denn Angst war schon immer die Gegenwart der Menschheit.

Er ist die Erlösung dieser vier Schattenwelten.

...

Das Jahr 2015 und 2016

Ich war immer im Besitz einer Engelsgeduld, wenn es um die Auflösung seelischer Verletzungen anderer ging, da mir ja bewusst war, dass der Geist nach Fütterung bettelt.

Bei dieser Verlagssuche, reißt mir deshalb so oft der Geduldsfaden, da ich spüre, dass „die Zeit" auf eine neue Dimension hindrängt bis zum Jahre 2016.

Nun möchte ich für meine nächsten Worte bitte nicht als Unruhestifter wahrgenommen werden oder melodramatisch erscheinen.

Die gesamte Quersumme von dem Jahr 2015 ergibt eben die Zahl 8, und ich würde mich riesig freuen, wenn es die erwachte 8 wäre, denn ich habe so gar keine Lust auf Chaos.

Geschichte schreiben wir ja jeden Tag, ich finde es wird nun Zeit, dass viele Menschen aufwachen werden und wir gemeinsam eine würdige Geschichte kreieren.

Die erwachte 8 müsste den Materialismus nicht mehr zur Hauptsache machen, sonst würde ich hier nur Terror sehen, im Kleinen wie im Großen. In der Gerüchteküche der Numerologen wurde auch schon verbreitet, dass Menschen an einem Tag die von der Zahl 8 geprägt ist, sich nicht aus ihrem Hause trauten. Diese Zeiten habe ich schon lange hinter mich gebracht.

In diesem Jahr 2015 geht es tatsächlich um Karma, also eine Art heilige Grampus-Energie. „Draußen vom Walde, da komme ich her..." Ich möchte jetzt wahrlich nicht die Pferde scheu machen. In diesem Jahr beginnt das Schicksal (8) den geistigen Reichtum in Frage zu stellen, die Ansammlung unseres Fundaments und Grundgerüstes, so könnte man es eigentlich auch nennen.

Es stellt sich hier die Frage nach ausgleichender Gerechtigkeit. Die gewonnenen geistigen Oktaven werden nun hinterfragt. Nach hinten sehend werden. Es geht in (m)einer Wahrheit um die erlernten Tugenden.

Und immer geht es doch um die Überwindung unseres Tier Egos, um wieder einen Bund mit seiner Ur-Quelle zu schließen.

Da bekommt ein jeder die passende Erleuchtung. Das Trugbild einer äußeren Erscheinung nutzt hier nichts mehr. Diese Masken werden ab diesem Jahr vermehrt fallen. Die geistige Entwicklung wird hier deutlich sichtbar und fliegt auf. Wer da noch glaubt, na ja, sieht ja keiner, wandert auf einer sehr schmalen Weggabelung. Funktioniert dieses Dreieck im Herzen noch in Form von Gewissen, oder sind die Ecken abgestumpft, das wird sich eines Tages erweisen.

Schönes und bequemes Wohnen hat halt seinen Preis.

Als Ursache sehe ich hier immer noch den Mangel an Licht, die Ignoranz, die Wahrheit zu verleugnen.

Geiz würde unter einer negativen Energie in eine Armut führen. Emotionale Störungen, Depressionen und schwere Herzen könnten zerstörerisch wirken. Ehebrüche, Krankheiten, Wut, Hass, Firmenauflösungen. In Kombination mit 2 und 1 auch viel Wasser (Aqua 8). Die verborgenen Kräfte der universellen Gesetze sind in diesem Jahr sehr aktiv und reflektieren. Und diese Energie ist jetzt schon zu spüren, da wird einem ja Speiübel, wenn man die Nachrichten schaut.

Geistige Evolution ist der Schlüssel für die Überwindung des Todes. Was war auf unserem Lebensweg wirklich wichtig?

Da ja alles auch einen Nutzen hat, werden die Medienberichte und das weltoffene vernetzte www viele Wahrheiten ans Tageslicht bringen.

A bisserl bwusst liang is hoid a scho glong.

(Ein bisschen bewusst lügen ist halt auch schon gelogen)

A bisserl bwusst stain is hoid drozdem gschdoin.

(Ein bisschen bewusst stehlen ist halt trotzdem gestohlen)

Dies güldet (gilt) halt ab 2015 nicht mehr.

Dieses „wer ist hier der Hausherr" gilt auch bald nicht mehr.

Der Macho wird sich in einen zärtlichen Liebhaber entpuppt haben. Das, in diesem Haus wird gedacht, was ich denke, egal ob „Sie" oder „Er", darf in die Vergangenheit eintauchen. Wenn Er/Sie ständig nur das Ego füttern möchte und Sie/Er muss die Finanzen dann mit Billigfood ausgleichen, stimmt die Waage nicht. Die Waagschalen sind also ungerecht verteilt. Liebe ist in meiner Wahrheit wie ein Ring 360 Grad, und ein Ring hat kein Ende. Reviere abstecken ist ab 2015 kein Erfolgserlebnis mehr.

Der goldene Mittelweg!

Unser höheres Selbst hat kein Geschlecht, es ist in (meiner) Wahrheit geschlechtslos.

Wer Liebe will, ist im Geist erw8!

Sackgassen darf jeder einmal haben, ich bekenne mich, auch ich mache noch viele Fehler. Fehler sind noch lange keine Inkarnationsfallen. Man weiß aber, dass man nur einem Staat dient, es ist die All-Mutter, die unser aller Ur-Quelle ist und immer sein wird.

Na hoffentlich, denke ich ab da endlich mal in Ecken, das könnte mir so manche „Fettnäpfchen" ersparen.

Fegen wir endlich den Staub aus unserer Vergangenheit fort und mit diesem Staub unsere unguten Gefühle.

Jeder, der von dieser Transformation etwas in sich spürt, weiß intuitiv und spontan seine Mission zu erfüllen. Es haben sich nun viele das Resonanzgesetz bewusst gemacht, dieses so ähnlich funktioniert, wie das Gesetz der Schwerkraft, dank des Herrn Isaak Newton.

Dunkel mag so mancher Weg sein, der sein Schicksal mit sich trägt. Risiken und Nebenwirkungen übernehmen wir am besten für uns selbst. Ein Knick im Lebensverlauf ist noch lange kein Grund aufzugeben, dieser Knick dient lediglich als Anstoß, unseren Denkblickwinkel zu erweitern oder auf eine andere Richtung aufmerksam zu machen. Musik lässt uns unsere Gefühle erheben.

Wenn ich nun das Jahrhundert weglasse, hätte ich die Zahl 15. Rein zufällig entspricht die Zahl 15 im Tarot dem „Teufel".

Keine Angst, diese Karte weist nur auf ein Trugbild von Gott hin. Das Wort Gott (8) ist für mich die Freiheit dessen, uns bewusst zu machen, dass wir alle Mini-Götter sind, der Masterplan, egal aus welcher Glaubensausrichtung diese Tatsache entspringt. Der Fall zurück ins Paradies.

Diese oben genannte Karma Auflösung gilt lediglich für welche, die an das Trugbild des äußeren Erscheinungsbildes und Besitztümern (ich will haben) noch zu sehr gefesselt sind.

Für einen aufgeklärten Menschen ist dies keine Angstmache. Sie wissen, dass wir längst, die Inkarnation Gottes (8) sind.

James Blond, carry you home

„In jedem ruht ein Bild
Dies, was er werden soll,
solang er das nicht ist,
ist nicht sein Friede voll."
(Friedrich Rückert, 1763 - 1835)

Wir sind die Kapitäne auf unserem Schiff und unser Segel (Windrichtung setzen) bedeutet so viel wie unsere Seelen möchten stetig besamt werden.

Die Menschheit darf sich nun endlich einmal bewusst machen, dass immer alles zum Sender zurückkommt, jeder einzelne Mensch darf für seine Zukunft auch einmal über die Bedeutung nachdenken, die andere Backe hinzuhalten.

Nicht nur Leben und Leben lassen, sondern auch Leben geben und dem Nächsten sein Leben überlassen.

Man lässt somit die Anderen einfach die Anderen sein.

Heute schreiben wir den 2.1.2014.

Ich bekam einen Anruf, wo mir bereits bewusst war, dass diese Person mich wieder anrufen wird, da ich ja eine Klagemauer bin und die Leute mir instinktiv vertrauen. Ich beriet sie schon zweimal kurz ohne Wertschätzung, da sie kein Geld hat und ich mit meinem Mitgefühl ohnehin nicht nein sagen könnte, außerdem fehlt mir ja die geschäftstüchtige Zahl 8. Ich sagte dieser Person beim letzten Telefonat: „Ich weiß, dass du mich wegen dir anrufst, und nicht wegen der Person, um die du dir gerade Sorgen machst."

Es dauerte keine 5 Minuten und sie erzählte mir, dass sie seit ihrem Kleinkindalter, sie erinnerte sich daran, dass sie noch nicht zur Schule ging, bis hin zu ihrem 25. Lebensjahr sexuell missbraucht wurde. Über 20 Jahre später machte sie nun das erste Mal auf, Sesam öffne dich! Ich wünsche mir, dass ich ihr ein bisschen helfen konnte.

Seltsamerweise war es mir nicht möglich, bei dieser Person am Telefon irgendeinen Groll oder Hassgefühle wahrnehmen zu können. Es war auch jetzt bislang die erste Person, die ich nicht nach ihren Zahlen und Daten fragte, ich hatte dies einfach vergessen. Beim ersten Gespräch erzählte sie mir, dass sie eine tiefgläubige Christin wäre. Fast kam es mir vor, als hätte sie dank dem Licht in ihrem Herzen schon verziehen und ist bald auf dem direkten Weg, auch die Ruhe in ihrem Herzen zu finden, darum konnte sie wohl darüber sprechen. Es schien tatsächlich fast so, als sähe sie sich nicht mehr als Opfer und hatte längst vergeben. Weiß sie, dass unser Herz keine Hassgefühle mit nach Hause nehmen möchte? Ihr war offensichtlich bewusst geworden, es ist, wie es ist und es war, wie es war, da diese Geschichte schon geschrieben wurde.

Vergebung zieht Vergebung an. Ich habe ja schon mit vielen „Opfern“ gesprochen und auch viele beraten, manche fühlten sich als Opfer, da sie gerade einen Schnupfen hatten, andere fühlten sich als Opfer, da sie mal nicht in den Urlaub fahren konnten, ihr Konto permanent überzogen war oder sie noch nicht im Chefsessel saßen. Ich bin im Laufe der Jahre zu der Erkenntnis gekommen, dass manche Menschen einfach in etwa so sensibel und einfühlend wie Glastische sind. Da ist nur deren Ego - Stolz empfindlich und sensibel, sonst nichts. Für mich waren viele grundlose Beschwerden dabei. Aber die meisten Menschen fühlten sich als Opfer wegen Liebeskummer, der sich für (mich) an dieser Stelle nicht mehr lohnt, erwähnt zu werden.

Doch dieses oben genannte Opfer hatte wieder einmal meine Seele berührt. Nennt man dies Demut?

Ebenso berührte mich eine Person am 18.1.2014. Eine Freundin besuchte mich, wir haben uns jahrelang aus den Augen verloren, sie bekommt gerade ihre 4. Chemo von 14. Diagnose BK. Danach geht es weiter mit den Bestrahlungen, ein grundgütiger und herzlicher Mensch, wir durften an diesem Tag viel lachen.

Seele-fand!

Aaach? Hätte ich doch schon dieses Gelassenheitsdenken. Sehen Sie, lieber Leser, auch ich beiße mich noch in den Schwanz. Ich finde dieses Verhalten einfach entsetzlich.

JA, ja, die netten Onkels, mit kleinen wehrlosen Kindern kann man es ja machen, wenn man auf Frischfleisch steht!

Für mich war dies eindeutig eine Inkarnationsfalle.

Vielleicht hatte ja dieser Halbgott die Denkweise, dass ein fünfjähriges nymphomanisches Mädchen ihre Lustgefühle befriedigt haben möchte.

Pfui deife, gewissenloses Bumsvallera, schon wieder ein Karnickel- Arschgeist, wieder eine hochpotente geistige Impotenz, können da Pillen noch helfen? Also mit einem gesunden Egoismus hat das nichts mehr zu tun.

Sie wussten nicht, sie wissen nicht und sie werden lange Zeit nicht wissend sein, was sie da eigentlich tun, denn sie drehten sich schon von Kindheit zu Kindheit im Kreis. Ich hatte ja sooo eine schlechte Kindheit wird sich wohl wiederholen und wiederholen, da die freie Wahl unantastbar bleibt.

Steter Tropfen höhlt den Stein in diesem Leben wohl nicht mehr. Und werde Licht! Na, ja vielleicht klappt es ja im nächsten Leben.

„Nicht die Menschenherde soll vermehrt werden, sondern die Zahl der Auserwählten, welche den höheren Zielen der Menschheit dienen.“ (Malvida von Meyenbug, deutsche Schriftstellerin, 1816 – 1903)

Menschen können ja viele Gesichter haben. Wie viel Frost muss eigentlich noch durch so manche Knochen fließen, um endlich Tag (Licht) und nicht Nacht (Schatten) zu sein? Die Erinnerungen für solche Taten haben keine Löcher wo sie verloren gehen können. Das Leben dieser Frau wurde kaputt gemacht, ganz einfach zerstört, da man einfach seine tierischen Triebe nicht kontrollieren möchte. Sie erzählte mir, dass sie so gerne geheiratet hätte oder der Wunsch nach eigenen Kindern sie jahrelang begleitete.

Ist es in Wahrheit die Sehnsucht mit der Unschuld zu verschmelzen?

Man müsse ja immer alles wertfrei betrachten, so heißt es in den ganzen Schamanenbüchern, die ich schon verschlungen habe. Aber ich bin kein Schamane sondern Numerologe. Obwohl ich ehrlich gestehen muss, dass diese Autoren sehr schmeichelhaft schreiben können, und an dieser Stelle möchte ich ein großes Lob für sie aussprechen, einfach Balsam für das lesende Auge. Und auch kann man nicht sagen, ob dieser nette Onkel noch im Diesseits lebt, wenn doch, so glaube ich jedenfalls, würden bei dieser „zweiten Garnitur Gottes“ Globuli wohl auch nicht mehr anschlagen.

„because of you“ (Kelly Clarkson)

Kennt der Leser den schon?

Eine Ehefrau zur anderen: Mein Mann ist deprimiert!“

„Meiner ist zwar auch ein Depp, aber prämiert wurde er noch nie!“

Am Anfang meines Buches schrieb ich ja, der Mensch wäre wie ein Tier und dadurch leicht manipulierbar. Na ja, jetzt könnten sich so manche Geister wieder über diesen Satz streiten. Eigentlich muss man sich hier eingestehen, dass es zum Beispiel bei Hunden einen Welpen - Schutz gibt.

Es gibt halt doch noch echte Gentlemans, nur wo sind sie, ja wo sind sie denn?

Wer die Kinder nicht ehrt,

ist sein Leben nicht wert.

Manche Menschen haben einfach (noch) zu viel Gerümpel oder einen Kolbenfresser im Gehirn, da beißt die Maus (noch) keinen roten Faden durch.

Ein Kopf sät manchmal seltsame schwindelerregende Streiche.

Mein Denkergehirn sagt mir nun, dass ein kleines Kind mit gerade mal 5 Jahren gar keine Absichten für diese Taten gesetzt haben kann, wie ich es vielleicht tat, als ich am Anfang meines Buches schrieb: „Für diesen Diebstahl mit 18 Jahren aus meinem Rucksack habe ich vorher eine Absicht gesetzt…“

Ein Kind in diesem Alter ist noch vollkommen!

„Und werdet wie die Kinder!“

Mit diesem Satz meinte ER mit Sicherheit die Unschuld der Kinder. Werdet so schuldfrei wie die kleinen Kinder, denn diese haben noch kein Ego, nur ihre Bedürfnisse zum Wachsen und Beschützt sein.

Der einzige Grund, den ich mir zum jetzigen Zeitpunkt vorstellen kann wäre also, das dies karmische Gründe haben könnte, denn wie schon erwähnt, tue ich mir da sehr schwer mit den Gedanken, dass eine Seele sich so eine Sauerei freiwillig aussuchen würde, um dies einmal zu erfahren.

Waren dies vielleicht karmische Gründe, dass man mich als Kind mit Toxinen vollstopfte oder ist der Grund der Habgier der Menschheit und einer verlorenen Menschlichkeit zuzuschreiben? Ah Egal, ich darf ja jetzt darüber schreiben.

Wie dem auch sei, sehr selten konnte ich so viel echte Warmherzigkeit (wahrscheinlich Demut) von meinem Gegenüber am Telefon nach derartigem Schicksal in Empfang nehmen. Sie hatte kein Geld und ich beriet sie gerne auch ohne Wertschätzung. Es kam wieder einmal eine geistige Erkenntnis. Ich erkannte mich in ihr. Ist sie zu gut für diese Welt oder gerade deshalb zu unserer heutigen Menschheitsgeschichte inkarniert, da sie eine Vermittlerin für Demut ist? Und rief sie mich an, damit ich im übergeordneten Sinne diese kleine Story zu Papier bringen darf? Die Story von ihrer Welt und (m)einer Erkenntnis daraus?

Es gibt in meiner Wahrheit nur gute Zahlen, dieser Fall ist mir Beweis genug, denn viele geprüfte Menschen verlieren ihre Wurzeln trotz vieler Prüfungen nicht. Hörte ich da einmal einen Satz der etwa so klang:

„Die Gott liebt prüft er am meisten?“

Diese Frage kann ich nicht beantworten, aber vielleicht steckt da auch ein bisschen Wahrheit drinnen.

Man darf ja niemals verurteilen sondern eigentlich müssten wir ja alle immer untadelig sein, wie oft habe ich das schon lesen dürfen, dürfte ich das doch, so würde ich so manchen Schniedel einmal mit einem Gurkenhobel bedienen. Aber dieses mit dem Gurkenhobel zu tun wäre ja fern ab von dem Ziel der „bedingungslosen Liebe“ und außerdem kann ich kein Blut sehen. Es heißt ja: „Liebt sie, wie ich euch geliebt habe“. Ich übe mich also wieder einmal in Akzeptanz. Solche Tragödien passieren meiner Meinung nach nur, da einige Menschen noch schlafend sind. Die vereisten Geister leben und sterben, damit sie wieder leben und sterben dürfen, solange bis ein Feuer das Eis in ihren Herzen zum schmelzen bringt.

Ich habe das Leid des Menschseins nun verstanden aber immer noch nicht ganz begriffen, warum manche nur ihr Tier - Ego füttern?

Es heißt ja immer so schön:

„Dumm fickt gut."

Da behaupte ich genau das Gegenteil!

Falls diese Zeilen einmal veröffentlicht werden, wird mich der Verfassungsschutz schon nicht gleich für folgende Gedanken verklagen oder Wölfe auf mich hetzen:

So ein gedankenverirrter Kinderschändervollpfosten bräuchte mal einen Tritt in die Eier und ein 11 Meter Tor zum Mond.

Ah, jetzt klingelt es wieder unter meinem Blondschopf. Der Mensch kann gar nicht vom Affen abstammen. Denn ein Affenbaby kommt schon mit 50 oder 60 IQ auf die Welt, während ein Menschbaby bei 0 anfängt. AHA! Ich muss mich bei so manchen unguten Nachrichten einfach öfter selbst daran erinnern.

Hoch lebe eure nächsten Kindheiten, vielleicht darf man ja einmal in einem nächsten Leben 12 mal am Tag einen Teppich küssen, damit nicht nur der Teppich eines Tages abhebt, sondern auch der noch nicht entwickelte Geist an Pferdestärken gewinnt. Vom Saulus zum Paulus, die in (m)einer Wahrheit eine innere Erneuerung des Menschseins darstellt. Ohje Sackl Zement, jetzt habe ich ja schon wieder gelästert, ich weiß, Stress lass nach, du bist umzingelt.

Selig sind die geistig Armen!

Dieser Halb-Gott war halt noch nicht Willens oder war noch nicht fähig, sich geistig weiter nach oben zu entwickeln, da er sich nur von seinem inneren Monster-Wolf beherrschen lässt. Ich übe mich jetzt wieder einmal in Vorurteilslosigkeit. Außerdem ist mir bewusst, dass es Plätze auf unserer Erde gibt, an denen man einen weiblichen Säugling nach der Geburt erstickt. Er war sich bislang seines wahren Wesens (noch) nicht bekennend, darum empfinde ich Mitgefühl.

Hier wurde der in jedem Menschen innenwohnende sechszackige Stern noch nicht gefunden, der im Herzzentrum eines jeden von uns wohnt. Dort berühren sich Himmel und Erde, um die Urkraft des Universums der Liebe zu empfangen. Dieser Stern besteht aus zwei gleichschenkligen Dreiecken die ineinander geschoben sind. Die Symbole für Feuer und Wasser oder auch das harmonische Ineinander des männlichen und weiblichen Prinzips.

Pause…für mein Dauerbauchgrinsen.

…

Das Jahr 2016 ergibt als gesamte Quersumme 9, die Vollendung!

2016, der Kessel des SEIN-Auftrages brodelt, er möchte ein Zustand werden.

Lange Rede, sinngebender Sinn.

Ist es Zufall!

Die Zahl 9 ist bei den Buddhisten eine sehr heilige Zahl.

„Nine Million Bicycles Katie Melua"

Drehen wir einmal die Zahl 9 um erhalten wir die Liebes-6!

Ahaaa, wir nähern uns dem „Musikhörbewusstsein".

Musik ist ja auch eine Sprache, die alle Völker verbindet.

„Marmor Stein und Eisen bricht aber unsere Liebe nicht…“

(Drafi-Deutscher)

Der Quantensprung in die große Freiheit ist vollbr8.

Der Schicksalsplan wird erkannt und ist erw8.

Geist hat kein Gefühl, es ist ein Seins-Zustand.

Die vergeistigte Liebe ist des Rätsels Lösung!

Die Erde taucht nun ganz in den göttlichen Strahl der Null ein. Das neue Zeitalter im Christusgeist (Freiheit) hat nun endgültig begonnen.

Würde ich nun wieder das Jahrhundert weglassen, sehe ich die Zahl 16 (7). Die Zahl 7 steht für die Überwindung der Verkörperung. Die 1, als erstes, darauf folgt die 6, die Zahl der erwachten Liebe.

Heißt, vermehrt als erster vorurteilsfrei mit den Augen der Liebe zu sehen.

Unbeirrbar folgen viele Menschen dem Ruf ihres Herzens (Liebe).

Der Weg ist für mich nicht das Ziel, sondern das höhere Ziel bestimmt meinen Weg!

„Es ist nie zu spät“ (Peter Cornelius)

Und wurde nicht einst gesagt:
„Was ich getan, das könnt Ihr ALLE.“

„Mit einer Weisheit, die keine Tränen kennt, mit einer Philosophie, die nicht zu lachen versteht, und einer Größe, die sich nicht vor Kindern verneigt, will ich nichts zu tun haben.“

(Khalil Gibran 1883-1931)

Dieser Herr Gibran spricht mir aus der Seele, ich werde mir einmal sein Geburtsdatum genauer betrachten. Seine Lebensaufgabe war die Zahl 9. Die Zahl 9 steht für Weisheit.

...

Wir dürfen jetzt die Wahl des Wassers wählen!

Obgleich, über das Wasser laufen werden wir wohl niemals dank des Herrn Newton können, es sei denn, wir würden uns Luftschuhe anziehen oder es wäre gefroren, damit hat sich ja Wasser dann verdichtet. Na ja, wir haben schätzungsweise 1 Million verschiedene Arten von bislang erforschten Insekten auf unserer Erde. Und auch manche Echsenarten können über das Wasser laufen. Das sind die wahren Herrscher des Raumschiffs Erde.

Aber vielleicht war dies mit dem „über das Wasser laufen" ja auch nur eine Metapher und bedeutet so viel wie:

Die Überwindung von Angst

(Made by Ingo Rittscher)

Die Überwindung von Angst

Mit unserer Überwindung des Wassers (Aqua-Seelen-Angst) erreichen wir das Ufer!

Ist das der wahre Plan der Menschheit?

Nicht nur beim Sport treibt es uns das Wasser aus der Stirn, sondern auch bei Angstgefühlen. Für mich ist das Beweis genug. Man stelle sich einmal im Schweiße gebadet im Bett vor, nachdem man von einem Alptraum erwacht. Viele bekommen Durchfall, wenn sie Angst (Schiss) haben. Was glauben sie liebe Leser, wie oft ich ein Bad aufsuchte, wenn ich in Aufregung war. Man darf bei Angstgefühlen auch einmal an die ungehorsame Blase denken.

Ich wische mir nun den Mund mit folgenden Worten:

Viele Tropfen Wasser können einen See oder ein Meer füllen.

Kann es sein, dass dies die wahre Bedeutung für „Wasser in Wein“ verwandeln wäre?

Ist die Überwindung von Wasser die wahre Ikone?

„Gott wird nicht erreicht, indem man der Seele etwas hinzufügt, sondern indem man ihr etwas nimmt.“
(Meister Eckhart)

Es ist die Angst!

Dies waren aber nur meine Gedanken. Jetzt ist die Katze aus dem Sack. Ich habe die Sprache (m)einer Wahrheit nun verstanden.

Wenn alle Entscheidungen mit der liegenden 8 entschieden werden würden, dann würde es für mich heißen:

Eine klare Linie wäre gefunden, die Feder des Findens ist und bleibt weiß.

Wenn man so darüber nachdenkt, hatte ER schon Recht, wären alle Heiler, müsste die Welt ja heil sein, sie käme gar nicht drum rum.

Ich habe einmal gelesen, dass ein Mensch mit 81 Jahren und geistig noch fit, hätte diese „heilende Hand", dies muss ich wieder in Frage stellen.

Mit dem Zeitpunkt,
an dem ein Mensch das Gefühl
des Mitgefühls in sich entwickelt hat,
wird er step by step automatisch zum Heiler.

Mit unserer Überwindung von Aqua (gedrosseltes EGO) fängt das Leben erst an, mit der Trennung unseres Schattens (Angst).

„Was ich getan habe, das könnt Ihr Alle!"

Na ja, Blinde kann ich mit Sicherheit nicht heilen, da ich weder Heiler noch Heilpraktiker bin. Was ich aber im Gegenzug konnte, so manche Menschen für einen anderen Blickwinkel des Lebens sehend zu machen.

Ein Mensch mit nur einem Auge ist immer noch wie ein König unter den Blinden.

Wenden wir unser Gesicht der Sonne zu, dann fallen die Schatten hinter uns, das besagt ein afrikanisches Sprichwort.

Der Narr, die 0, hat vor Unbekanntem keine Angst. Vertrauensvoll folgt er seiner inneren „weisen" Stimme, humorvoll und selbstbestimmt für eine liebesorientierte Zukunft.

„Wenn keine Narren auf der Welt wären, was wäre dann die Welt?"
(Johann W. von Goethe)

Die Geschichte lehrte uns, dass früher die Hofnarren immer beschützt waren, und doch durften sie (ihre) Wahrheiten sagen, so ähnlich ist es heute mit unseren Komödianten. Bei denen dachte man bestimmt: „Na der Arme ist ja sooo plem plem."

Ist es Zufall?

Als 3. oder 4. Klasslerin sang ich in einer Turnhalle, verkleidet

als „Till Eulenspiegel“ in einer Hauptrolle, zusammen mit einem Chor und machte mich vor einer Riesen-Menschen-Masse zum Affen und Idioten.

...

„Nicht in die ferne Zeit verliere dich, den Augenblick ergreife, der ist dein.“
(William Shakespeare, engl. Lyriker, 1564 getauft – 1616)

Verbirg nichts, denn Zeit gibt es nicht und somit kommt eines Tages jeder Mensch ans Licht.

„Unsere Verabredung mit dem Leben findet im gegenwärtigen Moment statt. Und der Treffpunkt ist genau da, wo wir uns gerade befinden.“
(Buddha)

Unsere wahre Intelligenz hat Absichten mit uns.

Meine emotionale Schwelle ist nun erreicht, der Plan der Menschheit.

Wir befanden uns schon immer in der Obhut unserer wahren Intelligenz!

Leute, keine Panik auf der Titanic!

Eisberg Ahoi!!!

Stellen wir uns vor, rechts wäre ein Eisblock und links eine Betonwand, aber vor uns sehen wir einen neuen Horizont.

Ich bekam eine E-Mail mit der Frage, ob denn eine Uhrzeit auch eine Bedeutung hätte. Diese Person gab an, 1 Uhr 21.

Aus einem numerogischen Buch von Frau Penny McLean weiß ich, dass diese Numerologin die Zahlenkombination in Verbindung mit dem Schiff Namens „Titanic“ brachte und diese Numerologin sah die Zahlenkombination als Ursache für den Untergang.

Das Schwesternschiff dieser Titanic soll ja laut ihrem Buch heute noch auf dem Meer seine guten Dienste leisten.

Die drei Ecken im Leben, das goldene Dreieck.

Täter z.B. (Angst, Depression, Umweltgifte) plus Opfer z.B. (Krebs) benötigt einen Retter

z.B. (Hanföl).

Die Erde ist in (meiner) Wahrheit das göttliche Auge:

Unser Lernplanet!

Lachen, und unsere Gedankenkraft wäre aus meiner Sicht die beste Verteidigung.

Werden wir nicht so klein aber so rein wie Kinder und Narren.

„Ein Scherz hat oft gefruchtet, wo der Ernst nur Widerstand hervorzurufen pflegte.“
(August Graf von Platen Hallermund, 1796 - 1835)

Am 25.10.2013 erhielt ich eine „Elfen möchten helfen“ wollende E-Mail eines freundlichen Verlages mit dem Angebot für tao.de, das für Selfpublishing des eigenen Buches steht.

Würde ich dies machen, wäre ich ganz und gar nicht authentisch, denn dann müsste ich mir ja erst einmal einen Grafiker suchen, der meinem Buch ein äußeres Erscheinungsanziehungsbild gibt. Meine Lernerfahrung mit Grafiker habe ich schon hinter mich gebracht.

Erfahrungsberichte und (m)eine Erkenntnis

Heute ist mein Glückstag,

Ich habe mit Frau Schimmelpfennig Kontakt aufgenommen, diese Dame lernte ich auf der Buchmesse 2012 kennen. Es war der 3.10.2013 (Quersumme 10), Tag der WiedervereinICHung, als ich begonnen habe, mit ihr tiefere Gespräche zu führen. Sie erzählte mir, dass sie gerade ihr erstes eigenes Buch fertigstellt und sieben Monate daran gearbeitet hat.

Ich kann nur hoffen, dass dieser schillernde Penny aus unseren

E-Mails eines Tages ein Nebenerscheinungsbeipackungsbüchlein kreiert, bei uns kann man nämlich was lernen, da wir keine Praktikanten mehr sind.

Besser noch, wir machen ein neues Dingsda-Buch mit dem Namen:

Bevorzugte Blondinen duellieren sich per E-Mails!

Oder vielleicht auch:

Blonde Diamanten tauschen ihre bisherigen geistigen Erkenntnisse per E-Mails aus!

Anker an Segel setzen!

Wo ist jetzt bitte schön mein 5. Apokalyptischer-Lichtbringer-Reiter-Verlag?

Sollte ich mal zu den Engeln beten?

Kann ja nicht schaden!

Liebe Engel, bitte seid meine Helfer, danke, reicht das Gebet?

Gestern schrieben wir den 9.12.2013. Wieder einmal spielte ich kurz mit den Gedanken, meinen verlängerten Aufsatz in das Altpapier wandern zu lassen. Ich wollte es einfach nun an den

Nagel hängen, da sich die Verlagsanfragen bislang für mich wie der derzeitige schlechte Syrienkrieg anfühlen. Wie ein schmutziges hässliches Irrenhaus, wo man vorher ja schon wissen müsste, dass die meisten Opfer eines Krieges immer alte Männer, Frauen und Kinder sind. Außerdem sind es nun schon über 28 Monate und ich habe mit diesem ewigen Sitzen am Computer fürchterlich an Gewicht zugelegt.

„Kalorien sind kleine Bestien, viele Bakterien, die über Nacht die Kleidung enger nähen."

Just in diesem Moment stoppte auch schon der gelbe Postwagen vor unserer Haustüre. Beim Öffnen meiner Post empfing ich ein buntes Witzblatt mit der Aufschrift:

Reichsbanknote „Eine Billion Reichs-Mark!"

Auf der Rückseite dieses Blattes bekam ich folgende handschriftliche Zeilen eines Freundes mit Namen Rüdiger, der mein Vor-Manuskript bislang gelesen hat und dem es offensichtlich gut gefiel:

Liebe Anke,

hiermit kannst du dein Buch selbst verlegen und die anderen können uns mal!:-)

Dies hat mich sehr gefreut und tief berührt.

Kurz darauf klingelte auch noch das Telefon und meine „wilde Hilde" war am Apparat.

Ich ernenne diese sympathische Dame nun zu einem „Gläddiator", das sind Autoren, die gute Bücher einwandfrei schreiben können und keine Lektoren benötigen. Diese ganzen grammatikalischen Sachen verstehe ich halt eher weniger, wann und wo man denn immer diese Satzzeichen setzen müsste.

Was ich aber im Gegenzug anzubieten habe ist:

Zu schreiben, wie mir gerade der Schnabel gewachsen ist!

Weiter wünsche ich Frau Schimmelpfennig noch einen Riesen-Erfolg für ihr nun fertiggestelltes Buch Namens „Giftcocktail Körperpflege“.

Sie bringt in ihrem Buch Wahrheiten ans Tageslicht. Mir wurde einmal erzählt, als man sich eine beschichtete Pfanne kaufte und sich das erste Mal ein Spiegelei darin gebraten wurde, fiel der Kanarienvogel tot von der Stange. Wahrscheinlich dampfen die giftigen Substanzen erst bei Erhitzung aus. Meine Güte, wie sehr vergiften manche Menschen ihre Mitbewohner mit ohne auch nur einen Funken Gewissenshinterfragung. Für mich ist das geistige Inkompetenz. Nachdem man mir als Kind auch die chemische Keule verpasste, ist es für mich ein großes Bedürfnis, ein Stück weit Wahrheit ohne Heuchelei an den Mann zu bringen. Und ich möchte jeden Leser hiermit bitten, so manche geschriebenen Worte nicht als Tadelung in Empfang zu nehmen, sondern für so Manches, das auf unserer Erde geschieht, die Augen etwas mehr zu öffnen. Auch ohne blauäugigem und naivem Wesen möchte ich nochmal betonen, dass unsere Erde Probleme hat, die man auch mit ungeputzten Fenstern der Augen erkennen kann. Sie wäre groß genug, um auch 10 Milliarden Menschen zu ernähren. Dafür bräuchten wir eigentlich nur eine andere Denkweise.

Gestern schrieben wir den 6.1.2014. Nachdem ich dies mit dem Fluorid in ihrem Buch gelesen hatte, setzte ich das gleich in die Tat um und kontrollierte mal den Inhalt unserer Wasserflaschen nach den verschiedenen Substanzen, die alle zwei Wochen geliefert werden.

Prompt stand da Fluorid und Chlorid als Beigabe darauf.

Heute, am 7.1. wäre dann die nächste Lieferung von diesem Mineralwasser gewesen, ich dachte bei mir: „Nö, ich trinke ab jetzt Leitungswasser“. Ich begrüßte unseren Lieferanten mit einem liebevollen Neujahresgruß und sagte ihm, dass ich jetzt kein Mineralwasser mehr kaufen möchte und erklärte ihm das mit den nicht gerade ungiftigen Substanzen. Darauf zeigte er mir einen Vogel und lachte mich lauthals aus. Wir wissen ja, meistens sind die Menschen deshalb nicht mit der Wahrheit einverstanden, da sie sich von der Art und Weise beleidigt fühlen. Oder wie man es auch noch so schön zu sagen pflegt, der Ton mache die Musik. Deshalb setzte ich mein freundlichstes Lächeln auf, das mir zurzeit möglich ist und machte auf dieses oben genannte Buch aufmerksam und betonte noch bewusst sympathisch und deutlich, dass dies inzwischen wissenschaftlich erwiesen wäre. Darauf hin machte er mich sehr laut zur Minna mit folgenden Worten:

„Ob ich denn nicht wisse, von welcher tiefen Quelle dieses Wasser käme und Leitungswasser wäre das Allerletzte."

Ich konnte darauf in seinen Augen lesen, dass er mich wohl nie mehr grüßen wird, aber ich hatte Glück, er war unbewaffnet. Wahrscheinlich wird er nach Umsatz bezahlt.

Aus einem Heimat-Magazin „Brennnessel" habe ich entnommen:

Als Cola 1886 das erste Mal auf dem Markt erschien, wurde es als Gehirn-förderndes und intellektuelles Getränk beworben.

Und als ich das erste Mal in ihrem Buch das Wort Leichen las, konnte ich nicht mehr weiterlesen und schlug es wieder zu. Die Leichen verwesen nicht mehr, so voll gepumpt ist der Mensch inzwischen mit den Nahrungsmittelinhalts- und Zusatz-Mitteln und Stoffen. Jetzt haben wir den Salat. Wer könnte wohl an diesem Dilemma schuld sein?

Niemand! Es gibt in (m)einer Wahrheit keine Schuld, aber es gibt bald ein Verstehen.

Der wahre weltliche Friede fängt (für mich) also auch auf dem Gesundheitsmarkt und nicht vor der eigenen Haustüre sondern hinter der Tür, also im eigenen Haus an. Wir werden vermehrt beginnen, diesen chemischen Keulen weniger Aufmerksamkeit zu schenken. Nur so wird man auch in der Herstellung von gesundheitsschädlichen Substanzen anfangen umzudenken.

...

Autorenanfrage bei einem Verlag per E-Mail:

Sehr geehrter Herr ...,

mit diesem Schreiben möchte ich mich heute an Sie wenden.
Ich begann im September 2011 ein Buch zu schreiben und werde dies mit einem Satz fertigstellen, sobald ich einen Verlag gefunden habe. Auf der Verlagssuche durfte ich nun feststellen, dass mir dazu wohl das berühmte B wie befreundet oder Bekanntheitsgrad fehlt, denn die meisten Verlage arbeiten mit ihren "berühmten" Autoren. Es war mir sehr sympathisch, dass Sie sich in Ihrem Video als "Sonderschüler" geoutet haben. Das ganze Video habe ich von Ihnen noch nicht gesehen, werde dies aber abends einmal nachholen. Dieser Satz von Ihnen reichte mir bereits aus.
Das tue ich in meinem Buch mehrmals mit dem Wort "Hauptschüler", da ich ja den Sinn des Lebens studiert habe und nicht die deutsche Rechtschreibung.
Auf Ihrer Homepage las ich, dass Sie für 1300 Euro veröffentlichen würden, vielleicht auch weniger. Meine Frage lautet nun an Sie:
Muss das Buch, das man als Manuskript bei Ihnen einreicht schon korrigiert bzw. lektoriert und gesetzt sein?
Falls Sie auch Korrektur, Lektorats und Setz– Arbeit übernehmen, könnten Sie mir in etwa Ihren Preis dazu nennen?
Mein Manuskript umfasst bislang 132000 Wörter. Wie viele Zeichen inkl. Leerzeichen dies sind, kann ich Ihnen leider nicht sagen, da dies auf meinem PC für mich nicht erlesbar ist.
Könnten Sie mir in etwa circa mitteilen, was dies in Ihrem Verlagshaus kosten würde?

Für eine Antwort aus Ihrem Verlagshaus wäre ich Ihnen sehr dankbar und verbleibe

mit freundlichen Grüßen
Anke Rittscher

„Bedenke:
Ein Stück des Weges liegt hinter dir, ein anderes Stück hast du noch vor dir. Wenn du verweilst, dann nur, um dich zu stärken, aber nicht um aufzugeben.“
(Augustinus Aurelius, Heiliger 354-430 n. Chr.)

Ich glaube, dieser heilige Augustinus hatte gar nicht so unrecht mit seinen Worten, denn vielleicht sollte man sein Ruder (in meinem Fall die Verlagsfischerei) nicht zu früh aus seinen Händen legen und dieses Signal mit dem Billionenschein als positive Zeichen wahrnehmen.

Ich finde wir sollten unseren alten und weisen Philosophen wieder viel mehr Aufmerksamkeit schenken, denn diese sind ja nicht umsonst in die Unsterblichkeit eingegangen.

Nun werde ich einmal in Ruhe darüber Nachdenken, ob es denn nicht sinnvoll wäre, eine Deutschlehrerin aufzusuchen, die das mit dieser Grammatik auch versteht (in Bayern würde man sagen, einen Dipferlscheißer).

Ich spüre jetzt, dass mir das Christkind bald einen Verlag schenken wird, danke liebes Christkind, dass nicht nur ich mit diesem Blickwinkel, bzw. in dieser Perspektive meiner Augen sehe.

Der Grund:

Da mir ein Verlag „Finden oder Gefunden“ werden eigentlich wurscht sein kann, denn es reicht ja, wenn ich mit meinem Aufsatz nun endlich meinen inneren Frieden gefunden habe.

Auch entschließe ich mich jetzt nie wieder zu lästern, sonst meinen die Leser noch, ich wäre ein Lästerschwein, statt Schwesterlein. Vielleicht habe ich ja auch noch die Chance, die „Prüfung“ zu bestehen. Habe ich nun die 13. Oktave verstanden?

Was für eine Art Frieden suchen wir denn in Wahrheit?

Der äußere Frieden setzt den inneren Frieden voraus!

Oh du lieber Heiland, Provokation ist nicht mehr mein Ding, denn ich habe nun losgelassen von einer Form, in der ich die Welt so wie ich sie sah und kennenlernen durfte auch nur in irgendeiner Form verbessern könnte. Ich habe nun verstanden, die Welt wird sich nur durch sich selbst und den Umgang mit ihr verbessern können.

Jede geistige Erkenntnis durch seine Verschiebung der Wirklichkeit wird in Zukunft sich seine eigene Bühne verdienen in der Manege des Lebens.

Wir dürften uns schön langsam wieder auf das Wesentliche reduzieren, eine Egodrosselung wäre so eine Art Mammutprojekt. Ich möchte hierfür gerne einen Anfang setzen.

Liebe Leser, seid ihr bereit, mit mir den wahren Boogie Woogie zu tanzen?

„Andere erkennen ist weise. Sich selbst erkennen ist Erleuchtung.“
(Laozi, chin. Philosoph, 604 - 531 v. Chr.)

Ich mische mich ab jetzt in andere Probleme nicht mehr ein und erwähne die wahren Talente nur noch, wenn ich danach gefragt werde. Vielleicht war das die wichtigste Lektion, die ich für (mich) hier auf Erden zu lernen hatte, nämlich, dass die freie Wahl des geistigen Aufstiegs unantastbar bleibt, da wir uns nur selbst erlösen können. Den Klageblues der Menschheit, dieses Naturschauspiel, habe ich nun verstanden.

Gestern schrieben wir den 14.3.2014, es war etwa gegen 21 Uhr 30, als ich einen Anruf eines gut 30jährigen Mannes bekam mit schweren Depressionen, arbeitsunfähig, dementsprechend auch kein Geld.

Ich dachte bei mir, ach was solls, ich habe schon so oft geholfen ohne dabei die Hand aufzuhalten, vielleicht kommt ja in einer anderen Form wieder etwas (Erkenntnis) und ich denke, Deutschland braucht unbedingt arbeitsfähige Menschen. Dies ist halt meine Form von Ehrenamt, ohne es an dieser Stelle an die große Glocke hängen zu wollen. Die doppelte 7 steht ja auch für

Güte und Mitgefühl. Diese Leute rufen mich nicht an, bevor Sie zu Ärzten gehen, sondern hinterher. Bin ich wieder einmal dankbar, denn es gibt viele grundgütige Menschen. Ich versuchte ihm das mit diesem Suizid- Schrott in seinem Geiste abzuladen und sagte:

„Gott hat dich doch nicht gesät um zu verwelken, sondern um zu erblühen!"

Wir unterhielten uns noch längere Zeit und ich hörte einfach nur zu, da ich spürte, dies tat ihm einfach gut. In meinem nächsten Leben nehme ich mir mal vor, etwas mehr an mich zu denken.

Nun habe ich meinen inneren Frieden gefunden und höre auch auf, ständig an einem Tau ziehen zu wollen. Wenn ich das Wort Tau in Zahlen verwandle, erhalte ich als Quersumme die Zahl 6.

Vielleicht muss ich mich ja jetzt wegen meinen Lästereien tatsächlich nochmal 26000 Jahre manifestieren. Bedingungslos lieben kann ich immer noch nicht und darum bin ich vielleicht durch die Schein-Heiligen-Prüfung gefallen. Wenn das der Fall sein wird, wünsche ich mir nun für mein nächstes Leben wenigstens eine kleine erw8te in der Mitte dazu, so dass dieses Runde auch einmal in die Ecken fließen kann.

Unser Herr Einstein hat sich inzwischen in seinem Grabe mit mir so oft umdrehen müssen, dass ich glaube, jetzt liegt er wieder richtig.

Na ja, wenn ich mich jetzt nochmal in 144 Jahren wegen meinen Lästereien verfleischlichen muss, was mache ich denn da beruflich oder die nächste Frage, komme ich als Mann oder als Frau?

Wo möchte ich denn dann wieder reinkarnieren?

Mein Gott, schön wäre es schon, wenn ich die „Prüfung" bestehen würde, denn wenn ich so darüber nachdenke, dass sogar unsere arktischen Eisbärfreunde schon dank Umweltverschmutzung der Meere so vergiftet sind, obwohl sie eigentlich fern ab jeglicher Industrie leben, na ja oh je oh je....Und falls ich wiederkomme?

Tja:

Also beruflich, wupps, jedenfalls nichts mit Software, das haben mir nun die letzten 28 Monate wieder einmal bewiesen. Ich meine, mal schnell ein paar Seiten die nächste Jahresprognose zu kritzeln, fällt mir ja leicht, aber mit meinem verlängerten immer länger werdenden Aufsatz, eine so lange Zeit am PC? Und der PC macht immer noch nicht das, was ich oftmals gerne möchte?

Nein, Entscheidung ist gefallen, nix mit Software.

Vielleicht könnte ich ja in 144 Jahren Bäume mit einem Pinsel bestäuben als körperliche Betätigung und wieder Runenleserin werden als geistige Arbeit?

Kann man mit der Pinselbestäubung eigentlich auch Geld verdienen?

Ach bestimmt, da habe ich volles Vertrauen!

Und ich komme wieder als Frau, ich bin nämlich mit meinem Frau sein ganz zufrieden. Vielleicht einmal rothaarig.

Und wo?

Na wieder in Deutschland, bin doch sprachunbegabt, ganz einfach talentfrei, da mache ich mir nichts vor.

Unsere Jugend ist eine sehr schöne Zeit, wenn sie im Alter käme, so in etwa hat es doch Herr Charly Chaplin einst gesagt.

Ja, nachdem ich ja behaupte, wir sind alle gleich alt und in (meiner) Wahrheit gibt es keine Zeit, hatte er halt wieder mal recht, dieser Herr Charly Chaplin.

Darum war er womöglich auch noch mit 70 Jahren zeugungsfähig.

„Die Zeit gibt es nicht;
was wir „Vergangenheit" und „Zukunft" nennen,
hat keine Wirklichkeit,
außer als von uns erdachter Begriff.
Die Idee der Zeit
ist eine Gewohnheit des Denkens und Sprechens,
eine gesellschaftliche Vereinbarung;
in Wahrheit haben wir nur diesen Augenblick.
Die Gegenwart ist eine mächt`ge Göttin."
(Johann Wolfgang von Goethe, 1749 – 1832)

Gestern war der 22.11.2013 und ich hatte meinen ersten Weihnachtsmarkt für dieses Jahr gut und lustig hinter mich gebracht.

„Driving home for christmas" Chris Rea

Kling Glöckchen klingelingeling…

Meine Keramik heizte sich auf und spiegelte mir die Kerzenwärme wider, so dass ich nicht zu einem Eisklumpen erstarren brauchte. Die Kommunionskinder meldete man auch wieder für 2014 bei mir an, dieses Mal, so hieße es, wären es 31 Kinder und alles verlief recht gut.

Alle Jahre wieder …

Der Himmel bescherte eigentlich allen ein schönes Wetter, so dass keiner richtig frieren brauchte.

Für mich ist dieser ganze Zauber nun vorbei.

Einige Menschen durfte ich dort antreffen, mit denen sich unsere Worte in der gleichen Wellenlänge trafen, sie fragten mich alle nach meinem Buch. Ich sagte, ich befinde mich noch auf Verlagsfischerei und kommentiere diese mit.

Heute schreiben wir den 24.12.2013 und wir haben die Pferdekoppel abgebaut. Bei meinem Glück kamen zwei Freunde mit ihren helfenden Händen.

Ich möchte nun langsam zu einem Ende kommen.

„Where have all the flowers gone, when will we ever learn –Pete Seeger“

Aaach will we ever learn?

Heute schreiben wir den 25.12.2013, es waren schon die Sternsinger da und ich wünsche mir, dass alle Menschen die Asche aus ihrer Vergangenheit kehren, wie der Glück bringende Kaminkehrer und mit dieser Asche all ihre unguten Gedanken, die nur quälende krankmachende Gefühle erzeugen können.

Liebe Leser, wenn Sie meinen Knack deine Nuss Schmöker bis hierher ertragen konnten, wünsche ich Ihnen von nun an den Liebesblues. Ich habe meine Lästereien Schwelle nun überwunden und kam zu folgender gedanklichen Einsicht:

Die versteinerten, vereisten, ertrunkenen Herzen der Monetensammler, die nur Taler im Auge haben, brauchen jetzt die gedankliche Liebe der Lichtbringer.

Geben war ist und wird für die höchste Instanz immer seliger sein denn Nehmen.

Wir werden bald anfangen, eine neue Weltgeschichte zu schreiben.

Ok Ok, man gab mir den Tipp, dass mein Buch unbedingt Kapitel bräuchte. Ich starte also erneut durch.

Nun bin ich an einem Punkt angekommen, wo ich das Wort „Spiritualität“ nicht mehr hören kann. Ich taufe die Namen jetzt einfach für (mich) um:

Und es gibt sie doch, diese vielen grundgütigen ehrlichen moralisch denkenden Menschen, sie haben ihren Hauptauftrag im Leben nie vergessen!

1. Vorschlag

Als Ex-Spirituelle entscheide ich mich jetzt für das Wort:

„EXSPIRITUSSI“!

2. Vorschlag

Als Ex-Esoterikerin entscheide ich mich nun für das Wort:

„EXTERIKER“!

3. Vorschlag

So ist es auch mit dem Wort EHTIK:

„EXEHTIKER“!

4. Vorschlag

Das Wort WEISE besteht aus 5 Buchstaben, sagt mir am meisten zu.

Ich habe einen Witz gehört:

Weißt du, warum Ameisen nicht in die Kirche gehen?

Nicht?

Na, weil Ameisen in Sekten sind!

Ich geh mit meiner Laterne, und meine Laterne mit mir …

What a wonderful wohöhöhörld

„Drei Dinge helfen, die Müh Seligkeiten des Lebens zu tragen:
Die Hoffnung, der Schlaf und das Lachen.“
(Immanuel Kant, Philosoph, 1724 -1804)

Der Glaube allein genügt nicht.

Sein oder Seineinswerdung?

Nun steht unser Start bevor.

Meine Wahrheit stelle ich so dar, wie ich sie sehe, so muss sie kein anderer sehen.

Ich erlebe gerade mein größtes Aha-Erlebnis, es klingelt gerade in mir drin und treffe jetzt die Entscheidung,

nichts mehr in Frage zu stellen. Habe ich nun verstanden?

Wenn man den wahren Achttausender Berg bestiegen hat, erscheint der Geist grenzenlos.

„Hans im Glück“

Über den Wolken muss die Freiheit ja grenzenlos sein.
(Reinhard Mey)

Heute ist mein Glückstag, ich darf für eine Hochzeit etwas schreiben.

Heute ist Euer Hochzeitstag, der 21.7.2013.

Würde ich die erste Zahl nun umdrehen, käme die Zahl 12 zum Vorschein. Die Zahl zweite Zahl 7 steht für den Glauben an eine höhere Macht. Die Quersumme der kompletten Jahreszahl ergibt wiederum die 7.

Zuallererst möchte ich Euch herzlich für Euren gemeinsamen Weg gratulieren und dazu werde ich Euch ein Gedicht von mir schenken.

Das ist für Euch ein toller Tag, denn ihr habt euch nun ge(acht)ert.

(PS: Als Computerdilettant, weiß ich nicht, wie man folgende Leerzeilen löschen kann)

Ohne Dich!

Ohne Dich

bin ich ein Regentropfen.

Ohne mich

bist Du ein Regentropfen.

Zusammen aber könnten wir selbst einen Regenbogen

an der Nase herumführen!

Die Quersumme Eures Tages fängt schon mit einer Glückszahl an, der Zahl 7.

Die Zahl 7 steht in meiner Numerologie auch für das Vertrauen an die Liebe und das Leben. Schaue ich mir das Datum etwas genauer an, finde ich darin die Zahl 10, diese in meiner Numerologie die Diamantenzahl darstellt sowie die Zahl 13.

Die einen sagen, die Zahl 13 wäre die Hexenzahl, die anderen sagen, sie ist der Lichtbringer, denn Jesus war der Dreizehnte, wobei beides das gleiche ist, nur unterschiedliche Namen tragen.

Eure Quersummen der Geburtstagszahlen sind sehr kompatibel, dem Erfolg dürfte eigentlich nichts im Wege stehen.

Ihr tragt beide die Zahl 5 in euren Geburtsdaten und diese Zahl steht für Freiheit und Unternehmergeist und Ausdehnung.

Ihr habt bislang schon gelernt, dass ihr Euch in der Beziehung einen Freiraum geben dürft, damit jeder seine Talente entfalten kann.

Die mittleren Zahlen eurer Geburtstage sind die 2 und die 11, wobei die 11 ja reduziert wieder die 2 ergibt.

Eine Altchinesische Weisheit besagt:

„Wer zu hören versteht,
hört die Wahrheit heraus;
wer nicht zu hören versteht,
hört nur Lärm."

Beides Zahlen, die das Du brauchen, um sich entwickeln zu können, da sie ohne Liebe nicht leben können und ohnehin immer irgendwann im Hafen der Ehe landen würden. Bei der Zahl 11 fallen mir gleich die Elfen ein, diese uns den inneren und äußeren Frieden vermitteln möchten. Wie heißt es so schön:

Die schönste Krankheit ist doch immer wieder die Liebe, denn da darf man zu zweit das Bett hüten.

Ihr habt auch beide die Zahl 8 in euren Geburtsdaten. Die Zahl 8 ist eine sehr mächtige Zahl, sie verleiht Kraft und auch viel Macht. Ehrgeiz ist das Stichwort der 8 und ein starker Wille. Geld ist auch eine Art Macht, darum trägt sie die Zahl 8. Mit Sicherheit werdet ihr es in euren Berufen zum Erfolg bringen. Diese Zahl verleiht euch einen wachen analytischen Verstand, denn die 8 kann bis ins kleinste Detail denken. Ach übrigens 888 ist deshalb eine Glückszahl, da diese Zahl schon bei den alten Griechen die Christuszahl war.

Die Zahl 8 ist auch in Japan eine Glückszahl. Sie ist die Verbindung zwischen Himmel und Erde.

Beide tragt ihr die Zahl 7 in euren Geburtstagsdaten. Diese Zahl steht für Güte und Gerechtigkeit und ich denke, dies können wir ALLE hier auf Erden brauchen.

Sicherlich wird es auch einmal zu Auseinandersetzungen kommen.

Der beste Tipp war für mich immer bei einer Partnerschaftsanalyse zu sagen: Man darf sich gerne immer wieder daran erinnern:

Was wäre, wenn ich nach der Arbeit nach Hause käme, und die Wohnung kalt in Empfang nehme, da keiner da war, um den Kachelofen zu schüren? Wie würde ich mich da fühlen?

Was wäre, wenn ich nach der Arbeit nach Hause käme, und der Kühlschrank wäre leer, da keiner beim Einkaufen war?

Was wäre, wenn ich nach der Arbeit nach Hause käme und auf dem Herd stünde kein duftender Kochtopf und ich habe Hunger?

Was wäre, wenn ich nach Hause käme und die unerledigten Rechnungen häufen sich, da sich keiner darum kümmerte.

Dies könnte man nun noch Seitenweise verlängern, darum vergeht wohl kein Tag, an dem ich meinen Liebsten nicht meine Zuneigung zeige und sage:

„Danke ich hab Dich lieb!“

Die 7 braucht manchmal ihren geistigen Rückzug und die Fähigkeit sowie die Freiheit, auch einmal für sich allein sein zu dürfen. Viele 7er interessieren sich sehr für Gesundheit und auch für Glaubens- oder philosophische Fragen.

Licht in Zahlen verwandelt:

39382 ergibt 25 ergibt die Zahl 7

Alles zusammen genommen kann ich nur sagen herzlichen Glückwunsch.

Es haben sich zwei Seelenpartner gefunden, da sie viele gemeinsame Zahlen und damit auch viele Gemeinsamkeiten haben. Dies wird bestimmt eine erfüllende Beziehung und kann eine herrliche Partnerschaft ergeben denn, denn Ihr seid sozusagen verwandte Geister, da beide Ihr beide sehr kreativ seid.

Das Runde in allen Euren Unternehmungen soll Euch begleiten.

Ich wünsche dem Brautpaar noch vom Guten das Allerbeste, lasst Euch feiern!!!

Heute ist mein Glückstag, ich darf für eine Zweijährige eine Sparkugel kreieren, ich verschenkte sie.

Liebe Leser, ich würde nie etwas Negatives schreiben, denn ich weiß, dass die freie Wahl unantastbar bleibt, gelästert habe ich nur in meinem eigenen Buch, denn dies bietet uns die Chance zum Nachdenken und verleiht uns die große Chance, die Polarität (Schattenwelt) zu überwinden.

Dieses Buch habe ich auch geschrieben, damit mehr Menschen aufwachen und nicht in die Gefahr geraten, geistig zu verhungern.

Heute ist mein Glückstag, ich hörte im Radio, dass ein Rechtsanwalt das damalige römische Reich verklagt hat, da Jesus unschuldig ans Kreuz genagelt wurde. Die Klage wurde abgewiesen.

Hoffentlich geht dieser Rechtsanwalt in Berufung.

Der Rechtsanwalt hat doch Recht oder?

Und außerdem ist das Leben für mich ohnehin nur eine Art Spiel.

Nicht finster, sondern hell sollen deine Gedanken sein, das heißt, vergiss Dein Du nicht.

„Ein Bild wird erst durch den Beschauer fertig. So ist`s mit Büchern auch. Ein Buch ist schlecht, wenn`s nicht den rechten Leser findet, der im Lesen erst es fertig macht. Es liest kein Leser mehr heraus, als er hinein liest. Dem andern ist dasselbe Buch ein anderes.“
(Otto Ludwig 1813 – 1865, Erzähler und Dramatiker)

ER möchte nicht angebetet werden, dies hat er doch gar nicht nötig.

Ich bade mich nun in Ehrfurcht mit folgenden Worten:

ER möchte, dass man seinem Weg mit seinem Licht folgt.

Meine Gedanken schreibe ich nieder, so wie ich sie empfange. Und wenn wir noch eines oben drauf setzen.

Wenn ein Mensch anfängt, in einer höheren Oktave zu schwingen, möchte er doch nicht, dass man ihn vergötzt oder anhimmelt oder vor ihm kniet. In Wahrheit (meiner) möchte nur ein EGO so behandelt werden.

Heute ist mein Glückstag, ich darf zwei Hausnummern in meiner Werkstatt kreieren. Der Kunde schaffte mir vier Ecken an, ich baute noch vier Rundungen ein.

Hey, Pippi Langstrumpf, da da di da da juhee juhaa.

Heute ist mein Glückstag, ich hörte einen Menschen folgendes sprechen:

Ja, lieber schieße ich ja auf etwas, als dass ich mit einer 12 Literwindel im Altersheim lande. Im Gefängnis hat man es heutzutage schöner und kriegt sogar noch Therapeuten und im Altersheim wäre man ja auch eingesperrt.

Ich verpasste mir kurz das Dauerbauchgrinsen und schon stiegen gar keine Angstgefühle in mir hoch.

Geist geht ohne Gefühle in seine Urquelle zurück, da Geist eigentlich nicht fühlt, er sammelt lediglich Erkenntnisse.

Die folgende Botschaft werde ich mir ab jetzt so gut wie es geht immer wieder ins Bewusstsein rufen, denn sie ist höchst emotional, auch für die Männerwelt.

Sich für folgenden herzergreifenden Gedanken zu öffnen:

Nicht mehr in der Zukunft denken,

denn **Jetzt** sind wir vollkommen.

Heute ist mein Glückstag, ich darf im Hochsommer meinen Steingarten sanieren. Als ich da so vor mich hin kroch und im Schweiße meines Angesichts versuchte, Wesentliches vom Unwesentlichen zu unterscheiden, also Unkraut von DU darfst Leben zu trennen, standen da auf einmal zwei Damen vor mir, hielten einen Zahlenband in der Hand und fragten mich:

Ob ich schon einmal was von dem Messias gehört hätte?

Ich sah zu ihnen herauf und fragte, ob dieser denn in einem Lexikon stehen würde?

Sie sagten Ja.

Ich fragte die Damen noch:

Geben Sie mir bitte Ihre Zahlen und ich sage Ihnen Ihre wahre Lebensaufgabe. Und so verschwanden die Damen wieder.

Ich dachte bei mir, dies war aber ein sehr kurzes Gespräch und konnte meine Arbeit noch vollenden.

Heute ist mein Glückstag

Ein Mann mit Hut fragte mich, warum denn mein Gaul einen Namen hat. Ich erzählte ihm von dem Film:

„Der mit dem Wolf tanzt“

Heute war ein guter Tag:

Ich besuchte unseren kleinen Edeka-Laden im Nachbardorf. Mir ist der Besitzer sehr sympathisch, da er sein Herz auch auf der Zunge trägt. Ein Herr aus Afrika betrat vor mir den Laden und sagte beim Vorbeigehen zu dem Ladenbesitzer, es wäre so warm.

Der Ladenbesitzer sagte darauf zu ihm:

Das müsstest du doch gewohnt sein, sonst wärst du doch nicht so braun und bei euch ist es doch immer warm oder?

Mein Tag fing wieder gut an, heiliger Birnbaum, denn nun bin ich vom Neubauer-Syndrom infiziert.

Heute ist mein Glückstag, ich darf die ersten drei roten Tomaten im Garten ernten.

Hippie ei jei, Hippie ei joou, Ghostwriter in the sky.

Die Zeit des Lächelns hat nun angefangen.

Unsere Waffen und unser Schutz sind in Zukunft unsere Gefühle und Gedanken. Sie sind schon installiert, wir brauchen sie nur abzurufen.

Heute ist mein Glückstag, ich darf ein Hausschild in meiner Ein-Mann-Werkstadt kreieren. An diesem Hausschild hängen 7 Herzen mit den Namen der Hausbewohner.

Heute ist mein Glückstag

Ich durfte in der Bäckerei folgende Überschrift der Bildzeitung lesen:

„Wer zahlt heute noch Steuern?"

Ja, da brauche ich doch keine Bilddirdiemeinung-Zeitung, das weiß doch jeder, die fleißigen Bienchen, ist doch sonnenklar!!!

Lachen ist in der Tat eine gute Medizin, denn es ist doch unmöglich zu Lachen und sich gleichzeitig auch noch Sorgen zu machen oder?

Heute war mein Glückstag

Ich tankte meinen Silberpfeil voll und die Dame hinter dem Tresen gab mir mehr Geld zurück, als ich bezahlte.

Nachdem ich sie mit meinen eher minderwertigen Fremdsprachkenntnissen darauf aufmerksam machte, bedankte sie sich und schenkte mir noch einen Lutscher.

Erkenne dein wahres höheres Selbst.

Sei dir bewusst, wer du wirklich bist.

Heute ist mein Glückstag, ich darf an einer Elternschulung für Diabetiker teilnehmen. Wir landeten auf Station 14 und eine sehr freundliche Frau verwies uns in ein Zimmer, sie sagte, geht schon mal in Nummer 13 (5-13). Das war das Schlafzimmer für meine Tochter für die nächsten 5 Tage. Ist es Zufall, die Nummer 513 hatte ich jahrelang als Autonummer. Nun saust mein Ehemann mit meiner Ex-Autonummer durch die Landschaft.

Auf dieser Diabetiker-Schulung hätte ich lernen können, wie die verschiedenen Insuline in den Zellen wirken. Meine Gedanken tauchten aber lieber in die Vergangenheit ab. Mit Anfang 20 verschwendete ich ein halbes Jahr meine Zeit damit, jeden Samstag war ich auf einer Schulung für Computerkenntnisse. Außer Hardware, Software, Dingsdaware ist nichts hängengeblieben. Ich erwachte aus meinem Traumland erst wieder, als ich eine Dame schimpfen hörte, dass ihre Familie immer so viel Stress am Flughafen habe wegen der Insulinpumpe ihres Sohnes.

Ich sagte, wieso, dieses Problem wäre doch einfach zu lösen mit einer kleinen Wanze, die man in die Insulinpumpe mit einbringen könnte, dies würde dann sofort am Computer anzeigen, dass es sich lediglich um einen Diabetiker handle. Jeder lachte.

Auf der Mauer auf der Mauer sitzt a kleine Wanzen, auf der Mauer auf der Mauer sitzt a kleine Wanzen…

Ganz ehrlich, mein Bauchgefühl sagt mir gerade, wir sind alle verwanzt bis in alle Zukunft, dank der neuen 666 (WWW) super Zukunft - Gesellschaft.

In dem Moment, wo ein Computer, ein Handy oder dergleichen in unserer Nähe ist, können wir abgehört werden.

Unsere Politiker können sich selbstverständlich jetzt um teure Euro neue „geschützte?“ Handys auf Staatskosten kaufen. Dies wird ihnen allerdings nichts nützen.

Den Pinguinen geht es doch inzwischen schön ähnlich. Man legt Kameraeier in die Herde, wahrscheinlich, um ihre Surftechnik beobachten zu können. Vielleicht lernt der Mensch ja dadurch ein Stück weit mehr vom wahren Leben!

Die Glücksforschung hat ergeben:

„Glück ist die Überwindung der Bedürfnisse, nicht ihre Erfüllung.“

Heute ist mein Glückstag, ich erlebe gerade ein Aha-Erlebnis. Vielleicht war ich ja nicht durch Zufall einmal in einer Parfumfabrik in Frankreich. Vielleicht ist das Parfum

„Chanel Nr. 5“ nicht durch Zufall der Weltrenner seit vielen Jahren. Vielleicht ja nur, weil man diesem Duft die Nummer 5 verliehen hat (5. Dimension).

Also ganz ehrlich, von Du zu Du gesprochen, mein Renner ist dieses Parfum nicht, ich würde einen Duft erfinden mit der Nummer 6.

„Der Mensch ist gedacht als das Ebenbild Gottes.“

Der Weg dorthin ist die geistige Erkenntnis oder **Evolution**!

Progressiv ist immer nötig für Evolution!

Evolution wird uns perfektionieren.

Die Dreieinigkeit, Gedanken, Worte, Taten.

Evolution ist nur mit Bewusstseinserweiterung möglich.

Denke an Progressiv und Konservativ ergibt Evolution.

Der Mensch muss sich geistig entwickeln, das ist die wahre heilige Geometrie.

Gestern schrieben wir den 13.1.2014. Ein mit mir befreundetes Paar spielt mit den Gedanken sich ein Pferd zu kaufen. Ich durfte ohne Wertschätzung zur Begutachtung mitfahren.

Für dieses Pferd konnte ich nach meinen bisherigen Erkenntnissen nur den Segen geben. Obwohl dieses Pferd ein Auge hat ist mir bewusst, man sieht nur mit dem Herzen gut. Wieder so ein Mensch, der sich wundert, warum er so komisch aussieht.

Ich taufte ihn für (mich) „Käpt´n Einauge".

Transformation ist auch Zeitlosigkeit.

Erinnere dich an meine 3 Sekunden beim Schulabschluss

Schamanen rauchen für Transformation.

Heute war mein Glückstag, ich durfte eine wahre Elfe kennenlernen.

Aha, ich habe nun die 13. Oktave verstanden.

Transformation ist ein großer Segen.

Durch den Spiegel des Wassers sehen.

Jetzt ist ewig ist zeitlos ist immer.

Sich Gedanken um Zeit machen ist Zeitverschwendung.

Sich Gedanken um Weltfrieden zu machen ist Zeitverschwendung, Gesetz der Resonanz

Alterslosigkeit ist unser Alter.

Erinnerst du dich, wir sind alle gleich alt und alles ist miteinander verbunden. In Schottland sagt man, Engel könnten fliegen, weil sie sich selbst nicht so schwer nehmen.

Heute ist mein Glückstag, denn ich darf für einen 18. Geburtstag etwas schreiben.

Herzlichen Glückwunsch, heute ist Dein 18. Geburtstag

Dir ist längst bewusst geworden, dass wir in erster Linie Geistwesen sind. Mit dem Fall in die Verfleischlichung hast Du auch ein enormes geistiges Wissen mit in dieses Leben gebracht. Die Erste Deiner Zahlen, die Neun verleiht Dir eine angeborene Weisheit. Mit ihr verleiht sie Dir auch eine besonders innige Beziehung zu Deinem Vater sowie eine gut entwickelte Intuition, darum hast Du auch einen Hang zum Philosophischen und suchst nach Antworten für Deine Fragen, die eines Tages zu Deiner eigenen Wahrheit führen werden. Dir ist es wohl schon sehr früh bewusst geworden, dass es auch noch etwas Jenseitiges außerhalb unserer Geschäftswelt geben muss. Deshalb besitzt Du die Fähigkeit auch einmal über den Tellerrand hinaussehen zu können, das Gegenteil eines Tunnelblickes also, so könnte man es eigentlich auch bezeichnen.

Auch hast Du eine starke Anziehungskraft auf Wasser mit in dieses Leben gebracht, vielleicht liebst Du Urlaube am Strand oder Badetage am See. Diese Zahl 9 verleiht Dir weiter eine hervorragende Feinmotorik, auf diese Du immer zurückgreifen kannst, sowie die Durchhaltungskraft.

Sehe ich mir Deine Zahlen etwas genauer an, entdecke ich bei Dir die Zahl Fünf. Die Fünf möchte sich gerne ausdehnen, diese Zahl verleiht Dir eine große Schaffenskraft, Kreativität und eine fast magische und sprudelnde Herzlichkeit.

Deine Lebensaufgabenzahl 5 steht für Fortschritt, Veränderung und Bebauung, die du im Laufe der Jahre selbst in die Wege leiten darfst. Du hast generell ein starkes Bedürfnis nach persönlicher Freiheit und Abwechslung und darum gebe ich dir den Rat, nimmt dir die Zeit zum Nachdenken, dies könnte so manche Umwege ersparen. Viele sagen auch gerne der Weg wäre das Ziel.

Die fünfer Kinder sind von oben beschützt, dies hängt mit der fünften Dimension zusammen, in die wir im Jahre 2012 eintraten.

Die fünf möchte sich Fortbewegen:

Ich habe gelernt, wir könnten uns manchmal die Zeit zum Nachdenken geben, bevor wir Losrennen, dies würde die Zeit verkürzen, um schneller an unsere Ziele zu gelangen. Dies heißt jetzt nicht, dass Du untätig sein sollst.

Nichts langweilt und ödet Dich nämlich mehr an, als immer wieder im gleichen Trott und Alltag leben zu müssen, darum brauchst Du Abwechslung. Im Idealfall übst Du beruflich eine Tätigkeit aus, in der Du ständig in Bewegung und auf Achse sein kannst, denn Du kannst auch ein Pulverfass an Energie sein. Wenn diese Bewegung nicht physisch ist, wird es sich auf geistigem Wege abspielen. Ich wünsche mir das Richtige für Dich.

Und mehr wünsche ich mir für Dich, dass Du Dein Hobby auch zum Beruf machen darfst, also quasi von Beruf zu Berufung. Falls Du noch keinen Beruf ausübst, nimm Dir die Zeit, um zu überlegen, was Dein Traumjob sein könnte. Du hast den Mut, Deine Ideen auch gleich in Tat umzusetzen und irgendwie das Gefühl, Du wärst von oben beschützt. Dein Geist will sich permanent und ständig Wissen aneignen und sich weiterentwickeln, da Du schon seit jungen Jahren über eine beachtliche Intelligenz verfügst. Du suchst diese geistigen Herausforderungen immer wieder und ich sage dazu oft, diese Menschen sind schlau wie ein Fuchs. Das ist das Tier, das im übertragenen Sinne für Schlauheit steht. Selbst im hohen Alter wirst Du Dein Wissen ständig erweitern und Dich stets auf dem Laufenden halten, es heißt ja nicht umsonst, Wissen ist Macht, dies hält Dich geistig fit. Dies ist auch der Grund, warum die 5er Menschen einfach jung bleiben. Du hast viel Sinn für neue Erfindungen und Erfahrungen. Du hast ständig das Gefühl, etwas leisten zu müssen um existieren zu dürfen aber das musst Du nicht. Du strahlst Liebe, Zuversicht aus und zeigst Mut, wenn die Dinge einmal nicht so optimal laufen. Du scheust vor nichts zurück und hast damit meistens erstaunlichen Erfolg. Ideen und

Energie vereinigen sich in Dir und bringen Dir schnelle und befriedigende Ergebnisse und zielgenaue Resultate.

Und wenn es mal nicht so läuft, denke immer an folgendes von Karl Valentin:

„Heute regnet es und ich bin glücklich, denn wenn ich nicht glücklich bin, regnet es ja trotzdem."

Für diese bewegenden Zahlen ist es auch sehr wichtig, sich öfter eine Auszeit zu gönnen, also seinen Geist immer wieder aufs Neue zu beruhigen. Diese Auszeit findest Du am besten in der Natur oder vielleicht mit einer sportlichen Betätigung.

Die 5 besitzt die Fähigkeit, sich selbst motivieren zu können und braucht keinen Motor von außen. Dennoch bist Du Deinem eigenen Tun gegenüber selbstkritisch und strebst nach Perfektion, da musst Du manchmal schauen, dass Du nicht zu viel von Dir verlangst, denn es gibt viele Workaholic er unter der Zahl 5.

Du trägst auch die Zahl Acht in deinem Geburtsdatum. Die Zahl Acht ist eine sehr mächtige Zahl, sie verleiht Kraft und auch viel Macht. Ehrgeiz ist das Stichwort der Acht und ein starker Wille. Sport wäre hier der ideale Ausgleich, denn für diese Zahl gibt es so leicht keine Grenzen. Geld ist auch eine Art Macht, darum trägt sie die Zahl Acht. Mit Sicherheit wirst Du es in Deinem Beruf zum Erfolg bringen. Da die Zahl 8 das Wesen der erwachten geistigen Anmut besitzt und somit auch für eine angeborene Großzügigkeit steht, zeigst Du Herz für minder privilegierte oder minderbegüterte Menschen, denen Du im Laufe Deines Lebens auf Deinem Lebensweg begegnen wirst. In Deinen vielen Vorleben durftest Du schon viel erlernen und darum verleiht diese Zahl Dir einen wachen Verstand, denn die Acht kann bis in das kleinste Detail oder in jede Ecke denken. Wenn es einer Acht allerdings gelingt, Ihren Verstand nicht allein in den Vordergrund zu stellen und die Fähigkeit besitzt, ihr Gefühl mit einzuschalten, dann sind diese Menschen für mich besonders charismatisch.

Ach übrigens, die dreifache 888 ist deshalb eine Glückszahl, da diese Zahl schon bei den alten Griechen die Christuszahl war.

Mit Deinem Geburtstag trittst Du nun in eine neue Periode ein. Es ist eine Dreierperiode. Eine Periode dauert immer ein Jahr, also von Geburtstag zu Geburtstag.

Vollendung, Abschluss, seine eigenen Bilanzen ziehen und ernten, was man gesät hat:

Die Fertigkeiten und Fähigkeiten, die Du Dir bis jetzt angeeignet hast, sowie alle Aufgaben und Projekte, an denen Du gearbeitet hast, erreichen in dieser Periode ihren höchsten Ausdruck und werden Deine nächsten 5 Perioden mitbestimmen. Wenn die Arbeit gut war, dann wird nun der Lohn auch gut sein. Dies ist Deine Zeit zum Feiern, eine Zeit, auf die Du lange gewartet hast. Deine liebsten Wünsche und Träume können nun erfüllt werden, denn Du bist nun endlich 18. Diese schwingende Energie dreht sich auch um Beziehungen, also folge ruhig Deinem Herzen. Wenn eine Liebe in der Luft liegt, dann bekommst Du jetzt die Chance in eine Partnerschaft einzutreten. Die Beziehung wird Dir Glück und Erfüllung bringen. Mein Tipp für Dich, ärgere Dich niemals über Frauen. Ich kann bis heute noch nicht einen 13er von einem 17er Schraubenschlüssel auseinanderhalten. Und ich kann mich auch nicht auf Augenhöhe mit einem Reifen einlassen, um ihn zu wechseln. Denke Dir einfach, ein jeder spinnt auf seine Weise. Auch habe ich einmal in einem Buch von Herrn Dr. Murphy gelesen, da heißt es, dass es einen Skorpion gäbe, der sich mit seinem Stachel selbst vergiften würde, wenn er sich ärgert. Apropos Frauen, da fällt mir gleich ein Witz ein:

Was hat eine Blondine, die einen Strohballen hinter sich herzieht?

Na einen externen Speicher!

Nein, die Augenhöhe ist es, was Du einmal finden wirst.

Glaube und merke Dir bitte die asiatische Weisheit, dass der Scherz oft das Loch ist, aus dem die Wahrheit pfeift.

Dein Verstand ist eigentlich immer aktiv. Du bist ja schlau wie ein Fuchs und verfügst über großen Weitblick. Wenn Du einen Hang zum Künstlerischen hast, dann wird die Schwingung (von

Geburtstag zu Geburtstag), die Du gerade erfährst, allem, was Du schaffst, eine besondere Note verleihen. Deine Wahrnehmungen sind schon sehr gut ausgeprägt.

Dies ist normalerweise immer eine sehr glückliche Zeit. Du verströmst Lebensfreude und Leidenschaft und Deine optimistische Einstellung führt dazu, dass Du Deiner einzigartigen Persönlichkeit jetzt Ausdruck verleihen und Deine Bedürfnisse und Wünsche erfüllen möchtest. Viele Ereignisse, die jetzt stattfinden, verstärken noch Deinen Willen und Dein Wünschen. Du stehst noch am Anfang einer Periode von 9 Jahren. Also packe Deine neuen Ziele ruhig an. Sei nicht erstaunt darüber, wenn Du in diesem Lebensjahr zu Geld kommst. Du wirst mit Sicherheit während dieser Zeit zu Geld kommen. Vielleicht bekommst Du eine Gehaltserhöhung, Vielleicht bekommst Du viele Geldgeschenke an Deinem Geburtstag oder Du gewinnst im Lotto. Das Glück scheint auf Deiner Seite zu stehen. Denke jedoch daran, dass Dein gegenwärtiges Glück nur das Ergebnis Deiner positiven wohlwollenden Einstellung ist. Du bist der Schöpfer Deines eigenen Glücks mit Deinen positiven Gedanken.

Es gibt in dieser Zeit auf allen Gebieten Deines Lebens Wachstum und Erweiterung. Für einige findet dieses Wachstum in Form der Schöpfung eines Kunstwerks oder Vermehrung des Besitzes oder der Erweiterung der Bewusstseinsausrichtung statt. Anerkennung und Wertschätzung von höchster Stelle findet unter dieser Zahl 3 statt.

Die Menschen, denen Du begegnest, werden von Deinen vorbildlichen Manieren begeistert sein.

Du bist jetzt das Geburtstagskind, genieße es, sonne Dich in der Aufmerksamkeit der Anderen, strahle die Freude aus, die Du empfindest, und mach damit das Leben derer, denen Du begegnest lebenswerter, zum Beispiel mit einem Lächeln.

Hör auf Deine Träume, denn sie können wichtige Botschafter sein und tu du Listen enthalten und Dich auf Möglichkeiten aufmerksam machen, die sich in der weiteren Zukunft für Dich ergeben könnten.

Es gibt ein altes Sprichwort:

„Achte auf Deine Wünsche, denn sie werden Wirklichkeit werden, sobald du gelernt hast, dem Licht in Deinem Herzen zu folgen.

Wenn Du Dir etwas stark genug wünscht, dann wird dieser Wunsch auch in Erfüllung gehen. Und wenn er dann zur Wirklichkeit geworden ist, könnte Dir plötzlich einfallen, dass Du es Dir eigentlich anders vorgestellt hast. Während dieser Zeit können Deine Wünsche, die Du anstrebst, tatsächlich Wirklichkeit werden, Du darfst nun also anfangen, sie zu überprüfen. Stelle sicher, dass das, was Du Dir wünscht, für Dich und für alle Personen in Deiner näheren Umgebung auch das Richtige ist, und dann erfreue Dich dieser glücklichen Zeiten und Phasen in Deinem Leben. Da sich alles immer wieder verändert, so habe ich es im Laufe der Zeit erlernen dürfen, können sich auch Wünsche immer wieder verändern. Echte Herzenswünsche werden aber immer bleiben und nach ihrem „Erblühen" Ausschau halten.

Mit Deiner Ziel Zahl 3 wird der Schwerpunkt deines Lebens auf Unterhaltung und dem Bedürfnis sich auszudrücken in Form eines Gliedes einer Gruppe liegen. Die Zahl 3 steht für Kommunikation und auch Gefühle, die Du zum Ausdruck bringen darfst. Die 3 hat auch ein sehr gutes Händchen für Geld. Ihr wird es nicht schwer fallen Geld zu verdienen, da sich mit dieser Zahl geborene Verkäufer finden. Was das Geldverdienen betrifft gibt es für Dich viele Wege, dies zu tun. Du liebst den Kontakt mit anderen Menschen. Vielleicht stehst Du vor Publikum, vielleicht als Lehrer?

Du darfst nun Deinen Sinn für Humor schulen, denn dieser ist mit einer Deiner schönsten Wesenszüge, der Dir in dieses Leben mitgeschenkt wurde. Kennst Du den schon:

„Sind das Deine Augen?

Ich habe sie gerade in meinem Ausschnitt gefunden. - Anonym"

Im Laufe Deines Lebens wird Dir Dein Humor auch dabei helfen, Deine zeitweilige Neigung zur inneren Unruhe zu überwinden, bis

Du schließlich lernst, Dich nicht mehr in manchen Unternehmungen zu verzetteln, sondern Deine enormen Energien zu bündeln, um Deine inspirierenden Ziele mit Geduld zu verwirklichen.

„Dass ein Mensch ein ruhiges oder rastliches Leben in Gott hat, das ist gut;
Dass der Mensch ein mühevolles Leben mit Geduld erträgt, das ist besser;
Aber dass man Ruhe habe im mühevollen Leben, das ist das Allerbeste.“
(Meister Eckhart)

Humor ist Dein bestes Heilmittel und Werkzeug, es heißt ja nicht umsonst, Lachen ist gesund. Lachen überwindet auch die Ängste, die wir Menschen manchmal in uns fühlen und in uns tragen. Dein größtes Erfolgserlebnis ist es, wenn Du es wieder einmal geschafft hast, einen Raum voller verdrossener Menschen in einen besseren Gemütszustand zu versetzen, denn die Zahl fünf verleiht Dir großen Optimismus. Zudem bist Du sehr kreativ veranlagt und steckst voller Einfälle. Du bist eine wahrhaft vornehme interessante Person. Heuchelei und Hinterlist haben in Deiner Persönlichkeit absolut keinen Platz. Aufrichtigkeit und Fairness beherrschen Dein Verhalten.

Deine Fähigkeiten sind gut entwickelt, sie stehen für Dich bereit und Du darfst sie jederzeit benutzen. Vor Deinen Entscheidungen gehe kurz in Dich, somit bekommst Du manchmal vielleicht spontan Deine Antwort auf Deine offenen Fragen.

Bevor Du unseren Lernplaneten verlässt, wäre es Deine Lebensaufgabe, andere zu motivieren und aufzubauen, da Du große kommunikative Fähigkeiten besitzt, im Idealfall machst Du Dir dies beruflich auch zum Nutzen. Durch Deine angeborene Großzügigkeit, die Dir als eine Charaktereigenschaft mit in die Wiege gelegt wurde, bereitest Du anderen Menschen viel Freude. Ich denke Großzügigkeit kann man nicht erlernen, dies ist eine Art Charaktereigenschaft. Alle guten Dinge sind drei, so heißt es. Deine Ziel Zahl 3 steht für Gefühl und Gemeinsamkeit, darum ist es für Dich wichtig, Deine Emotionen zu kontrollieren, damit Du auch für sich selbst eine Quelle der inneren Mitte und Freude bist.

Da wir ja immer beide Gefühle, nicht nur die Positiven, in uns tragen, können wir unsere negativen Gefühle in Glücksgefühle durch ein Umdenken verwandeln. Du hast ein gutes Händchen für das, was die Menschen am dringendsten brauchen können, darum wird Dir Dein Beruf einmal sehr leicht fallen.

Im Idealfall stehst Du vor einem Publikum, vielleicht als Lehrer oder Komiker auf einer Bühne.

Da fällt mir gleich etwas Lustiges ein, das ich einmal hörte:

Willst du wirklich was erleben, musst du nach den Frauen streben!
Also die schönen Schnecken checken!
Dir gehört die Zahl des verständnisvollen Herzens!

Deine Lebenserfahrungen und Weisheiten, die du hier auf unserer schönen Erde sammelst, darfst du denen zur Verfügung stellen, die Deine freundlichen Worte und Dein weites aufgeschlossenes Herz am meisten brauchen. Du weißt jetzt, dass kein Gedanke, kein Wort und keine Taten vergessen sind, da sie eines Tages Früchte tragen werden.

Aus China:

„Ich sagte zu dem Engel, der an der Pforte des neuen Jahres stand:

Gib mir ein Licht, damit ich sicheren Fußes der Ungewissheit entgegengehen kann!

Aber er antwortete:

Gehe nur hin in die Dunkelheit und lege deine Hand in die Hand Gottes!

Das ist besser als ein Licht und sicherer als ein bekannter Weg."

Mit Deiner wohlwollenden Art und Weise machst auch Du unseren Erdball ein Stück weit schöner.

Nun wünsche ich dir lebe hoch und feire Deinen Tag.

Es ist der alte Ton der Musik,

der immer wieder verstanden werden sollte,

damit er nicht verlorengeht.

Bewusstsein hat kein Karma, Bewusstsein ist vom Karma befreit!

Globale totale Transformation durch Bewusstsein.

Die Schicksalsketten brechen.

Uns aus den Fesseln unserer Ahnen befreien.

Erkennen wir endlich unsere Rollen und damit unsere Verbundenheit!

Bewusstsein ist Ahnenfrei!

Bewusstsein ist Angstfrei!

Richte deine Aufmerksamkeit auf die höhere Schwingung.

Richte deine Aufmerksamkeit auf **diese höhere Sphäre.**

Dies ist einfacher, als man denkt. Obrigkeitshörig!

Oh Heiliger Strohsack, heute ist mein Glückstag, ich habe einen Kunstverlag per E-Mail angeschrieben und gefragt, ob diese esoterisches Wissen verlegen würden (das Wort Exteriker, kennt ja noch keiner, musste also wiedermal umdenken). Sie gaben mir zur Antwort, sie würden nur mit ihren modernen Künstlern zusammenarbeiten.

Bestimmt nur mit solchen, die drei gerade Striche auf eine weiße Wand setzen und viel Geld bekommen. Wenn ich diese Kunst mit meinen Augen betrachte, sollte ich vielleicht mal meine Linsen putzen, ich dachte bei mir, also wenn das Kunst sein soll, dann ...

Schweigen ist manchmal Gold! ??? Obwohl, vielleicht meint der Künstler ja die drei goldenen Früchte und die berühmte Weggabelung dazwischen. Und beide Wege sind weiß, da es gut und schlecht eigentlich nicht gibt. Es gibt nur schlafende und erwachte Götter.

Ich habe trotzdem kein schlechtes Gewissen, nicht als Schleimgeist (Schöngeist) geschrieben zu haben.

Jedenfalls ist dieser Künstler schlauer als ich. Er geht den kürzeren Weg. Drei gerade Striche aufzumalen geht ja auch schneller. Für eine Kugel mit Runenzeichen brauche ich zwei Tage. Na ja, ob das wirklich so einfach für mich wäre, da müsste ich mir ja die Gebrauchsanleitung einer Wasserwaage durchlesen.

„Zur Freiheit führt eine Straße:
Verschmähung alles dessen, was nicht unser ist.“
(Epiktet, griech. Philosoph)

Ob ich mich bei diesem Kunstverlag mit einem Bild bewerben sollte?

Es ist ein weißes Bild und in der Mitte ist ein schwarzer runder Punkt. Die Idee des Bildes:

Raum, Zeit und Materie sind kein Zufall, jetzt stimmt mein Bild wieder:

Ein unreiner Diamant kommt aus der Quelle der Liebe um geschliffen zu werden.

Heute schreiben wir den 28.9.2013

Als ich gerade mein Pferd auf die Koppel brachte, traf ich unsere Messdienerin der Dorfkirche. Sie lud gerade viele Blumen aus ihrem Auto aus und ich fragte, ob ich ihr helfen kann.

Nebenbei erzählte sie mir dann:

Moing hamma Badrounidog!

Ha? Wie?

Bedronientag?

Was ist das, fragte ich Sie?

Sie erklärte es mir.

Es wurde der Schutzpatron, der heilige Michael, gefeiert.

Da ich das Jahrhundert manchmal gerne weglasse haben wir jetzt die

13. Schwingung.

ER ging nicht als 1. vor seinen 12 Schäfchen, wie das heutzutage manche Lackaffen tun, sondern hinter ihnen als 13ter. Zumindest war ER auch nach hinten sehend.

In der Zahl 13 ist die Zahl 12 ja enthalten und es bleibt die 1 übrig, ER!

Die Zahl 13 - ER, unsere Lichtwelle!!!

Seth heißt für (mich) der Vermittler von Weisheit!

Nun so glaube ich, habe ich die 13. Oktave verstanden.

Heute war mein Glückstag, es war wieder Abholtag. Ich durfte meinen Vater in eine Klinik zu einer Untersuchung bringen. Die Außentemperatur war laut Wetterbericht über 30 Grad im Schatten. Das Schiebedach meines Silberpfeiles war gerade einmal wieder nicht zu einer Öffnung bereit, dafür spürte ich die nicht eingebaute Standheizung umso mehr, jetzt wäre ein Fuß Fächer recht, besser noch eine Eiswürfelmassage. Ich dachte bei mir, ich heize mich jetzt nur auf, damit ich im Winter nicht so viel frieren muss. Mir fiel dann auch gleich mein Jane-Bikini ein, der bestimmt mal wieder über einen See schwimmen möchte. Ich habe meine Wirklichkeit nun gefunden und akzeptiere die Wirklichkeit der Anderen.

„An Statur ist der Mensch zwar klein,
an Kräften des seelischen Vermögens jedoch gewaltig.
Sein Haupt nach aufwärts gerichtet,
die Füße auf festem Grund,
vermag er sowohl die oberen
als die unteren Dinge in Bewegung zu setzen.“
(Hildegard von Bingen, 1098 -1179)

„Das Leben ist ein Tanz, wenn du diese Schritte machst:
Erst einen Schritt, dann den nächsten. - Anonym“
Wir brauchen keine Wesensveränderungen, nur um ein Kaiser zu werden, wir brauchen uns nur eine einzige Bauernregel bewusst zu machen.

Heute ist mein Glückstag, ich besuchte unser Bauerntheater, unsere Dorfmetzgerei. Dort geht das Gespräch rum, dass der neue Fünfeuroschein mehr wert sein soll und darum sammelt man ihn jetzt. Ich lachte in mich rein und der Tag fing gut an.

Heute ist mein Glückstag

Ich habe eine Idee, eine Vision:

Diamonds are the girls best friend. Marilyn Monroe war wohl eine der schönsten Frauen, die es je gab. Allein mit ihrem Film „The river of no return“ brachte sie die Herzen der Menschen zum Strahlen.

Diese bezaubernde Schönheit durfte leider nur 36 Jahre alt werden. In ihrem letzten öffentlichem Auftritt sang sie für Herrn J.F. Kennedy am 5.8.1962 „Happy Birthday Mr. Präsident“. Dieser Tag begann zufällig mit der 5 und 8 Kombination. Keine 12 Wochen darauf war sie verstorben am 19.5.1962. Aber wir tragen dich immer in unseren Herzen, du bist wahrlich für uns unsterblich.

Sie hatte damals genau wie Prinzessin Diana nicht nur bestimmte Länder, sondern die ganze Welt verändert und setzte ein Signal dafür, dass Frauen auch mehr sein können als nur die berühmten drei K´s.

Die Goldpreise sind ja schon enorm gefallen, seit dem 4.10.2012 (mit diesem Datum war ich auf der 64. Buchmesse), darum gebe ich dem Leser den Tipp, kauft Diamanten.

1. Diamanten sind nicht so bleiern schwer wie Gold
2. Die Preise bleiben immer recht stabil
3. Gold schmilzt sowieso bei etwas mehr als 800 Grad
4. Der Diamant nicht, der hält hohe Temperaturen aus
5. Es ist und bleibt der reinste Heilstein für Allezeit
6. Kann man in der Hosentasche tragen, dann spart man sich das Geld für einen Safe bei einer Bank.
7. Kein Metalldetektor kann Diamanten wahrnehmen.
8. Im Falle einer nächsten Enteignung braucht man wenig Platz als Versteck.
9. Wer sich Diamanten kaufen kann, der braucht doch keine 0,15 % Zinsen mehr oder?
10. Man spart sich Krankheiten, man hört immer wieder von Heilpraktikern, dass Diamantenwasser so heilend sein soll!

Es ist ein einziger Schritt des **Erinnerns**!

Alles Leid kommt aus der Illusion des Ich! (**niederes Selbst**)

Nur das Ich (**niedere Selbst**) kennt Leid, Bewusstheit nicht.

„Dahinter steht Haben wollen."

Heute ist mein Glückstag, ich weiß jetzt warum man Buddha oft lachend darstellt, denn beim herzhaften Lachen kann man nicht denken und dadurch ist man wieder mit der stillen leisen Quelle verbunden. Meditation ist nicht so mein Ding, ich entschließe mich für Lachen. Einen solchen Buddha werde ich mir noch aus Ton bauen. Ich klick mir jetzt einfach jeden Tag ein neues Auge.

Heute ist mein Glückstag, ich darf Ende August einen siebzehn Wochen alten Chiwawa für 4 Tage hüten. Er solle doch dann bitte Sitz und Platz können. Vor allem aber soll er nicht mehr so viel bellen.

Heute ist mein Glückstag, bei dem Namen Franz von Assisi brauche ich mir nur noch den ersten Buchstaben ansehen, F steht für die Zahl 6 „bedingungslose Liebe".

Bei dem Wort Frieden brauche ich mir nur noch die erste Zahl ansehen, die 6 wie F.

Heute war ein guter Tag, ich durfte lernen, dass man in Österreich jetzt schon 20 % Mehrwertsteuer verlangt. Musste dafür nur 114 Euro bezahlen (Quersumme 6).

Ösis waren ja schon immer schlau, denn dann kommen ja nach dem Komma nicht so viele Zahlen auf einen zu. Und ich finde ganz ehrlich, da kommt ja auch die Babywindel mit 19 % noch günstig weg oder?

Eine freundliche Dame auf der Bank erklärte mir das mit der Binladennummer. Ich sagte zu ihr:

„Eiso, wer hat sich denn so einen Namen für eine Bank-Nummer ausgedacht, klingt ja so ähnlich wie Binladen (BYLADEM)?

Alle LACHTEN.

Wäre ich der Chef einer Bank würde ich die Binladennummer umtaufen in INRI-Nummer, denn da kommt als Quersumme eine Meisterzahl raus.

Ich marschierte nach der Bank zu Fuß, denn 10 Meter geh soll ja gesund sein, zur Post. Dort angekommen schmerzten mir meine Ohren, da sich ein Mann fürchterlich darüber beklagte, warum denn sein Expressbrief nach drei Tagen immer noch nicht in Berlin angekommen wäre. Würde er bis morgen keine Antwort aus Berlin erhalten, könnte seine Tochter nicht studieren und seine Frauen würden ihn daheim lynchen.

Ich sagte zu ihm, er solle doch bitte viel Knoblauch essen, vielleicht tut es dann nicht so weh. Er teilte mir noch mit, dass Knoblauch allein bei seiner Frau nichts helfen würde, da kennt er sie zu gut. Er würde lieber noch eine Flasche Schnaps dazu trinken, wir lachten.

Und der Mann an der Kasse unseres Getränkeladens sagte noch zu mir, ja wenn die neuen Fünfer verknittert sind, würden sie aus seiner Kasse wieder raus springen.

Das Ende der Welt wird nie eintreffen, da wir Gott auf dieser Welt nur spielen.

Der Beweis ist für mich Atlantis vor rund 850000 Jahren.

„Die Welt ist die wahre Schule, denn da lernt man alles von selbst."
(J. Nestroy, Dramatiker, 1801 - 1862)

Heute ist wieder mein Glückstag

Freitag der 13.9.2013

Die berühmte Nürnberger Bratwurst wird 700 Jahre alt.

Heute ist mein Glückstag

Mein Sohn erzählte mir, das bei 1987 genau die Zahlen fehlen, die 2013 hat und dies hätte ihm ein Freund aus der Schule erzählt.

Ich dachte bei mir:

Der ist ja schlau wie ein Fuchs, geht bestimmt aufs Gymerl.

Wie jetzt?

Das Jahr 1987 hat alle Zahlen, nur nicht die, die das Jahr 2013 hat sowie umgekehrt?

Aha

Beide Zahlen zusammenaddiert ergibt die Zahl 4000, also Quersumme 4.

Das Jahr 1987 ergibt als gesamte Jahreszahl die Quersumme 7, das Jahr 2013 ergibt als Quersumme die Zahl 6.

7 plus 6 ist 13 also wieder Quersumme 4, genau wie oben.

Es gibt doch die 4 Evangelien und ihre Symbole oder?

Aha

Was war im Jahre 1987, was Ähnlichkeiten mit dem Jahr 2013 haben könnte?

Im Jahre 1987 sagte doch ein US-Präsident vor dem Brandenburger Tor zu einem anderen Präsidenten eines Landes „Reißen Sie die Mauer ein“ oder?

Aber was hat das nun mit dem Jahr 2013 zu tun und dieser Quersumme 4?

Die Zahl 4 steht für Bauen oder Bebauung im materiellen Sinne.

In meinem Sinne steht die Zahl 4 für etwas anderes.

Sonne in Zahlen verwandelt:

16555 ergibt 22 ergibt 4

Die 4 ist eine gute Zahl, in dem Moment, wo die „Polarität“, die 4 Elemente überwunden wurden.

In meinen bisherigen Erkenntnissen war es ja das Fundament und Grundgerüst, das ich als Einsicht, Ehrlichkeit, Offenheit und Umsetzung beschrieb.

Ich glaube, ich hänge noch in der Leitung, vielleicht komme ich ja noch darauf.

Mir sagt gerade eine Stimme, ich solle folgendes wiederholen:

Der weltweite Waffenhandel hat um 14% zugenommen, das heißt für mich, dass letztendlich nur die Angst zunimmt. Und der Kartenleger hat doch wieder Recht behalten mit der Angstepoche.

Das ganze Jahr 2014 haben wir noch Gelegenheit, uns dieses Fundament und Grundgerüst anzueignen, um zur „Prüfung“ zugelassen zu sein. Das wäre für mich das wahre vierblättrige Kleeblatt. Ach, ich setze jetzt noch etwas drauf und hänge einfach noch ein paar Jährchen dazu, warum sollte auch der Seins Zustand unserer Allmutter ein Zahlen oder Jahresdenkmuster haben.

Die Überwindung von AQUA (Angst)!

Na ja, das göttliche Auge denkt vielleicht wirklich nicht so kleingeistig, ein paar Jährchen hin oder her spielt doch keine Rolle, ist doch nur Zeit.

„In der Welt habt ihr Angst; aber seid getrost, ich habe die Welt überwunden.“

(Joh 16,33)

Werden wir wirklich schon so weit sein, wie wir glauben?

Verlieren wir die 4, die Bindung und Anhaftung zur Materie und starten so ganz durch in die 5. Dimension, dann ist endgültig die „Polarität“ überwunden, wir sind dann frei.

Wenn ich nun die Zahl 1987 von der Zahl 2013 abziehe, erhalte ich die Zahl 26. Diese Zahl kam ja in meiner 7. Schrift schon vor, bei dem Jahr 2006.

Die 2, wir erkennen uns im du!

Die 6, die Zahl der Liebe!

Die 8, die liegende 8 (2 mal 0)in der Mitte!

Diese neue Oktave wird noch Geschichte schreiben!

„Du möchtest groß sein? Dann fang damit an, indem du es bist.
Du möchtest ein großes, stolzes Bauwerk errichten?
Dann denke zuerst an das Fundament der Demut.
Je höher dein Werk in den Himmel wachsen soll, desto tiefer muss das Fundament sein.“
(Augustinus)

Immer wird es darum gehen, Frieden und Liebe schöpferisch in die Tat umzusetzen, da man sich jetzt immer mehr darüber bewusst werden wird, dass Gedanken sich manifestieren und ungute Gedanken Anderen gegenüber zum Absender zurückkommen.

„Hintergrund des Herzenswunsches, ausschließlich aufgrund seines wahren Ichs gekannt zu werden, ist, als bekleide man sich mit einer alten, einfachen, bequemen Klamotte. Nichts und niemand kann einem mehr etwas anhaben. Man sagt in den Spiegel: „Das bin ich – genauso hässlich, langweilig, arm, attraktiv, reich, interessant, unterhaltsam, lächerlich – nimm mich so wie ich bin oder eben nicht.“ Und wie wundervoll es ist, einfach das zu tun, was im Rahmen der eigenen Fähigkeiten möglich erscheint und Teil der persönlichen Natur ist. Es ist, als ob eine große Last vom Rücken fällt, wenn der Mensch nicht das sein muss, was er letztendlich auch nicht ist – vom Leben zu nehmen was auch wirklich sein eigen ist.“
(David Grayson, freie Übersetzung von Carolin Hirschbeck)

Aha

Sollte ich noch etwas vergessen haben, werde ich dies nachtragen.

Was ich zur Sonne noch zu sagen hätte, habe ich bei meinem letzten Abholtag gelernt:

Die Sonne ist der Motor für unsere Erde. Ohne Sonne wären wir ein Eisbrocken. In jeder Sekunde wird im Mittelpunkt der Sonne eine enorme Kraft frei, ähnlich wie tausende von Atombomben.

Unsere Sonne hat ihre eigene Gravitationskraft, die sie zusammen hält. Durch diese atomare Kraft, die im Inneren der Sonne existiert, entsteht Druck und viele Millionen Grad Hitze.

Trotz eigener Gravitationskraft tritt Strahlung nach außen. Wenn die Atombomben der Sonne mal explodieren, hat die Erde eine Warmzeit.

...

Aus meiner Gedankenfeder:

Wir sind der Himmel, der sich hier auf Erden manifestiert.

Wir sind der Spiegel, die uns die Erde reflektiert.

Wir sind das Schicksal, das nichts verdrängt.

Wir sind die Zeit, die unseren Schmerz zulässt.

Wir sind die Prinzen und Prinzessinnen im Märchen,

die bald ihr wahres Selbst wachküssen.

...

Heute ist mein Glückstag

Ich darf meine Kinder in die Schule fahren, es ist der erste Schultag nach den Ferien, es regnet und bei meinem Silberpfeil funktionieren die Scheibenwischer.

Auf dem Rückweg kümmere ich mich noch um 9 Katzen, die in ihrer eigenen Welt leben, da die befreundeten Gebrüder Grimm noch im Urlaub sind und ich dachte:

Einen Tag länger als 3 Wochen und ich bekomme eine Katzenallergie und wieso gehen Katzen eigentlich immer über mein Auto, anstatt außen rum. Ist das wirklich der kürzeste Weg?

Ein Hund denkt:

„Ich bekomme von diesem Zweibeiner zu Essen, zu Trinken und Obdach, das muss ein Gott sein."

Eine Katze denkt:

„Ich bekomme von diesem Zweibeiner zu Essen, zu Trinken und Obdach, ich muss ein Gott sein."

Wieso spukt jetzt die Zahl 84 in meinem Kopf herum, ach ja, es ist die Pflanze Catharanthus roseus. Dieses Wort fängt mit Cat wie Katze an. Diese Essenz wäre also gut für Katzenallergiker und vereinfacht die Progressionen auf unseren Wegen zur heiligen Kenntnis.

Heute ist mein Glückstag

Beim Besuch eines Arztes um ein Insulinrezept abzuholen, stellte mir die Dame hinter dem Tresen folgende Frage:

Frau Rittscher, wollen Sie sich nicht einmal den Blutdruck messen lassen?

Ich fragte: Wozu?

Ja, wissen Sie, sagte Sie, wir leben davon.

Ach so, na dann pumpen Sie mir mal den Arm auf.

„Einfach Ja

Du wagst ein Ja – und erlebst einen Sinn.

Du wiederholst dein Ja und alles bekommt einen Sinn.

Wenn alles Sinn hat, wie kannst du Anderes Leben als einfach

Ja! - Anonym für anonyme Alkoholiker"

„Es ist schwer, das Glück in uns zu finden,
und es ist ganz unmöglich, es anderswo zu finden."
(N. Chamfort, franz. Schriftsteller, 1741 – 1794)

Wenn die Türe nach innen aufgeht ist das Leben **Bewusstsein**, dann ist man Little Buddha im Alltag oder Little Avatar (Navi) im Alltag.

Auf die Plätze fertig los!

Heute ist mein Glückstag, der Verlag, der mich sympathisch findet, ist mit großer Wahrscheinlichkeit der 13.

Er wird das richtige V wie Verlag sein, das richtige AVE.

Alle guten Dinge sind drei

1. Ebene Das stimmt.

2. Ebene Alle sind **Eins**

3. Ebene Ich bin **Eins**

Die drei goldenen Früchte

-Achtsamkeit ist Bewusstsein-

-Einsicht ist begreifen-

-Liebe –allgegenwärtige Liebe-

-Weisheit muss erlernt werden-

-Wahrnehmung ist Intuition-

-Mühelosigkeit ist unsere echte Branche-

-Freude das Leben ist ein Spiel-

-zu Leben als Minigott – so soll es sein.

-Dankbarkeit-

Bei der Seite 70 von meinen Erkenntnissen angelangt, sprach ich meine Tochter an und bat sie um eine Rechtschreibkorrektur für meine Zeilen. Sie tat es mit folgender Antwort:

„Also Mama, ich tue mich da leicht, weil ich mit dir aufgewachsen bin, aber was ist mit unseren Nachbarn? Und…

„Könntest Du das Ganze etwas blumiger schreiben?"

blumig …?

Ich denke,

Ich denke

und denke immer noch…

Ich dachte einen Tag über das Wort „blumig" nach und bekam folgende Inspiration:

Jetzt kommt mein (nicht dein) Ergebnis:

Die Verlockung und Verblendung ist verblüffend und so realistisch modern aber wenn du den Schatten eines Baumes genießen möchtest, musst du ihn erst pflanzen und dann viel Geduld haben, denn die Frucht muss vor der Ernte reifen.

Und

Zu einem Ganzen zusammenfügen, das ist wieder meine Quintessenz.

Wenn jemand progressiv zu uns ist, so glaube mir,

ist es nur zu unserem Besten.

Das Dankeschön ist der tollste Moment im Leben

des Menschseins.

Die goldene Mitte ist die Weisheit mit Schlichtheit zu verbinden.

Die drei Wege zur regelmäßigen Stille, die Verbindung zur Quelle und Weite:

1. Meditation (Gedanken abschalten)

   (Mir) viel zu langweilig

2. (Sex) (Gedanken abschalten)

   (Mir) viel zu anstrengend

   Es gibt ja auch viele Singles!

3. Herzhaftes Lachen

   (Mir) gefällt das am besten!

   Der Leser solle doch bitte einmal herzhaft Lachen und

   gleichzeitig denken (ein Ding der Unmöglichkeit)

   Ich nenne dies jetzt „Meditation für Dummis".

„Das Paradies verdient, wer seine Freunde zum Lachen bringt."
(Aus dem Koran)

Die 10. Schrift

Die Zahl 10 lässt uns erwachen.

An einem Tag in meinem Alltagsleben spielte ich wieder einmal Taxi und fuhr meine Tochter zu ihrem Klavierunterricht in die nächste Kleinstadt. Ich wollte in dieser Stunde einen Spaziergang machen. Die Läden hatten schon geschlossen, leider auch die Buchläden und so beschloss ich, in diese **7** hundert Jahre alte Kirche zu gehen und dort zwei Kerzen anzuzünden.

Die Teelichter befanden sich an der linken Seite der Kirche. Ich zündete zwei an und warf einen Euro in die Kasse. Dann erblickte ich IHN. Er war so schön.

Wer?

Der Kerzenständer.

Ich malte mir im Geiste aus, wie ich diesen schönen Kerzenständer umfunktionieren könnte. Ich würde eine schöne runde Platte töpfern und mit Heilsteinen ein Universum kreieren. Diese Bergkristallsteinchen habe ich von einer Freundin geschenkt bekommen und da hatte ich die Idee eines Energietisches. Ich mache schon seit längerer Zeit Versuche, welche Brenntemperatur Steine aushalten, mit dem Ergebnis, dass dieser Bergkristall 1070 Grad aushält und er danach so richtig schön zur Geltung kommt. Den Kerzenständer würde ich für etwas anderes verwenden. Bei diesem Energietisch machte ich mir dann doch mehr Gedanken. Die Edelstahlfüße sind vier gerade Beine und die Seiten verweisen auf vier Runenzeichen. Eine Rune bedeutet „Erkenne dich Selbst". Die zweite Rune bedeutet „Hochzeit". Die dritte Rune bedeutet „Fruchtbarkeit" und die vierte Rune trägt die Bedeutung der „Sonne".

Mein Blick wanderte weiter zur Wand und da hing er.

Wer?

Na Jesus.

Als ich Jesus so ansah, hatte ich das Gefühl, er würde mich auch ansehen und meine innere Stimme sagte:

Ich dachte bei mir, wenn ich die Kraft hätte, würde ich dich von deinem Kreuz abnageln. Ich würde dich dann auf den Altar setzen, denn hängend sah man dich ja wirklich lange genug.

Man bräuchte dazu allerdings E, wie erleuchtete Helden, Helden wie zum Beispiel Ernie und Bert aus der Sesamstraße, das sind wahre Helden, die haben schon sehr viele Kinder zum Lachen gebracht.

Ich wünsche dir von ganzem Herzen, dass man dich wieder lebendig wahrnimmt, damit wir endlich eine würdige Geschichte schreiben und sich die Menschheit nicht ständig im Kreis dreht.

Das Selbstgespräch hätte ich gerne noch länger geführt, aber die Zeit drängte, die Klavierstunde war zu Ende. Damals beschloss ich, dies in meinem Buch mit einzubringen.

Ist es Zufall, dass exakt am nächsten Morgen, nachdem ich mein oben genanntes Selbstgespräch zu Papier brachte, ich schrieb meistens nachts, es an meiner Haustüre klingelte und die Mesmerin unserer Dorfkirche vor mir stand. Diese Mesmerin fragte ich vor circa zwei Monaten, ob sie denn nicht Kerzenreste für mich hätte. Ich erzählte ihr, dass ich diese für meine kleine Töpferei bräuchte, ich würde Gartenfackeln mit Wachs bauen, wo jedermann seine Wachsreste recyceln könne, mein kleiner Umweltbeitrag zu unserer heutigen Wegwerfgesellschaft. Sie sagte mir damals, sie schaue mal, ob sie etwas für mich machen könne, aber ich müsste mindestens ein Jahr warten.

Ich habe schon mehrere Mesner angesprochen aber die haben mir keine Wachsreste geben können, das dürfe man nicht und man müsste sie anders entsorgen.

An diesem besagten Tag bekam ich sehr viele Wachsreste von dieser Frau.

Meine Gartenfackeln sind natürlich rund wie eine Kugel.

„Das Weltall ist ein Kreis, dessen Mittelpunkt überall, dessen Umfang nirgends ist.“
(Blaise Pascal, franz. Mathematiker 1623 -1662)

Dieser Herr Blaise Pascal war wahrhaftig auch ein großer Meister und Mathematiker. Ist von diesem nicht dieses Dreieck mit seinem ganzen Punktesystem?

Wir dürften wieder mehr auch einmal gedanklich Danke sagen für unsere Verstorbenen. Dazu gehört auch das Verzeihen und Gedankenliebe in den Himmel senden.

Ach ja, was ich vergessen habe in meinem Selbstgespräch in dieser 700 Jahre alten Kirche zu erzählen, es könnte ja sein, dies würde einmal ein Geistlicher lesen.

Selbstverständlich habe ich der damaligen Mesmerin zwei wunderschöne mit diesen Kerzenstumpen wiederbefüllte Keramikkugeln zur Altarschmückung geschenkt. Sie wünschte sich noch orientalische Kripperlfiguren für die Kirche, die „zufällig“ auf unserem Dachboden lagen, diese Figuren sind mit echtem Stoff bekleidet. Sie freute sich darüber so sehr, dass sie mir daraufhin ein kleines Holzkreuz aus Jerusalem schenkte. Für mich war das ganze einfach ein Tauschgeschäft.

Vielleicht habe ich ja einen vor meiner Zeit gereiften Gedankenschaden und ich werde jetzt auch keinen Gehirnchirurgen aufsuchen, denn ich bin es langsam Leid, die Biene Maya zu spielen. Ich setze von nun an jeden Tag einen Fuß vor den anderen, übe mich in Weisheit und weiterhin in Akzeptanz und sage mir, besser war es halt nicht möglich.

Wir können sehen wohin wir gehen, in dem wir immer wieder nach Innen gehen und somit unser Schicksal selbst lenken, und leiten und für unser aller Wohl beschreiten, dies ist die Blüte des Trostes.

Ich komme nun zu folgender Erkenntnis:

Das Wichtigste im Leben ist, wie der Andere dir begegnet.

Real oder nicht real, das ist die große Frage, es ist das Wunder

überhaupt, sich so eine Frage zu stellen.

Ab nun habe ich meine Erfüllung da, wo ich meinen inneren Frieden finde.

Ist es Zufall, dass mein oben erwähntes Universum in Form von einem Tisch mit Heilsteinen nach dem Brennen in zwei Teile brach?

Die eine Hälfte war ein bisschen größer als die andere.

Der Grund, warum ich meine Erkenntnisse schrieb, war einer der Hauptbeweggründe für meine Zeilen:

Anke, schreibe deine Erkenntnisse, und es werden mehr als 1/3 diese höhere geistige „Prüfung" bestehen.

Ist es Zufall, dass ich kurz darauf das Bild von Ernie und Bert nun auf dem Flohmarkt fand, samt Eichenrahmen. Es hängt nun in meinem Wohnzimmer.

Ich durfte es für 15 Euro erwerben.

Es ist kein Zufall, dass ich nun meinen Kerzenständer für 10 Euro erwerben durfte.

Die 10 ist die Zahl des Diamanten, der erwachte Geist ist geboren.

Heute ist mein Glückstag, ich erwarb eine Rasierseife. Die Dame verlangte 12 Euro. An der Kasse entschied sie sich dann um und kassierte nur 10 Euro.

Die höchste Formel ist für (mich) 1492 (Quersumme 7), die höhere Entwicklung des Menschen!!!

Heute, am 7.10.2013, habe ich mein Buch noch einmal unter die Lupe genommen und bin bei dem Datum 1492 hängengeblieben. Ich dachte bei mir so, da habe ich mich doch vertippt oder?

Paracelsus war doch 1493 geboren oder?

Dank der heutigen Internetvernetzung nutzte ich den Kabelanschluss sowie das freundlich immer mit Rat und Tat zur Seite stehende Google.

Wahrscheinlich bin ich jetzt auch schon „klobalisiert"!

Ich stellte dem freundlichen Google folgende Frage:

Wer war berühmt im Jahre 1492?

Prompt kam zur Antwort:

Herr Adam Riese!

Aha

Da es aber bei mir keine Zufälle ohne Ausnahme gibt, dachte ich wieder bei mir:

Könnte es sein, dass ich einmal der Mathematiker, Herr Adam Riese war?

Wenn ja, werde ich mit diesem Herrn in meinem Jenseits mal ein freundliches Gespräch führen und ihn fragen, wieso er mir in diesem Leben keine richtigen mathematischen Fähigkeiten mitvererbt hat oder wenigstens eine kleine 8 dazu?

Um es noch deutlicher auszudrücken, ich werde, kaum angekommen im Sonnengeist, mit diesem Herrn Riesen ein kleines Hühnchen zu rupfen haben und ihn fragen:

Wieso, weshalb, warum, konnte er mir nicht gscheitere Gehirnwindungen auf unserem Lernplaneten, was ja mittlerweile zu einer großreinigungsbedürftigen Baustelle mutiert ist, mitsenden?

Ein bisschen Spaß musste jetzt noch einmal sein mit der Zahl 72 (9).

Wie ich am Anfang schon erzählt habe, die Verwandlung von dem Wort LIEBE in Zahlen ergibt als Quersumme die Zahl 6, und diese Zahl steht ja in meiner Numerologie für bedingungslose Liebe. 6-mal die Zahl 12 ergibt 72.

Intuition kennt in (meiner) Wahrheit keine Zahlen, Fakten und Daten.

1 plus 2 plus 3 plus 4 ergibt 10.

„Die 10 ist die allumfassende,
allbegrenzende Mutter."
(Pythagoras, griech. Philosoph, 570 – 500 vor Chr.)

Wenn ich nun das Jahrhundert im Jahr 2011, in diesem Jahr fing ich das Schreiben an, von meinem Geburtsjahr 1966 weglasse, erhalte ich die Zahl 66. Plus mein damaliges Alter 45 ergibt 111.

Dreieinigkeit

So ist es mit jedem Geburtsdatum eines jeden Menschen auf der ganzen Welt. Es kommt die Zahl 111.

1+1+1 = 3

Dreieinigkeit

Körper + Seele + Geist

Zufall oder nicht, wir schrieben das Jahr 2011, wobei hier die Betonung natürlich der Zahl 11 gilt.

Bei der Zahl 11 fällt mir selbstverständlich gleich die **Elfe** ein.

Ich glaube, dass seit dem Jahre 2011 viele Elfen unterwegs sind, um eine **Umkehr** zu bewirken.

Wenn ich jetzt die Zahlen 21.12.2012 nehme, also addiere:

2 plus 1 plus 1 plus 2 plus 2 plus 1 plus 2 zusammenrechne, kommt bei mir die Zahl 11 heraus, die Elfen.

Viele Menschen werden ab dieser Zeit zu einem neuen **Bewusstsein** erw8 sein.

Als wahre Elfe gibt es immer etwas wichtigeres, als das Privatleben, und es ist als Elfe umso schwieriger, den richtigen Partner zu finden.

Ab dem Jahr 2012 waren wir dann ja wieder ein Jahr älter, das heißt, bei jedem Menschen kommt dann die Zahl 1**12** raus, die Betonung gilt der Zahl 12.

Die Zahl 12.

Und mit dem Jahre 2013 die 13, die Hexenzahl, denn nach jeder 12 folgt die 13. Und so fügt es sich weiter auch bei dem Jahre 2014, 2015, 2016...

Mir ist zum jetzigen Zeitpunkt bewusst, wir wollen wohlwollend miteinander leben.

Wohlwollend beginnt bei jedem Einzelnen, von der Raupe zum Schmetterling.

Das heißt, wir sind alle miteinander verbunden.

Steckt da ein Plan dahinter?

Die 12 ist die Christuszahl, denke an die 12 Apostel oder die 12 Tierkreiszeichen, die 12 Monate im Jahr, der 12 – Stunden-Rhythmus, die 12 Speichen eines Rades, die 12 Geschworenen, Jakob hatte 12 Söhne (gen 35,22), die 12 Tore sind 12 Perlen (Offb. 21.21), die 12 Stämme Israels, die 12 Früchte des Lebensbaumes, die 12 Ritter der Tafelrunde, der chinesische Kalender orientiert sich an der Zahl 12, man denke auch an den 12. Mann bei den Fußballfans.

Das Christentum deutet die 12 als (3 mal 4, neben der 7, also 3 plus 4) als Heilige Zahl mit der Begegnung Gottes (3: Trinität = Dreifaltigkeit mit der Welt)

(4: 4 Himmelsrichtungen, 4 Jahreszeiten, 4 Elemente), man denke auch an den 12-jährigen Jesus im Tempel (LK 2,41-52), bei den Buddhisten gibt es 12 Mitglieder des Dalai Lama, die zwölf Brustwirbel, die wir alle über unserem Herzen tragen, die 12 Taten eines Buddhas, haben unsere Vorfahren nicht auch die Zahl 12 in Form von Vierecken in Höhlen gemalt, der halbe Tag hat doch 12 Stunden oder usw.

In der Spagyrik ist die 12, Artemisia vulgaris (Beifuss), richtungsweisend zum Sinn des Lebens.

Wie oben so auch unten sagte Hermes Trismegistos 3000 Jahre vor Christus.

Die Zahl 12 verweist uns Menschen auf die Notwendigkeit zur inneren Umkehr.

Somit gilt die 12 als kosmische Zahl der Vollkommenheit und ist daher eine sehr heilige Zahl und ebenso die Zahl 13.

Erinnern wir uns daran:

Wir sind ALLE Lichter dieser einen Quelle!

Für alle, die ihn bislang nicht lebendig bei sich wahrnahmen, wird Christus uns ab dem Jahre 2012 wieder erscheinen, doch nicht mehr physisch, das hatte er ja schon mal vollbracht und das braucht er sich nicht nochmal antun, vielleicht wäre er ja kein Mensch mit Rang und Namen. Die Christusenergie wird bald wieder vermehrt von den Menschen wahrgenommen.

Wenn ich das Wort Christus in Zahlen verwandle, erhalte ich die Zahl 36, was wiederum als Quersumme die Zahl 9 ergibt.

Ich denke, spätestens mit 36 Jahren darf man seine wahre Berufung gefunden haben, denn man hat ja bis dahin aus seiner Vergangenheit lernen dürfen.

Würde ich die Zahl 36 nun durch zwei teilen, bekäme ich die Zahl 18. Eigentlich eine Glückszahl, wenn man seinem wahren Lebensweg folgt. Ich kenne Menschen, die an einem 18. geboren sind und immer Glück und Erfolg hatten.

Die Zahl 18 hat die Schwingung der 9!

Der Beweis ist für mich:

6 mal 6 Zähne hat ein Mensch. 6 mal 6 ergibt 36.

Wir erkennen uns im DU. 2 mal die Zahl 18 ergibt 36.

Ist es Zufall?

Die Oberfläche unserer Erde beträgt 317040768 qkm, ergibt als Quersumme die Zahl 36!

Am liebsten würde ich jetzt meine Kontonummer hier angeben, um dem letzten Zweifel ein Ende zu setzen. Diese Kontonummer habe ich seit meinem 15. Lebensjahr und damals wusste ich noch nicht, was Numerologie ist.

ER wird uns in unseren Herzen erscheinen, um etwas in uns in Gang zu setzen, damit wir uns nicht immer wieder im Kreis drehen.

Aha, die 13, der Hafer, Avena Sativa

Die Heilung von Zukunftsangst.

Die Heilung von Wasser - Angst

Ist es Zufall, wenn ich das Wort Aqua in Zahlen verwandle,

Aqua ist 1831, ergibt **13**

Ist es Zufall, dass man sagt, es gibt 13 verschiedene Darstellungen von Buddhas.

„Deine Weisheit sei die Weisheit der grauen Haare.
Aber dein Herz sei das Herz der unschuldigen Kindheit"
(Friedrich Schiller, 1759-1805)

(Made by Ingo Rittscher)

Christus ist ein spiritueller Meister und ein Geistheiler.

In der Null repräsentiert sich Gott, unsere Quelle, das Allwissen.

Innere Gaben

„Stell dir eine verborgene Quelle vor,

die in unsichtbarer Tiefe strömt

und in ihrem Strom Geheimnisse mit sich trägt,

bereit, im Übermaß hervorzusprudeln,

nährend und lebenspendend

für jeden, der tiefer gräbt.

Inwiefern gleichst du dieser Quelle im Verborgenen?

Was wartet auf dich gleich unter der Oberfläche?

Welche Gaben könntest du dort finden?

Wie müsstest du ein Gleichgewicht in deinem Leben schaffen,

bevor sich deine inneren Augen öffnen

Was wir sind, ist Gottes Geschenk an uns;

was wir werden ist unser Geschenk an Gott. - Anonym“

Man kann zur Null auch Diamant sagen. In der Runensprache würde man dazu Odin, das Unwissbare, sagen. Man könnte dies noch unendlich erweitern, aber vorerst reicht es, wenn ich noch sage:

Ich nenne es das Christusbewusstsein. Und wenn man mit diesem Namen nichts anfangen kann, dann kann man es auch „Das höhere Bewusstsein“ nennen.

Buddha stellt man deshalb so rund, also so füllig dar, weil Buddha für die Vollkommenheit steht. Buddha lebte circa 500 Jahre vor Christus in der östlichen Region und Christus steht ebenfalls für die Vollkommenheit. Von diesen Propheten darf man folgende Weisheit erlernen.

Eine Weisheit von Buddha:

„Wir sind, was wir denken. Alles, was wir sind, entsteht mit unseren Gedanken. Mit unseren Gedanken machen wir die Welt.“

Menschen, die sich nicht mehr in der Realität zurechtfinden, werden zunehmen.

Ich denke, wir sollten nie vergessen, auf was unsere Großeltern alles verzichten mussten.

Der Sprung in die 5. Dimension ist nicht leicht.

In der Struktur ist alles sichtbar.

Die helle Vollendung ist die Feder des Findens.

Die 5. Dimension benötigt reife voll entwickelte Menschen.

Was wäre denn geistig noch möglich, so denkt ein Mystiker, er schaut nicht weg und doch ist er nicht da.

Stelle es dir einfach vor und es passiert, von einer anderen Leitung aus.

Jetzt segelt der verlorene Sohn nach Hause.

Ich glaube, dass das Zeitalter des Missionierens bald zu Ende geht.

Ich glaube, dass das Zeitalter des Esoterrorisierens bald zu Ende geht.

Wieder ein berühmtes Lied:

„Gute Nacht Freunde, es wird Zeit für mich zu gehen, was ich noch zu sagen hätte, dauert eine ganze Zigarette…“

Jetzt haben wir ein Du-Bewusstsein!

Ich glaube, dass ein Zeitalter kommen wird, in dem es nicht mehr darum gehen wird, wer gut oder böse ist, man wird anfangen zu verstehen.

Ich glaube, dass ein Zeitalter kommen wird, wo wir miteinander telepathieren können. Pflanzen und Tiere können dies schon immer.

Ich glaube, dass ein Zeitalter kommen wird, wo wir mit jedem Atemzug Christus und Buddha oder das höhere Bewusstsein in uns spüren werden, da ihre Energien ständig präsent sind.

Dann sind wir im Dharma.

Die Mitte ist es, was Buddha schon lehrte,

die Mitte ist deine innere höhere Stimme,

die nicht überhört werden möchte.

Unser Geschenk

Unser Geschenk des **Selbst**

Bei sich selbst anzukommen ist das größte Geschenk, das es gibt.

Geistige Erkenntnis ist das Einzige, was wir wieder mit nach Hause nehmen dürfen.

Jesus hat gesagt:

„Gott wohnt in Euch selbst".

Die Liebe festigt sich irgendwann zu einem Leben, denn das ist

der eigentliche Plan der Menschheit. Wir brauchen Gott nicht mehr nach seinem Wohnort zu fragen, da wir wissen, er wohnt ja in uns.

Man ist nun jederzeit in der Lage, sich selbst und seinem Gegenüber mit Achtung zu begegnen.

Integration beginnt bei der Rückanbindung und Erinnerung zu dem, wer wir wahrhaft sind, der Ausdruck von Gott. Anzuerkennen, dass wir mit jedem Gedanken, Tun und Handeln Gott repräsentieren, mit den Augen unserer Quelle sehen.

Nun übernehmen wir die Verantwortung für unsere eigene Schöpfung.

Meine Fragen Wie, Was, Warum, Weshalb und Woher sind nun geklärt.

Die Tür zum Brunnen ist nun offen.

Wenn diese Türe aufgeht oder das Fass überläuft, wie es so schön heißt, möchte man gerne ein Buch schreiben und sein Wissen weitergeben.

Man nimmt die leise innere Stimme, den Guru, in sich wahr.

Wie Rainer Maria Rilke (1875 - 1926) schon sagte:

„Es ist zart und offen, wie die Innenseite einer Frucht“.

Wir wissen nun, wer wir wirklich sind.

Intuition ist die Mutter des Begreifens

Wir können nun die Zeichen intuitiv und bewusst wahrnehmen, die auf unserem Lebensweg liegen und daraus lesen.

Denke an mein oben genanntes „Dauerbauchgrinsen.“

Du weißt nun, wann du Schweigen sollst.

Man betrachtet seinen Nächsten nun als Gelegenheit.

Es gibt keine Fragen mehr, Glaubenssuche, Zeitstress und kaum zu klärende Gedanken verschwinden.

An diesem Punkt angelangt, erhalten wir die direkte Eingabe von einer höheren Instanz.

Weisheit gedeiht in der Stille, von da kommen die Anweisungen geradewegs aus dem Diamanten.

Dein Leben wird in jeder Sekunde bewusst wahrgenommen und dadurch leicht, locker und glücklich sein.

Nun bist du dir deines wahren Seins bewusst.

Die Frucht ist die Liebe und das Vertrauen in Ehrfurcht zu unserem höheren Selbst und dem höheren Selbst unseres Nächsten.

Der Plan eines Menschen, wie ich am Anfang sagte, wird jedem einmal offenbart:

unsichtbar, lautlos und extrem hautnah.

Das Mysterium des Lebens:

„Gott in sich selbst wiederzuerkennen!“

Ich denke, der oben genannte Satz ist der kostbarste Satz in meinem Buch.

Gott (Geist) ist Gedanke, wähle weise.

Oder wie ein chinesischer Sinnspruch von Tschu Hsi sagte:

„Der Geist, der allen Dingen Leben verleiht, ist die Liebe.“

Wie Akshara Noor, einer der Mönche bei Thomas Merton, es ausdrückte, genügt es, in unsere eigene Zelle zu gehen, damit sie uns alles lehre, was es zu wissen gibt. Unsere Zelle - unser Selbst.

Und wie Kafka (1883 -1924) es beschreibt:

„Du brauchst Dein Zimmer nicht zu verlassen, bleib einfach an Deinem Tisch sitzen und horche. Du brauchst nicht einmal zu horchen, warte einfach.
Du brauchst nicht einmal zu warten, werde einfach still - und die Welt wird sich Dir offenbaren, um demaskiert zu werden, sie hat gar keine andere Wahl.“

Es ist die Prüfung

Für unser bedingungsloses Vertrauen!

„Ich denke, also bin ich“, sprach Descartes.

Beim Nichtdenken ist man mit seiner Quelle verbunden!

Ich denke mit dem Herzen, also bin ich.

Gedanken

„Wenn du denkst, dass du denkst, gedenke nie gedacht zu haben, denn beim Denken der Gedanken kommst du leicht auf den Gedanken, dass das Denken der Gedanken ein gedankenloses Denken ist". (Unbekannt)

(Diesen Satz habe ich mit dreizehn Jahren auswendig gelernt).

Gedanken wanken, Angst lähmt, öffnen wir unsere Augen bewusst für das, was uns glücklich macht.

Wir können uns bemühen und abtun und streben nach Vollkommenheit so viel wir wollen, denn es ist uns immer freigestellt, doch unsere Mitte sagt mir gleich, bringt uns zum rechten Maß.

Worauf richtest Du Deine Aufmerksamkeit =

DEINE große CHANCE ist, mit aufzuspringen auf den Zug

mit dem Namen

Du, denn nur vom Du kann ich lernen.

Sie treffen sich, damit sie sich erkennen!

Ungeboren habe ich es bejaht, und ich bilde mir dazu meine eigene Philosophie. Vielleicht treffen in einem Leben immer Narziss und Goldmund aufeinander, Licht und ein bisschen Schatten, damit Evolution möglich gemacht werden kann.

Das Schweigen ist ja nun meine nächste Lernaufgabe und ich möchte jetzt gerne ein Gedicht von mir weiterleiten. Ich bin ein unpolitischer Mensch, und in meinem Gedicht kommt das Wort Piraten vor, da ich in meinem Buch ja über Wasser, See und unsere Schiffsreise schreibe.

Der, der dieses Gedicht gerne lesen möchte, wird es auch finden. Ab jetzt kann ich sehr dankbar das Schweigen mit Schreiben ersetzen.

Es ist ein breit gefächertes Erlebnis um den Baum der Erkenntnis mit seinen 13 Früchten.

Denn was macht den Baum der Erkenntnis eigentlich aus?

Er ist geprägt von verschiedenen Facetten,

er wird sehr fest und doch bleibt er gleichzeitig flexibel.

Und was ist am Ende der Preis für die Erkenntnis?

Es ist wohl der Ruf sie zu sehen,

die tanzenden Piraten, die noch so viel vorhaben.

Aber ich habe nun genug von diesem „Stirb und Werde“.

Der Höhepunkt meiner Erkenntnis ist, seinen Weg zu finden;

würdig, spritzig, witzig und ebenbürtig, da man die Liebe als den Schlüssel zum Tempel gefunden hat.

Der wahre Wohlklang wird erst dann eintreffen, wenn das Verhältnis der Wellenlängen als höchste Oktave übereinstimmt. Dies würde bedeuten, wir hätten die Polarität überwunden. Und dies heißt nichts anderes als:

Höchste Oktave trifft auf höchste Oktave, dieses gäbe dann wiederum für (mich)

Gelassenheit trifft auf Gelassenheit!

Das Miteinander mit einer Denkweise, die von einer moralischen Ausrichtung geprägt ist.

Der Gedanke, die heilige freie Würze der Wahl, unsere Entstehungsquelle, aus der wir kommen und zu der wir wieder heimkommen dürfen, das möchte Jesus mitteilen, also wählen wir uns diesen jetzt.

Ganz gleich, wohin meine Schiffsreise geht, ich habe Vertrauen.

Was wäre ein Leben ohne Vertrauen in eine höhere Gerechtigkeit?

Wie (ich) die Zukunft sehe

Als bekennende Humanistin sehe ich vor uns eine menschliche Welt. Die Welt, so wie wir sie kennen wird im Kopf untergehen und somit kann eine neue Welt in unseren Herzen entstehen.

Positiv gedacht glaube ich, dass Deutschland bald für dieses Licht bereit sein wird.

Ich sehe vor mir eine Welt, in der der Mensch dem Menschen ein Freund sein kann.

Ein Menschenfreund ist jemand, der häppchenweise einer wird.

„Die Welt wird nicht untergehen" (Wohin auch?)

Aber es kommt zur Revolution in immer mehr Herzen.

„Unsere Herzen erzeugen nicht die Liebe, sondern die Liebe zeugt unsere Herzen."
(Khalil Gibran, 1883 - 1931)

Kein gutes Beispiel für Revolution ist die Französische Revolution im Jahre 1789.

R riecht nach Rache, kann nicht gut gehen, riecht nach 8 Grad, ähnlich wie ein Stinktier.

„Rache heißt um der Vergangenheit willen handeln, sie ist also eine um 180 Grad falsch gedrehte Energie."
(Prentice Mulford, Journalist, Philosoph, 1834 – 1891)

Die Quersumme des damaligen Jahrhunderts 17 ergibt die Zahl 8.

Die Quersumme der Jahreszahl 89 ergibt ebenfalls die Zahl 8.

Ich denke, die Schattenseite der Zahl 8 konnte man deutlich aus meinen Zeilen erlesen.

„Die Zahl ist das Wesen aller Dinge.“
(Pythagoras, antiker griech. Philosoph, um 570 bis 510 v. Chr.)

Die Lebensumstände der damaligen Bevölkerung waren ähnlich dramatisch wie unsere heutigen. Damals ist das einfache Volk aus Gewinnsucht verhungert, heute wird es vergiftet.

Egal ob mit Konsum, genetisch veränderten Nahrungsmitteln oder sonstigem politischem Streben.

Aber die Vergangenheit lehrt uns, dass man auf solche Veränderungen gerne verzichten kann. In einer aufgeklärten Gesellschaft müssen Veränderungen herbeigeführt werden, die im „Wir“ stattfinden.

„Ein Zweig der nachgibt, bricht nicht.“ So heißt es in Japan wenigstens, aber dieser Satz trifft den Nagel wieder auf den Kopf, da er wahr ist. Wir könnten statt Fäuste unsere Köpfe benutzen.

Bei meiner Lösung hätte „unsere“ Gedankenkraft eine sehr große magische Fähigkeit.

(Meine) Wahrheit über die Metapher von Kain und Abel sieht wie folgt aus:

In (meinem) übertragenen Sinn brachte der Bauer den Hirten um, da ihm der Hirte mit seinen Schafen seinen Ackerbau wegnehmen wollte.

Die Zahl Y ist die Zahl für GOTT.

Es wird eine EGOBREMSE nötig sein, das „Warum“ muss verstanden werden, damit der Menschheit und unserer wahren Ernährerin, die schöne Erde, das Gleichgewicht wieder zurückgebracht werden kann.

Mit einer Egobremse könnte unsere Erde auch locker flockig 8 oder 10 Milliarden Menschen ernähren.

Als ehemaliges Cowgirl interessiert man sich natürlich auch für Indianer, man findet auch oft Indianerstände auf den Westernreit-

Turnieren. Ich kann mich noch sehr gut an eine uralte indianische Weisheit erinnern, die ich einmal gelesen habe und nie vergessen konnte. Diese lautete etwa so:

Ein Indianer sitzt an einem schönen See und fischt. Da kam ein Weißer und sprach ihn an: „Was machst Du hier? Komm mit mir mit, ich zeige Dir wie das mit dem Geldverdienen geht. Dann kannst Du Dir viele schöne Häuser und viele teure Dinge leisten und wenn Du einmal Urlaub hast, kannst Du zum Fischen fahren wohin Du auch möchtest an die schönsten Plätze der Welt. Kommst Du jetzt mit mir mit?“

Darauf antwortet der Indianer:

„Wozu, ich fische doch schon!“

Wir werden nun reparieren müssen, was wir auf unserem Lernplaneten gesät haben.

Das WIR, also die GEWALTLOSIGKEIT, wird eine weltweite Liebes-Revolution auslösen.

Die ewige Schwingung geht weiter, wir waren bislang gefangen von unserer niederen Wahrnehmung.

Die Liste der Revolutionen, die vom Volk herbeigeführt wurden, und im Chaos endeten und immer noch enden, ist lang. Man braucht nur Fern zu sehen.

Es muss einen anderen Weg geben.

Denn wie wir von Albert Einstein wissen, kann man Probleme niemals mit derselben Denkweise lösen, durch die sie entstanden sind.

Die einzige Revolution, die uns als Menschheit etwas nützen würde, wäre:

Zurückzukehren zu einer neuen Erde, sich selbst zu überdenken,

ob man denn wirklich alle „Segnungen“ der Wissenschaft und Technik braucht.

Die Revolution des Herzens wird das neue Bewusstsein der Menschheit auf unserer Erde grundlegend verändern, wenn man bedenkt, wie viele erdähnliche Planeten es in unserer Galaxie gibt.

Trotz aller Krisen haben wir noch die Macht der Gedankenkraft.

Eine stille gedankliche Liebe wird wohl hoffentlich die Revolution kennzeichnen.

Oh du stille Quelle, erleuchte die Herzen vieler Menschen, damit diese dein Werk tun können und die gedankliche Liebe auf unser Land verstreuen, DANKE.

Meine Lösung für unsere Zukunft würde heißen:

Liebe macht alles möglich!

Wenn meine Vorhersagen wirklich eintreffen, würde ja ein Liebeserdbeben auf uns zukommen.

Ich freue mich schon.

Die Worte, die einst von Herrn Obama gesprochen wurden,

„Yes we can", kann man in Zahlen verwandeln.

Die Quersumme daraus ergibt die 5, die 5. Dimension.

Ist es Zufall? Die amerikanische Flagge zählt im Moment 50 Sterne.

Das heißt für mich:

Revolution findet in unseren Herzen statt.

Wir sind die Kapitäne in unserem Leben!

In Anlehnung an die Aussagen von Willis Jäger, dem Zen-Meister, dürfen wir das Universum als verbundene Einheit betrachten. Verbunden über die Liebe als einzige Sprache, die alle Menschen verstehen.

Um entscheidende Veränderungen zu bewirken empfiehlt der Schriftsteller Walter Jens uns "gegen den Strom zu schwimmen".

Ich glaube, dass Deutschland ein sehr weises Land wird und dass viele Menschen aus dem Ausland zu uns kommen werden, um Heilung zu finden.

Nichts ist realer als die Liebe, denn die Liebe die du im Laufe deines Lebens angesammelt hast, ist das einzige, was du am Ende mitnehmen kannst.

„Über den Wolken"

(Reinhard Mey)

Wenn ich meine Gedanken umlenken möchte, erinnere ich mich gerne an etwas Humorvolles.

Es ist eine kleine Geschichte, die mir eine Freundin einmal erzählte.

An einem Tag in ihrem Alltagsleben, wie es bei uns jedem wohl der Fall ist, war Wäschetag. Es war ein sehr windiger Tag. Sie hängte ihre Leibwäsche auf ihrem Balkon wie üblich auf den Wäscheständer.

Unterhalb ihres Balkons waren Sonnenblumen gepflanzt. Aufgrund des Windes regnete es irgendwann String Tangas. Ein Mann kam zu ihr und wunderte sich darüber, warum die Sonnenblumen mit Strings geschmückt waren und stellte sie zur Rede. Sie antwortete ganz trocken nach Wilhelm Busch:

„Ist der Ruf erst ruiniert, lebt es sich ganz ungeniert."

Und auf meiner weiten Reise auf See als Fischer und eigener Kapitän, war es eines Tages passiert, es biss ein Fisch an, ein Verlag, der mich offensichtlich ungesehen sympathisch fand.

Da mir ja bewusst ist, dass sich alles ständig verändert, möchte ich meinem Verlag hier eine Sonderberechnung hinterlassen.

Mein 5. Apokalyptischer Reiter ist ein Buchverlag mit folgendem Namen:

Heute ist mein Glückstag!

Oh du Freude schöner Götter!

Mein Strumpfband pfeift gerade!

Mein BH platzt aus allen Nähten!

Dieser göttliche Verlags-Reiter wird Deutschland in eine Liebes-Revolution stürzen.

Ihm gebührt höchste Anerkennung, der erwachte Geist!!!

Ich bin nur Vermittler!

Es geht jetzt nicht um Gedankenkontrolle!

Mein Leben war ja noch nie langweilig 1 Drittel zu 2 Drittel, na wunderbar, das kann ja heiter werden.

1 und die 2 nebeneinander ergibt 12, die Christuszahl

Jesus war der Dreizehnte (13)

Ein sanftmütiger Hirte!!!

Der Zahlencode für Gesundheit:

7513548592 ergibt als Quersumme die Zahl 13.

Können wir das Schaffen???

Ja, das Schaffen WIR!!!

WAR-Der Gedanken bewahrt uns vor dem dritten Weltkrieg!

„Wenn du helle Dinge denkst, ziehst du helle Dinge an."
(Prentice Milford, 1834 – 1891, Journalist, Philosoph)

Es geht lediglich darum, 5 mal am Tag „Ich bin Liebe" zu denken!

Man darf es auch einmal aufschreiben „Ich bin Liebe“ und diesen Zettel dann verbrennen.

Dies hat nichts mit Gedankenkontrolle zu tun!

Man könnte auch öfters am Tag Ich bin Liebe denken, zB. an der Kasse beim Einkaufen oder im Auto oder beim Zähneputzen.

Was kümmert uns der Weltfrieden?

Gesetz der Anziehung!

Geht uns nichts an!

Was kümmern uns die anderen Länder?

Lachen verbindet Länder und die Menschen!

Gehen uns nichts an!

Was kümmert uns die Finanzkrise?

Gesetz der Anziehung!

Aufmerksamkeit weg von Politik!

Was kümmert uns die Politik?

Bei jeder Wahl (die nächste Wahl kommt bestimmt) nach eigenem Belieben (freie Wahl) ein Kreuz setzen, weiter keine Aufmerksamkeit.

Was kümmert uns Politologie?

Politik darf man Politikern überlassen, die machen das schon, sind ja schließlich Studierte! Ich habe Politik zwar jetzt verstanden, aber irgendwie doch noch nicht begriffen, aber das muss ich auch nicht, bin ja kein Politiker. Diese dürften aus meiner Sicht ihre Doktorarbeiten ruhig abschreiben, solange sie die Urheber mit ihren Namen angeben, also quasi zitieren. Sehr viel Zeit und Streitereien könnte man für etwas Sinnvolleres nutzen. Einem Kind in der Schule gibt man die Note 6, wenn es abschreiben würde. Und verschwendet keine weitere sinnvolle Zeit mehr damit. In der Politik wird wochenlang der Streit gepflegt. Wie soll ich jetzt so etwas auch begreifen können.

„Es werden mehr Ausreden als Reden gehalten. Aber die Ausreden sind meist brillanter als die Reden – Anonym“

Bei mir würde der Doktortitel ganz einfach aberkannt werden. Probiere es halt noch einmal, ganz einfach wäre meine Devise. Das sind doch nur Fehler, ein Verbrechen ist für mich ganz etwas anderes. Da braucht es doch keinen Streit. In der Schule bringt man das den Kindern ja auch so bei.

Wann immer ich mir etwas verinnerlichen wollte, musste ich es mir erst einmal aufschreiben, also quasi von der Hand in den Kopf, nur bei den Fremdsprachen klappte dies nie.

Heute schreiben wir den 6.10.2013 und unsere verschiedenen politischen Farben philosophieren nach der Kreuzvergabe immer noch, welche Farben mit wem unsere Zukunft vögelt, zwitschert, schmusen darf und färben wird. Aber wir haben ja Zeit...

Schön langsam wirkt dies auf mich hochprozentig langweilig.

Heute schreiben wir den 23.11.2013 und man hört, dass man über Koalition nachdenkt. Meiner Meinung nach wäre mein siebzigtausendfünfhundert-Euro-Vorschlag eine echte WIR-Koalition.

Ich gebe für dieses obige politische Problemchen kurz folgenden Rat, vielleicht hilft ja eine Sternzeichengegenüberstellung, oder eine numerologische Partnerschaftsanalyse etwas. Hierfür gibt es ja schließlich auch wieder Fachmänner.

Vielleicht würden ja auch Ohrenkerzen helfen, die findet man bei vielen Heilern und in den Wellnessbereichen, hierfür gibt es auch Fachleute.

„Die Ruhe, die der Geist genießt, wenn er sich selbst gemäß leben darf, ist das einzig wahre, unzerstörbare Glück.“
(Malvida von Meysenbug, deutsche Schriftstellerin 1816 - 1903)

Die 8 und 5 Kombination konnte man deutlich aus meinen Zeilen erlesen.

Au weia, au weia, hoffentlich legt der nächste Hahn einmal runde Eier.

An sich wären dies alles keine schlechten politischen Ideen, aber…, mal schauen, wie sich dieses Hühnerei entwickelt.

Und da fällt mir auch gleich ein Witz ein:

„Hast du gehört?

Unser Chef ist verstorben."

„Ja, und ich frage mich die ganze Zeit, wer da mit ihm gestorben ist?"

„Wieso mit ihm?"

„Na in der Anzeige stand doch:

Mit ihm starb einer unserer fähigsten Mitarbeiter…"

Heute schreiben wir den 16.3.2014 und ich nutzte mein Recht als Bürger und war brav bei der Wahl, lästere nun aber nicht mehr. Bei der Kreuzvergabe dachte ich mir: „Ja wen wähl ich denn jetzt, ja wen wähl ich denn, die oder den?" Plötzlich fiel es mir eigentlich leicht. Die ersten drei Kreuzchen bekam schon mal unsere freundliche Messdienerin der Dorfkirche, da sie für mich wirklich ein sehr herzlicher Mensch ist. Und so fuhr ich dann weiter fort und rucke die zuck, war es auch schon geschehen. Wie man in den Wald ruft, so schallt es halt zurück.

Wir dürfen nun mehr und mehr das herzhafte Lachen wieder erfinden (Verbindung zur Quelle), damit wir das „Lieben darf erlernt werden" besser ertragen können. Dann hätten wir mal gedanklich einen Haken geschlagen und das Wichtigste, in dem Wort Gedanken findet man gleichzeitig auch das Wort Danke.

Heute war mein Glückstag, denn ich durfte im Radio einen Witz hören, in etwa so:

Geht ein Mann in eine Apotheke und fragt, warum die Schwindeltropfen nichts helfen.
Die Dame fragte:
Meinen Sie die homöopathischen Schwindeltropfen?
Er sagte ja, ich bin Politiker.
Sie sagte, warten Sie mal, ich frage meine Chefin.
Nach einer Zeit kommt Sie wieder und sagt:
Sie müssen die Dosis erhöhen!
Er erwidert:
Habe ich schon und trotzdem wurde ich mit Eiern beworfen.

Liebe Politiker, ich war brav beim Wählen und darum darf ich auch Witze verbreiten, jetzt bayerisch, zwegs da Gleichberechtigung. Und ich weiß, Blondinen verzeiht man leichter, denn man kennt sie ja.

Wir senden Ihnen nun gedankliche Liebe, damit auch Sie Ihre Entscheidungen in Zukunft zum Wohlergehen ALLER treffen!!!

Kennen Sie den schon?

Warum haben eigentlich Blondinen immer einen dicken Hintern?

Na, damit sie beim Ratschen, Anziehungskraft der Erde dank Newton, nicht aus dem Fenster fallen!

Folgendes löst eine Liebesrevolution aus:

Gedanken richten auf „Ich bin Liebe“!

Was kümmern mich die Nachrichten, da schmerzen nur die Lautsprecher.

zu „Ich bin Liebe!“

Als Liebe kommen wir und als Liebe gehen wir wieder.

Der Tag ist für mich nun gekommen, der Tag an dem ich mich beuge und versuche, niemanden mehr auf die Füße zu steigen, denn es wäre eine Auseinandersetzung zwischen Schuld und Nichtschuld.

Wir sind ja eigentlich die reinsten Liebesmonster!

Dies löst ja eine Thrombose von Gefühlswallungen des Vertrauens aus.

„Vertrauen ist eine Oase im Herzen, die von der Karawane des Denkens nie erreicht wird."
(Khalil Gibran, 1883 - 1931)

Mensch, war dieser Herr Gibran intelligent! Das wahre Glück besteht darin, Ruhe in seinem eigenen Herzen zu finden.

Quelle ist Liebe

Unsere Quelle gibt uns

Segen

Segen

Segen

Mein verlängerter Aufsatz hätte noch ewig so weitergehen können, aber ich weiß ja, es wurde von mir so erbeten.

So muss ich nun auch noch lernen loszulassen, aber ich weiß gewiss, ich habe mein Ventil nun gefunden.

Die 14. Oktave on Tour

Mystiker(innen), Seher(innen), Meditierende und viele Menschen in jeden Zeiten und allen Religionen und Ländern sowie Kontinenten auf der Erde haben dieses Eine auf ihre Weise gesehen, wahr genommen oder sind mit Ihm Eins geworden. Es spielt keine Rolle, wie diese Energie heißt. Wir können es die leise stille Musik in uns, Freiheit, die Rune Algiz, der Buchstabe Y, das Christkind, Licht- Gedanke, Zufall, Schicksal, das EINE, LIEBE, Quelle, AVE, Namenlose, Matrix, kein Blut sehen können, keine Leichen sehen können, die berühmte Pommes Gabel, die Zahl 6, also F, wie Franz von Assisi, Schöpfer, die liegende oder erwachte 8, Weisheit, Unaussprechliche, ewige Gegenwart, erfüllendes SEIN, Mandala, höchste Form von Liebe, höchste Form von Frieden, ICH BIN, Schönheit, LICHT, das höhere Selbst, Moses, Konfuzius, Diamant, Kosmos, Nirwana, Erleuchtung, Heiliger Geist, All-Liebe, Christus, der 13., Allah, Odin, das SELBST, reiner Geist oder sonst wie nennen, immer ist damit unsere leise stille Quelle, die eine heilende Kraft gemeint.

Ein Denkmal setzen, das zu wissen, ist mein Schutz.

Mit dem Wunsch, dass unsere Herzenswünsche in Erfüllung gehen, wünsche ich mir für alle Leser vom Guten nur das Allerbeste!

Heute schreiben wir den 31. Januar. Mit diesem Tag treten wir nach dem klassischen chinesischen Kalender in das 7. Tierkreiszeichen ein. Es ist das Jahr des Pferdes. Ein Pferd bedeutet für mich Freiheit.

An diesem 31. Januar 2014 stolperte ich „zufällig“ über ein Gedicht von Stefanie Braun im Internet. Dieses Gedicht hat auch mein Herz sehr berührt. Ich versuchte per Internet mehr über Frau Braun zu erfahren, um sie an dieser Stelle mehr hervorheben und wertschätzen zu können, aber leider wurde ich nicht fündig. Wer so dichten kann, gehört meiner Meinung nach sofort „heilig“ gesprochen, denn so heilend könnten mit Sicherheit für viele Menschen ihre Zeilen sein. Diese Zeilen machen für mich so manche Psychologen komplett überflüssig.

Auch von mir herzlichen Dank liebe Stefanie für deine wunderbaren Zeilen.

Liebe Leser, bitte nehmen Sie sich die Zeit nach dem Gedicht "Weil die Zeit keine Wunden heilt" von Stefanie Braun zu Googlen.

Es lohnt sich wirklich!

...

Frau Stefanie Braun schrieb in ihrem Gedicht:

„Weil es Selbstlosigkeit nicht gibt..."

Oh ja, das ist richtig und auch wahr, wenn es um die eine Selbstlosigkeit geht, doch eines gibt es noch:

Weil es Egolosigkeit doch gibt, zum Beispiel in dem Film Forrest Gump. Ich sah diesen Film ein einziges Mal. Dieser Herr Tom Hanks schlüpfte in die Rolle eines Menschen, der kein Tier - EGO hatte.

Vor allem aber verkörperte er eine Figur, die sich „angstfrei" nur von guten Tugenden und inneren Werten leiten ließ und nicht von „ich will haben". Sein Kopf war dementsprechend entspannt und deshalb stand er sich selbst auch nicht im Wege. Er verkörperte auch ein männliches Geschöpf, das so gar kein Macho-Typ war und darum denen er auf seinem Weg begegnete, helfen konnte. Es war auch deutlich zu ersehen, dass er seine Jenny liebte und sie so annahm wie sie war. War diese Figur glücklich? Der Schauspieler versinnbildlichte in diesem Film wahrhaft die reinste Herzensgüte, ließ sich vom Schicksal schaukeln wie diese weiße Feder, wenn er auf seinem Bänkchen saß und in aller Ruhe wartete ohne Erwartungshaltung. Er plante sein Leben nicht. Diese weiße Feder war wahrhaftig sinngebend. Ich könnte mir diesen Film kein zweites Mal ansehen, da beim ersten Mal gucken schon meine innerlichen Tränen flossen. Mein „dummes" Vorbild dieser Forrest.

„Und bist du nicht wenigstens die Hälfte deines Lebens..." trifft auch hier wieder zu.

Es machte damals Peng in mir:

Wir erkennen uns in Tugenden!

Unsere Seelen möchten betankt werden mit guten Tugenden und befreit werden von unseren Urängsten.

Ob ich das in irgendeinem Leben auch einmal schaffen werde?

Also mit diesen „Und bist du nicht wenigstens die Hälfte deines Lebens allein gegangen, so hast du nichts gelernt", ja da kann ich glaube es mir der Leser bitte, locker mithalten.

Ich steige nun einmal gedanklich und mit viel Fantasie in eine sogenannte neumoderne Drohne, damit diese auch mal einen Nutzen zeigen und hebe mit dieser Drohne und der zugehörigen Scheitelkrone langsam in die Lüfte ab, bis ich ziemlich mittig über Deutschland hänge. Das geschriebene Wort hat für mich noch Macht, aber das darf jeder für sich selbst entscheiden. Dort angekommen, drücke ich alle Dingsda Knöpfe, die die Atombomben der reinsten Liebe über unser Land verstreuen. Ja, die Hysterie der Liebe solle doch bitte unser Vaterland und den neuen Zeitgeist bestimmen.

Gestern schrieben wir den 20.2.2014 und ich hatte wieder einmal Glück. Meine Tochter kam zufällig und unerwartet eher von der Schule nach Hause, da die letzte Stunde ausfiel. Sie konnte mir dadurch für die Kommunionskinder mit ihren helfenden Händen und den Weihwasserkesseln zur Hand gehen.

Kennt der Leser den schon?

„Geht Descartes in eine Bar. Der Barkeeper fragt ihn, ob er einen Drink möchte.

Descartes antwortet „Ich denke nicht" und verschwindet wieder - Anonym."

Könnte es sein, dass es meine berufliche Zukunft als wahre Berufung sein wird, als so eine Art „Schreiberling" tätig zu sein? Ich gehe in mich rein und es kommt spontan ein

JA

☺

noch kurz ein Witz zum Abschluss.

Wir sollten das Leben mehr mit Humor sehen ab

JETZT

Die 8 L8!!!

Lachen ist das größte Heilmittel für unsere Seelen.

Eine Weisheit aus Indien: Die Lebensspanne ist dieselbe, ob man sie lachend oder weinend verbringt.

Unser Horoskop für jedes Jahr:

Dies nenne ich kosmischen Humor

Ich konnte mit Astrologie nie viel anfangen. Das 16. Haus in der 25. Venus war mir einfach zu hoch.

Geld: Die Sterne lächeln

Beruf: Die Sterne lächeln

Gesundheit: Die Sterne lächeln

Sex: Die Sterne lachen sich kaputt ☺

Danke und aus Liebe Anke.

Von Dir kann ich lernen.

Vom DU zur EINS. Auf Wiederlesen!

Oh, ich Meise, das W- verkehrt herum gesehen, in dem Wort Gedanken steckt ja das Wort Anke, dies erklärt also meine Fettnäpfchen, als ich wieder mal nicht nachdachte bevor ich nichtlosrannte....

Sehen Sie liebe Leser, ich kann ja nichts dafür, müsste mal über eine Namensänderung nachdenken. Trotz meinen Fettnäpfchen, glauben Sie mir, diese könnte ich jetzt Seitenweise weiterschreiben, denke ich, eine Inkarnationsfalle ist etwas ganz anderes.

Heute schreiben wir meinen Geburtstag im Jahre 2014. Ich fuhr zwei Kinder zu einem Cambridge Test in eine Großstadt. Danach traf ich mich mit meiner Schwester und ihrer Freundin in einem Café zu einem kleinen Gedankenaustausch.

Ist es Zufall?

Als ich den beiden gerade erzählte, welche Freundin mich als erstes an diesem Tag anrief und mir zum Geburtstag gratulierte, fuhr sie auch schon mit ihrem Auto an uns vorbei, parkte es, ging auf mich zu und umarmte mich. Sie sagte, sie wäre in die Stadt gefahren um ein paar Einkäufe zu erledigen. Ich staunte mal wieder mit großen Augen in meinem Leben und sehe dieses als ein Geschenk und ein großes Abenteuer an.

Liebes Universum, ich bräuchte dringend gelbe Leuchtstrahler auf meinem Silberpfeil und ein Schild hinten am Wagen angebracht, wo drauf steht:

„Achtung Fahranfänger!“

Besser noch:

“Einen Chauffeur! „ (Das war ein Universums-Scherz)

(Anke war die Glücksbringerin der Wikinger, darum hat mir wahrscheinlich Wicki als kleines Kind so gut gefallen)

Mein jetziger Gedanke:

Meine Erkenntnisse gehen jetzt ab zu Fortuna.

Und du hast dein ganzes Leben an deinen Erkenntnissen gearbeitet, wem es bestimmt ist, der wird es lesen.

Würde ich über die Bedingungen schreiben, in der mein Bienengflüster entstand, hätte das Buch eine viel größere Seitenanzahl.

Es fing schon damit an, dass ich mit meiner Freundin 5 ca. 5 wochenalte Katzenbabys das Leben rettete und diese ja auch wieder ein neues Zuhause brauchten. Darauf folgte ein älteres Pferd, das man bei mir für 8 Monate parkte und wieder einen neuen Besitzer suchte, da eine Religionslehrerin keine Zeit mehr dafür hatte. Viele beratungsbereite Menschen betraten meinen Weg in dieser Zeit. Die 8 – 5 Kombination verfolgte mich schon oft, sogar meine Identifikationsnummer vom Bundeszentralamt für Steuern fängt mit den Zahlen 85 an.

Die schlimmsten Umstände waren wohl mein manchmal mangelndes Selbstvertrauen und meine mangelnden Computerkenntnisse. Aber ich weiß nun, Schlimmer geht's ja immer. Ich habe ungefähr so viel Kenntnis am PC, wie ein Kfz-Mechaniker vom Dauerwellenlegen. Darum bin ich fest entschlossen, bei meinen nächsten Erkenntnissen (erweiterter verlängerter Aufsatz) vorher einen Computerologen (Kindersprache) aufzusuchen, der mich lehrt, wie ich vielen PC-Steinen aus dem Wege zu gehen vermag, so dass ich nicht so viel in die Luft abspeichere.

Nun habe ich eine neue Vision für meinen nächsten Tisch, dabei werde ich eine wichtige Rune nicht vergessen...

Ich melde mich nun vom Schiffsdienst ab, denn ich wurde schon oft Anker genannt.

So Anke, du Exspriritussi, jetzt aber auf zum Markt ins Zelt Nummer **13**

- Die Hexenzahl –

Literatur- und Quellenverzeichnis

Folgende Bücher möchte ich dem Leser empfehlen, meine Vorseelefinder mit diesen ich heute meine Denkweise habe:

Runenbuch Ralph Blum zu beziehen über Hugendubel

Symbolik und Bedeutung der Zahlen von Hajo Banzhaf Goldmann Verlag

Dan Millman: Die Lebenszahl als Lebensweg Ansata-Verlag

Faith Javane u. Dusty Bunker Zahlenmystik Goldmann Esoterik

Glynis McCants: Numerologie Goldmann-Verlag

Penny Mc Lean Numerologie und Schicksal Atlantis-Verlag

Christine Bengel Das Geheimnis der Zahl, Allegra Verlag

Zauberzahlen Titanis Buch der Numerologie, Mosaik Verlag

Wilhelm Ehmer: Die Kraft der Seele, J. Engelhorns Nachf. Adolf Spemann, Stuttgart

Gespräche mit Seth, Jane Roberts, Ariston-Verlag

N.D. Walsch, Gespräche mit Gott , Goldmann Verlag

Angela Schäfer, Die heilende Kraft des Dankens, Heyne Verlag

Jean Ruland Krafttiere, Schimer Verlag

Eu Gefühl, Frank Kinslow, vak- Verlag

Gerd Ziegler Tarot Spiegel deiner Beziehungen, Urania Verlags AG

Bilder für die Seele, benno

Aphorismen Lebensweisheiten.de

Indianische Weisheiten.de

Und im **Besonderen**: Meine geistigen Mütter und Väter

Danke Frau Christa Zettel: Das Geheimnis der Zahl, Heyne Verlag!

Danke Herrn Gustav-A. Hossenfelder für Re-Ligio der Heilung

zu beziehen über das Druckhaus Vogel GmbH!

Danke Herrn Tepperwein für das Seminar, das ich besuchen durfte!

Danke Herrn Dr. Deepak Chopra für seinen Vortrag!

Danke Herrn Dr. Gopalsamy für die Seminare, die ich besuchen durfte!

Danksagung

Ich möchte allen Menschen danken, denen ich in meinem Leben begegnet bin und direkt oder indirekt bei der Entstehung meiner Erkenntnisse mitgewirkt haben, denn es waren meine Helfer.

Viele waren meine Engel auf meinem Weg, zur Überwindung von Materialismus und Findung meines Dauerbauchgrinsens.

Meinen Eltern, die mir dieses Leben geschenkt haben.

Meiner Apothekerin, meiner „ Elfe", Frau Ingrid Hönig-Elm.

Ich möchte meiner Nachbarin Helga Hopf für ihren Beitrag danken, sie ist 73 Jahre und für die Rosen meines Schmetterlings verdient sie auch einen Dank.

Auch möchte ich meiner Freundin Stephanie Bairlein für ihren Beitrag danken, meiner Katzenmama und Tierheilpraktikerin.

Danke Herrn Martin Raml mit seiner Kati, einem Freund für seine Nächstenliebe und vor allem Danke für seine Hilfe bei der Renovierung meiner Werkstatt.

Danke Christine Jungmann

Danke meinem Ehemann William, der mich ermunterte, mehr über die Selbstvergessenheit (was ist das?) zu schreiben. Sowie danke für diese Dienste, bei denen ich geradlinig denken musste und mich immer wieder ein Meterstab fast zur Ver2flung gebracht hätte. Auch danke für die Arbeiten, für die eine Frau einfach keine körperlichen Voraussetzungen mitbringt.

Danke meiner Tochter Emily für die Witze, bitte werde später einmal Komödiantin.

Danke den Urhebern der Witze!

Tausend Dank meinem Sohn Billy für seine außerirdischen Gedanken, du bist ein wahrer Gentleman und wirst mit Sicherheit einmal Comic Zeichner.

„Die Menschen sollen sich KUGELN vor LACHEN!"

Außerdem bist du jetzt schon ein wandelndes Lexikon und sagtest mir vor kurzem, dass unser damaliger Führer aus dem Dritten Reich für einen Friedensnobelpreis vorgeschlagen wurde.

Woher du dieses Wissen hast, weiß ich nicht.

Vielleicht wird er diesen Preis ja noch bekommen, wenn Deutschland weiterhin von dem Wort, das mit K anfängt,

die FINGER lässt!

Danke meine Kinder

Ihr seid der Strahl, der mich einst traf,

ihr seid der Himmel und die Erde die auf und ab sich treffen,

ihr seid die Sahne meines Lebens;

und so seid ihr auch der Genuss meines Lebens –

bis zum Beginn eures eigenen Schaffensprozesses!

Danke Ingo Rittscher für die Bilder.

Danke Hildegard Khelfa für das übersetzte Gedicht.

Danke, Carolin Hirschbeck, für die Überprüfung und das Übersetzen eines Gedichtes.

Danke einem Freund Fabiola Stoll für ihre Dichtkunst.

Danke meiner Freundin Gabi Schmid für meinen Achtstern.

Danke Rüdiger

Ein herzliches Dankeschön geht an meinen Verleger Herrn Dieter Mader, der mit mir nun **endlich** Anfang 2018 in See stechen möchte! ☺

Und meinem „größten Lehrer und Freund“:

Meinem Pferd Cisco, der mich lehrte:

„Man sieht nur mit dem **Herzen** gut, das Wesentliche ist für das Auge unsichtbar.“
(Saint Exupery)